轨道交通实训课新理念新形态活页式教材

铁道机车运用与维护实训指导

（一）机车总体

主 编 / 王 慧 蒲华强

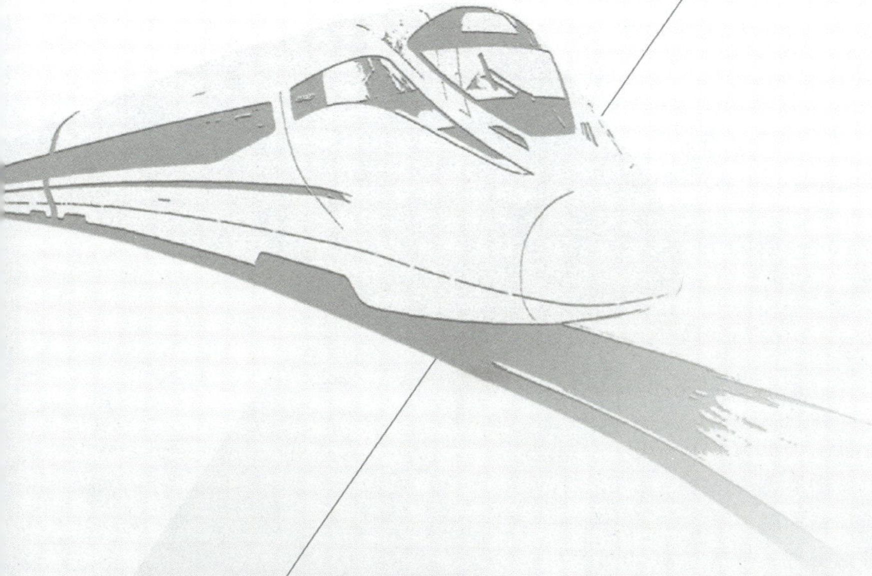

西南交通大学出版社
·成 都·

图书在版编目（CIP）数据

铁道机车运用与维护实训指导. 一，机车总体 / 王慧，蒲华强主编. —成都：西南交通大学出版社，2023.6
ISBN 978-7-5643-9266-6

Ⅰ. ①铁… Ⅱ. ①王… ②蒲… Ⅲ. ①机车车辆－车体－高等职业教育－教材 Ⅳ. ①U26

中国国家版本馆 CIP 数据核字（2023）第 074127 号

Tiedao Jiche Yunyong yu Weihu Shixun Zhidao

铁道机车运用与维护实训指导

（一）机车总体
（二）控制技术
（三）制动技术
（四）电器检修与维护

主　编 / 王　慧　蒲华强

责任编辑 / 李　伟
封面设计 / 墨创文化

西南交通大学出版社出版发行
（四川省成都市金牛区二环路北一段 111 号西南交通大学创新大厦 21 楼　610031）
发行部电话：028-87600564　　028-87600533
网址：http://www.xnjdcbs.com
印刷：四川玖艺呈现印刷有限公司

成品尺寸　185 mm × 260 mm
总印张　34.5　　总字数　761 千
版次　2023 年 6 月第 1 版　　印次　2023 年 6 月第 1 次

书号　ISBN 978-7-5643-9266-6
套价（全 4 册）　98.00 元

课件咨询电话：028-81435775
图书如有印装质量问题　本社负责退换

前言
PREFACE

本套书是根据铁路机车专业的培养目标和特点，在调查了解机车电工、机车钳工等工种所需电力机车设备检修知识和技能的基础上，积极探索出的一套符合现场岗位实训的指导教材；涵盖了铁道机车运用与维护专业的主要专业课程内容，包括《机车总体》《控制技术》《制动技术》《电器检修与维护》共4册。本套书以就业为导向，以能力为本位，根据“五育并举”理念和高等职业院校教学要求，将理论知识与实践技能培养紧密结合，采取新形态一体化形式编写而成；旨在突破传统的教学模式，落实“岗课赛证融通”综合育人模式改革的创新实践，具体特点如下。

（1）个性化学习。为满足铁道机车运用与维护专业学生的技能知识需求，本套书精心选材，涵盖铁道机车运用与维护专业四大专业课程的14个项目101个项目知识点。本套书涵盖模块化、颗粒化知识点，方便各院校铁道机车运用与维护专业在教学过程中根据实际需要有针对性地“个性化”选材，帮助教师对学生进行“个性化”指导。

（2）理实一体化。为保障学生的基础知识储备，本套书在每个实训指导项目中均加入了理论链接内容，真正实现学生的知识与技能融合发展。

（3）“岗课赛证融通”式教学。以职业岗位为主导，紧贴岗位需求，重构课程体系；以工作过程为导向，选取结构化和序列化的典型岗位工作任务，系统化设计教学项目。重组课程内容，重塑课堂教学模式，实施“岗课融通”；将职业技能等级证书标准融入课程标准，将证书知识点和技能点融入课程教学内容，将证书考核环境融入学习环境，实施“课证融通”；将职业技能大赛内容融入教学内容，将大赛项目融入实践项目，将大赛训练融入实践教学，实施“赛课融通”。

（4）校企“双元”编写模式。为使内容贴近岗位技能要求，保证实用性和先进性，本套书的图文内容、配套资源、课程思政内容的建设工作，按照校企“双元”编写模式来统一规划和具体分工。本套书编写组的成员中，有长期授课的教师，也有相关企业经验丰富的技术人员。

本套书由王慧、蒲华强担任主编。王慧编写实训指导书的《机车总体》《制动技术》两册，蒲华强编写实训指导书的《控制技术》《电器检修与维护》两册。在本套书的编写过程中，编者参考了相关文献资料，同时郑州捷安高科股份有限公司在编写和审定过程中给予了大力支持，在此一并表示感谢。

由于编者水平有限，书中难免存在不足之处，请广大读者批评指正。

编 者

2022年7月

目录
CONTENTS

项目一 HXD_1 电力机车总体检查与维护

任务一 司机室检查

一、实训目的

（1）能按照司机室检查整体流程进行检查作业。

（2）能熟练描述司机室各检查项点的设备状态。

二、理论链接

1. HXD_1 司机室设备布置

司机室及操纵台的设计考虑了人机工程学，既保证机车乘务人员有舒适的工作环境，又能使司机清楚地瞭望信号和观察仪表、显示屏，且方便操作。司机室的设计适应单司机操作的要求。在司机室内布置有两个司机座椅供乘务人员使用，座椅具有前后调节、体重调节、角度旋转等功能。

司机室的设备布置基本可以分为 7 个部分：操纵台、前墙设备布置、左侧墙设备布置、右侧墙设备布置、司机侧后墙柜、副司机侧后墙柜、顶棚设备布置，如图 1-1-1 所示。

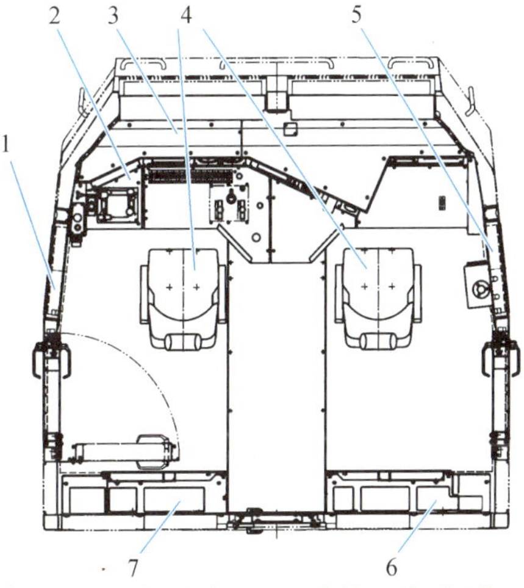

1—左侧墙设备布置；2—操纵台；3—前墙设备布置；4—司机座椅；
5—右侧墙设备布置；6—副司机侧后墙柜；7—司机侧后墙柜。

图 1-1-1 司机室设备布置

2. 司机室操纵台

司机操纵台的设计符合人体工程学原理，布置有左手控制空气制动、右手控制牵引和电制动，如图 1-1-2 所示。

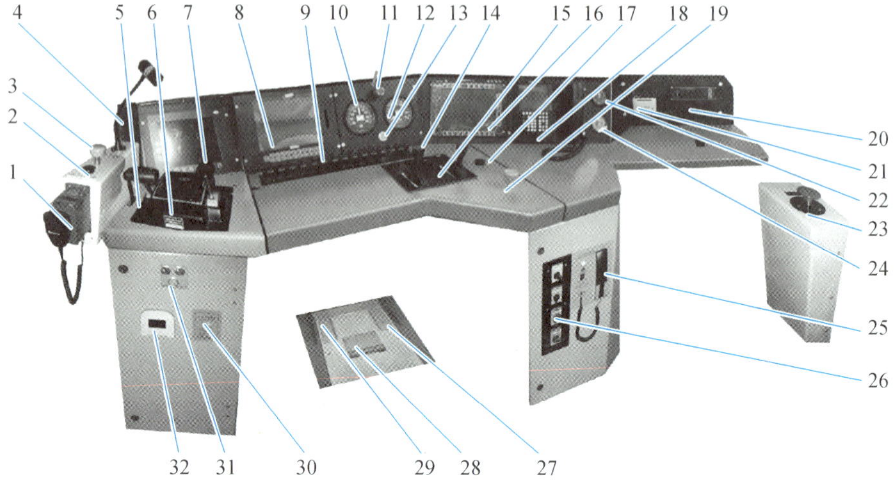

1—车间通信装置送话手柄；2，17—风笛按钮（高音）；3—无人警惕装置瞬动开关；4—记点灯；5—后备空气制动阀；6—电子制动阀（EBV）；7—制动/LOCOTROL 显示屏；8—监控显示屏；9—扳钮开关；10—双针力矩表；11—紧急按钮；12—双针速度表；13—监控解锁按钮；14—过分相按钮；15—司机控制器；16—微机显示屏；18—综合通信装置（LCIR）显示屏和通话手柄；19—无人警惕装置瞬动开关；20—语音箱；21—综合通信装置（LCIR）扬声器和打印机；22—双针压力表（总风缸/列车管）；23—车长阀；24—双针压力表（制动缸）；25—机车通信装置；26—空调控制面板；27—低音风笛脚踏开关；28—无人警惕装置脚踏开关；29—撒砂脚踏开关；30—烟灰盒；31—刮雨器操作面板；32—茶杯托架。

图 1-1-2　司机操纵台

主司机侧扳钮开关布置如图 1-1-3 所示。

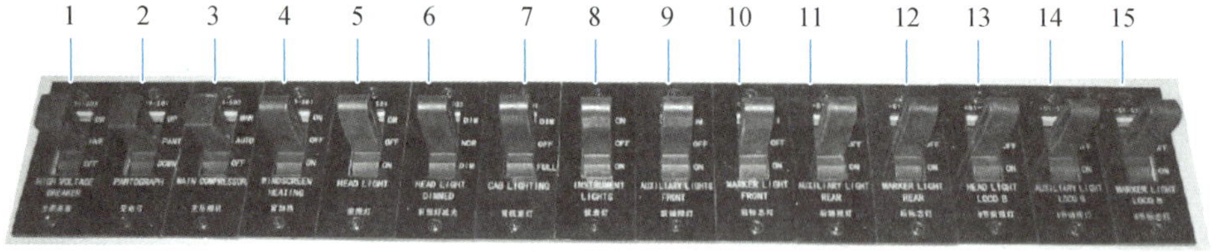

1—主断路器控制开关；2—受电弓控制开关；3—主压缩机控制开关；4—窗加热控制开关；5—前照灯控制开关；6—前照灯减光控制开关；7—司机室灯控制开关；8—仪表灯控制开关；9—前辅照灯控制开关；10—前标志灯控制开关；11—后辅照灯控制开关；12—后标志灯控制开关；13—后车前照灯控制开关；14—后车辅照灯控制开关；15—后车标志灯控制开关。

图 1-1-3　主司机侧扳钮开关

以下操作准备要在司机室内完成。

（1）检查紧急制动按钮是否松开。

（2）旋转本务车的司机控制器的钥匙开关（位置 2）到“闭合”位。
（3）如果司机钥匙开关在位置“ON”，整个操纵台激活。
（4）方向开关电器允许操作。
（5）只有司机控制器钥匙开关在“闭合”位，此司机室才被占用。
（6）不给司机钥匙不能选择司机室，也不能转动方向开关。
（7）在司机控制器钥匙开关闭合后，微机显示屏显示主画面。

三、实训要求

1. 实训时间

教学时间为 2 课时。

2. 实训形式

学生每 5 人组成一个工作小组，各小组根据实训课程任务制订实训实施方案，每个小组有一名组长，组长协助老师指导本组学生进行实训。

3. 安全注意事项

（1）未经教师或管理员允许不得擅自操作。
（2）需严格按照上电顺序进行上电。

4. 工器具材料准备

（1）防护用品：防滑鞋、绝缘手套、工作服等。
（2）工具：手锤、油壶、套筒、万用表等。
（3）个人用品：笔、笔记本等。

四、实训作业步骤

1. 整体实训过程（见图 1-1-4）

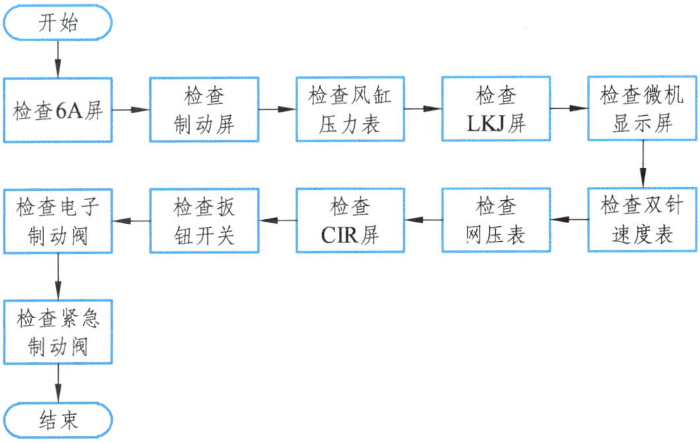

图 1-1-4　整体实训过程

2. 实训作业步骤（见表 1-1-1）

表 1-1-1　实训作业步骤

序号	检查内容	质量标准	使用工具	安全注意事项	图片
1	检查 6A 屏	屏幕显示正常	目视	检查过程中注意防撞、防跌落	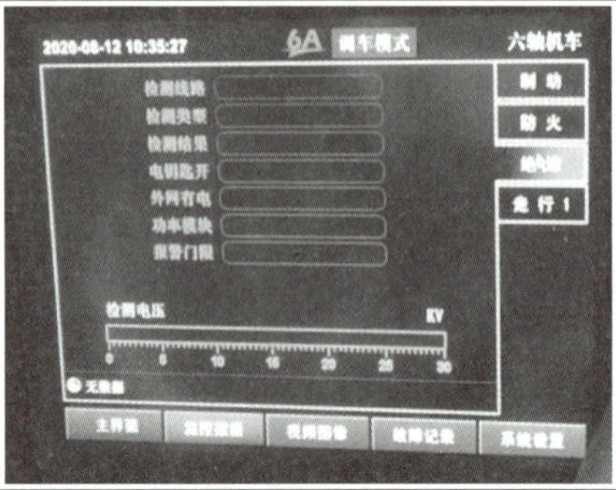
2	检查制动屏	屏幕显示正常	目视	检查过程中注意防撞、防跌落	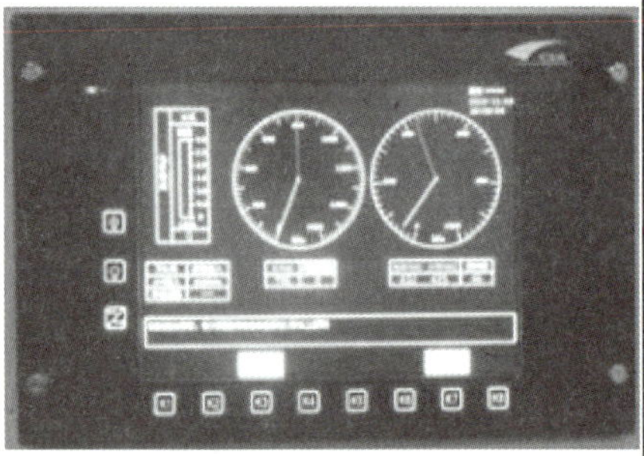
3	检查风缸压力表	压力表指针显示正常	目视	检查过程中注意防撞、防跌落	
4	检查 LKJ 屏	屏幕显示正常	目视	检查过程中注意防撞、防跌落	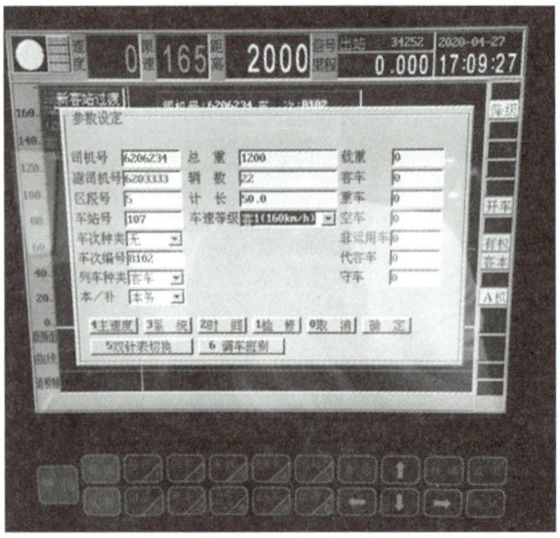

续表

序号	检查内容	质量标准	使用工具	安全注意事项	图片
5	检查微机显示屏	屏幕显示正常	目视	检查过程中注意防撞、防跌落	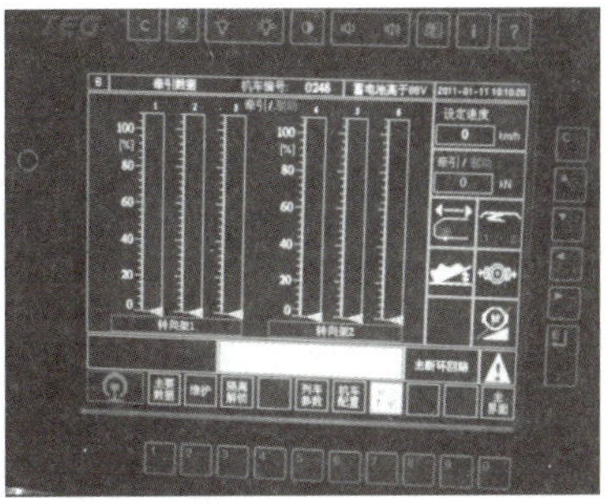
6	检查双针速度表	表针显示正常	目视	检查过程中注意防撞、防跌落	
7	检查网压表	表针显示正常	目视	检查过程中注意防撞、防跌落	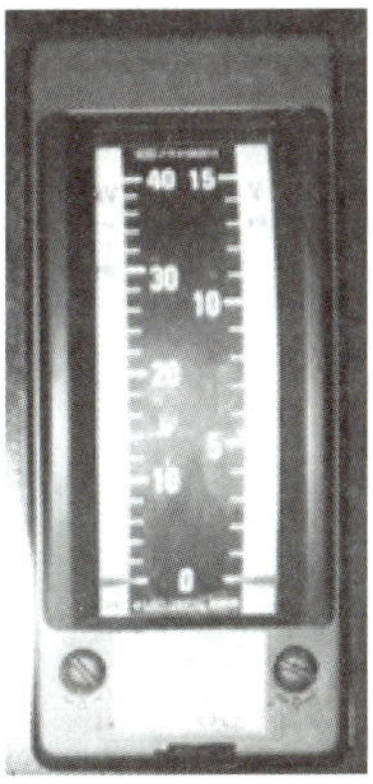
8	检查CIR屏	屏幕显示正常	目视	检查过程中注意防撞、防跌落	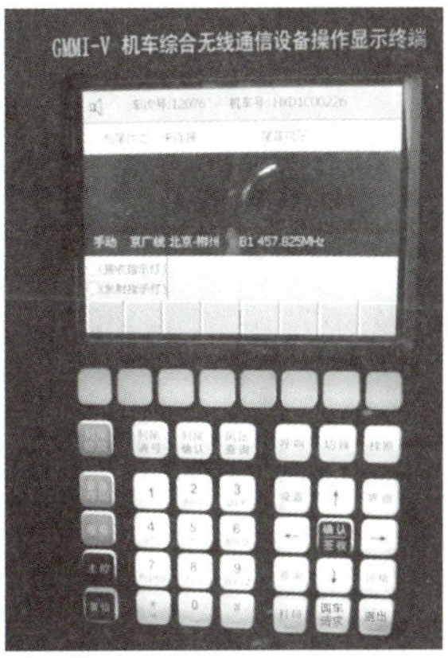

续表

序号	检查内容	质量标准	使用工具	安全注意事项	图片
9	检查扳钮开关	开关在初始位置	目视	检查过程中注意防撞、防跌落	
10	检查电子制动阀	大闸重联位，小闸全制位	目视	检查过程中注意防撞、防跌落	
11	检查紧急制动阀	紧急制动阀在正常位	目视	检查过程中注意防撞、防跌落	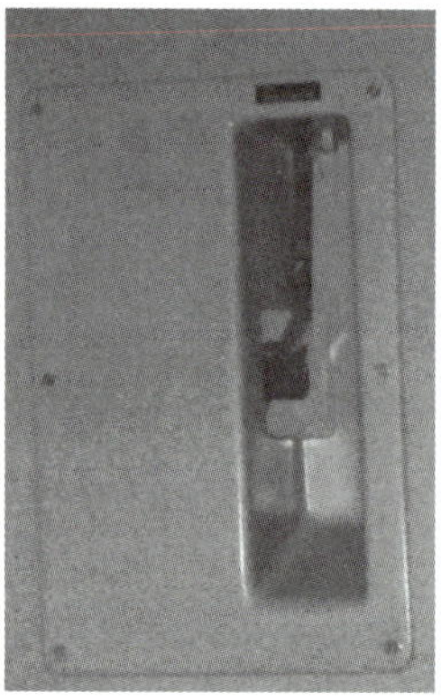

五、实训考核标准（见表1-1-2）

表 1-1-2　实训考核标准

项　目	标　准	配分	得分
整体检查过程考核	能简述整体的检查流程	12 分	
检查 6A 屏	能判断出状态是否正常	8 分	
检查制动屏	能判断出状态是否正常	8 分	
检查风缸压力表	能判断出状态是否正常	8 分	
检查 LKJ 屏	能判断出状态是否正常	8 分	
检查微机显示屏	能判断出状态是否正常	8 分	
检查双针速度表	能判断出状态是否正常	8 分	
检查网压表	能判断出状态是否正常	8 分	
检查 CIR 屏	能判断出状态是否正常	8 分	
检查扳钮开关	能判断出状态是否正常	8 分	
检查电子制动阀	能判断出状态是否正常	8 分	
检查紧急制动阀	能判断出状态是否正常	8 分	

六、思考题

（1）单独制动阀和自动制动阀应该在什么位置？

（2）紧急制动阀应该在什么位置？

任务二　机械间检查

一、实训目的

（1）能按照机械间检查项点的整体流程进行检查作业。

（2）能将机械间设备工作原理应用于作业中。

二、理论链接

机械间内设备沿车内中间走廊两侧平行布置，采用导轨安装方式固定，如图 1-2-1 所示。

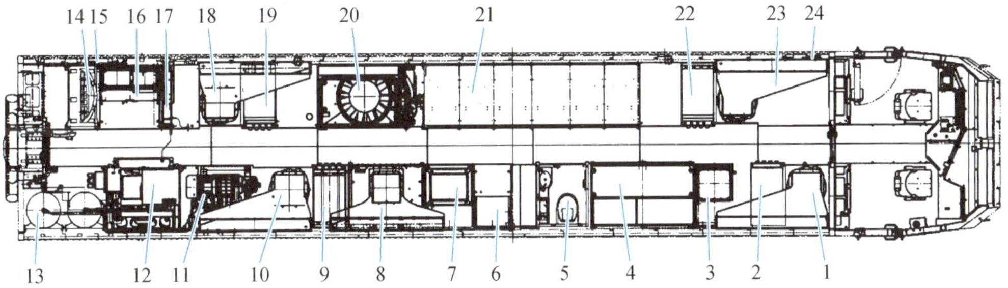

1—（1 位）牵引风机；2，9，19，22—压车铁；3—蓄电池充电机；4—低压电器柜；5—卫生间（仅 A 节车）；6—衣帽柜；7—信号柜；8—辅助变压器柜；10—（3 位）牵引风机；11—主压缩机；12—空气制动柜；13—总风缸；14—复轨器；15—接地杆；16—工具柜（B 节车上装有微波炉和冰箱）；17—床存放装置（仅 B 节车）；18—（4 位）牵引风机；20—冷却塔；21—主变流柜；23—（2 位）牵引风机；24—车载无线通信设备（A 节车 OCU 和 CPM 设备、B 节车 CIR 设备）。

图 1-2-1　机械间设备布置

主要设备的具体功能如下：

（1）主变流器。主变流器采用先进的水冷 IGBT（绝缘栅双极型晶体管）模块，含有 2 个相互独立的主传动变流系统和辅助变流系统。主变流器从主变压器次边取电，通过 4 个四象限斩波器（4QC）向两个独立的中间电压直流环节供电。主传动三相逆变系统由两个相同的 PWM（脉冲宽度调制）逆变器组成，每个 PWM 逆变器为同一转向架上的两台牵引电动机供电。辅助变流系统由两个相同的 PWM 逆变器组成，为机车的辅助设备（如通风机、压缩机等）供电。4QC 和逆变器采用相同的模块，所以具有互换性。

（2）辅助变压器柜。辅助变压器柜含有辅助变压器，主变流器中辅助变流器模块的输出为其输入电源，经过辅助变压器进行电压调整后，为机车辅助系统所有负载提供三相电源。其冷却通风机除冷却辅助变压器外，还向机械间送风，以保持机械间微正压。

（3）牵引通风机组。牵引通风机由侧墙上的百叶窗吸风后，经过独立的风道将冷却风吹向牵引电机，带走牵引电机工作时产生的热量。

（4）冷却塔。通过冷却塔通风机从车顶吸风，通过封闭的油回路冷却主变压器的油温，同时通过封闭的水回路冷却主变流器的水温。冷却塔上主要装有冷却塔通风机、油/水散热器、水泵、膨胀水箱、变压器副油箱等设备。

（5）低压柜。低压柜由两部分组成，一部分装有各种接触器、自动开关、微机系统的 SKS3 模块和继电器等，主要是辅助电路和控制电路的控制电器；另一部分由加热电阻、温度开关、三相变压器（3 AC 440 V—3 AC 230 V）、DC/AC 逆变器和电容组成，主要是在低温情况下进行加热和使用库内电源时需进行相关的匹配操作。

（6）卫生间。在 A 节机车的机械间装有用于司乘人员盥洗的整体卫生间。该卫生间由车上卫生间和车底管道组成。车上卫生间是一个箱形壳体，卫生间装有坐便器、洗手台、水箱、镜子、加热器、真空泵和污物箱等设备。整体卫生间的管道为其提供水路、气路的接入和排放以及污物的排放。卫生间内的污物箱是用于收集和储存污物的装置，其内部装有液位开关、温度传感器和加热器等设备。污物的排放可以利用地面转储车采用真空抽吸方式或直接重力排放来实现。

（7）蓄电池充电机。蓄电池充电机主要有两个功能：一是通过 AC-DC 整流，将机车辅助系统三相交流 440 V 电源变为直流 110 V 电源，为机车提供 110 V 电源，并为蓄电池组充电；二是将机车上的直流 110 V 电源变为直流 24 V 电源，为应急灯、仪表等设备提供电源。

（8）空气制动柜。空气制动柜集成了 CCBⅡ制动机和空气管路系统相关部件以及 MVB（多功能车辆总线）网络的相关接口，为机车空气制动的核心组成部件；在其上部还装有机车辅助压缩机和安全钥匙箱（BSV）。

（9）信号柜。信号柜主要安装了机车的信号主机、LKJ2000 监控、TAX2 等机车安全装置等。

（10）衣帽柜。衣帽柜用来存放乘务员的衣帽和其他私人物品。

（11）工具柜。工具柜主要用来存放随车的工具和随车附件。在 B 节车的工具柜上还装有微波炉和小冰箱。

三、实训要求

1. 实训时间

教学时间为 2 课时。

2. 实训形式

学生每 5 人组成一个工作小组，各小组根据实训课程任务制订实训实施方案，每个小组有一名组长，组长协助老师指导本组学生进行实训。

3. 安全注意事项

（1）未经教师或管理员允许不得擅自操作。

（2）需严格按照上电顺序进行上电。

4. 工器具材料准备

（1）防护用品：防滑鞋、绝缘手套、工作服等。

（2）工具：手锤、油壶、套筒、万用表等。

（3）个人用品：笔、笔记本等。

四、实训作业步骤

1. 整体实训过程（见图 1-2-2）

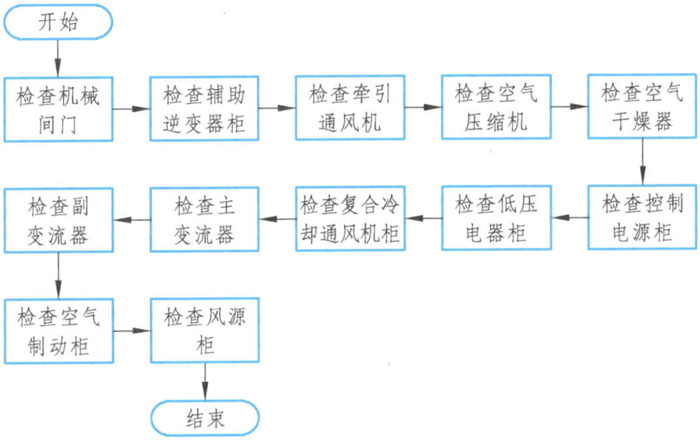

图 1-2-2　整体实训过程

2. 实训作业步骤（见表 1-2-1）

表 1-2-1　实训作业步骤

序号	检查内容	质量标准	使用工具	安全注意事项	图片
1	检查机械间门	状态完好，开关正常	目视	检查过程中注意防撞、防跌落	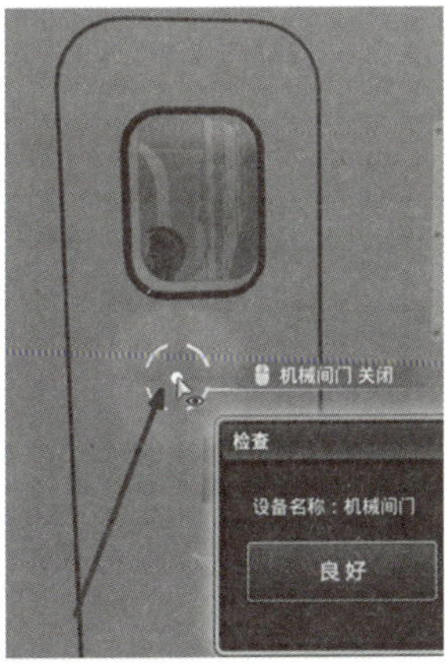

续表

序号	检查内容	质量标准	使用工具	安全注意事项	图片
2	检查辅助逆变器柜	外观完好、无杂音、无异响	目视	检查过程中注意防撞、防跌落	
3	检查牵引通风机	外观完好、无杂音、无异响	目视	检查过程中注意防撞、防跌落	
4	检查空气压缩机	外观完好、无杂音、无异响	目视	检查过程中注意防撞、防跌落	
5	检查空气干燥器	外观完好、无杂音、无异响	目视	检查过程中注意防撞、防跌落	

续表

序号	检查内容	质量标准	使用工具	安全注意事项	图片
6	检查控制电源柜	外观完好、无杂音、无异响	目视	检查过程中注意防撞、防跌落	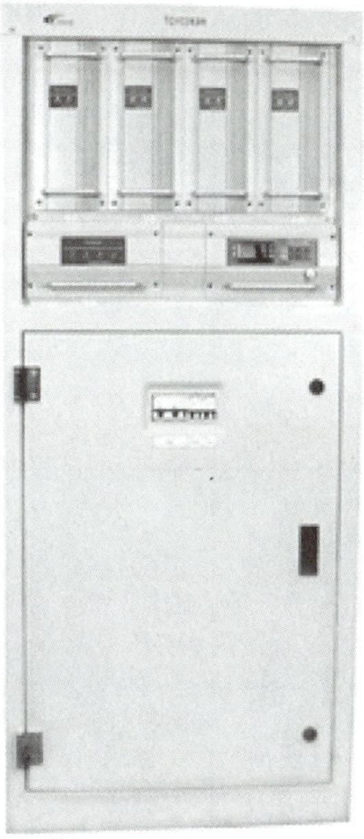
7	检查低压电器柜	外观完好、无杂音、无异响	目视	检查过程中注意防撞、防跌落	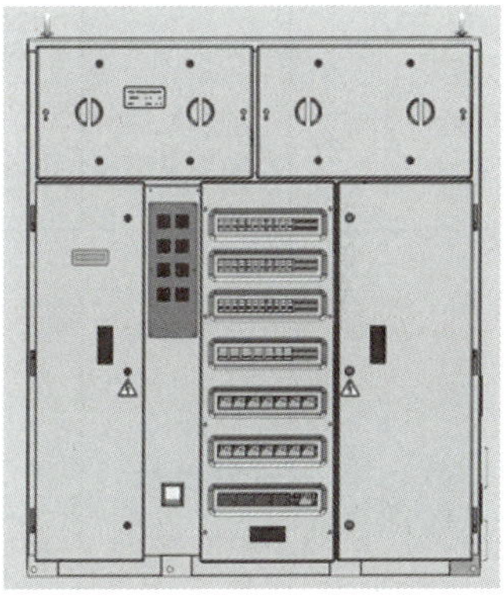
8	检查复合冷却通风机柜	外观完好、无杂音、无异响	目视	检查过程中注意防撞、防跌落	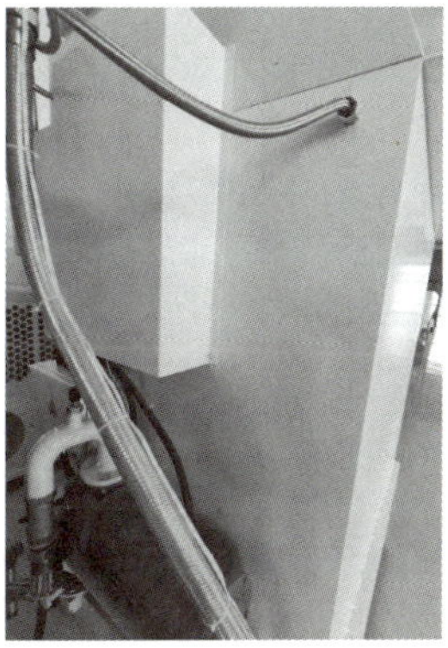

续表

序号	检查内容	质量标准	使用工具	安全注意事项	图片
9	检查主变流器	外观完好、无杂音、无异响	目视	检查过程中注意防撞、防跌落	
10	检查副变流器	外观完好、无杂音、无异响	目视	检查过程中注意防撞、防跌落	
11	检查空气制动柜	外观完好、无杂音、无异响	目视	检查过程中注意防撞、防跌落	
12	检查风源柜	外观完好、无杂音、无异响	目视	检查过程中注意防撞、防跌落	

五、实训考核标准（见表1-2-2）

表 1-2-2　实训考核标准

项　目	标　准	配分	得分
整体检查流程考核	能简述整个机械间检查流程	16 分	
检查机械间门	能判断出状态是否正常	7 分	
检查辅助逆变器柜	能判断出状态是否正常	7 分	
检查牵引通风机	能判断出状态是否正常	7 分	
检查空气压缩机	能判断出状态是否正常	7 分	
检查空气干燥器	能判断出状态是否正常	7 分	
检查控制电源柜	能判断出状态是否正常	7 分	
检查低压电器柜	能判断出状态是否正常	7 分	
检查复合冷却通风机柜	能判断出状态是否正常	7 分	
检查主变流器	能判断出状态是否正常	7 分	
检查副变流器	能判断出状态是否正常	7 分	
检查空气制动柜	能判断出状态是否正常	7 分	
检查风源柜	能判断出状态是否正常	7 分	

六、思考题

（1）牵引风机的功能是什么？

（2）电源柜的功能是什么？

任务三　车顶设备检查与维护

一、实训目的

（1）能按照车顶设备检查流程进行相关检查作业。

（2）能将车顶设备工作原理应用于作业中。

二、理论链接

HXD_1 机车的车顶设备包括高压户外电气设备和通信用的天线设备。高压户外电气设备既要满足机车电气性能的要求，又要有足够的高压绝缘性能和抵抗风、沙、雨、雪、低温等恶劣自然环境的侵害及雷电过电压袭击的能力。HXD_1 机车在设计时还充分考虑用户的重度煤尘污染和防寒的环境要求。

车顶设备配置在司机室顶盖、顶盖 1、顶盖 2、顶盖 3、顶盖 4 上，如图 1-3-1 所示。

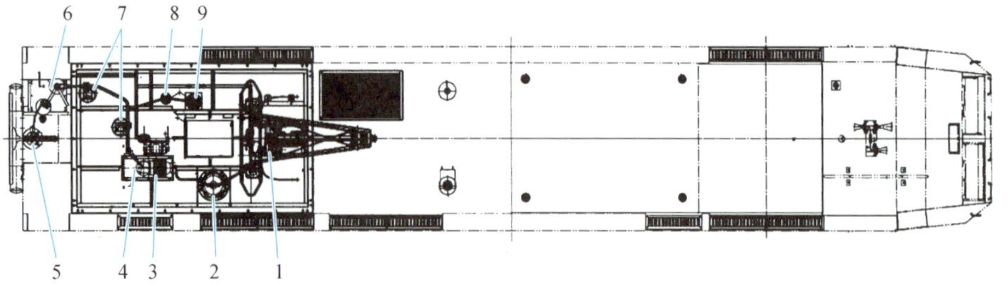

1—受电弓；2—高压电压互感器；3—高压接地开关；4—主断路器；5—高压连接器；6—高压隔离开关；7—车顶母线绝缘子；8—避雷器；9—高压穿墙套管。

图 1-3-1　车顶设备布置

1. 受电弓

受电弓是一种铰接式的机械构件，如图 1-3-2 所示，通过绝缘子安装于电力机车车顶。受电弓的集电头升起后与接触网导线接触，从接触网上集取电流，并通过车顶母线传送到车内供机车使用。

图 1-3-2　受电弓

2. 真空断路器

机车顶上的高压回路装有可以开断交流电弧的真空泡（VST），如图 1-3-3 所示。灭弧室通过密封来与大气隔离。两个主触头安装在真空泡内部，一个是静触头，另一个是动触头。动触头的动作由电空机械装置（BR）来控制，在分合闸过程中，该动作机构中的导向装置（TR）实现动作时的稳定性和方向性。

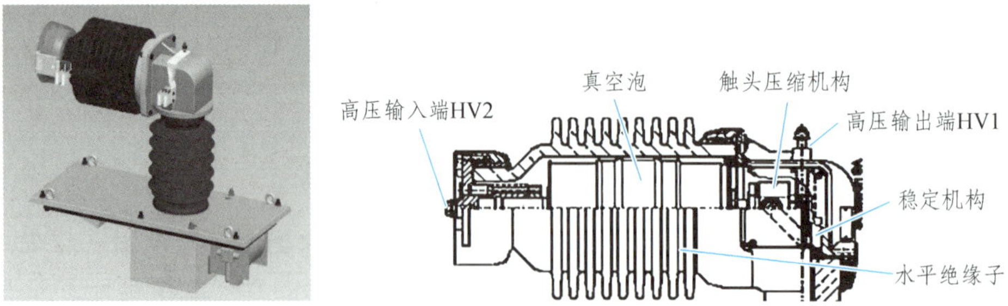

图 1-3-3　真空断路器

3. 支持绝缘子

安装在底板上的支持绝缘子提供绝缘，如图 1-3-4 所示。绝缘操纵杆通过绝缘子中心，连接电空机械装置和动触头。O 形密封圈紧靠在底板边缘的凹槽中，以保证断路器与车顶之间的密封。

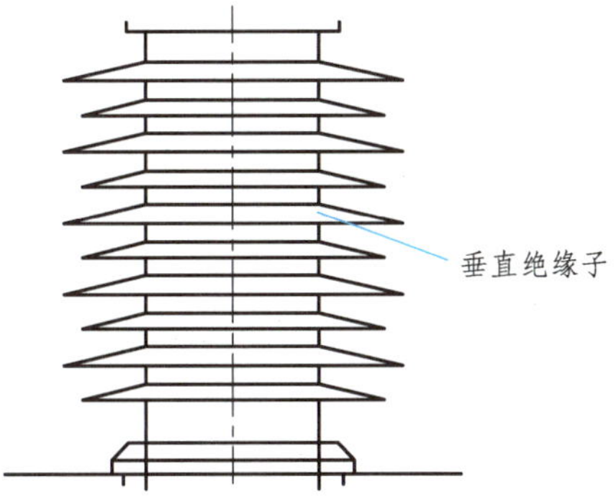

图 1-3-4　支持绝缘子

三、实训要求

1. 实训时间

教学时间为 2 课时。

2. 实训形式

学生每 5 人组成一个工作小组，各小组根据实训课程任务制订实训实施方案，每个小组有一名组长，组长协助老师指导本组学生进行实训。

3. 安全注意事项

（1）未经教师或管理员允许不得擅自操作。

（2）需严格按照上电顺序进行上电。

4. 工器具材料准备

（1）防护用品：防滑鞋、绝缘手套、工作服等。

（2）工具：手锤、扳手、油壶、套筒、万用表、钢尺等。

（3）个人用品：笔、笔记本等。

四、实训作业步骤

1. 整体实训过程（见图 1-3-5）

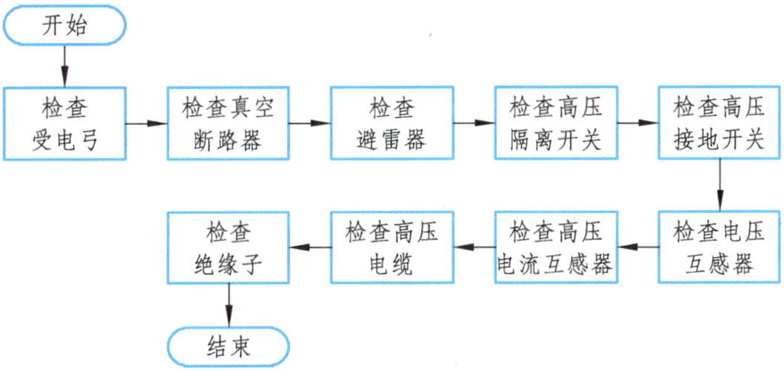

图 1-3-5　整体实训过程

2. 实训作业步骤（见表 1-3-1）

表 1-3-1　实训作业步骤

序号	检查内容	质量标准	使用工具	安全注意事项	图片
1	检查受电弓	设备各名称及定位标志清晰正确；各部螺栓油润、紧固、满帽	扳手、手锤、钢尺	检查过程中注意防撞、防跌落、防触电	
2	检查真空断路器	设备各名称及定位标志清晰正确；各部螺栓油润、紧固、满帽	扳手、手锤、钢尺	检查过程中注意防撞、防跌落、防触电	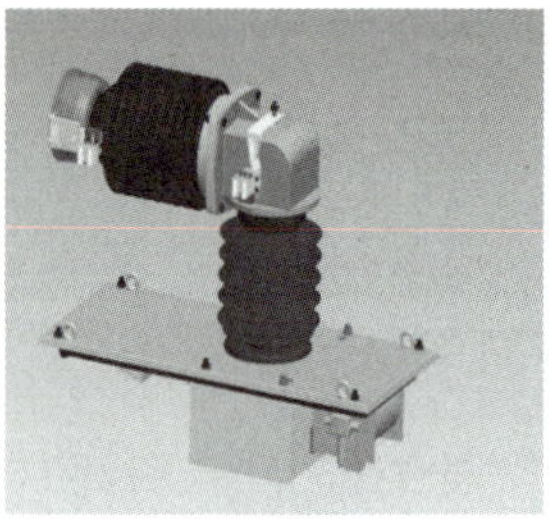
3	检查避雷器	设备各名称及定位标志清晰正确；各部螺栓油润、紧固、满帽	扳手、手锤、钢尺	检查过程中注意防撞、防跌落、防触电	
4	检查高压隔离开关	设备各名称及定位标志清晰正确；各部螺栓油润、紧固、满帽	扳手、手锤、钢尺	检查过程中注意防撞、防跌落、防触电	
5	检查高压接地开关	设备各名称及定位标志清晰正确；各部螺栓油润、紧固、满帽	扳手、手锤、钢尺	检查过程中注意防撞、防跌落、防触电	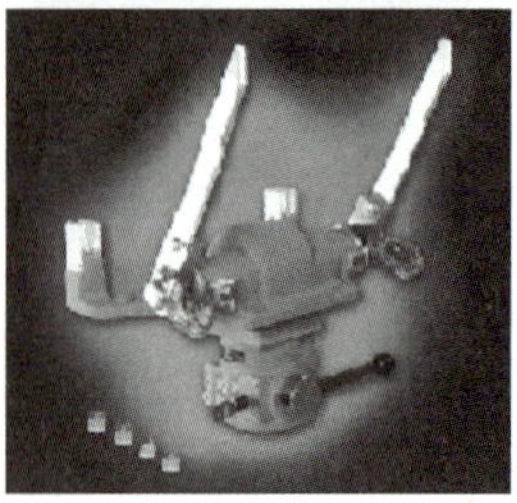

续表

序号	检查内容	质量标准	使用工具	安全注意事项	图片
6	检查电压互感器	设备各名称及定位标志清晰正确；各部螺栓油润、紧固、满帽	扳手、手锤、钢尺	检查过程中注意防撞、防跌落、防触电	
7	检查高压电流互感器	设备各名称及定位标志清晰正确；各部螺栓油润、紧固、满帽	扳手、手锤、钢尺	检查过程中注意防撞、防跌落、防触电	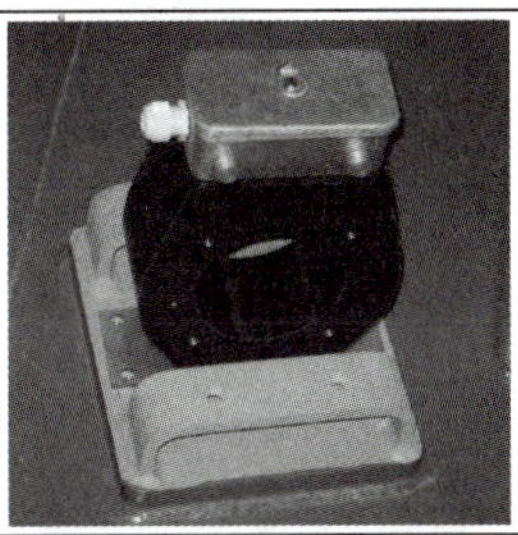
8	检查高压电缆	设备各名称及定位标志清晰正确；各部螺栓油润、紧固、满帽	扳手、手锤、钢尺	检查过程中注意防撞、防跌落、防触电	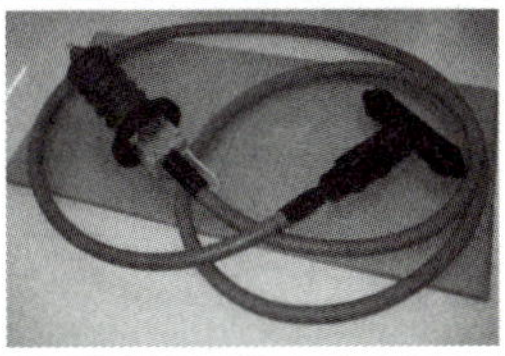
9	检查绝缘子	设备各名称及定位标志清晰正确；各部螺栓油润、紧固、满帽	扳手、手锤、钢尺	检查过程中注意防撞、防跌落、防触电	

五、实训考核标准（见表1-3-2）

表 1-3-2　实训考核标准

项　目	标　准	配分	得分
整体车顶检查实训考核	能简述整个实训流程	10 分	
检查受电弓	能判断出状态是否正常	10 分	
检查真空断路器	能判断出状态是否正常	10 分	
检查避雷器	能判断出状态是否正常	10 分	
检查高压隔离开关	能判断出状态是否正常	10 分	
检查高压接地开关	能判断出状态是否正常	10 分	
检查电压互感器	能判断出状态是否正常	10 分	
检查高压电流互感器	能判断出状态是否正常	10 分	
检查高压电缆	能判断出状态是否正常	10 分	
检查绝缘子检查	能判断出状态是否正常	10 分	

六、思考题

（1）受电弓的工作原理是什么?

（2）真空断路器的工作原理是什么?

任务四　蓄电池柜故障的综合分析、判断及应急处理

一、实训目的

（1）能按照电器柜常见故障处理方法进行故障处理。

（2）了解蓄电池柜的工作原理。

二、理论链接

1. 功能及用途

蓄电池柜（含蓄电池）作为机车上备用控制电源和启动电源，它与电源柜并联运行，起着十分重要的作用。其作用主要有以下三点：

（1）当机车启动时由蓄电池柜提供升弓、低压试验和照明用的低压电源。

（2）当运行中 110 V 开关电源部分因故障切除时，由蓄电池柜提供维持机车故障运行的控制电源。

（3）与 110 V 开关电源并联运行时，起滤波和稳定控制电源的作用。

2. 结构及技术说明

图 1-4-1 所示为蓄电池柜的外形。图 1-4-2 所示为蓄电池柜使用效果。蓄电池柜结构分为三层，每层摆放三组蓄电池组。三个门关上是门，打开是工装，更方便在车上对蓄电池进行维护，同时通风散热效果也更好。蓄电池柜正面右下方为进出线端子。

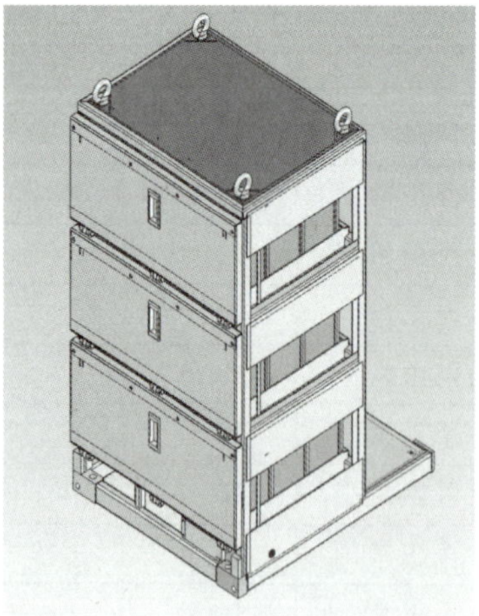

图 1-4-1　蓄电池柜的外形

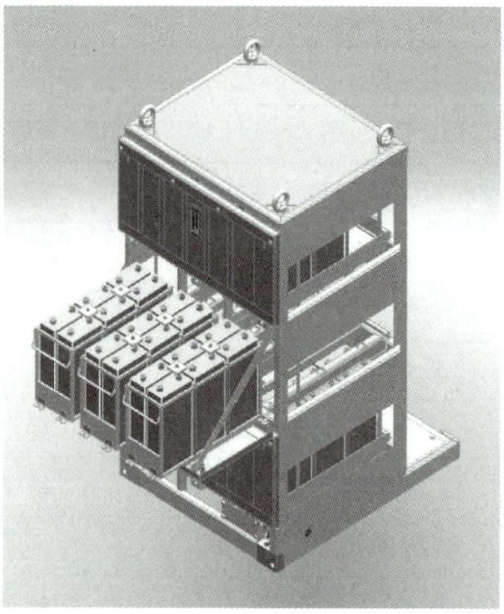

图 1-4-2　蓄电池柜使用效果

3. 工作原理

蓄电池柜中的 48 节单体蓄电池正—负串联相接组成机车控制电路所需的 96 V 直流电源系统，其额定容量仍为单体容量，即 170 A·h。当蓄电池柜不能输出电流时，此时应为蓄电池柜整个连接电路中某处断路，其判断方法为测量蓄电池组总电压，总电压为零时判定电路断路。

三、实训要求

1. 实训时间

教学时间为 2 课时。

2. 实训形式

学生每 5 人组成一个工作小组，各小组根据实训课程任务制订实训实施方案，每个小组有一名组长，组长协助老师指导本组学生进行实训。

3. 安全注意事项

（1）未经教师或管理员允许不得擅自操作。

（2）需严格按照上电顺序进行上电。

4. 工器具材料准备

（1）防护用品：防滑鞋、绝缘手套、工作服等。

（2）工具：手锤、油壶、套筒、万用表等。

（3）个人用品：笔、笔记本等。

四、实训作业步骤

1. 整体实训过程（见图 1-4-3）

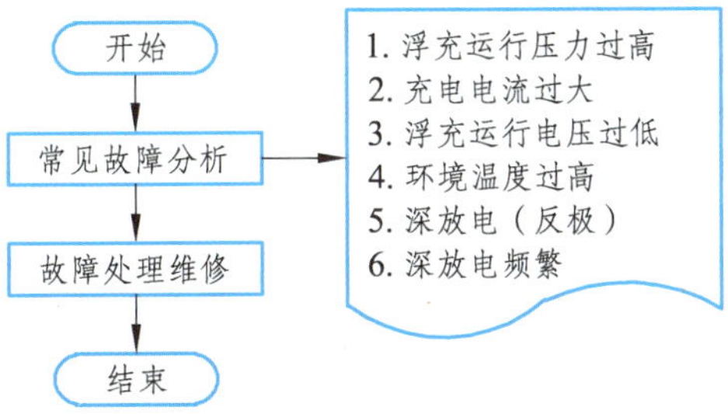

图 1-4-3　整体实训过程

2. 实训作业步骤（见表 1-4-1）

表 1-4-1　实训作业步骤

序号	故障现象/信息	直接原因	处理方法/测量/测试
1	浮充运行电压过高（25 °C 时大于 2.25 V±0.02 V）	电池内部电解水使得内压增高，排气频繁，水耗大，温度升高，壳体变形，寿命缩短	调整浮充电压值，校正仪表，或更换充电器电压控制元件

续表

序号	故障现象/信息	直接原因	处理方法/测量/测试
2	充电电流过大	电池内部电解水使得内压增高，排气频繁，水耗大，温度升高，壳体变形，寿命缩短	降低充电电流
3	浮充运行电压过低	充电不足，硫酸盐化，容量降低	均衡充电 15 h，调整浮充电压值，转入浮充运行
4	环境温度过高（高于 25 °C）	运行温度提高 10 °C，腐蚀速率将增大一倍，寿命缩短	增加通风设备，或安装空调降低电池环境温度
5	深放电（反极）	硫酸盐化，容量降低	进行 2～4 次均衡充电、放电
6	深放电频繁	使用寿命缩短	配备容量更大的电池

五、实训考核标准（见表1-4-2）

表 1-4-2　实训考核标准

项　目	标　准	配分	得分
浮充运行电压过高	根据故障现象分析并解决故障	17 分	
充电电流过大	根据故障现象分析并解决故障	16 分	
浮充运行电压过低	根据故障现象分析并解决故障	17 分	
环境温度过高	根据故障现象分析并解决故障	16 分	
深放电（反极）	根据故障现象分析并解决故障	17 分	
深放电频繁	根据故障现象分析并解决故障	17 分	

六、思考题

（1）蓄电池柜的主要作用是什么？
（2）蓄电池柜的工作原理是什么？

任务五　扫石器、撒砂器检查与维护

一、实训目的

（1）能按照扫石器的检查流程进行检查作业。
（2）能按照撒砂器的检查流程进行检查作业。

二、理论链接

1. 撒砂装置

转向架空气管路通过软管连接与车体底架空气管路接通，通过钢管与软管连接为制动单元和撒砂系统输送风源。

砂箱装置用来装载砂子，砂箱内部安装撒砂器，接通撒砂用压缩空气风源，可以实施撒砂和干砂功能。在机车起动和制动过程中，通过撒砂来增加车轮与钢轨之间的摩擦力。撒砂系统具有调压功能，通过节流阀调节进入砂箱的气源压力，控制撒砂量。当砂箱装入不同种类砂子时，对风源压力的调节尤其重要。

每台机车两个转向架上的空气管路系统和砂箱装置都保持一致，可以完全互换。

空气管路系统和砂箱装置在机车上的位置如图 1-5-1 所示。

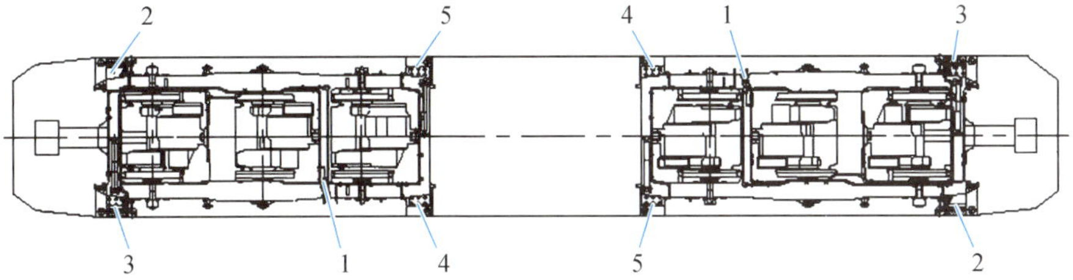

1—转向架空气管路；2—砂箱（一）；3—砂箱（二）；4—砂箱（三）；5—砂箱（四）。

图 1-5-1　空气管路位置和砂箱位置

2. 扫石器装置

扫石器装置分左右，主要由扫石器支架、扫石器铝板、排石器橡胶板、橡胶装配钢板、撒砂管等组成。扫石器安装在构架上，位于导向轮的前沿，3 位轮对扫石器不安装排石器橡胶板。扫石器在转向架上的布置如图 1-5-2 所示，扫石器外形如图 1-5-3 所示。

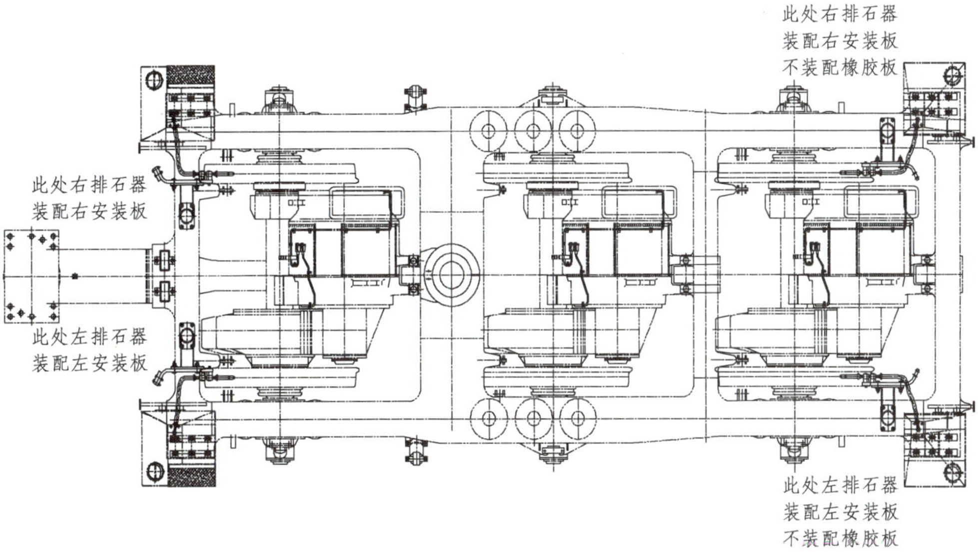

图 1-5-2　扫石器布置

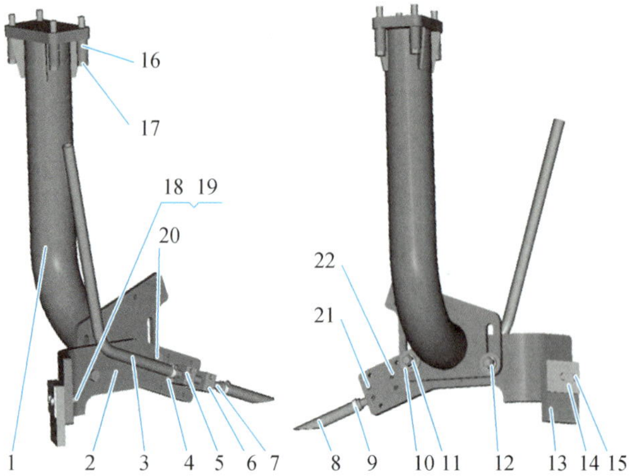

1—扫石器支架；2—扫石器铝板；3—砂管；4—砂管装配垫块；5—卡箍对；6—六角螺栓 M6×100；7—钢管；8—端管；9—管夹；10—大垫圈 16；11—锥形弹簧垫圈 16；12—六角螺母 M16；13—排石器橡胶板；14—橡胶装配钢板；15—六角螺栓 M10×55；16—螺栓连接套管；17—六角螺栓 M16×100；18—平垫圈 10；19—六角锁紧螺母 M10；20—六角螺栓 M16×60；21—平垫圈 6；22—六角螺母 M6。

图 1-5-3　扫石器外形

三、实训要求

1. 实训时间

教学时间为 2 课时。

2. 实训形式

学生每 5 人组成一个工作小组，各小组根据实训课程任务制订实训实施方案，每个小组有一名组长，组长协助老师指导本组学生进行实训。

3. 安全注意事项

（1）未经教师或管理员允许不得擅自操作。

（2）需严格按照上电顺序进行上电。

4. 工器具材料准备

（1）防护用品：防滑鞋、绝缘手套、工作服、安全帽等。

（2）工具：手锤、扳手、油壶、套筒、万用表、钢板尺等。

（3）个人用品：笔、笔记本等。

四、实训作业步骤

1. 整体实训过程（见图 1-5-4）

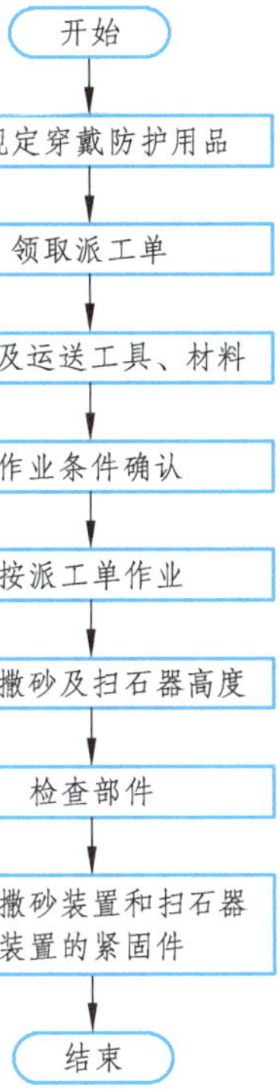

图 1-5-4　整体实训过程

2. 实训作业步骤（见表 1-5-1）

表 1-5-1　实训作业步骤

序号	作业内容	质量标准	使用工具	安全注意事项	图片
1	按规定穿戴防护用品	戴好安全帽、手套，穿好绝缘鞋	安全帽、手套、绝缘鞋	防碰撞、防跌落、防触电	
2	领取派工单	1 号按作业项目领取信息系统生成的派工单	派工单	防碰撞、防跌落、防触电	
3	领取及运送工具、材料	1 号检查力矩扳手，校验周期不超期，力矩大小符合规定。1 号、2 号分别将各自的工具材料配送至作业区域	力矩扳手	防碰撞、防跌落、防触电	
4	作业条件确认	作业条件符合需求	目视	防碰撞、防跌落、防触电	

续表

序号	作业内容	质量标准	使用工具	安全注意事项	图片
5	按派工单作业	1 号确认工前准备完毕，并报告指导老师经其同意后，1 号、2 号方可按派工单进行作业	派工单	防碰撞、防跌落、防触电	
6	检查撒砂及扫石器高度	头车撒砂管高度为（67±2）mm，中间车撒砂管高度为（70±2）mm，扫石器高度为（54±2）mm	钢板尺	防碰撞、防跌落、防触电	 
7	检查部件	撒砂装置和扫石器装置无损坏，部件无松动或缺失	手锤、扳手	防碰撞、防跌落、防触电	 
8	检查撒砂装置和扫石器装置的紧固件	检查各螺栓连接件的紧固情况，紧固件应无松动、缺失、损坏，防松标记清晰无错位	手锤、扳手	防碰撞、防跌落、防触电	

五、实训考核标准（见表1-5-2）

表 1-5-2　实训考核标准

项　目	标　准	配分	得分
整体实训流程考核	能简述整个实训流程	13 分	
按规定穿戴防护用品	防护用品佩戴齐全	13 分	
领取派工单	领取正确的派工单	13 分	
领取运行工具、原料	领取完整的工具、原料	12 分	
作业条件确认	所有条件均确认无误	13 分	
检查撒砂及扫石器装置高度	正确测量高度数据	12 分	
检查部件	所有部件均检查完毕	12 分	
检查撒砂装置和扫石器装置的紧固件	所有紧固件均检查完毕	12 分	

六、思考题

（1）撒砂装置的作用是什么？
（2）扫石器的作用是什么？

任务六　走行部检查

一、实训目的

（1）能按照走行部检查的基本流程进行检查作业。
（2）能按照走行部检查的各项要点进行检查作业。

二、理论链接

1. 转向架布置

转向架在机车上的位置如图 1-6-1 所示。

转向架主要包括构架、轮对驱动装置、一/二系悬挂装置、牵引装置、制动装置、转向架空气管路、整体起吊装置、附属装置等部件。

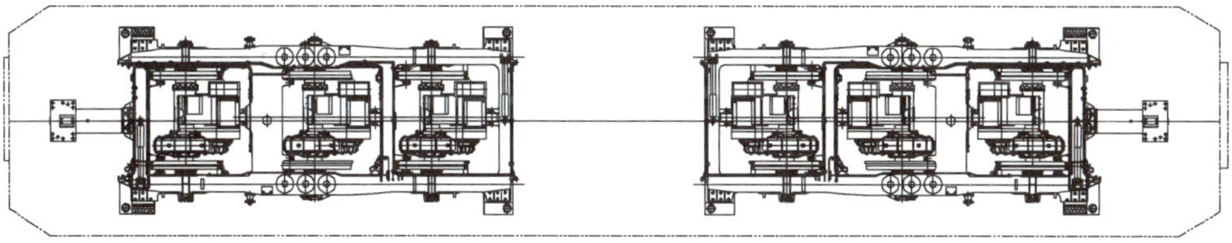

图 1-6-1　转向架位置

2. 电机悬挂布置

每台转向架上布置有三套完全相同的电机悬挂装置，在每个电机和构架之间各设有一套，如图 1-6-2 所示。

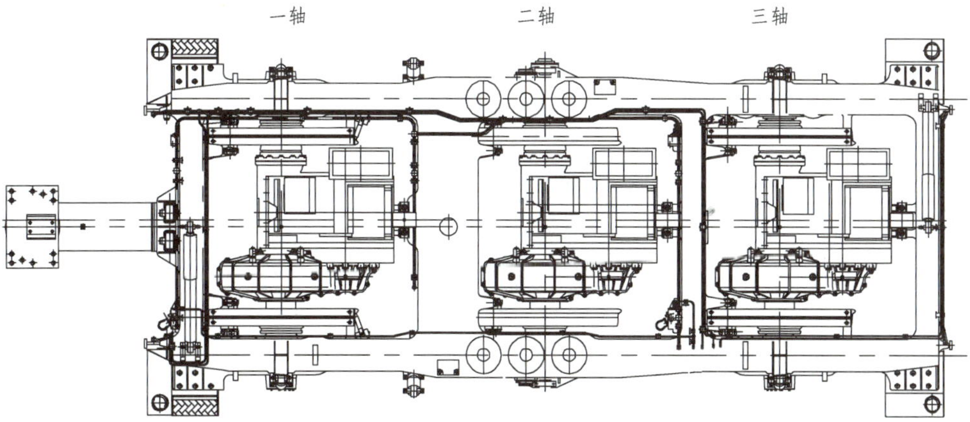

图 1-6-2　电机悬挂装置的位置

3. 电机悬挂结构

电机悬挂装置由吊杆、橡胶关节、电机防落挡块、销以及电机悬挂螺栓等零部件组成，其三维结构如图 1-6-3、图 1-6-4 所示。

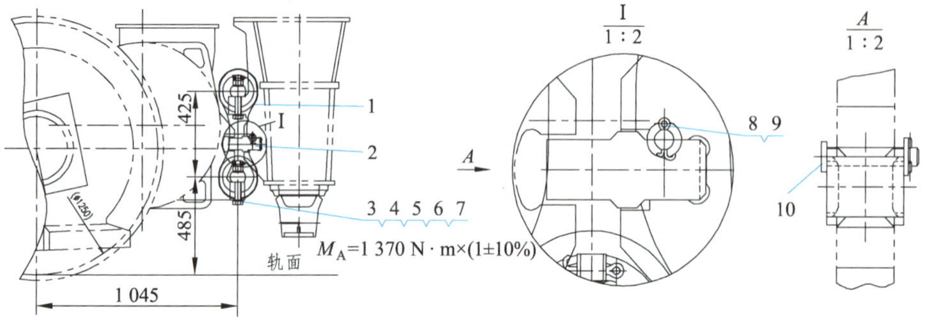

1—吊杆组件；2—防落板；3—六角螺栓；4—六角锁紧螺母；5—高压安全垫；6—乐泰胶；7—开口销 6×60；8—平垫圈；9—开口销 6.3×63；10—销轴。

图 1-6-3　电机悬挂装置

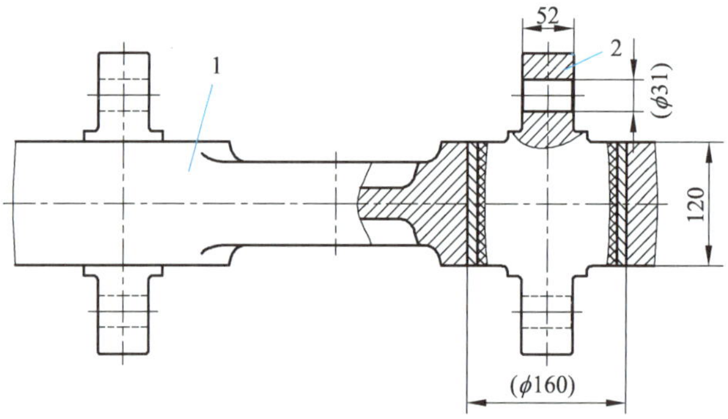

1—电机吊杆；2—吊杆橡胶关节。

图 1-6-4　电机吊杆组件

4. 一、二系悬挂装置布置

一系悬挂装置布置在轮对与转向架构架之间，二系悬挂装置布置在转向架构架和机车车体之间，其在转向架内的布置如图 1-6-5 所示。

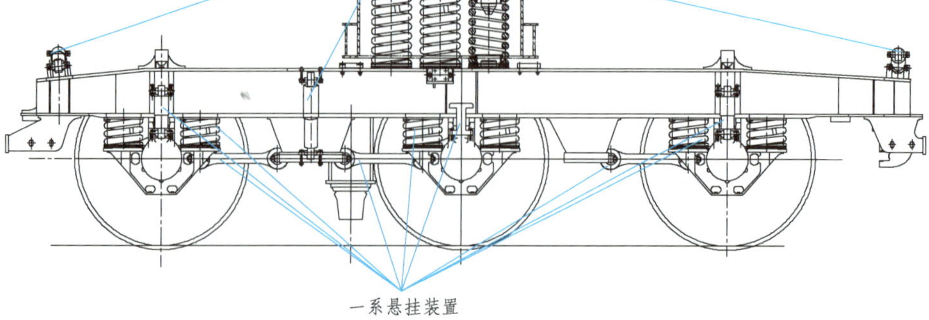

图 1-6-5　一、二系悬挂装置布置

三、实训要求

1. 实训时间

教学时间为 2 课时。

2. 实训形式

学生每 5 人组成一个工作小组，各小组根据实训课程任务制订实训实施方案，每个小组有一名组长，组长协助老师指导本组学生进行实训。

3. 安全注意事项

（1）未经教师或管理员允许不得擅自操作。

（2）需严格按照上电顺序进行上电。

4. 工器具材料准备

（1）防护用品：防滑鞋、绝缘手套、工作服等。

（2）工具：手锤、扳手、油壶、套筒、万用表、钢尺、手电筒等。

（3）个人用品：笔、笔记本等。

四、实训作业步骤

1. 整体实训过程（见图 1-6-6）

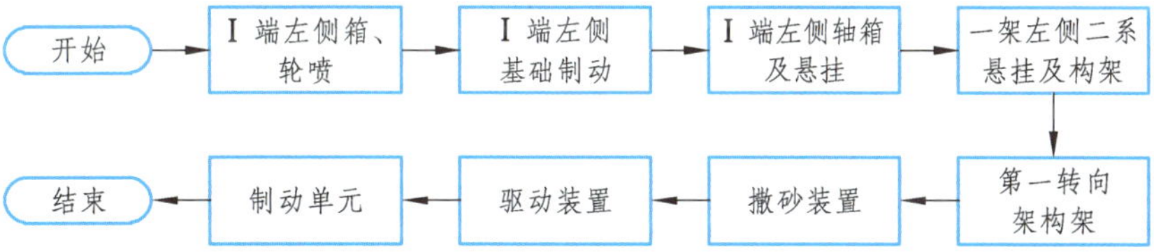

图 1-6-6　整体实训过程

2. 实训作业步骤（见表 1-6-1）

表 1-6-1　实训作业步骤

序号	作业内容	质量标准	使用工具	安全注意事项	图片
1	检查砂箱箱体及安装座	无裂纹、变形，防缓标清晰、无错位	目视	防撞、防跌落	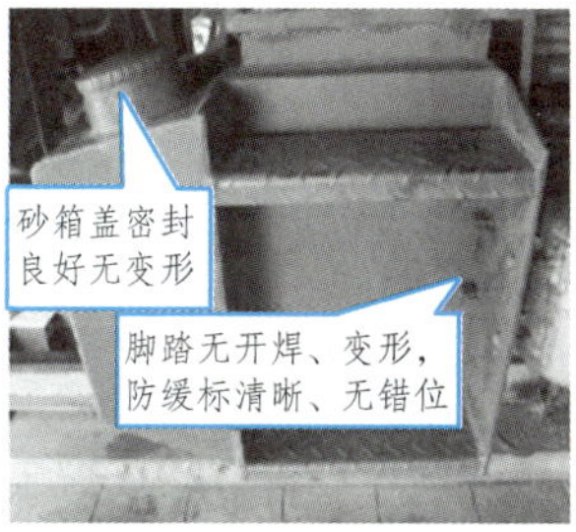
	检查砂箱盖	密封良好，无变形	目视、扳手	防撞、防跌落	
	检查脚踏	无开焊、变形，防缓标清晰、无错位	目视	防撞、防跌落	

续表

序号	作业内容	质量标准	使用工具	安全注意事项	图片
2	检查罐体及安装支座	无裂纹、无变形，防缓标清晰、无错位，油润脂应不低于油罐容积的 2/3	目视、钢尺	防撞、防跌落	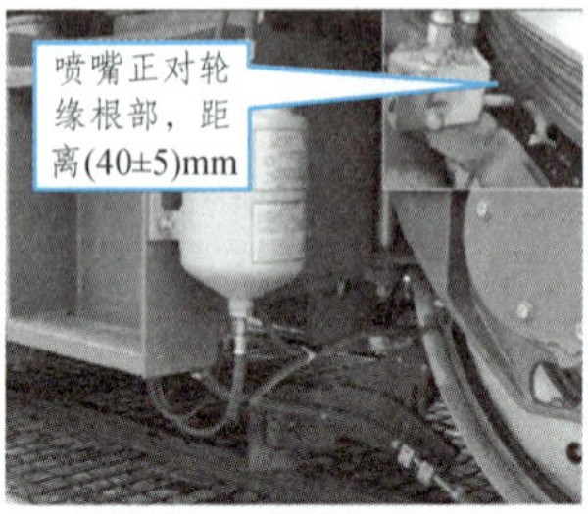
3	检查风管路	无龟裂、破损，防缓标清晰、无错位	目视	防撞、防跌落	
4	检查安装座	无裂纹，防缓标清晰、无错位。喷嘴与踏面的距离为 22 ~ 30 mm，与轮缘根部的距离为 35 ~ 45 mm，不在范围内则进行调整	目视、钢尺、扳手	防撞、防跌落	
5	检查制动夹钳	螺栓、螺母及衬套齐全，夹钳及闸片托无裂纹；各安装螺栓及连接螺栓紧固到位，防缓标清晰、无错位	目视、扳手	防撞、防跌落	
6	检查闸片	无裂纹，手拉闸片卡簧无松脱，挡板入槽。闸片厚度不小于 10 mm，闸片与制动盘间隙(两侧之和)为 2 ~ 4 mm，同一制动夹钳单元闸片厚度差不大于 2 mm	目视、钢尺	防撞、防跌落	
7	检查一系油压减振器	无裂纹，油压减振器罩无偏磨，橡胶件无龟裂，检查防缓标清晰、无错位	目视	防撞、防跌落	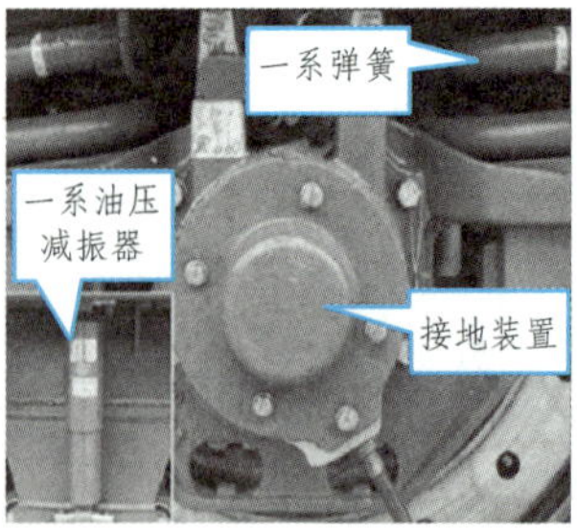
8	从左至右检查一系弹簧	无裂纹及压死现象，橡胶减振垫无龟裂	目视	防撞、防跌落	
9	检查接地线	绝缘、无破损	目视	防撞、防跌落	

续表

序号	作业内容	质量标准	使用工具	安全注意事项	图片
10	检查轴箱拉杆	无裂纹，橡胶关节无龟裂，防缓标清晰、无错位	目视	防撞、防跌落	
11	检查转向架构架	无裂纹	目视	防撞、防跌落	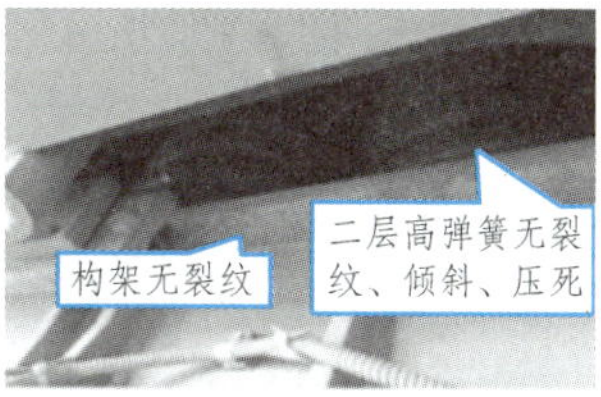
	检查二系垂向油压减振器	无裂纹，油压减振器无偏磨，橡胶件无破损、龟裂，检查防缓标清晰、无错位	目视	防撞、防跌落	
	检查3组二系高弹簧	无裂纹、倾斜、压死，压盖与支座配合无间隙	目视	防撞、防跌落	
12	检查牵引杆、牵引座	无裂纹、变形；检查防缓标清晰、无错位	目视	防撞、防跌落	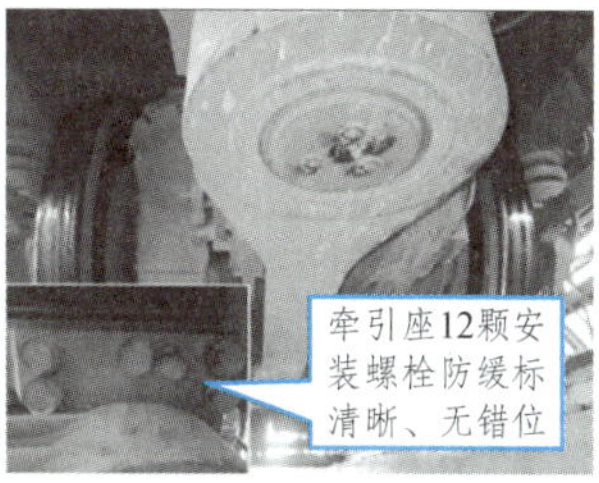 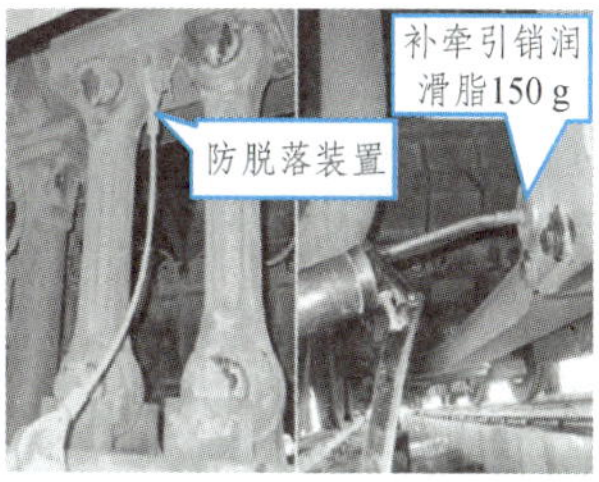
	检查橡胶关节	两端橡胶关节无裂纹	目视	防撞、防跌落	
	补牵引销润滑脂150 g		润滑脂、扳手	防撞、防跌落	
13	检查牵引杆、连杆	无裂纹，检查防缓标清晰、无错位	目视	防撞、防跌落	
	使用棉丝擦拭牵引杆销挡板螺栓表面	擦拭干净	棉丝	防撞、防跌落	
14	检查箱体	无变形，安装螺栓齐全，防缓标良好	目视	防撞、防跌落	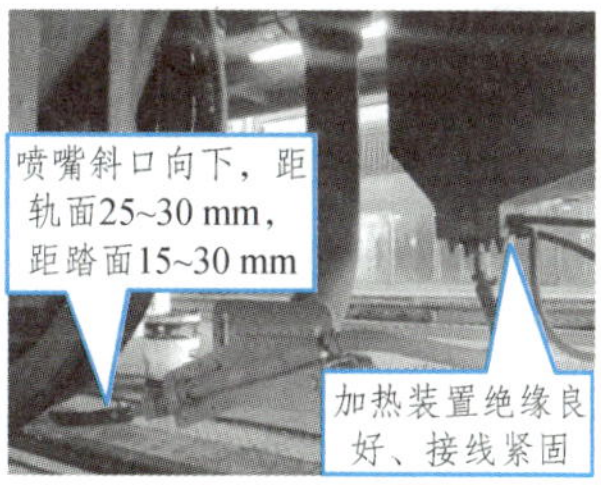
	检查支架	无变形、裂纹，防缓标清晰、无错位	目视	防撞、防跌落	
	检查加热装置	绝缘良好、接线紧固	目视	防撞、防跌落	
	检查胶管	无老化、龟裂，砂管距离轨面高度为25～30 mm	目视、钢尺	防撞、防跌落	
	检查砂箱	砂量充足，不低于砂箱容积的4/5，砂粒纯净	手电筒、扳手	防撞、防跌落	

续表

序号	作业内容	质量标准	使用工具	安全注意事项	图片
15	检查轮芯	无裂纹，可见部分制动盘螺栓齐全无断裂，制动盘无擦伤、缺陷。轮缘厚度不小于 23 mm；踏面擦伤深度不大于 0.7 mm；踏面磨耗深度不大于 7 mm；踏面缺陷深度不大于 1 mm，长度不大于 40 mm	扳手、手锤、钢尺	防撞、防跌落	
16	检查各部件	无变形、裂纹	手锤、扳手	防撞、防跌落	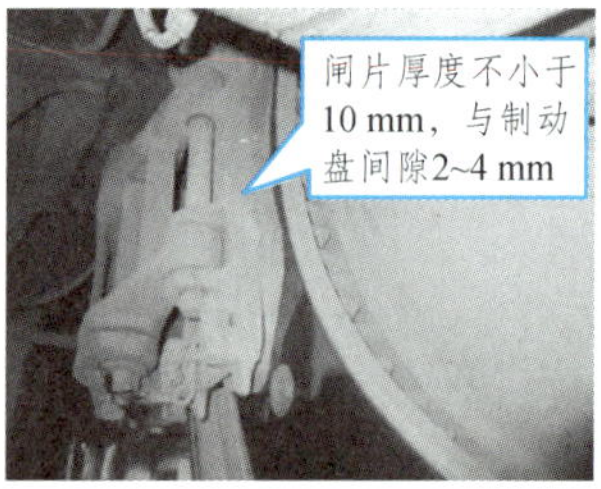
	检查闸片	厚度不小于 10 mm	钢尺	防撞、防跌落	
	检查手拉闸片托	闸片与制动盘间隙应在 2 ~ 4 mm 内	手锤	防撞、防跌落	
	检查软管	无变形、裂纹，防缓标清晰、无错位	手锤	防撞、防跌落	

五、实训考核标准（见表1-6-2）

表 1-6-2　实训考核标准

项　目	标　准	配分	得分
整体实训流程考核	能简述整体实训流程	12 分	
检查砂箱	能发现不合格项点	11 分	
检查基础制动装置	能发现不合格项点	11 分	
检查轴箱及悬挂	能发现不合格项点	11 分	
检查二系悬挂及构架	能发现不合格项点	11 分	
检查转向架构架	能发现不合格项点	11 分	
检查撒砂装置	能发现不合格项点	11 分	
检查驱动装置	能发现不合格项点	11 分	
检查制动单元	能发现不合格项点	11 分	

六、思考题

（1）闸片与制动盘的间隙是多少？

（2）砂管距离轨面的高度是多少？

任务七　车钩检查与维护

一、实训目的

（1）能按照车钩检查标准流程进行检查作业。

（2）了解车钩的工作原理。

二、理论链接

1. 结构及技术说明

7 200 kW 六轴机车采用的是内燃、电力机车 E 级钢车钩及 13B 型钩尾框，车钩装置由车钩钩体、钩锁、钩锁推铁、钩舌推铁、钩尾框、钩舌、钩尾销、钩尾销螺栓等部件组成，如图 1-7-1 所示。车钩通过钩尾销与钩尾框连成一体，在钩尾框内安装有从板和 QKX100 型缓冲器。车钩钩肩距牵引梁前端冲击座≥90 mm。钩身装入牵引梁车钩箱内，以保持钩体位置正确。车钩尾部设有扁销孔，以便通过扁销与钩尾框连接。

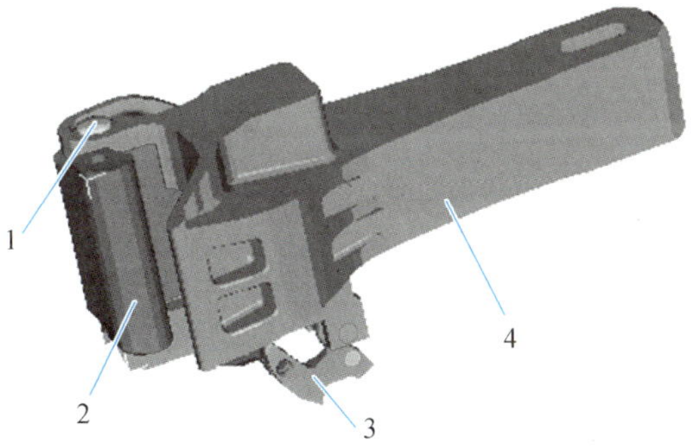

1—钩舌销；2—钩舌；3—下锁销装置；4—钩体。

图 1-7-1　电力机车车钩

2. 工作原理

车钩是利用钩舌与钩舌间的相互啮合来实现连挂牵引作用的。

3. 使用操作（见表 1-7-1）

表 1-7-1　车钩的使用操作

序号	部件名称	操作或控制方法	结果/指示说明
1	车钩解锁	开锁状态：轻轻提起提钩杆，使锁铁脚支在锁铁座上，放下提钩杆，锁铁仍未落下，钩舌也未移动。此时，将钩舌向外推，能立即伸开，即为解锁状态	车钩解锁

续表

序号	部件名称	操作或控制方法	结果/指示说明
2	车钩开锁	全开状态：将提钩杆用力提起，同时带动钩锁铁一起上升，钩锁铁推动钩舌，使钩舌推铁绕着其背面与钩体内壁接触处为支点而转动，同时钩舌推铁的下脚推动钩舌尾部的背面，使钩舌绕钩舌销转开成全开状态，钩舌完全伸开，即为开锁状态	车钩开锁
3	车钩闭锁	机车连挂后，两车钩处于锁闭位置，此时钩锁铁底部坐在钩头内表面上，钩锁铁的右侧被钩头的内壁所阻挡，其左侧又挡住了钩舌尾部，使钩舌在钩头内不能绕钩舌销转动	车钩闭锁

三、实训要求

1. 实训时间

教学时间为 2 课时。

2. 实训形式

学生每 5 人组成一个工作小组，各小组根据实训课程任务制订实训实施方案，每个小组有一名组长，组长协助老师指导本组学生进行实训。

3. 安全注意事项

（1）听从老师指挥，注意用电安全。

（2）穿戴好劳保防护用品。

（3）实训过程中遵守实训室的规章制度，不得嬉戏打闹。

4. 工器具材料准备

手电筒、钢板尺、高度尺、内卡尺、外卡尺、塞尺、力矩扳手、套筒、双用快扳手、手锤、无纺布、荧光漆、针管、使用说明书等。

四、实训作业步骤

1. 整体实训过程（见图 1-7-2）

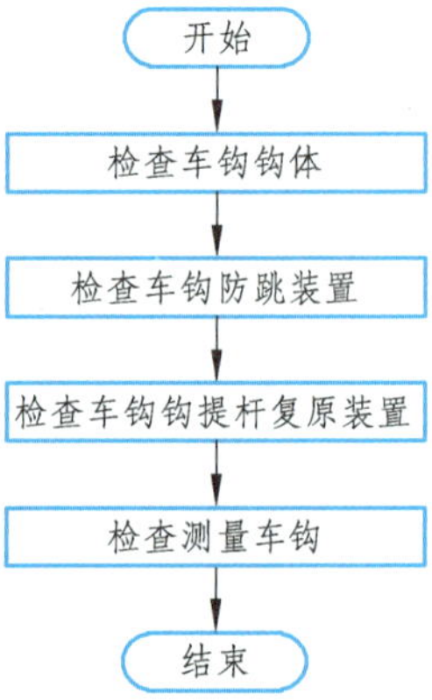

图 1-7-2　整体实训过程

2. 实训作业步骤（见表 1-7-2）

表 1-7-2　实训作业步骤

工序	作业内容	质量标准	使用工具	安全注意事项	图片
1	检查钩体	无裂损，用手左右推动钩体，钩体摆动灵活、无卡滞	目视	防撞、防挤压、防跌落	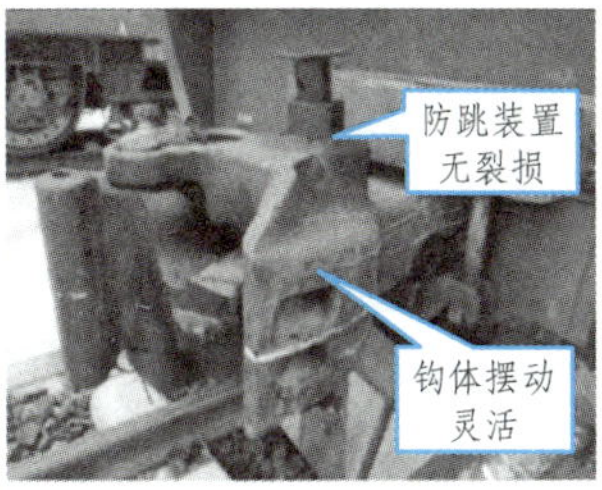
2	检查防跳凸台	状态良好，无裂纹等异常。 检查防跳装置锁闭穿销及链条状态良好，无裂纹，穿销能正常插入孔内锁闭和取出	目视	防撞、防挤压、防跌落	
3	检查钩提杆	无变形；钩提杆座无开焊，防跳槽平整，2颗安装螺丝齐全，防缓标清晰、无错位	手锤、扳手	防撞、防挤压、防跌落	
4	使用棉丝及钢丝刷清洁擦拭车钩吊杆、车钩托板、槽钢、吊杆座各处油污	检查各部无裂纹、变形；复原装置摆动灵活	棉丝、手锤、钢丝刷	防撞、防挤压、防跌落	
5	测量车钩高度	车钩中心线距轨面高度应在 840 ~ 880 mm 内	高度尺	防撞、防挤压、防跌落	
6	测量钩舌头部与钩体间最小距离	提动钩提杆，车钩至最大开位，钩舌转动灵活，无卡滞。 在车钩全开开度，将内卡尺测量距离放置在钢板尺上读取数据，应为 220 ~ 245 mm	内卡尺、手锤	防撞、防挤压、防跌落	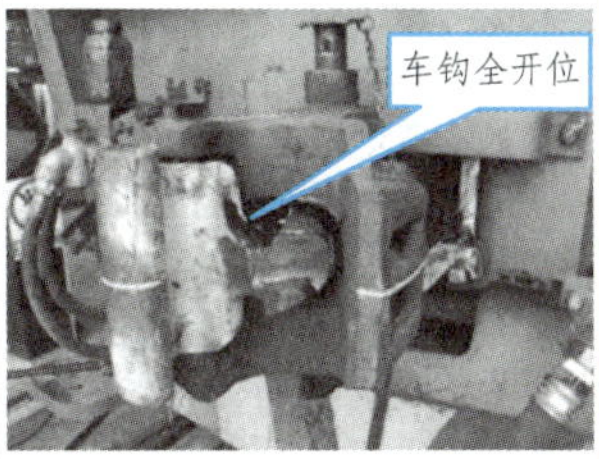

续表

工序	作业内容	质量标准	使用工具	安全注意事项	图片
7	检查锁闭位尺寸	在全开状态时，将钩舌缓慢地向钩头里推动，钩锁以自身重量完全落到锁定位置，钩舌不能伸出，用内卡尺测量锁闭位尺寸为 110 ~ 127 mm	内卡尺、手锤	防撞、防挤压、防跌落	
8	测量锁铁跳动量	在锁闭状态下，右手使用小撬棍撬动锁铁至最高位置，左手用内卡尺测量锁铁凸台与钩舌尾部垂直间隙，即为锁铁跳动量，将内卡尺测量的距离放置在钢板尺上读取数据，应为 5 ~ 22 mm	内卡尺、手锤	防撞、防挤压、防跌落	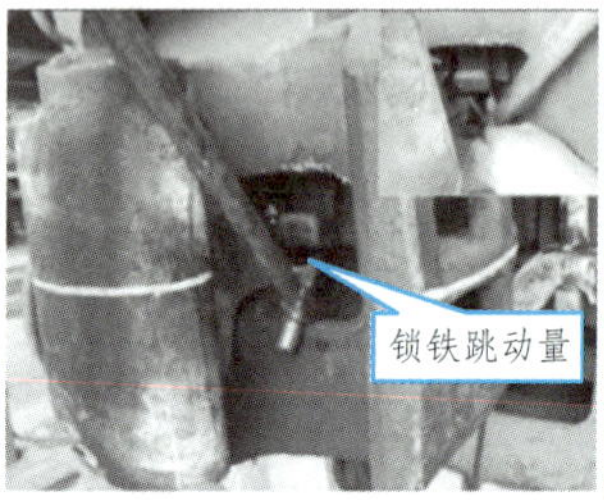
9	测量钩舌锁铁与钩舌接触面的间隙	使用小撬棍撬开锁铁与钩舌间隙至最大位，用塞尺测量钩舌锁铁与钩舌接触面之间的距离，限度为不大于 7 mm	塞尺、手锤	防撞、防挤压、防跌落	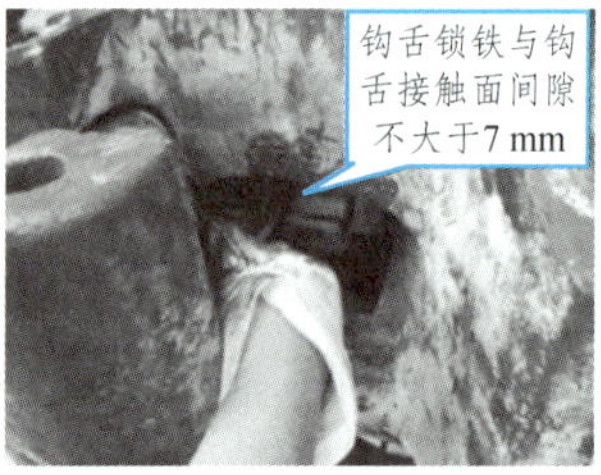
10	测量钩舌销孔横向内径、测量钩舌销外径	使用内卡尺测量钩舌销孔横向内径，使用外卡尺测量钩舌销外径，将内卡尺测量距离减去外卡尺测量距离，即为钩舌销与孔的配合间隙，限度为不大于 3 mm	内卡尺、外卡尺、手锤	防撞、防挤压、防跌落	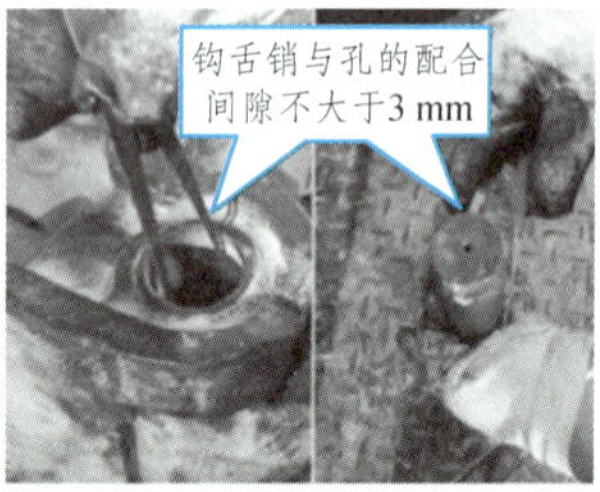

五、实训考核标准（见表1-7-3）

表 1-7-3　实训考核标准

项　目	标　准	配分	得分
整体实训流程考核	能简述整体实训流程	20 分	
检查车钩钩体	按照标准流程进行操作	20 分	
检查车钩防跳装置	按照标准流程进行操作	20 分	
检查车钩钩提杆复原装置	按照标准流程进行操作	20 分	
检查测量车钩	按照标准流程进行操作	20 分	

六、思考题

（1）车钩的工作原理是什么？
（2）车钩的三个状态指的是什么？

任务八　低压电器试验

一、实训目的

（1）能按照低压电器试验的标准化流程进行试验。
（2）了解无人警惕装置试验过程。

二、理论链接

1. 无人警惕装置试验

在运用前都要做无人警惕装置试验（见图 1-8-1、图 1-8-2）。无人警惕系统的功能试验只能在机车静止时进行。

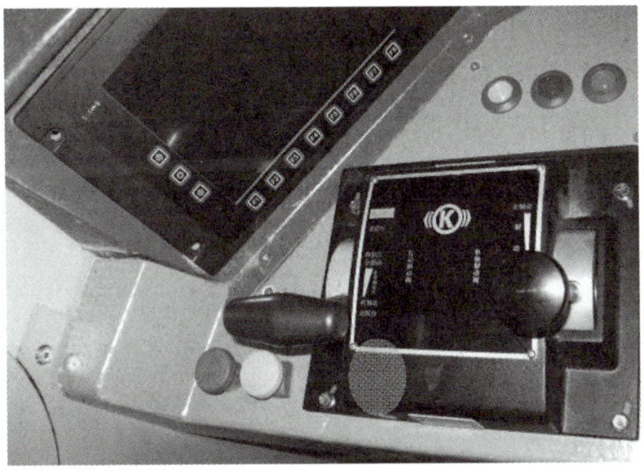

图 1-8-1　无人警惕装置按钮开关

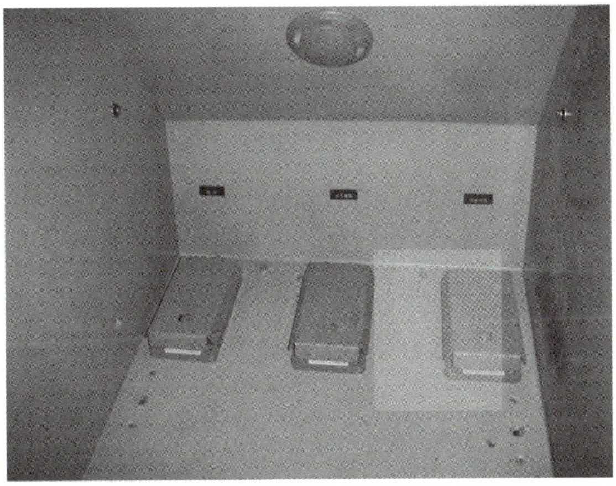

图 1-8-2　无人警惕装置脚踏开关

2. 无人警惕预警时间

HXD_1 无人警惕预警时间有两种：60 s 和 120 s。

① 60 s 之后，显示屏上显示相关信息、蜂鸣器响应；

② 60 s+10 s 之后，惩罚制动指示。

三、实训要求

1. 实训时间

教学时间为 2 课时。

2. 实训形式

学生每 5 人组成一个工作小组，各小组根据实训课程任务制订实训实施方案，每个小组有一名组长，组长协助老师指导本组学生进行实训。

3. 实训注意事项

（1）听从老师指挥，注意用电安全。

（2）穿戴好劳保防护用品。

（3）实训过程中遵守实训室的规章制度，不得嬉戏打闹。

4. 工器具材料准备

使用说明书。

四、实训作业步骤

1. 整体实训过程（见图 1-8-3）

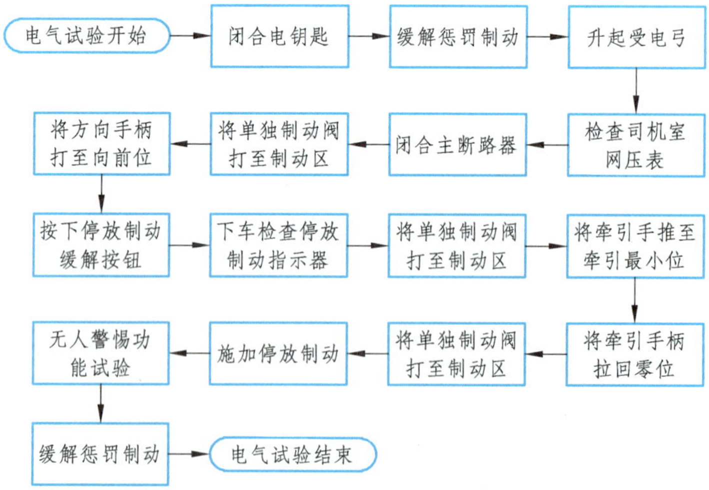

图 1-8-3　整体实训过程

2. 实训作业步骤（见表 1-8-1）

表 1-8-1　实训作业步骤

工序	作业内容	图示说明
1	将司机台右侧“钥匙开关”旋转到“开”位	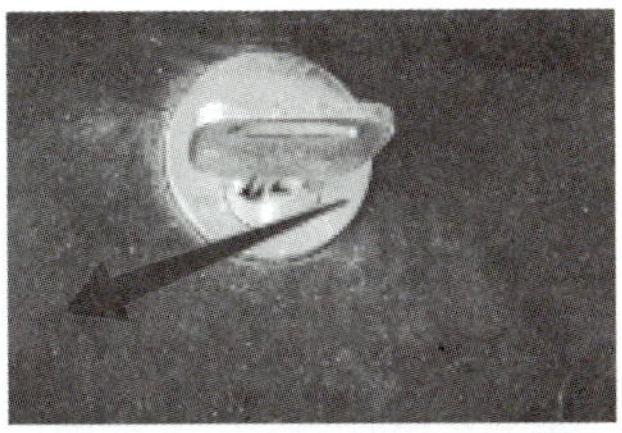
2	查看并确认“微机显示屏”是否激活	
3	将“自动制动阀”打至“抑制”位 1 s，缓解惩罚制动	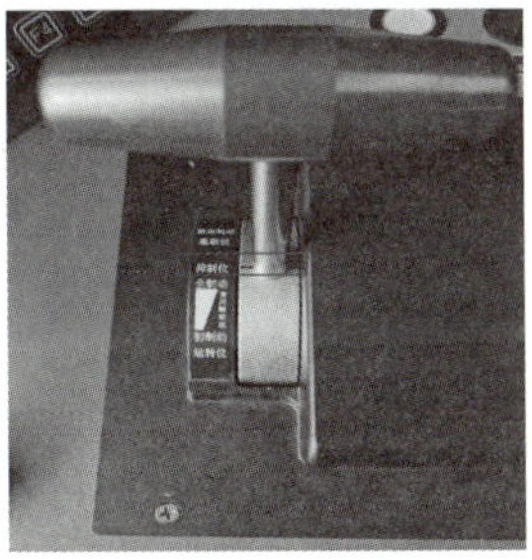
4	将“自动制动阀”拉回“运转”位	
5	将“受电弓控制”扳键打至“升”位，升起受电弓	

续表

<table>
<tr><th>工序</th><th>作业内容</th><th>图示说明</th></tr>
<tr><td>6</td><td>确认主断标志为绿色后，闭合主断路器</td><td>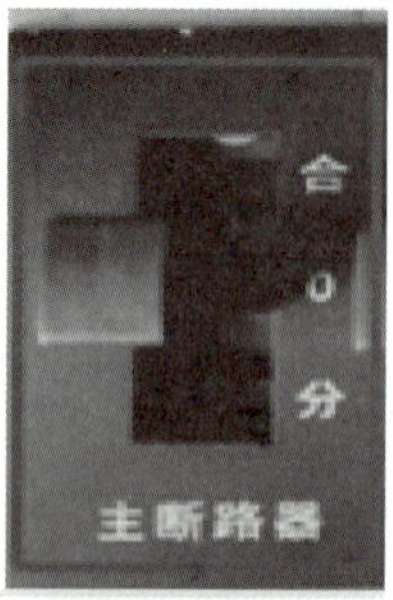
</td></tr>
<tr><td>7</td><td>将“单独制动阀”打至制动区</td><td>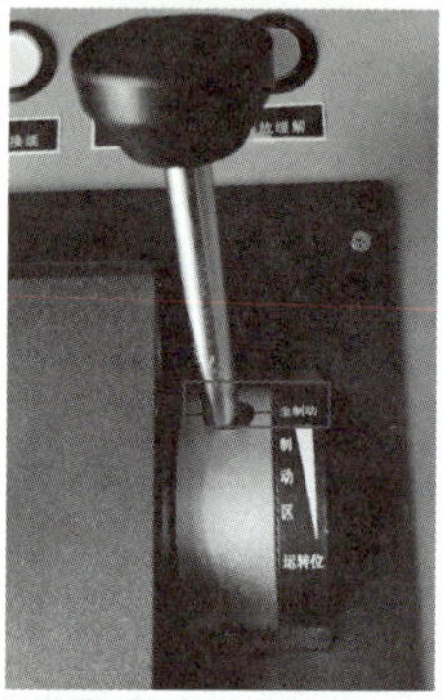</td></tr>
<tr><td>8</td><td>将“方向手柄”打至“向前”位</td><td>
</td></tr>
<tr><td>9</td><td>按下司机台左侧“停放缓解”绿色按钮，缓解停放制动</td><td>
</td></tr>
<tr><td>10</td><td>下车检查停放制动指示器</td><td>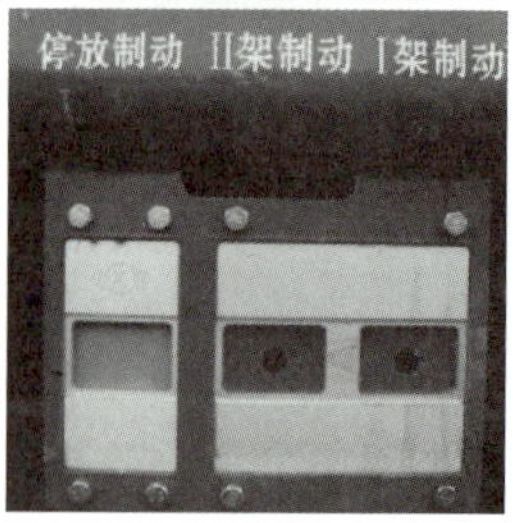
</td></tr>
</table>

续表

工序	作业内容	图示说明
11	将“单独制动阀”拉回“运转”位	
12	将“牵引制动手柄”推至牵引最小位	
13	观察微机显示屏有牵引力显示后，将“牵引制动手柄”拉回零位	
14	将“单独制动阀”打至制动区	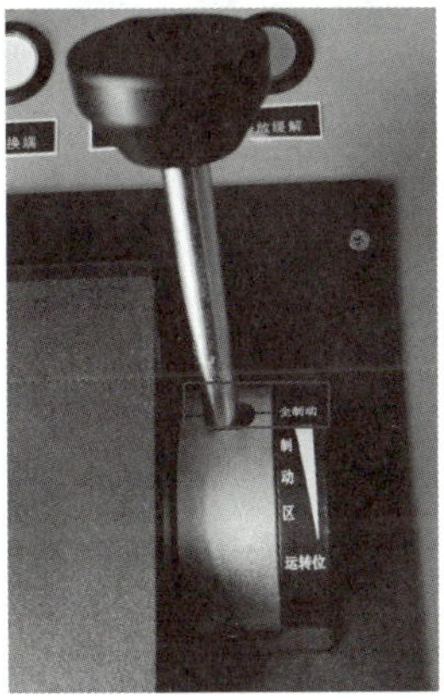

续表

工序	作业内容	图示说明
15	按下司机台左侧“停放制动”红色按钮，施加停放制动	
16	按压司机台左侧“无人警惕”黄色按钮不放，60 s 后听报警声响起，70 s 后看惩罚制动施加	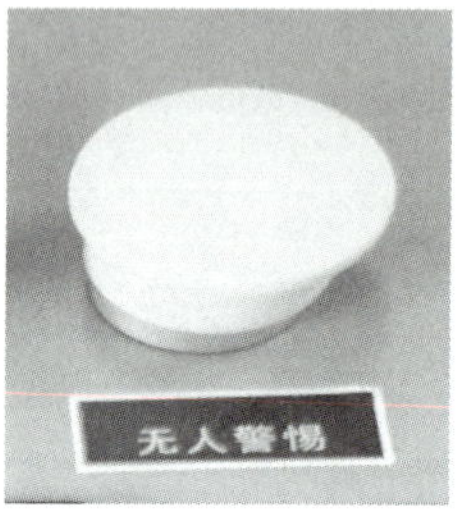
17	松开“无人警惕”黄色按钮	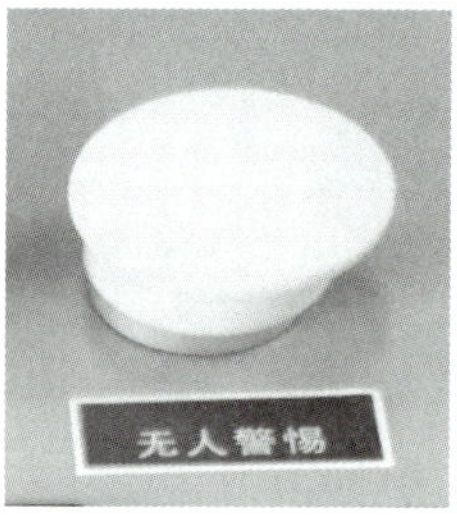
18	将“自动制动阀”打至“抑制”位 1 s，缓解惩罚制动	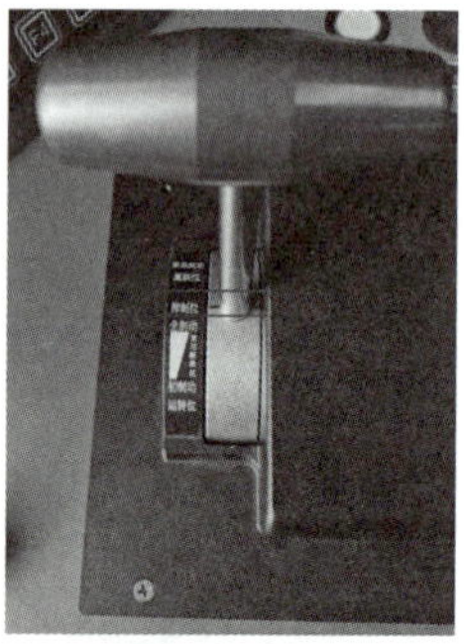
19	将“自动制动阀”拉回“运转”位	

五、实训考核标准（见表1-8-2）

表 1-8-2　实训考核标准

项　目	标　准	配分	得分
整体实训流程考核	能简述整体实训流程	16 分	
闭合电钥匙	司机室激活	12 分	
升起受电弓	受电弓升起，网压表显示正常	12 分	
闭合主断路器	主断闭合，控制电压显示正常	12 分	
缓解惩罚制动	制动屏上惩罚制动指示消失	12 分	
缓解停放制动	微机屏上停放缓解图标显示绿色	12 分	
施加停放制动	微机屏上停放制动图标显示红色	12 分	
无人警惕功能试验	微机屏上显示无人警惕倒计时	12 分	

六、思考题

（1）升弓都需要满足哪些条件?

（2）无人警惕按钮按下多少秒触发惩罚制动?

项目二 HXD$_1$转向架检修与维护

任务一 转向架总体检查与维护

一、实训目的

（1）能将转向架总体检查的方法应用于检查作业中。
（2）能将转向架维护的业务知识应用于工作中。
（3）能将转向架总体检查与维护所需要的工具及注意事项应用于工作中。

二、理论链接

1. 维修等级（见表 2-1-1）

表 2-1-1 维修等级

维修等级	说明	运行里程数/km	间隔期
VI	目视检查	8 300	2 周
I1	检查 1 级	100 000	6 个月
I2	检查 2 级	200 000	1 年
I3	检查 3 级	400 000	2 年
R1	维修 1 级	800 000 ~ 1 000 000	5 年
R2	维修 2 级	2 000 000	10 年
R3	维修 3 级	3 000 000	15 年
UM	—	计划外维修	—

2. 转向架布置

机车上安装有两个完全相同的转向架，前后转向架可以互换。转向架在机车上的位置如图 1-6-1 所示。

3. 转向架结构

转向架主要包括构架、轮对驱动装置、一/二系悬挂装置、牵引装置、制动装置、转向架空气管路、整体起吊装置、附属装置等部件，如图 2-1-1 所示。

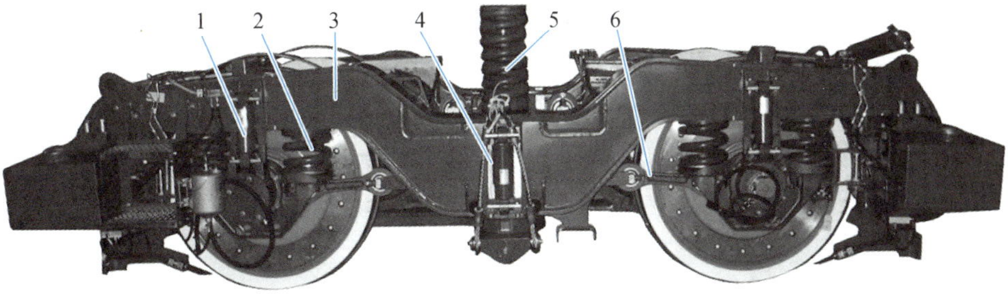

1—一系减振器；2—一系悬挂；3—转向架构架；4—二系减振器；
5—二系悬挂；6—轴箱拉杆。

图 2-1-1　转向架

1）构架

构架是转向架的骨架，它既是承载体和传力体，又是转向架上其他零部件的安装吊挂基体。该构架采用三轴转向架构架传统的“目”字形焊接钢结构，由两根侧梁、一根横梁、一根牵引梁和两根端梁构成，各梁均为薄板焊接成的箱形梁。侧梁采用直梁结构，并设置轴箱拉杆座、各油压减振器座和各止挡座等部件。车端侧的构架横梁为牵引梁，下盖板上设置牵引座。

2）轮对驱动装置

HXD_1 转向架的轮对驱动系统由轮对、轴箱、牵引电机、齿轮箱、抱轴悬挂装置等主要零部件组成，如图 2-1-2 所示。牵引电动机为交流异步电动机，额定功率为 1 225 kW。

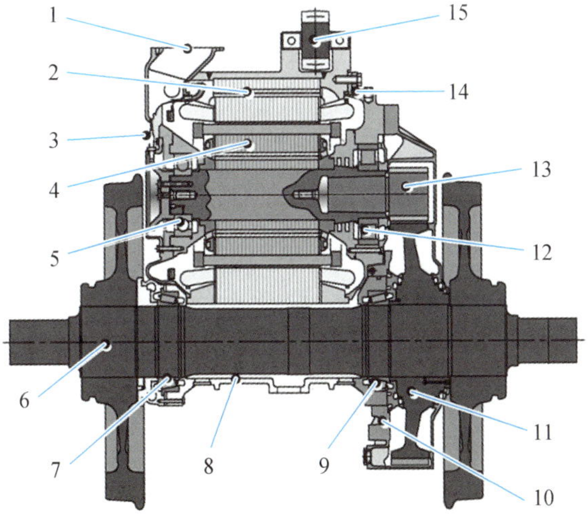

1—进风口；2—定子；3—速度传感器；4—转子；5，12—电机轴承；6—车轴；
7，9—抱轴悬挂轴承；8—轴箱；10—齿轮箱；11—车轮；13—小齿轮；
14—出风口；15—电机悬挂臂。

图 2-1-2　轮对驱动装置

3）牵引电机悬挂装置

牵引电机一端通过抱轴箱轴承支承在轮对车轴上，另一端通过吊杆吊挂在构架横梁安装座上。吊杆两端安装球形橡胶关节，可缓冲牵引电机在运行中的振动，并能适应轮对与构架之间的相对运动。

4）一、二系悬挂装置

一系悬挂装置设置在轴箱与构架之间，由螺旋钢弹簧、橡胶垫、一系垂向减振器（中间轴不设减振器）和轴箱拉杆组成。

二系悬挂系统又称支承装置。HXD_1 型电力机车的支承装置由高圆弹簧、二系垂向减振器和横向布置的抗蛇行减振器组成。每个转向架上有两组高圆弹簧（每组三个）布置在左右侧架中央部分。

三、实训要求

1. 实训时间

教学课时为 4 课时。

2. 实训形式

学生每 5 人组成一个工作小组，各小组制订实施方案及工作计划。组长协助教师指导本组学生学习，检查实训作业进度和质量，制订改进措施，共同完成项目任务。

3. 实训注意事项

（1）未经教师或管理员允许不得擅自操作。

（2）需严格按照上电顺序进行上电。

4. 工器具材料准备

（1）防护用品：防滑鞋、绝缘手套、工作服等。

（2）工具：美孚齿轮油 80W-140、润滑脂、排石器橡胶板、软管组件等。

（3）个人用品：笔、笔记本等。

四、实训作业步骤

1. 整体实训过程（见图 2-1-3）

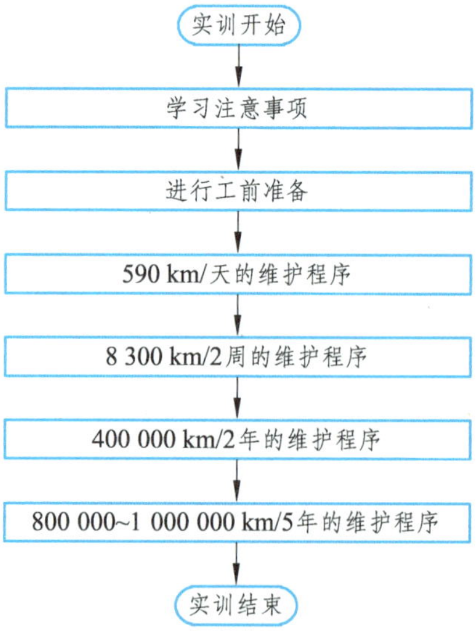

图 2-1-3　整体实训过程

维修计划如表 2-1-2 所示。

表 2-1-2　维修计划

间隔（里程数/时间）		维护程序
590 km	1 天	目视检查（VI级）有无损坏
8 300 km	2 周	目视检查（VI级）有无损坏、有无松动和缺少的部件
400 000 km	2 年	仅在必要时，清洁转向架（I3 级）
800 000 ~ 1 000 000 km	5 年	大修拆卸（R1 级）

2. 实训作业步骤

1）注意事项

在开始工作之前，确定所有电路及其邻近区域的电源均已断开，并采取保护措施避免电源的再次接入。

2）准备工作

确保在检修前和检修过程中满足以下条件：

（1）将机车放置于地沟上，以便接近转向架部件。

（2）确保机车在维修过程中不会移动。

（3）断开电源，避免再次得电，并且至少等 1 min 对电容器放电。

（4）强制要求在转向架工作之前释放转向架管路压力，确保转向架的管路内无残余气压。

（5）遵守国铁集团所有的维护和安全程序。

3）转向架总体检查与维护（见表 2-1-3）

表 2-1-3　转向架总体检查与维护

工序	类型	工作内容及质量标准	使用工具	安全注意事项
1	590 km/天的维护程序	目视检查零部件有无损坏	目视	有破损的零部件必须更换
2	8 300 km/2 周的维护程序	目视检查零部件有无损坏（裂纹、变形等）、有无松动部件和缺少的部件	目视	有破损的零部件必须更换
3	400 000 km/2 年的维护程序	清理转向架，拆除转向架的所有电源和车辆的所有外部电源，用热水、蒸汽和稀肥皂溶液（最大 1.5%的溶液）清洗转向架。 仅在有必要对转向架进行进一步的维护工作，如镟轮及连续调整工作	热水、蒸汽和稀肥皂溶液	确保转向架的管路内无残余气压
4	800 000 ~ 1 000 000 km/5 年的维护程序	（1）从车体上拆卸转向架。 ① 拆除转向架所有电源； ② 隔离和排空制动设备； ③ 断开下列装置的所有空气连接软管（常用制动、停车制动、撒砂系统、轮缘润滑装置）；	润滑脂、排石器橡胶板、软管组件	确保在转向架的管路内无残余气压

续表

工序	类型	工作内容及质量标准	使用工具	安全注意事项
4	800 000 ~ 1 000 000 km/5 年的维护程序	④ 拆卸牵引装置； ⑤ 拆卸二系垂向减振器； ⑥ 拆卸横向减振器； ⑦ 使用指定的起吊点（或架车点）小心地吊起（或架起）车体； ⑧ 将转向架推出。 （2）执行转向架结构上各个零部件单独的所有检修程序。 （3）将转向架安装到车体。 ① 同一转向架重新安装到同一车体上或者安装到与移出时相同位置的相同车辆类型的另一车体上，一系悬挂系统无变化，并检查高度调整； ② 转向架已彻底检修且重新安装到拆卸时相同的或不同的车体上，全面调整转向架高度与一系悬挂； ③ 安装牵引装置； ④ 安装二系垂向减振器； ⑤ 安装横向减振器； ⑥ 安装车体与转向架之间的空气管路及电气连接线； ⑦ 将车体安装到转向架上之后，按描述的步骤执行所有调整工作	润滑脂、排石器橡胶板、软管组件	确保在转向架的管路内无残余气压

五、实训考核标准（见表2-1-4）

表 2-1-4　实训考核标准

序号	考核项目	考核标准	配分	得分
1	整体检查流程考核	能简述整体流程	20 分	
2	确认电源断开	能正确确认	10 分	
3	准备工作按标准流程执行	能按标准执行	10 分	
4	590 km/天的维护程序	能判断状态是否异常	10 分	
5	8 300 km/2 周的维护程序	能判断状态是否异常	10 分	
6	400 000 km/2 年的维护程序	能判断状态是否异常	20 分	
7	800 000 ~ 1 000 000 km/5 年的维护程序	能判断状态是否异常	20 分	

六、思考题

（1）转向架总体检查与维护时主要可以分为哪几个级别检查？

（2）机车转向架总体主要由哪几部分组成？

任务二　转向架构架检查与维护

一、实训目的

（1）能将转向架构架检查的方法应用于相关检查作业中。
（2）能将转向架构架维护的业务知识应用于工作中。
（3）能将转向架构架检查与维护所需要的工具及注意事项应用于工作中。

二、理论链接

1. 构架说明

构架是转向架的基础结构，安装了所有悬挂部件以及其他必要的设备，如电机悬挂装置、撒砂设备和扫石器、轮盘制动器布置、防护板和脚蹬。转向架构架在轮对和车体之间传递所有静态和动态力。

实际上，转向架构架提供了下列功能：

① 支撑车体；
② 安装部件和功能组件的基础；
③ 支撑驱动装置；
④ 支撑制动功能组件；
⑤ 传递牵引力、制动力和车体重量。

构架外形如图 2-2-1 所示。

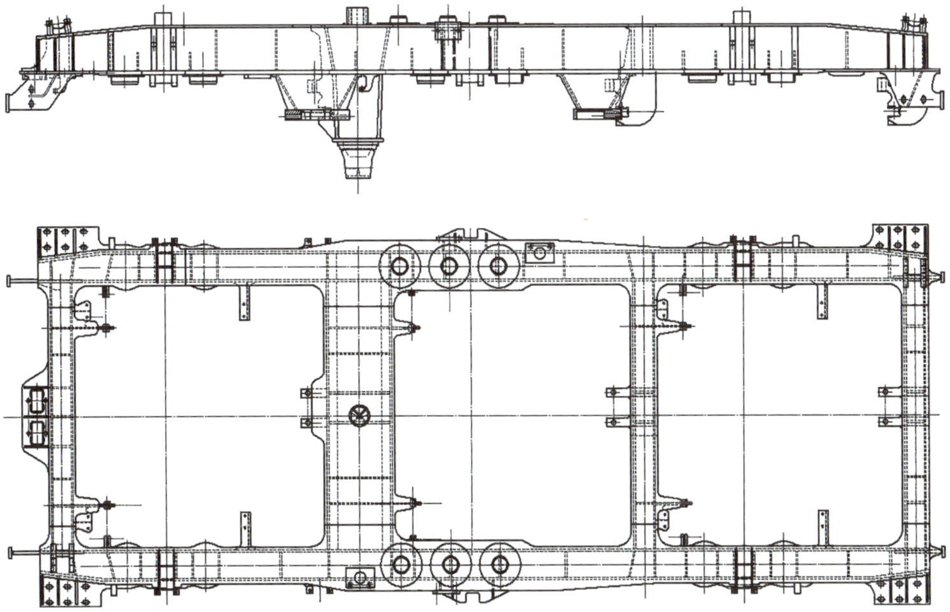

图 2-2-1　构架外形

2. 技术说明

构架主要是由两根侧梁、一根中间横梁、一根牵引梁和两根端梁组成的“目”字形框架结构，如图 2-2-2 所示。侧梁是由钢板焊接成的鱼腹形的箱形断面结构，其上焊接有轴箱拉杆座、减振器座、制动座、一系簧座板、二系簧座板和横向止挡等部件；中间横梁是由钢板焊接成的箱形断面结构，其上焊接有电机悬挂座和制动器吊座等部件；牵引梁是由钢板焊接成的箱形断面结构，其上焊接有电机悬挂座、牵引座和制动器吊座等部件。

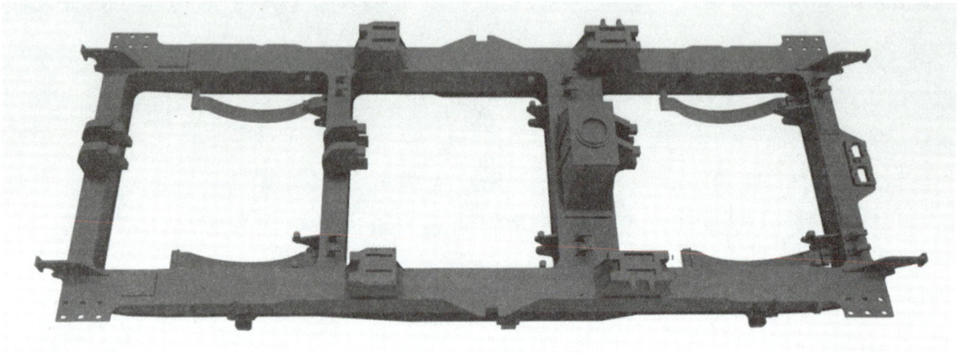

图 2-2-2　构架结构

三、实训要求

1. 实训时间

教学课时为 4 课时。

2. 实训形式

学生每 5 人组成一个工作小组，各小组制订实施方案及工作计划。组长协助教师指导本组学生学习，检查实训作业进度和质量，制订改进措施，共同完成项目任务。

3. 实训注意事项

（1）未经教师或管理员允许不得擅自操作。

（2）需严格按照上电顺序进行上电，注意遵守车间检修注意事项。

4. 工器具材料准备

（1）防护用品：防滑鞋、绝缘手套、工作服等。

（2）工具：架车机、天车、专用翻转机具、专用清洗设备、压力机、轨道平车、探伤设备、气（电）焊设备、白粉水、漆笔。

（3）个人用品：笔、笔记本等。

四、实训作业步骤

1. 整体实训过程（见图 2-2-3）

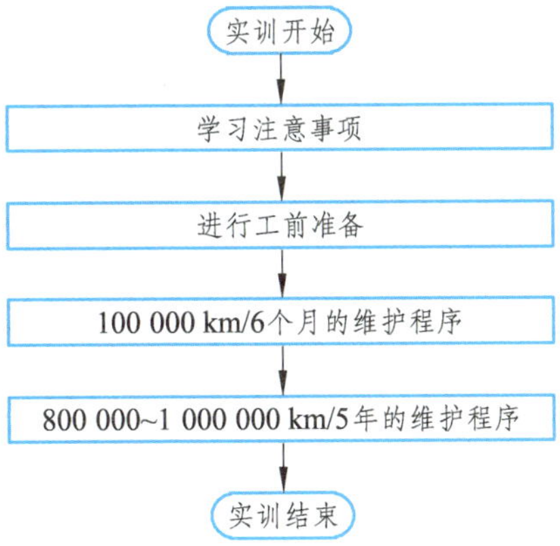

图 2-2-3 整体实训过程

维修计划如表 2-2-1 所示。

表 2-2-1 维修计划

间隔（里程数/时间）		维护程序
8 300 km	2 周	不适用
100 000 km	6 月	检查是否有损坏
200 000 km	1 年	不适用
400 000 km	2 年	不适用
800 000 ~ 1 000 000 km	5 年	检查部件完整性，检查是否有损坏
2 000 000 km	10 年	不适用
3 000 000 km	15 年	不适用

2. 实训作业步骤

1）安全说明

只能聘用有资质的人员对现有装置进行操作、维护、检修和故障查找的工作。

有资质人员是指那些接受过培训、拥有经验和掌握工作程序，并对相关标准、规则、故障预防守则和操作指南了解，经过安全责任单位授权进行工作，同时能够识别和避免任务相关的潜在危险的人员。此外，拥有急救和地方救生设施相关知识也是必要的条件。对于与电力电源安装相关的工作，禁止无资质人员操作。

2）准备工作

确保在检修前和检修过程中满足以下条件：

（1）将机车放置于地沟上，以便接近转向架部件。

（2）确保机车在维修过程中不会移动。

（3）断开电源，避免再次得电并且至少等 1 min 对电容器放电。

（4）强制要求在转向架工作之前释放转向架管路压力，确保转向架的管路内无残余气压。

（5）遵守国铁集团所有的维护和安全程序。

3）构架检查与维护（见表 2-2-2）

表 2-2-2　构架检查与维护

工序	修程	工作内容及质量标准	使用工具	安全注意事项
1	100 000 km/6 个月的维护程序	（1）对构架进行外观检查，确保构架和各安装座无变形、裂纹和开焊。 （2）焊缝开焊时，允许焊修。 （3）构架的硬伤及局部变形无法消除时应做出记录，必要时须局部进行磁粉探伤，并按构架尺寸检查图检查各部件尺寸。 （4）检查构架油漆有没有损坏，若有需修补损坏的油漆	探伤设备	有破损的零部件必须更换
2	800 000～1 000 000 km/5 年的维护程序	（1）对构架侧梁、横梁、端梁焊缝和各安装座进行涂白粉水目测，确保构架和各安装座无变形、裂纹和开焊。 （2）焊缝开焊时，允许焊修。构架的硬伤及局部变形无法消除时应做出记录，进行磁粉（或超声波）探伤并按构架尺寸检查图检查各部件尺寸。铭牌齐全、完好。 （3）按转向架解体要求对转向架进行解体。 ① 对构架进行表面人工除污，重点为污垢严重处及各拐角处。若空气管路等附件未分解，应封堵所有开放的管接头，送入专用设备内进行清洗剂溶液加温加压喷淋清洗，水温约 55 °C，煮洗时间一般约为半小时。未煮洗干净处应人工清理，各部件外体表面应达到目视无油垢状态。 ② 外观检查构架各梁有无裂纹、开焊、硬伤和局部变形。对构架各对接焊缝、各安装座焊缝进行磁粉探伤，对构架其他焊缝涂白粉水目测，确保构架无裂纹和开焊。构架裂纹或焊缝开焊时，允许焊修。构架的硬伤及局部变形无法消除时应做出记录。 ③ 检查轴箱拉杆座、油压减振器座、制动座、制动器吊座、电机悬挂座及吊座有无变形。 ④ 检查铭牌齐全、完好。 ⑤ 按构架测量图检查各相关尺寸，构架关键尺寸不得超出限度的范围，超出时需要修补或校正。 ⑥ 检查构架油漆有没有损坏，若有需修补损坏的油漆	白粉水、探伤设备、清洗剂、漆笔	不能使用任何侵蚀性清洁剂，只允许使用稀肥皂液

五、实训考核标准（见表2-2-3）

表 2-2-3　实训考核标准

序号	考核项目	考核标准	配分	得分
1	整体检查流程考核	能简述整体流程	20 分	
2	确认电源断开	能正确确认	10 分	
3	准备工作按标准流程执行	能按标准执行	10 分	
4	100 000 km/6 个月的维护程序	能判断状态是否异常	30 分	
5	800 000 ~ 1 000 000 km/5 年的维护程序	能判断状态是否异常	30 分	

六、思考题

（1）进行转向架构架检查与维护时主要可以分为哪几个级别的检查?

（2）在对构架进行清理时，送入专用设备内进行清洗剂溶液加温加压喷淋清洗有什么技术要求?

（3）构架的主要功能分别是什么?

任务三　转向架轮对内侧距、踏面与轮缘测量

一、实训目的

（1）能将转向架轮对内侧距的测量方法应用于工作中。

（2）能将转向架轮对踏面的测量方法应用于工作中。

（3）能将转向架轮对轮缘的测量方法应用于工作中。

（4）能将转向架轮对的相关理论链接与维护所需要的工具及注意事项应用于工作中。

二、理论链接

1. 轮对内侧距离检查尺

轮对内侧距离检查尺，简称为“内距尺”，也叫作“轮背内侧距离检查尺”，是用来检查同一轮轴两轮对的内侧距离。轮对内侧距离检查尺有刻线式（又称为刻度式）轮对内侧距离检查尺和数显式（又称为数字显示式）轮对内侧距离检查尺两种。

2. 轮对说明

轮对组装包括车轮和车轴的功能。车轮提供滚动踏面。轮对组装的另一功能是保证固定的轮距。轮对也将静态和动态力从车体传递到轨道，特别是制动装置的制动力以及驱动单元的牵引力。

轴箱组装是机车转向架最重要的部分之一，安装在机车车轴两端轴颈上，用来将全部簧上载荷包括铅垂方向的动载荷传递给车轴，并将来自轮对的牵引力、

制动力和冲击作用力传到构架上。此外，它还传递轮对与构架间的横向和纵向作用力。同时，通过轴承能将机车车轮的滚动转化为车体的平动。轮对位置与轮对组装结构如图 2-3-1 和图 2-3-2 所示。

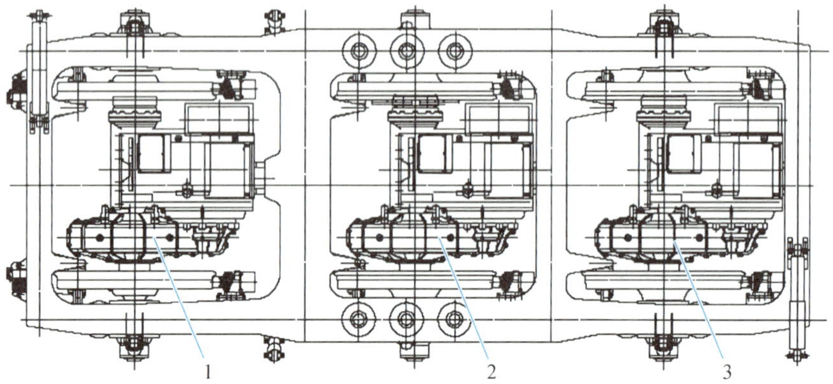

1—轮对 1；2—轮对 2；3—轮对 3。

图 2-3-1　轮对位置

1—车轮；2—车轴。

图 2-3-2　轮对组装结构

3. 车轮踏面擦伤的危害

车轮是铁道车辆所有零件中最基本的零件，不仅要承受轮轨之间的垂向、横向动作用力和摩擦力，而且还要承受踏面制动时的热负荷，它具有载重、导向、传递制动力和牵引力的功能。车轮踏面擦伤是铁道车辆在运行中，由于制动力过大造成抱闸过紧，致使车轮在钢轨上滑行、踏面局部被磨成平面的现象（见图 2-3-3），该部位局部凹陷，一般情况下，一对轮对的两个车轮对称部位均能看到擦伤形貌。

三、实训要求

1. 实训时间

教学课时为 4 课时。

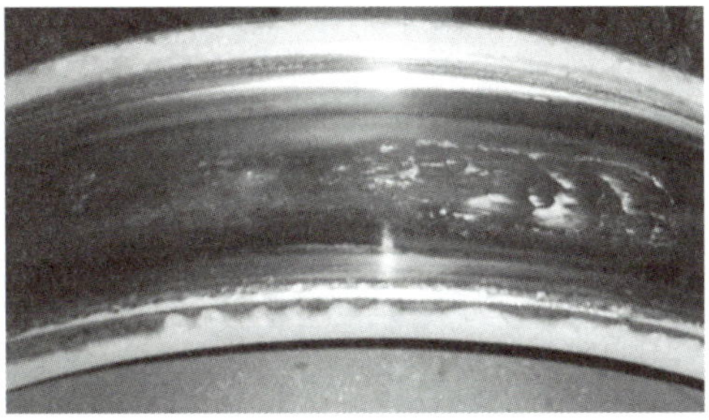

图 2-3-3 轮对擦伤

2. 实训形式

学生每 5 人组成一个工作小组，各小组制订实施方案及工作计划。组长协助教师指导本组学生学习，检查实训作业进度和质量，制订改进措施，共同完成项目任务。

3. 实训注意事项

（1）未经教师或管理员允许不得擅自操作

（2）注意遵守车间检修注意事项。

4. 工器具材料准备

（1）防护用品：防滑鞋、绝缘手套、工作服等。

（2）工具：超声波探伤仪、磁粉探伤器、角磨机、轮辋厚度尺、踏面外形样板、轮径专用量具、轮对内距尺、轮对注油压装设备、轴承单元安装及拆卸专用设备和仪器等。

（3）个人用品：笔、笔记本等。

四、实训作业步骤

1. 整体实训过程（见图 2-3-4）

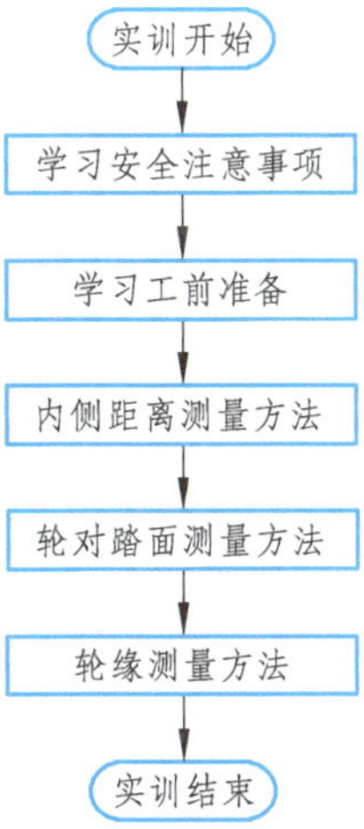

图 2-3-4 整体实训过程

2. 实训作业步骤（见表 2-3-1）

表 2-3-1　实训作业步骤

工序	作业内容	作业标准	检查结果记录
1	内侧距离测量		
2	轮对踏面测量		

五、实训考核标准（见表2-3-2）

表 2-3-2　实训考核标准

序号	考核项目	考核标准	配分	得分
1	整体检查流程考核	能简述整体流程	20 分	
2	确认电源断开	能正确确认	10 分	
3	准备工作按标准流程执行	能按标准执行	10 分	
4	内侧距离测量方法	能判断状态是否异常	20 分	
5	轮对踏面测量方法	能判断状态是否异常	20 分	
6	轮缘测量方法	能判断状态是否异常	20 分	

六、思考题

（1）内侧距离测量时使用到的工具有哪些？
（2）踏面测量分为哪几种形式？
（3）轮对踏面擦伤的危害都有哪些？

任务四　转向架一、二系弹簧系统检查与维护

一、实训目的

（1）能将转向架一、二系弹簧系统检查的方法应用于检查作业中；
（2）能将转向架一、二系弹簧系统维护的业务知识应用于工作中；
（3）能将转向架一、二系弹簧系统检查与维护所需要的工具及注意事项应用于工作中。

二、理论链接

1. 转向架一、二系悬挂装置技术参数（见表 2-4-1）

表 2-4-1　转向架一、二系悬挂装置技术参数

一系垂向止挡间隙	25^{+2}_{-1} mm
一系横向止挡间隙	10 mm
一系弹簧工作高度	（189±2）mm
二系弹簧工作高度	（497±4）mm

2. 一、二系悬挂装置说明

根据机车转向架运动学、动力学性能需要，在转向架内设计了一、二系悬挂装置。它们能给转向架提供各向刚度和阻尼，在实现转向架牵引与制动功效的同时还能缓和轨道对机车的冲击和振动，提高机车的安全和运行品质。

1）一系悬挂装置说明

HXD_1 机车转向架一系悬挂结构借鉴了高速动力转向架的悬挂结构（见图 2-4-1），由钢圆簧、轴箱拉杆、垂向减振器组成。轴箱采用单侧轴箱拉杆定位；轴箱拉杆两端采用球形橡胶关节，由于橡胶关节径向刚度大，回转刚度小，因而使轴箱纵向具有较大的定位刚度，并可使轴箱相对构架能自由地沉浮及绕本身轴线回转。

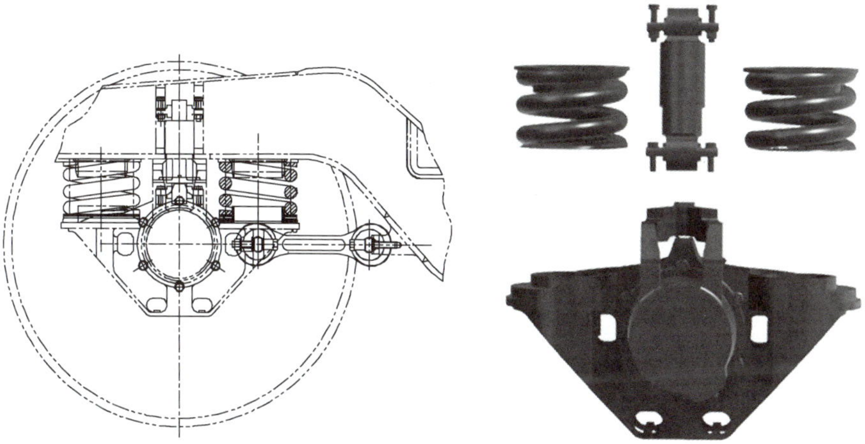

图 2-4-1　一系悬挂装置

一系悬挂装置参数见表 2-4-2。

表 2-4-2　一系悬挂装置参数

<table>
<tr><td colspan="2">一系弹簧加橡胶垫的纵向刚度（每个）</td><td colspan="3">2.415 MN/m</td></tr>
<tr><td colspan="2">一系弹簧加橡胶垫的横向刚度（每个）</td><td colspan="3">2.415 MN/m</td></tr>
<tr><td colspan="2">一系弹簧加橡胶垫的垂向刚度（每个）</td><td colspan="3">1.455 MN/m</td></tr>
<tr><td colspan="2">轴箱拉杆长度</td><td colspan="3">0.442 m</td></tr>
<tr><td colspan="2">轴箱拉杆橡胶关节的纵向刚度（每个）</td><td colspan="3">72 MN/m</td></tr>
<tr><td colspan="2">轴箱拉杆橡胶关节的扭转刚度（每个）</td><td colspan="3">33 Nm/°</td></tr>
<tr><td colspan="2">轴箱拉杆橡胶关节的偏转刚度（每个）</td><td colspan="3">35 Nm/°</td></tr>
<tr><td colspan="2">一系横向止挡间隙</td><td colspan="3">10 mm</td></tr>
<tr><td colspan="2">一系垂向止挡间隙</td><td colspan="3">25 mm</td></tr>
<tr><td rowspan="3">一系垂向减振器阻尼</td><td>速度/（m/s）</td><td>0.1</td><td>0.3</td><td>0.7</td></tr>
<tr><td>拉伸阻尼力/N</td><td>4 250</td><td>10 000</td><td>18 000</td></tr>
<tr><td>压缩阻尼力/N</td><td>4 450</td><td>10 000</td><td>16 000</td></tr>
</table>

2）二系悬挂装置说明

HXD$_1$ 机车二系悬挂装置由高挠钢弹簧、橡胶垫、垂向减振器、端部水平减振器组成，并设置了垂向和横向止挡。钢弹簧设计满足 EN 13906-1，材料满足 EN 10089，制造满足 UIC 822 V 以及 DIN 2096。

动力学计算表明：二系弹簧采用横向布置，可减小弹簧最大变形量，改善弹簧的受力状态；二系横向减振器布置在构架端梁，可以降低轮轴横向力。

二系悬挂装置参数如表 2-4-3 所示。

表 2-4-3　二系悬挂装置参数

<table>
<tr><td colspan="2">二系弹簧纵向刚度（每个）</td><td colspan="5">0.226 5 MN/m</td></tr>
<tr><td colspan="2">二系弹簧横向刚度（每个）</td><td colspan="5">0.226 5 MN/m</td></tr>
<tr><td colspan="2">二系弹簧垂向刚度（每个）</td><td colspan="5">0.557 MN/m</td></tr>
<tr><td colspan="2">二系横向止挡自由间隙</td><td colspan="5">35 mm</td></tr>
<tr><td colspan="2">二系横向止挡弹性间隙</td><td colspan="5">5 mm</td></tr>
<tr><td colspan="2">二系垂向止挡间隙</td><td colspan="5">30 mm</td></tr>
<tr><td rowspan="3">二系垂向减振器阻尼</td><td>速度/（m/s）</td><td colspan="2">0.1</td><td colspan="3">0.3</td></tr>
<tr><td>拉伸阻尼力/N</td><td colspan="2">9 340</td><td colspan="3">20 000</td></tr>
<tr><td>压缩阻尼力/N</td><td colspan="2">8 500</td><td colspan="3">23 000</td></tr>
<tr><td rowspan="3">二系水平减振器阻尼</td><td>速度/（m/s）</td><td>0.025</td><td>0.05</td><td>0.075</td><td>0.1</td><td>0.3</td></tr>
<tr><td>拉伸阻尼力/N</td><td>1 540</td><td>3 850</td><td>4 960</td><td>5 820</td><td>11 310</td></tr>
<tr><td>压缩阻尼力/N</td><td>1 820</td><td>3 440</td><td>4 880</td><td>6 200</td><td>11 650</td></tr>
</table>

3. 一、二系悬挂装置布置

一系悬挂装置布置在轮对与转向架构架之间，二系悬挂装置布置在转向架构架和机车车体之间，其在转向架内的布置如图 2-4-2 所示，三维立体如图 2-4-3、图 2-4-4 所示。

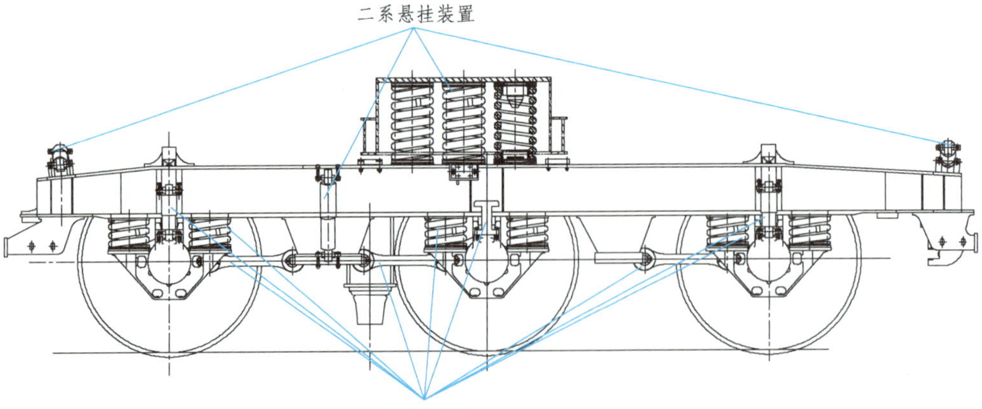

图 2-4-2　一、二系悬挂装置布置

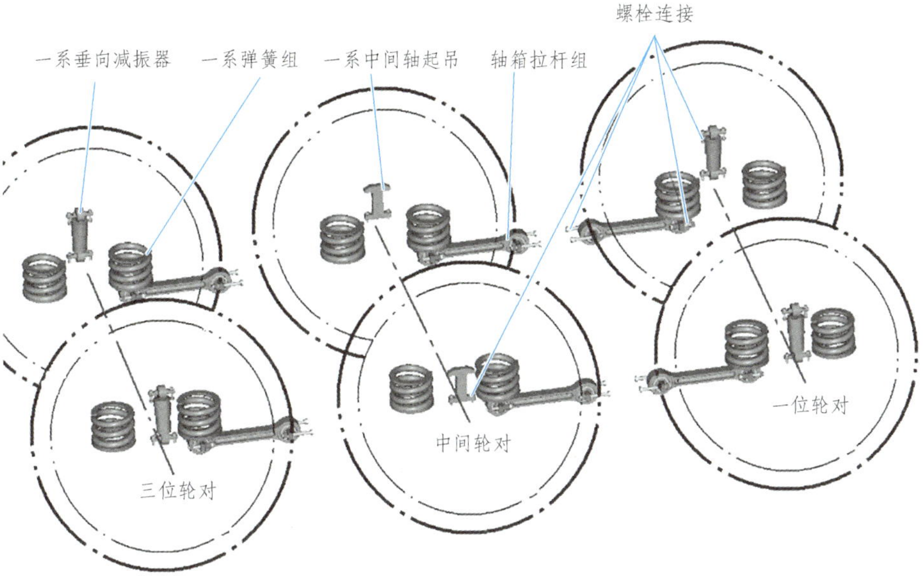

图 2-4-3　一系悬挂装置三维布置

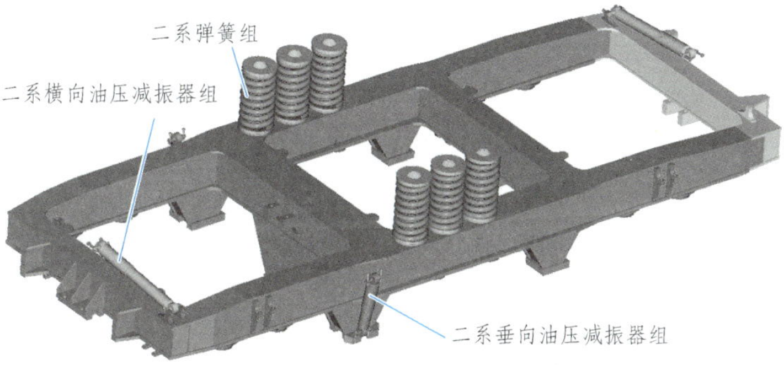

图 2-4-4　二系悬挂装置三维布置

三、实训要求

1. 实训时间

教学课时为 4 课时。

2. 实训形式

学生每 5 人组成一个工作小组，各小组制订实施方案及工作计划。组长协助教师指导本组学生学习，检查实训作业进度和质量，制订改进措施，共同完成项目任务。

3. 实训注意事项

（1）未经教师或管理员允许不得擅自操作。

（2）需严格按照上电顺序进行上电，注意遵守车间检修注意事项。

1）安全说明

只能聘用有资质的人员对现有装置进行操作、维护、检修和故障查找工作。

有资质人员是指那些接受过培训、拥有经验和掌握工作程序，并对相关标准、规则、故障预防守则和操作指南了解，经过安全责任单位授权，同时能够识别和避免与任务相关的潜在危险的人员。

此外，拥有急救相关知识和了解当地的救援设施也是必要的条件。

对于与电力电源安装相关的工作，已经存在禁止无资质人员操作的规章制度，如 IEC 364 或 DINVDE 0105 标准等。

2）准备工作

确保在检修前和检修过程中满足以下条件：

（1）将机车放置于地沟上，以便接近转向架部件。

（2）确保机车在维修过程中不会移动。

（3）断开电源，避免再次得电并且至少等 1 min 对电容器放电。

（4）强制要求在转向架工作之前释放转向架管路压力，确保转向架的管路内无残余气压。

（5）遵守国铁集团所有的维护和安全程序。

4. 工器具材料准备

（1）防护用品：防滑鞋、绝缘手套、工作服等。

（2）工具：钢尺、检点锤、轴承单元安装及拆卸专用设备和仪器等工具。

（3）个人用品：笔、笔记本等。

四、实训作业步骤

1. 整体实训过程（见图 2-4-5）

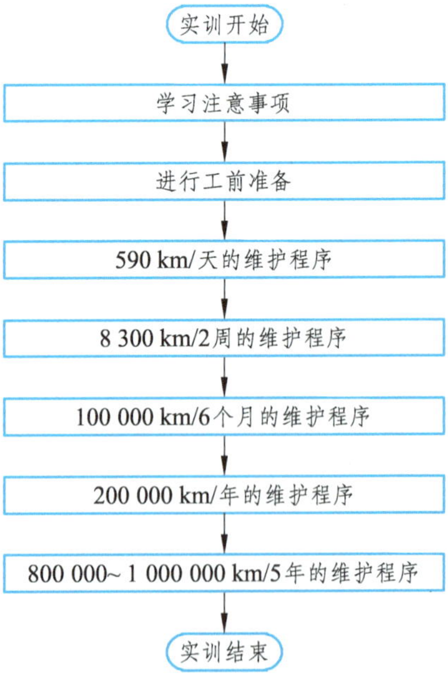

图 2-4-5　整体实训过程

2. 实训作业步骤（见表 2-4-4）

表 2-4-4 实训作业步骤

工序	修程	工作内容及质量标准	使用工具	安全注意事项
1	590 km/天的维护程序	目视检查零部件有无损坏。 ① 弹簧状态良好，不得有裂纹、折断、倾斜，簧圈不得接触； ② 不得裂损、压死或间隙过大，受力均匀； ③ 压盖与支座配合良好，螺栓紧固，防缓件齐全、无松缓； ④ 各销、套无锈蚀或窜动，卡板状态良好； ⑤ 各紧固螺栓紧固无松动，不得弯曲变形	目视	有破损的零部件必须更换
2	8 300 km/2 周的维护程序	目视检查弹簧各零部件有无损坏（裂纹、变形等）、有无松动部件和缺少的部件	目视	有破损的零部件必须更换
3	100 000 km/6 个月的维护程序	目视检查一、二系弹簧是否有损坏（裂纹、变形等），是否有松动和缺失配件情况	目视	有破损的零部件必须更换
4	200 000 km/年的维护程序	检查一、二系悬挂的调整状态，是否有松动和缺失配件情况	目视	有破损的零部件必须更换
5	800 000～1 000 000 km/5 年的维护程序	① 更换一系弹簧：先落轮，再更换一系弹簧橡胶垫； ② 更换二系弹簧：先架车，分离车体和转向架，再更换二系弹簧橡胶垫； ③ 限度要求：弹簧自由高变形量不大于 1%	轴承单元安装及拆卸专用设备和仪器等工具	确保转向架的管路内无残余气压

五、实训考核标准（见表2-4-5）

表 2-4-5 实训考核标准

序号	考核项目	扣分值	说明
1	确认电源断开	10 分	每错误一次扣一次
2	准备工作按标准流程执行	10 分	错选或者漏项每项扣一次
3	590 km/天的维护程序	10 分	每错误一次扣一次
4	8 300 km/2 周的维护程序	10 分	每错误一次扣一次
5	100 000 km/6 个月的维护程序	20 分	每错误一次扣一次
6	200 000 km/年的维护程序	20 分	每错误一次扣一次
7	800 000～1 000 000 km/5 年的维护程序	20 分	每错误一次扣一次

六、思考题

（1）一系悬挂装置由哪些设备组成?

（2）二系悬挂装置由哪些设备组成?

任务五　转向架油压减振器检查与维护

一、实训目的

（1）能将转向架油压减振器检查的方法应用于检查作业中。

（2）能将转向架油压减振器拆卸及安装的业务知识应用于工作中。

（3）能将转向架油压减振器检查与维护所需要的工具及注意事项应用于工作中。

二、理论链接

1. 维护指导

用颜色标记线说明与安全有关的螺钉的正确紧固位置，在规定的间隔时间内进行维护，注意螺栓或螺母上的颜色标记必须和它们的安装表面（安装板）上的标识线成直线。当螺纹连接处松动且重新紧固时，需要重新做颜色标记。

建议：在安装表面（安装板）重新绘制颜色标记，如果标记有任何变化，请检查固定螺栓的紧固力矩并重新标记。

2. 一、二系悬挂装置设计

1）一系悬挂装置设计

一系悬挂装置设置在轴箱与构架之间，由一系弹簧组（一系弹簧、一系橡胶垫及一系调整垫）、一系垂向油压减振器（中间轴未设）、一系中间轴起吊架、轴箱拉杆及相应的紧固件等零部件组成。

一系悬挂装置设计如图 2-5-1、图 2-5-2 和表 2-5-1 所示，其主要部件爆炸图如图 2-5-3 所示。

2）二系悬挂装置设计

二系悬挂装置设置在转向架与车体之间，由二系弹簧组（二系弹簧、二系上弹簧座、二系弹簧橡胶垫及二系弹簧调整垫）、二系垂向油压减振器、二系横向油压减振器及用来安装油压减振器的紧固件等零部件组成。二系弹簧布置在构架两侧，二系垂向减振器左右对称布置在一、二位轮对之间，二系横向油压减振器斜对称布置在转向架构架端梁上。

二系悬挂装置设计如图 2-5-4 所示，各主要部件爆炸图如图 2-5-5 所示。

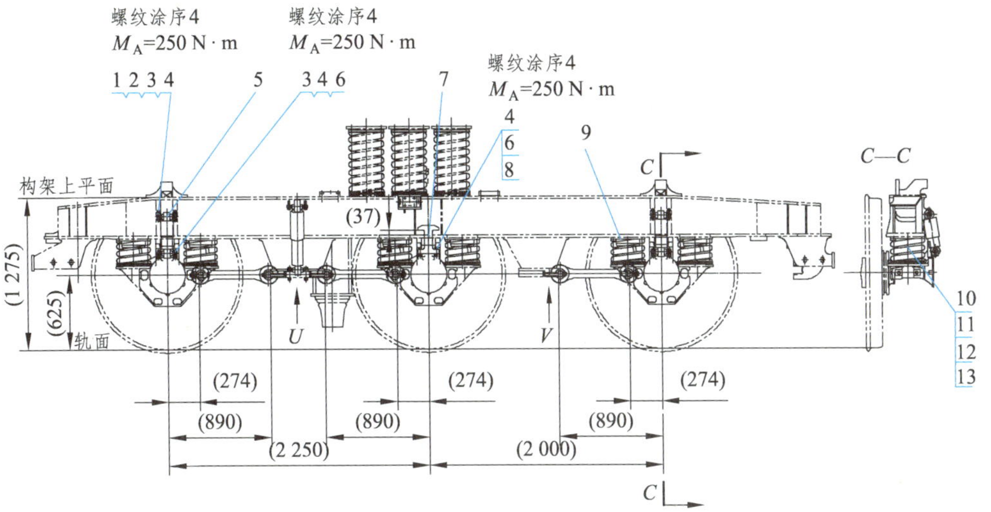

图 2-5-1　一系悬挂装置设计图 1

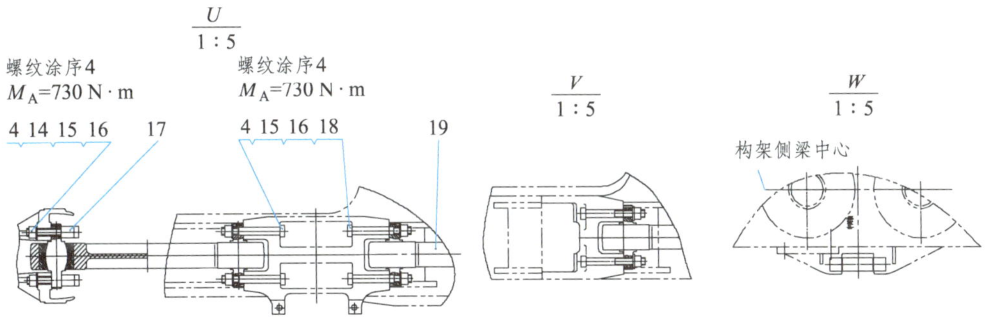

图 2-5-2　一系悬挂装置设计图 2

表 2-5-1　图注说明

序号	零件	序号	零件	序号	零件	序号	零件
1	六角螺栓 M16×80	6	六角螺栓 M16×60	11	一系弹簧调整垫（一）	16	弹簧垫圈 24
2	六角螺母 M16	7	中间轴箱起吊架	12	一系弹簧调整垫（二）	17	弹性套
3	高压安全垫	8	平垫圈 16	13	一系弹簧橡胶垫	18	六角螺栓 M24×2×150
4	乐泰胶	9	一系弹簧	14	六角螺栓 M24×2×150		
5	一系垂向油压减振器	10	一系弹簧垫	15	六角螺母 M24×2	19	轴箱拉杆组装

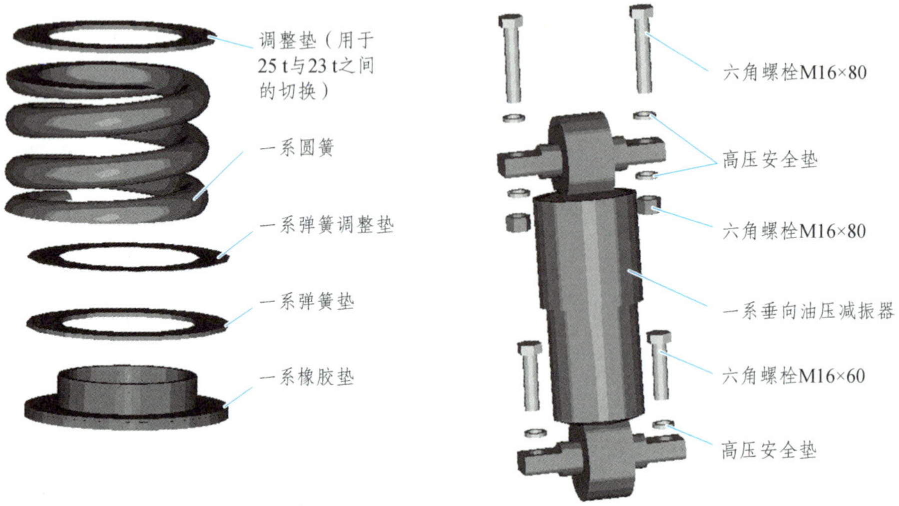

（a）一系弹簧组　（b）一系垂向减振器组

图 2-5-3　一系悬挂装置部件爆炸图

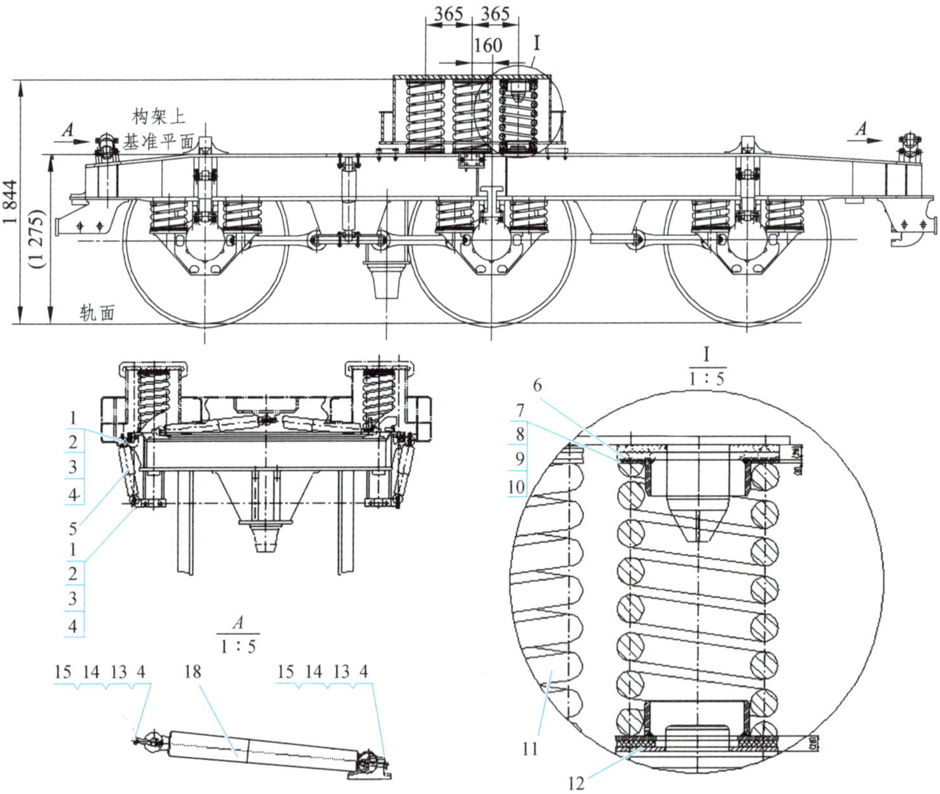

1—六角螺母 M16；2—六角螺栓 M16×100；3—高压安全垫；4—乐泰胶；5—二系垂向油压减振器；6—二系上弹簧座；7—二系弹簧垫平垫圈 16；8—二系弹簧调整垫（一）；9—二系弹簧调整垫（二）；10—二系弹簧调整垫（三）；11—二系弹簧；12—二系弹簧橡胶垫（下）；13—六角螺母 M20×1.5；14—六角螺栓 M20×1.5×120；15—高压安全垫；16—二系横向油压减振器。

图 2-5-4　二系悬挂装置设计

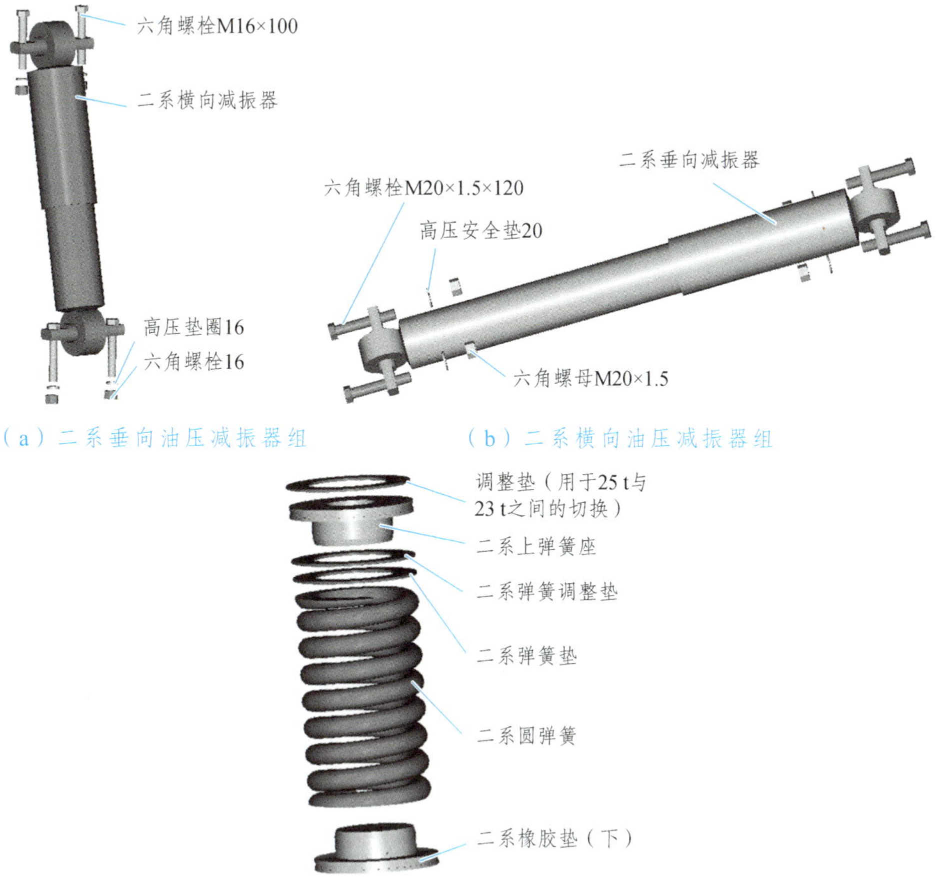

（a）二系垂向油压减振器组　（b）二系横向油压减振器组

（c）二系弹簧组

图 2-5-5　二系悬挂装置部件爆炸图

三、实训要求

1. 实训时间

教学课时为 4 课时。

2. 实训形式

学生每 5 人组成一个工作小组，各小组制订实施方案及工作计划。组长协助教师指导本组学生学习，检查实训作业进度和质量，制订改进措施，共同完成项目任务。

3. 实训注意事项

（1）未经教师或管理员允许不得擅自操作。

（2）需严格按照上电顺序进行上电，注意遵守车间检修注意事项。

1）安全说明

只能聘用有资质的人员对现有装置进行操作、维护、检修和故障查找工作。

有资质人员是指那些接受过培训、拥有经验和掌握工作程序，并对相关标准、规则、故障预防守则和操作指南了解，经过安全责任单位授权，同时能够识别和避免与任务相关的潜在危险的人员。

此外，拥有急救相关知识和了解当地的救援设施也是必要的条件。

对于与电力电源安装相关的工作，已经存在禁止无资质人员操作的规章制度，如 IEC 364 或 DIN VDE 0105 标准等。

2）准备工作

确保在检修前和检修过程中满足以下条件：

（1）将机车放置于地沟上，以便接近转向架部件。

（2）确保机车在维修过程中不会移动。

（3）断开电源，避免再次得电并且至少等 1 min 对电容器放电。

（4）强制要求在转向架工作之前释放转向架管路压力，确保转向架的管路内无残余气压。

（5）遵守国铁集团所有的维护和安全程序。

4. 工器具材料准备

（1）防护用品：防滑鞋、绝缘手套、工作服等。

（2）工具：架车机、天车、专用翻转机具、专用清洗设备、压力机、轨道平车、探伤设备、气（电）焊设备、平台。

（3）个人用品：笔、笔记本等。

四、实训作业步骤

1. 整体实训过程（见图 2-5-6）

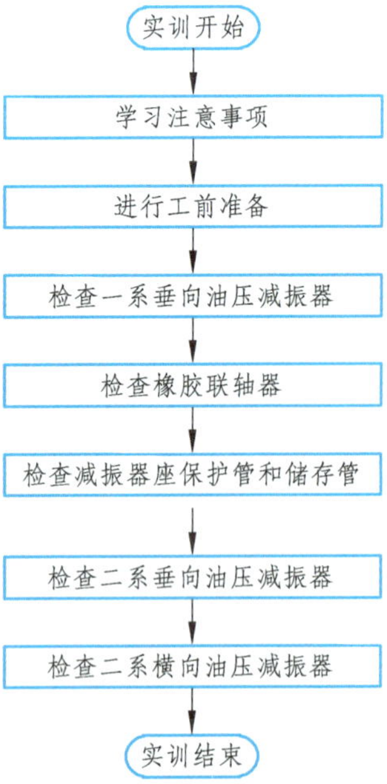

图 2-5-6　整体实训过程

2. 实训作业步骤（见表 2-5-2）

表 2-5-2　实训作业步骤

项目	修程	工作内容及质量标准	使用工具	安全注意事项	图片
1	检查一系垂向油压减振器	对一系垂向油压减振器进行检查，确认是否漏油，如有必要需更换。 （1）渗漏标准： ① 减振器体的外侧用油覆盖； ② 如果接触减振器体，发现手指变湿； ③ 减振器体显示一个厚的、光滑的油膜或污垢； ④ 在减振器体上形成油滴。 （2）老化标准： ① 橡胶衬套有明显变形或老化； ② 吊环变形成椭圆形； ③ 橡胶衬套不对中	目视	有破损的零部件必须更换	 减振器漏油示意图 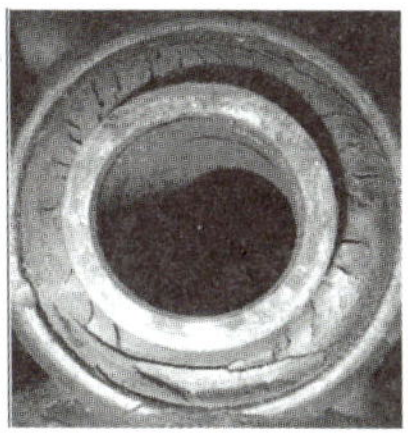 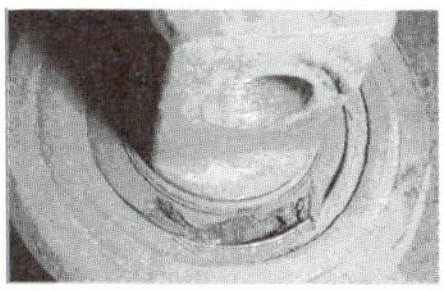  减振器老化示意图
2	检查橡胶联轴器	目视检查零部件有无损坏（裂纹、变形等）、有无松动部件和缺少的部件	目视	有破损的零部件必须更换	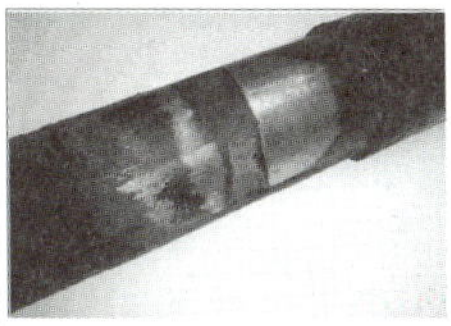 联轴节损坏示意图

续表

项目	修程	工作内容及质量标准	使用工具	安全注意事项	图片
3	检查一系减振器座保护管和储存管	检查一系减振器座保护管和储存管是否有破损（裂缝、变形等）	目视	有破损的零部件必须更换	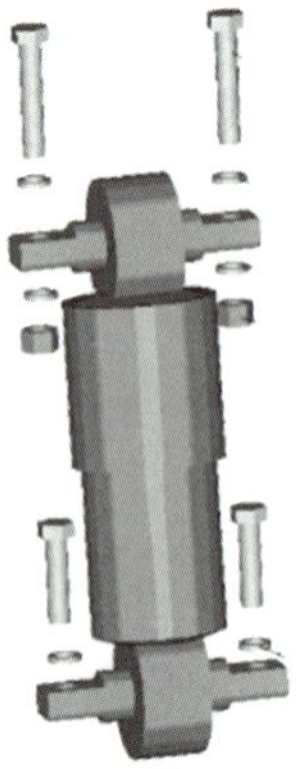
4	检查二系垂向油压减振器	对二系垂向油压减振器进行检查，确认是否漏油（检查标准同一系垂向油压减振器检查）	目视	有破损的零部件必须更换	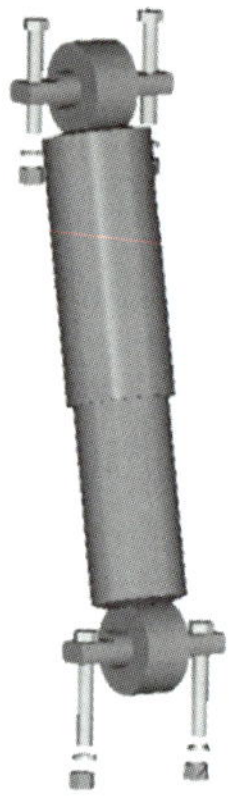
5	检查二系横向油压减振器	对二系横向油压减振器进行检查，确认是否漏油（检查标准同一系垂向油压减振器检查）	目视	有破损的零部件必须更换	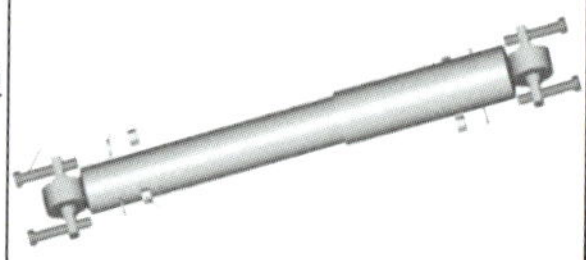

五、实训考核标准（见表2-5-3）

表 2-5-3　实训考核标准

序号	考核项目	考核标准	配分	得分
1	整体检查流程考核	能简述整体流程	20 分	
2	确认电源断开	能正确确认	10 分	
3	准备工作按标准流程执行	能按标准执行	10 分	
4	检查一系垂向油压减振器	能判断状态是否异常	12 分	
5	检查橡胶联轴器	能判断状态是否异常	12 分	
6	检查一系减振器座保护管和储存管	能判断状态是否异常	12 分	
7	检查二系垂向油压减振器	能判断状态是否异常	12 分	
8	检查二系横向油压减振器	能判断状态是否异常	12 分	

六、思考题

（1）检查油压减振器的泄漏标准是什么？
（2）检查油压减振器的老化标准是什么？
（3）二系横向油压减振器分布在转向架的什么位置？

任务六　转向架轴箱弹簧装置检查与维护

一、实训目的

（1）能将转向架轴箱弹簧装置检查的方法应用于检查作业中。
（2）能将转向架轴箱弹簧装置相关的业务知识应用于工作中。

二、理论链接

1. 轴箱概述

轴箱定位装置是指约束轮对轴箱与构架之间相对运动的机构，如图 2-6-1 所示。它对转向架的横向动力性能、曲线通过性能和抑制蛇行运动具有决定性的作用。

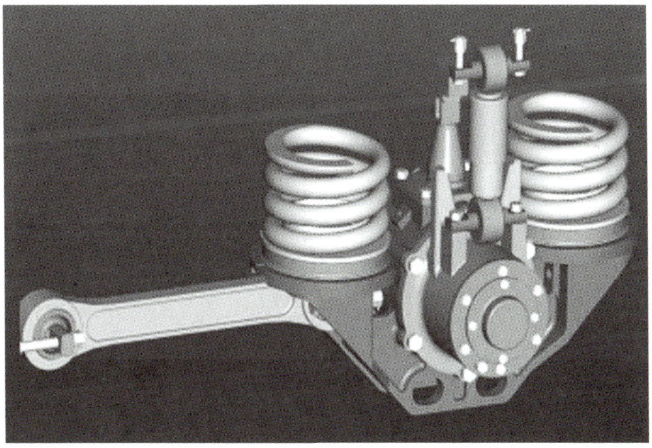

图 2-6-1　轴箱示意图

HXD_1 机车轴箱采用的是整体式圆锥滚动轴承，型号为 SKF1639479-03，它便于控制轴箱横动量和保证轴承油脂不泄漏，实现 120 万千米免维护；轴箱安装有接地装置、速度传感器、防滑速度传感器（见图 2-6-2、图 2-6-3）。

轴箱定位装置的纵向和横向定位刚度选择合适，可以避免车辆在运行速度范围内蛇行运动失稳，保证曲线通过时具有良好的导向性能，减轻轮缘与钢轨间的磨耗和噪声，确保运行安全和平稳。

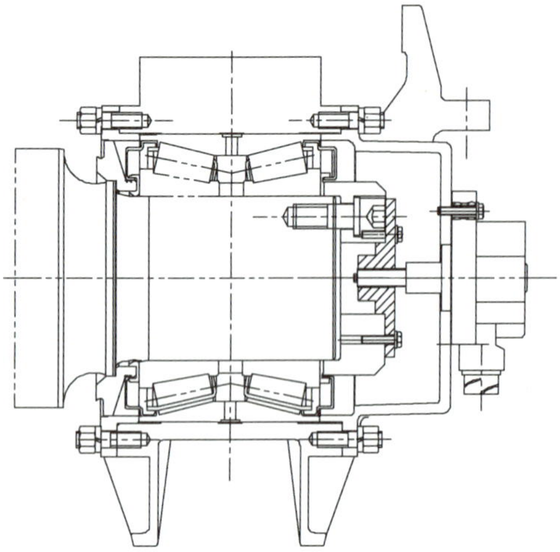

图 2-6-2　轴箱组装（带速度传感器）

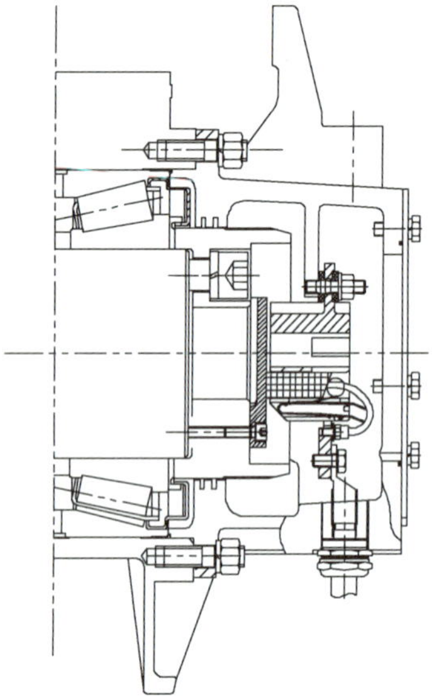

图 2-6-3　轴箱组装（带接地装置）

2. 轴箱的作用和形式

1）作用

活动关节：连接轮对与构架的活动关节。

传力：传递牵引力、横向力和垂向力。

运动：实现轮对与构架间的垂向运动和横动。

2）形式

轴箱按轴承类型分为滑动轴承轴箱和滚动轴承轴箱，现代机车均采用滚动轴承轴箱。

轴箱按定位方式分为有导框式定位（老东风型内燃机车用）和无导框式定位。

三、实训要求

1. 实训时间

教学课时为 4 课时。

2. 实训形式

学生每 5 人组成一个工作小组，各小组制订实施方案及工作计划。组长协助教师指导本组学生学习，检查实训作业进度和质量，制订改进措施，共同完成项目任务。

3. 实训注意事项

（1）未经教师或管理员允许不得擅自操作。

（2）需严格按照上电顺序进行上电，注意遵守车间检修注意事项。

1）安全说明

只能聘用有资质的人员对现有装置进行操作、维护、检修和故障查找工作。

有资质人员是指那些接受过培训、拥有经验和掌握工作程序，并对相关标准、规则、故障预防守则和操作指南了解，经过安全责任单位授权，同时能够识别和避免与任务相关的潜在危险的人员。

此外，拥有急救相关知识和了解当地的救援设施也是必要的条件。

对于与电力电源安装相关的工作，已经存在禁止无资质人员操作的规章制度，如 IEC 364 或 DIN VDE 0105 标准等。

2）准备工作

确保在检修前和检修过程中满足以下条件：

（1）将机车放置于地沟上，以便接近转向架部件。

（2）确保机车在维修过程中不会移动。

（3）断开电源，避免再次得电并且至少等 1 min 对电容器放电。

（4）强制要求在转向架工作之前释放转向架管路压力，确保转向架的管路内无残余气压。

4. 工器具材料准备

1）防护用品：防滑鞋、绝缘手套、工作服等。

2）工具：螺丝刀、钳子、六角螺栓、六角螺母等。

3）个人用品：笔、笔记本等。

四、实训作业步骤

1. 整体实训过程（见图 2-6-4）

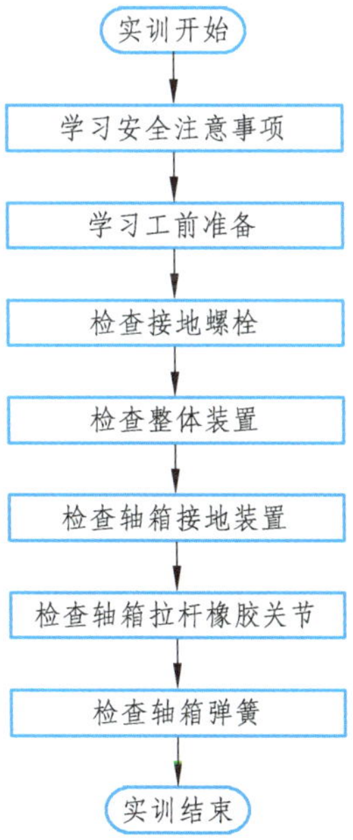

图 2-6-4　整体实训过程

2. 实训作业步骤（见表 2-6-1）

表 2-6-1 实训作业步骤

工序	修程	工作内容及质量标准	使用工具	安全注意事项	图片
1	检查接地线固定螺栓	目视检查接地线固定螺栓紧固，与端盖绝缘状态须良好。圆锥弹簧不许有裂纹和较大变形，其自由高和组装弹簧压力均须符合限度表规定	目视	有破损的零部件必须更换	
2	检查轴箱接地装置	目视检查轴箱接地装置安装良好，接地线无折损	目视	有破损的零部件必须更换	
3	检查轴箱拉杆	目视检查轴箱拉杆橡胶关节无老化、开裂	目视	有破损的零部件必须更换	
4	检查轴箱弹簧	目视检查轴箱弹簧无裂损、压死现象，有破损的部件必须更换	目视	有破损的零部件必须更换	

五、实训考核标准（见表2-6-2）

表 2-6-2 实训考核标准

序号	考核项目	考核标准	配分	得分
1	整体检查流程考核	能简述整体流程	20 分	
2	确认电源断开	能正确确认	10 分	
3	准备工作按标准流程执行	能按标准执行	10 分	
4	检查接地线固定螺栓	能判断状态是否异常	12 分	
5	检查整体装置	能判断状态是否异常	12 分	
6	检查轴箱接地装置	能判断状态是否异常	12 分	
7	检查轴箱拉杆	能判断状态是否异常	12 分	
8	检查轴箱弹簧	能判断状态是否异常	12 分	

六、思考题

（1）带速度传感器的轴箱和带接地传感器的轴箱有什么区别？

（2）轴箱的作用有哪些？

任务七 转向架一系垂向减振器更换

一、实训目的

（1）能将转向架一系垂向减振器的更换方法应用于工作中。

（2）能将转向架一系垂向减振器相关的业务知识应用于工作中。

二、理论链接

1. 油压减振器的结构

HXD_1 型电力机车一系垂向油压减振器采用 T70 减振器，其结构如图 2-7-1 所示，分为端部弹性连接部分、防尘罩部分和筒体三大部分。筒体部分是油压减振器的重要组成部分，其中内筒、导杆、活塞阀、底阀等零部件构成一个完整的阻尼系统，在机车运动过程中实现减振作用。

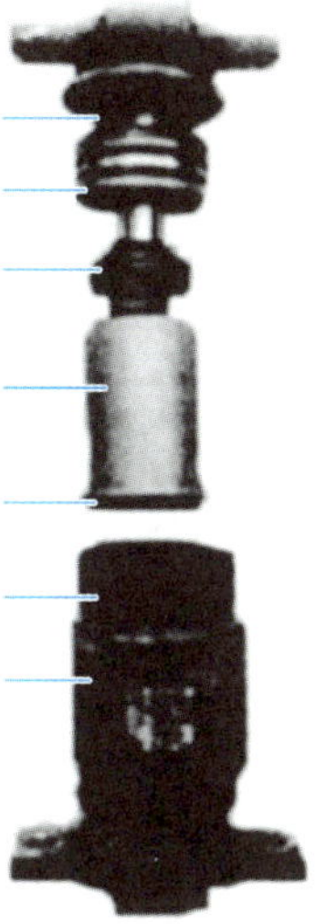

图 2-7-1 油压减振器结构

2. 油压减振器的工作原理

当拉伸时，活塞向上移动，油缸上腔油压上升，油压增大致使活塞弹性阀片产生变形，阀口打开，油通过阀口流入下腔，由于上部活塞杆占有一定体积，活塞上腔油量小于下腔油量，因此产生负压克服底阀座上的弹性阀片压力，油从储油缸通过底阀进入油缸下腔补充油量。当压缩时，活塞向下移动，下腔油压上升，一部分油通过阀口进入油缸上腔，由于上腔因活塞杆占有一定体积，下腔油量大于上腔油量，因此另一部分油通过底阀进入储油缸。油压减振器正是利用液压油通过活塞阀这种小孔节流的原理，凭借活塞的往复运动（拉伸和压缩）来实现其减振作用。

三、实训要求

1. 实训时间

教学课时为 4 课时。

2. 实训形式

学生每 5 人组成一个工作小组，各小组制订实施方案及工作计划。组长协助教师指导本组学生学习，检查实训作业进度和质量，制订改进措施，共同完成项目任务。

3. 实训注意事项

（1）未经教师或管理员允许不得擅自操作。

（2）需严格按照上电顺序进行上电，注意遵守车间检修注意事项。

4. 工器具材料准备

（1）防护用品：防滑鞋、绝缘手套、工作服等。

（2）工具：螺丝刀、钳子、扭力扳手、六角螺栓、六角螺母等。

（3）个人用品：笔、笔记本等。

四、实训作业步骤

1. 整体实训过程（见图 2-7-2）

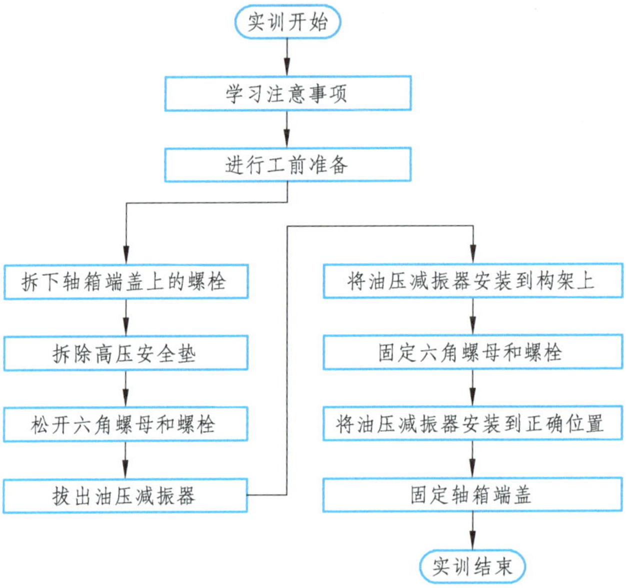

图 2-7-2　整体实训过程

2. 实训作业步骤（见表 2-7-1）

表 2-7-1　实训作业步骤

项目	修程	工作内容及质量标准	使用工具	安全注意事项	图片
1	油压减振器的拆卸	① 松开轴箱端盖上的螺栓； ② 连同高压安全垫一起拆除； ③ 松开构架上的六角螺母； ④ 拆除高压安全垫和六角螺栓； ⑤ 拔出一系垂向油压减振器	螺丝刀、钳子	确保在转向架的管路内无残余气压	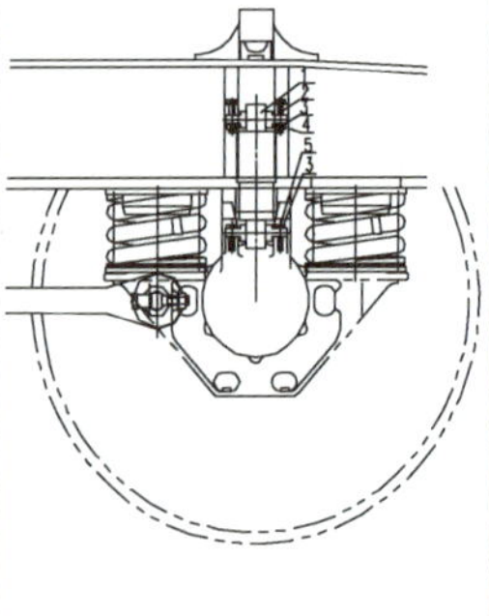

续表

项目	修程	工作内容及质量标准	使用工具	安全注意事项	图片
2	油压减振器的安装	① 为了保证可靠连接，转向架减振器孔和支座的接触表面必须没有油漆和尘垢； ② 首先将减振器安装到转向架构架上； ③ 将减振器放入指定位置； ④ 用六角螺母、六角螺栓和高压安全垫固定（紧固力矩 T_t=250 N·m）； ⑤ 确保减振器安装到正确的装配位置； ⑥ 然后用六角螺栓和高压安全垫将减振器安装到轴箱端盖上（紧固力矩 T_t=250 N·m）	螺丝刀、扭力扳手	确保在转向架的管路内无残余气压	

五、实训考核标准（见表2-7-2）

表 2-7-2　实训考核标准

序号	考核项目	考核标准	配分	得分
1	整体检查流程考核	能简述整体流程	20 分	
2	确认电源断开	能正确确认	10 分	
3	准备工作按标准流程执行	能按标准执行	10 分	
4	减振器拆卸过程	完成拆卸	30 分	
5	减振器安装过程	完成安装	30 分	

六、思考题

（1）油压减振器的结构组成是什么？

（2）用六角螺栓和高压安全垫将减振器安装到轴箱端盖上的力矩要求是多少？

任务八　转向架制动闸片更换

一、实训目的

（1）能将转向架制动闸片的更换方法应用于工作中。

（2）能将转向架制动闸片相关的业务知识应用于工作中。

二、理论链接

1. 制动夹钳单元介绍

当制动器制动时，制动缸（a）充气。闸片（制动闸片托架连同制动闸片）抱住制动盘的摩擦环，制动后即形成制动力。

制动器缓解时，使制动缸（a）排气。制动缸中的复位弹簧驱使制动杆进入缓解位置。

制动缸根据其型号和安装位置的不同，分为左置式和右置式两种形式。图 2-8-1 所示为不带弹簧储能缸的左置式制动钳单元。

制动夹钳单元是制动夹钳和制动缸的组合，针对运行情况而配置，制动闸片和制动盘磨损后可以自行调整。这样就使得正常运行所必需的制动闸片和制动盘之间的间隙几乎保持恒定。

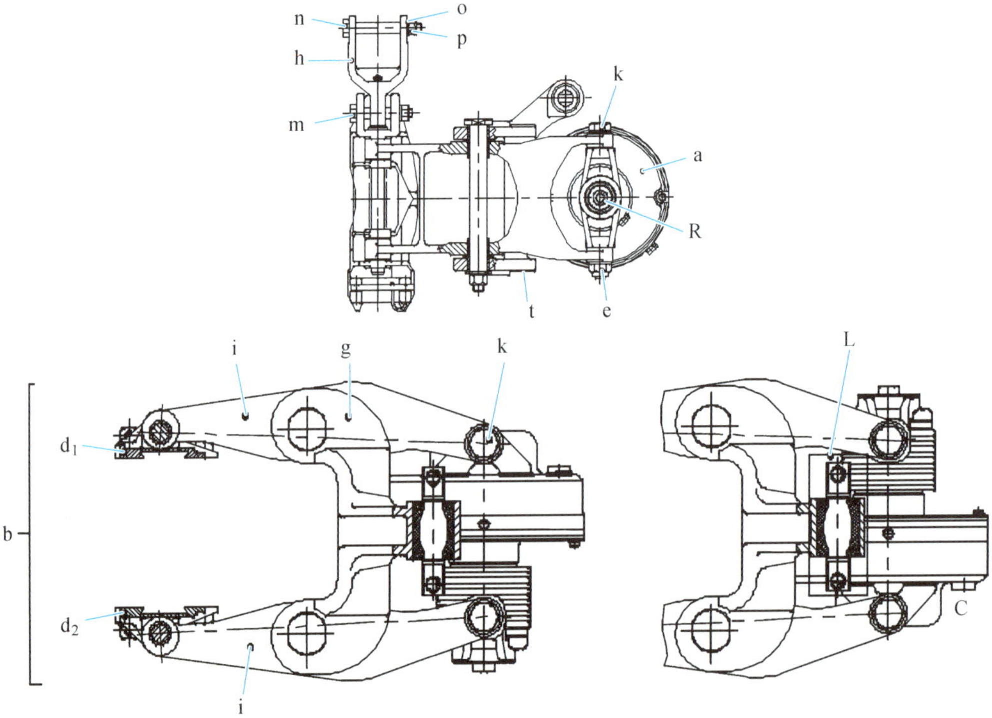

a—制动缸；b—制动钳；d_1—制动闸片托架；d_2—制动闸片托架；e—排气螺栓；g—拉杆；h—吊耳；i—制动杆；k—轴位螺栓；m，n—螺栓；o—垫圈；p—防松螺母；t—铭牌；L—支点支座；R—制动缸上的复位螺母；C—制动器的压缩空气接口。

图 2-8-1　制动夹钳单元

制动夹钳单元的主要组成部件为制动缸（a）、制动钳（b）和带锁闩卡锁的制动闸片托架（d_1 和 d_2）。制动夹钳单元借助三点支承固定在车辆的转向架上。

三点支承包括固定支点（L）[作为拉杆（g）的一部分]和两个吊耳（h），后者通过螺栓（m）与制动闸片托架（d_1 或 d_2）铰接连接。

支点支座（L）是一个装在转向架上的弹性元件。吊耳（h）用螺栓（m）固定在转向架上。螺栓铰接和弹性元件使得制动夹钳单元能够根据轮轴的轴向运动进行调整。

制动钳（b）为初步装配好的组件。它由两根通过拉杆（g）铰接起来的扭转刚性的制动杆（i）组成。制动杆（i）的一端分别固定支承在制动闸片托架（d_1和d_2）上。制动杆的另一端有螺纹孔，用于安装制动缸（a）的轴承的轴位螺栓（k），借助控制器对制动器进行控制。

2. 对机车闸片的要求（见表 2-8-1）

表 2-8-1　机车闸片要求

序号	要求	参数
1	满足 UIC 标准面积	400 cm^2
2	闸片材料	合成闸片
3	闸片的平均摩擦系数	0.35
4	闸片密度	2.35 g/cm^3
5	闸片温度限值	350 °C
6	轮盘温度限值	350 °C

（1）闸片必须有同种类的沟槽，不同沟槽的一对闸片不允许使用。

（2）在闸片托内，闸片沿纵向（如燕尾接口视图方向）允许有非常小的运动（0.20 ~ 2.35 mm）。

（3）当闸片被锁闭时，闸片必须充分靠在闸片托沟槽的底座上。

（4）在制动夹钳上更换闸片时，一侧到另一侧的厚度之差不超过 2 mm（指夹钳两侧）。

（5）同一闸片托不能安装不同厚度的闸片。

（6）经摩擦后的闸片剩余厚度的测量方法是从闸片背面到闸片摩擦表面的最薄处计算的。

（7）闸片更换周期，是用户根据实际经验来确定的，建议对闸片进行一周一次的目测检查。

（8）建议：更换闸片时，夹钳两侧的闸片应同时更换，且是同一批次的闸片（见图 2-8-2）。

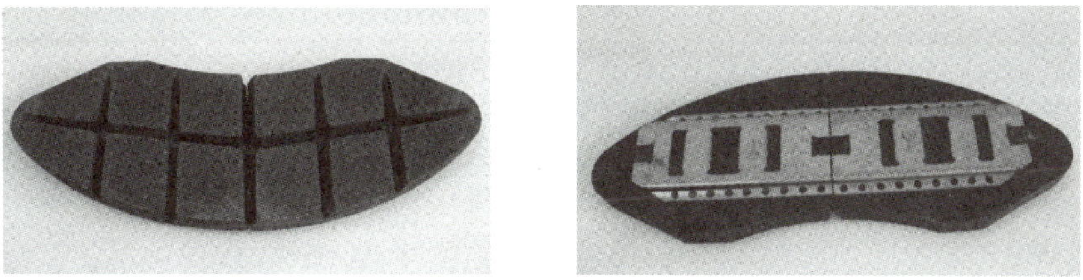

图 2-8-2　闸片

三、实训要求

1. 实训时间

教学课时为 4 课时。

2. 实训形式

学生每 5 人组成一个工作小组，各小组制订实施方案及工作计划。组长协助教师指导本组学生学习，检查实训作业进度和质量，制订改进措施，共同完成项目任务。

3. 实训注意事项

（1）未经教师或管理员允许不得擅自操作。

（2）需严格按照上电顺序进行上电，注意遵守车间检修注意事项。

4. 工器具材料准备

（1）防护用品：防滑鞋、绝缘手套、工作服等。

（2）工具：螺丝刀、钳子。

（3）个人用品：笔、笔记本等。

四、实训作业步骤

1. 整体实训过程（见图 2-8-3）

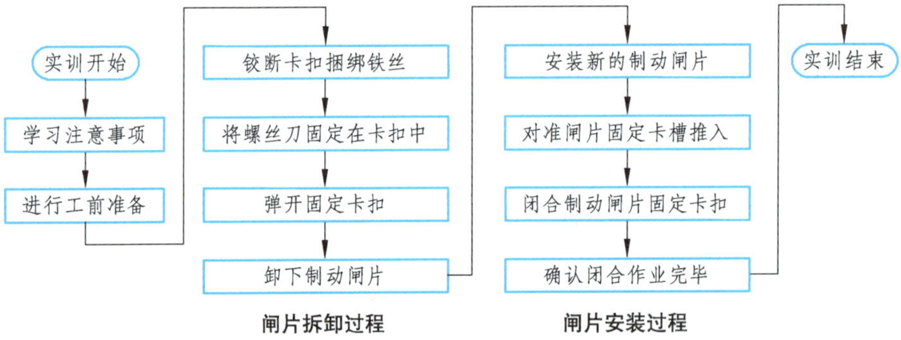

图 2-8-3　整体实训过程

2. 实训作业步骤（见表 2-8-2）

表 2-8-2　实训作业步骤

工序	修程	工作内容及质量标准	使用工具	安全注意事项	图片
1	制动闸片的拆卸	①机车制动闸片固定卡扣捆绑铁丝的将铁丝铰断（段配属机车）	螺丝刀、钳子	没有捆绑铁丝的可以直接开始作业	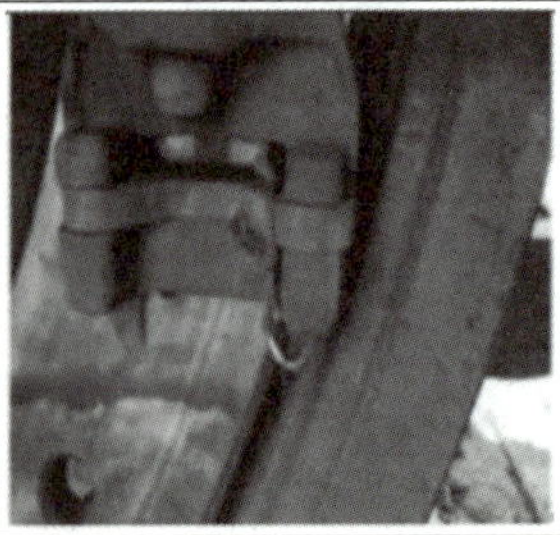

续表

工序	修程	工作内容及质量标准	使用工具	安全注意事项	图片
1	制动闸片的拆卸	② 将螺丝刀插入机车制动闸片固定卡扣中	螺丝刀、钳子	确保在转向架的管路内无残余气压	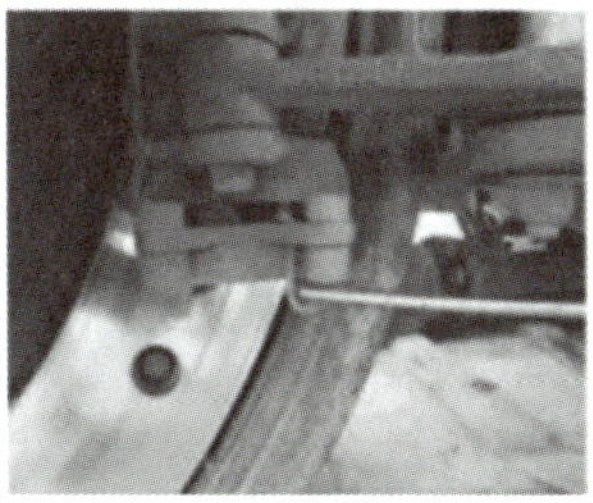
		③ 面向制动盘方向，向右后方向推动螺丝刀把手，机车制动闸片固定卡扣随机弹开	螺丝刀、钳子	确保在转向架的管路内无残余气压	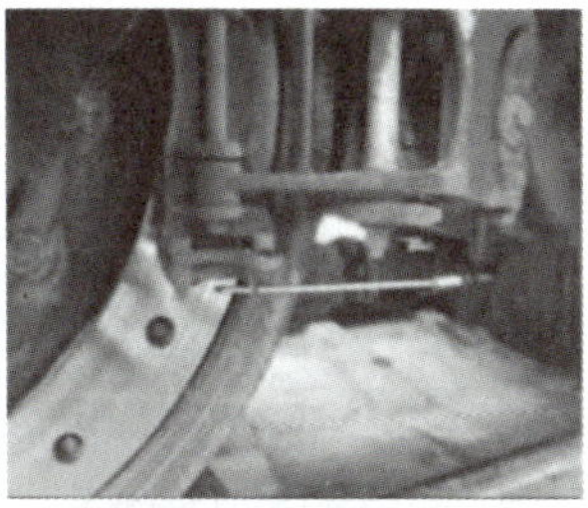 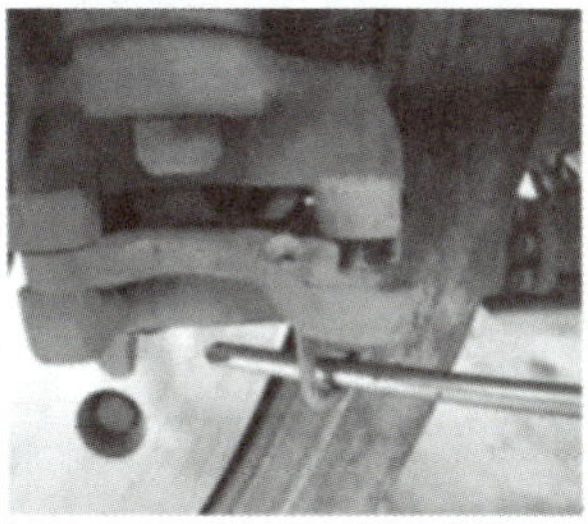
		④ 机车制动闸片固定卡扣打开后，制动闸片会向下滑落，制动闸片共有两块，将其全部取出（注意：上下闸片形状不同）	螺丝刀、钳子	确保在转向架的管路内无残余气压	 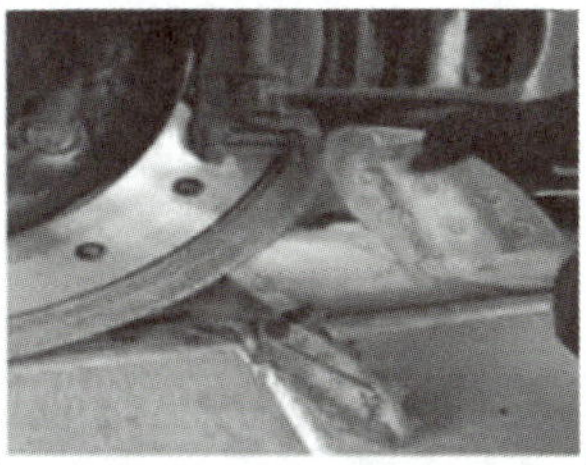 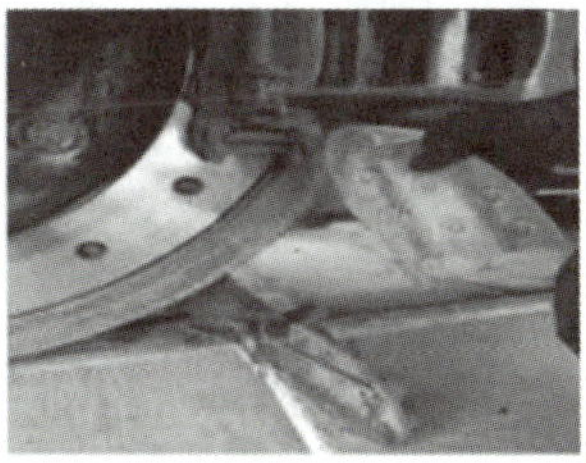

续表

工序	修程	工作内容及质量标准	使用工具	安全注意事项	图片
2	制动闸片的安装	① 安装新闸片时要确认两块制动闸片的正反面以及安装顺序，避免安装错误	螺丝刀、钳子	确保在转向架的管路内无残余气压	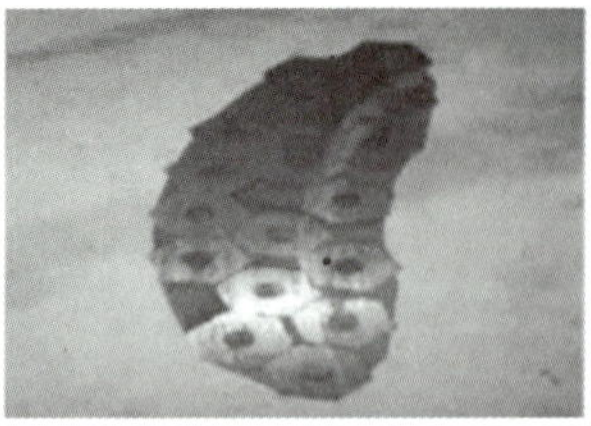
		② 将两块新制动闸片按顺序推入机车制动闸片固定槽内，安装时注意确认上下闸片对准制动闸片卡槽	螺丝刀、钳子	确保在转向架的管路内无残余气压	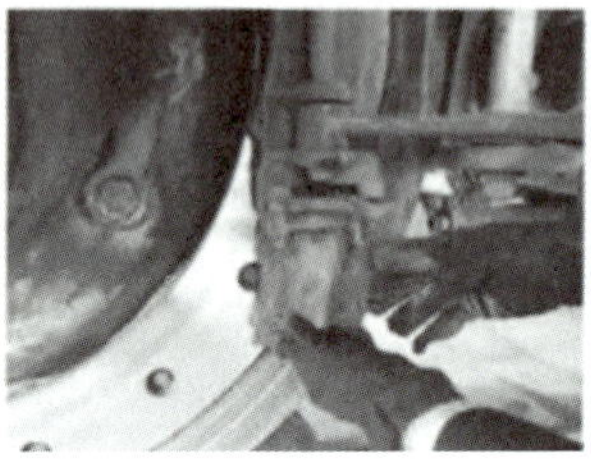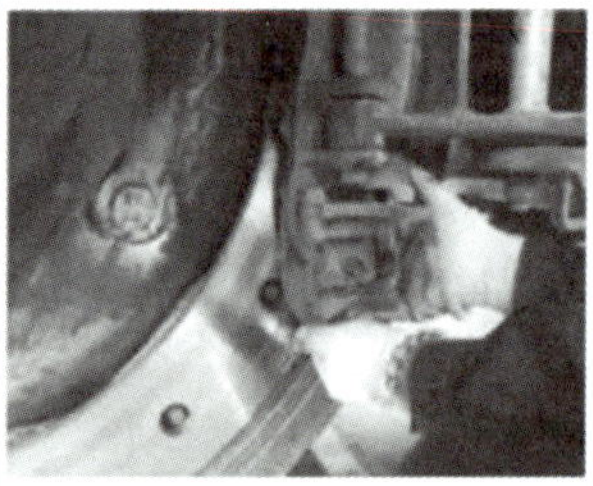
		③ 将机车制动闸片安装到位后，向内推动机车制动闸片固定卡扣使卡扣闭合，确定卡扣闭合到位后，更换机车制动闸片作业完毕（段配属机车用铁丝对卡扣进行捆绑）	螺丝刀、钳子	确保在转向架的管路内无残余气压	

五、实训考核标准（见表2-8-3）

表 2-8-3　实训考核标准

序号	考核项目	考核标准	配分	得分
1	整体检查流程考核	能简述整体流程	20 分	
2	确认电源断开	能正确确认	10 分	
3	准备工作按标准流程执行	能按标准执行	10 分	
4	转向架制动闸片拆卸过程	完成转向架制动闸片拆卸	30 分	
5	转向架制动闸片安装过程	完成转向架制动闸片安装	30 分	

六、思考题

（1）更换闸片时需要用到的工具是什么？

（2）在进行更换作业之前有哪些需要确认的准备工作？

（3）制动夹钳单元主要由哪些部分组成？

项目三 牵引电机设备认知

任务 牵引电机设备认知

一、实训目的

通过实训，学生可以对牵引电机设备有一整体认知。

二、理论链接

牵引电机是机车进行机械能和电能相互转换的重要部件。它安装在机车转向架上，通过传动装置与轮对相连。机车在牵引状态时，牵引电机将电能转换成机械能，驱动机车运行。当机车在电气制动状态时，牵引电机将列车的机械能转化为电能，产生列车的制动力。

1. 异步电机原理

异步电机的主要运行原理：定子通上三相交流电后，在气隙中产生旋转的磁场，该磁场切割转子导条后在转子导条中产生感应电流，带电的转子导条处于气隙旋转磁场中将产生电动力，使转子朝定子旋转磁场的同一方向旋转。由于转子导条中的电流是因转子导条切割由定子绕组产生的气隙磁场才感应产生的，所以转子的转速只能低于气隙旋转磁场的转速，永远不可能与其同步，否则转子导条与气隙磁场同步旋转，转子导条不再切割磁场产生感应电流和产生电动力，转子也不可能旋转，所以按这种原理运行的电机称为异步电动机。

异步电机的调速原理：现在机车用异步牵引电机调速普遍采用变频变压调速技术。异步电机转速、电动势和电磁转矩公式如下：

转速：$n=60f/p(1-s)$

电动势：$E_1=4K_1 f N_s K_{dp1} \varphi$

电磁转矩：$T_{em}=C\varphi I_r \cos\varphi$

式中，n 为转速；f 为定子频率；s 为转差率；p 为电机极对数；E_1 为电动势；K_1 为波形系数；N_s 为每相串联匝数；K_{dp1} 为绕组系数；φ 为磁通；T_{em} 为电磁转矩；C 为常数；I_r 为转子电流；$\cos\varphi$ 为功率因数。

改变定子频率即可改变电机转速，随着定子频率的增加，电机转速相应增加，如果电压不增加，将导致电机磁场减弱，电机转矩将降低，电机磁场降到很低时，电机不能输出足够的转矩，不能满足负载要求；另一方面，低频启动时，如果电压很高，将导致电机过分饱和。因此异步电机变频时，电压也应在一定范围内保持一定比例的变化，这种调速方式称为变频变压调速。异步牵引电机变频调速主要采用恒转矩变频调速（恒磁通变频调速的一个区段，磁通和电流不变）、恒磁通变频调速、恒功率变频调速等调速方式。

异步电机牵引与再生制动原理：在 $1>s>0$ 范围内，电磁转矩与转子转向相同，它拖动转子旋转，电机从逆变器吸收电能转换为机械能，克服机车阻力驱动机车运行，处于电动机运行状态。$s=1$ 为启动运行状态。在 $s<0$ 的范围内，转子转向与定子旋转磁场一致，转子转速 n 大于电机同步转速 n_1，电磁转矩与转子转向相反，它阻碍转子旋转，电机将机车机械能转换为电能传送给逆变器，对机车产生制动转矩，电机处于发电机运行状态，称之为再生制动。

2. 电机结构

JD160 型异步牵引电机的结构如图 3-1-1 所示，主要由定子、转子、端盖、轴承、测速装置和主动齿轮等部分组成。定子的作用是产生旋转磁场并从机械上支撑整个电机，它的主要零部件有定子铁心、定子绕组等。转子是用来产生感应电势和电磁转矩以实现能量转换的主要部件，它由转子铁心、导条、端环和转轴等组成。端盖用于支撑转子和实现电机内部与外部的隔离，方便电机转子的安装。轴承是连接静止的定子和旋转的转子的部件，使得转子旋转时不与定子相摩擦，实现电机定子和转子稳定的、转动灵活的机械连接。测速装置用于测量电机转子转速，将转速信号传送给控制系统，是实现异步牵引电机转速调节的重要环节。

3. 定　子

定子由定子铁心、定子绕组等零部件组成，其结构如图 3-1-2 所示。

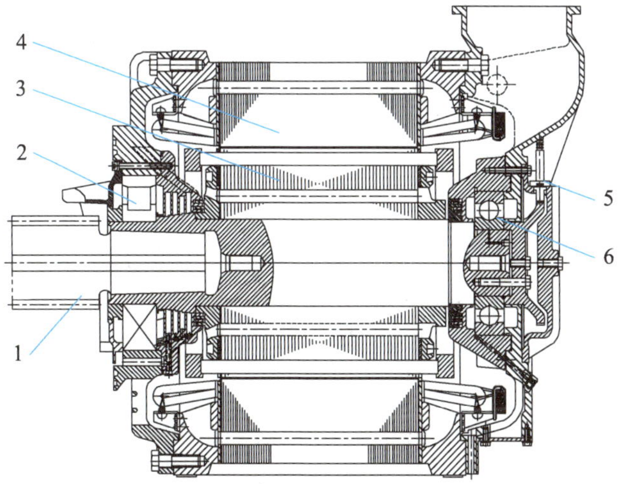

1—主动齿轮；2—传动端轴承装配；3—转子；4—定子；
5—测速装置；6—非传动端轴承装配。

图 3-1-1　电机结构

1—接线盒；2—定子铁心；3—支撑架；4—端箍；5—定子绕组；6—槽楔。

图 3-1-2　定子结构

三、实训要求

1. 实训时间

教学时间为 2 课时。

2. 实训形式

学生每 5 人组成一个工作小组，各小组制订实施方案及工作计划。组长协助教师指导本组学生学习，检查实训作业进度和质量，制订改进措施，共同完成项目任务。

3. 安全注意事项

（1）未经教师或管理员允许不得擅自操作。

（2）进行认知试验时小心磕碰。

4. 工器具材料准备

（1）防护用品：防滑鞋、绝缘手套、工作服等。

（2）个人用品：笔、笔记本等。

四、实训作业步骤

1. 整体实训过程（见图 3-1-3）

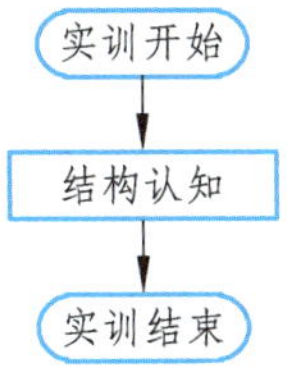

图 3-1-3　整体实训过程

2. 实训作业步骤（见表 3-1-1）

表 3-1-1　实训作业步骤

工序	工作步骤	认知内容	使用工具	安全注意事项
1	检查主动齿轮	在牵引电机上指出主动齿轮的位置，检查设备状态	目视	小心磕碰
2	检查定子	在牵引电机上指出定子的位置，检查设备状态	目视	小心磕碰
3	检查转子	在牵引电机上指出转子的位置，检查设备状态	目视	小心磕碰

五、实训考核标准（见表3-1-2）

表 3-1-2　实训考核标准

项　目	标　准	配分	得分
结构说明	能指出牵引电机的各个结构	80 分	
工作原理	能说出牵引电机的主要运行原理和调速原理	20 分	

六、思考题

异步电机转速、电动势和电磁转矩公式是什么？

项目四　SS_3 4000 电力机车总体检查与维护

任务一　低压电器柜电器的综合分析及故障判断

一、实训目的

（1）能按照电器柜内主要电器及其工作原理进行相应作业。

（2）能按照电器柜内电器的故障综合分析与判断处置故障。

（3）能处置电器柜电器的应急事务。

二、理论链接

低压电器柜是安装辅助电路及控制电路控制电器的屏柜。在柜顶部装有受电弓电空阀、前照灯降压电阻、劈相机启动电阻（Ⅰ端）、直流接触器（Ⅱ端）。柜内自上而下装有劈相机启动继电器、中间继电器、时间继电器、直流接触器、辅助电路过载继电器、劈相机启动电阻转换开关、交流接触器、辅助电路库用转换开关（Ⅰ端）、原边过流继电器（Ⅱ端）、移相电容器及插座接线板等。柜左侧面板有故障隔离转换开关、空压机启动放风电空阀和行灯插座。辅助电路过流继电器及启动电阻故障转换开关如图 4-1-1 所示。

图 4-1-1　辅助电路过流继电器及启动电阻故障转换开关

低压电器柜部分电器如图 4-1-2 所示。

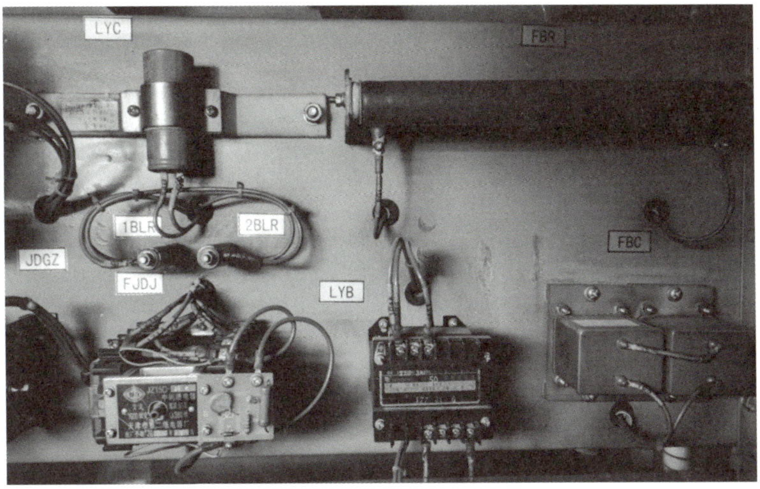

图 4-1-2 低压电器柜部分

三、实训要求

1. 实训时间

教学课时为 2 课时。

2. 实训形式

学生每 5 人组成一个工作小组，各小组根据实训课程任务制订实训实施方案，每个小组有一名组长，组长协助老师指导本组学生进行实训。

3. 实训注意事项

（1）电器柜在检修过程中注意断电。

（2）确认电器柜内电器非带电操作。

（3）注意观察电器柜内各电器的工作状态。

（4）穿戴好劳保防护用品。

（5）机车检查工具：司机为检车锤、短接线和手电筒；副司机为反射油枪和手电筒；副司机对其给油部位以呼喊为准。

4. 工器具材料准备

警示牌、防护红旗、铁路专用安全帽等。

四、实训作业步骤

1. 整体实训过程（见图 4-1-3）

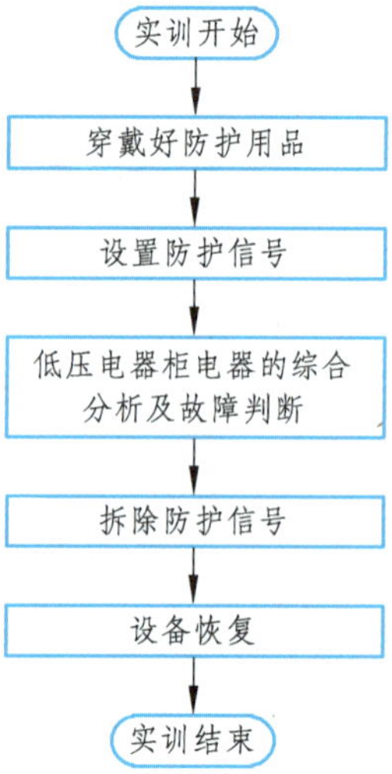

图 4-1-3　电器柜电器的综合分析、判断及应急处理流程

2. 电器柜综合分析及故障判断具体操作过程（见表 4-1-1）

表 4-1-1　电器柜综合分析及故障判断具体操作过程

工序	作业内容	质量标准	安全注意事项	记录检查结果
1	检查低压电器柜侧面	① 受电弓升弓电空阀 1SDF 安装牢固，阻容保护板齐全，接线无松脱，风管接头无泄漏，塞门位置正确。 ② 故障开关安装牢固，标牌清晰，转动灵活，均在“运行位”。 ③ 照明插座、1YQF 启动电空阀安装牢固，接线无松脱	防撞、防挤压、防跌落	
2	检查低压电器柜正面门及顶部	① 柜门严密，锁闭作用良好。 ② 劈相机启动电阻 1、2PXR 安装牢固，电阻无变形、烧损，接线无松脱，支持瓷瓶无破损、放电灼痕	防撞、防挤压、防跌落	
3	检查低压电器柜内左侧	故障开关接线牢固无松脱，触点无烧损	防撞、防挤压、防跌落	
4	检查劈相机启动电压继电器及各延时继电器	① 1DYJ、LYSJ、1YSJ、1QFSJ、3QFSJ 安装牢固。 ② 线圈无烧损，接线无松脱，衔铁无下垂、卡滞，低压联锁架无破损，延时铜套、延时片无脱落，联锁触头接触良好，开距、超程符合要求	防撞、防挤压、防跌落	
5	检查零压及辅接地装置	① 安装牢固。 ② 电阻、硅元件无烧损，接线无松脱	防撞、防挤压、防跌落	

续表

工序	作业内容	质量标准	安全注意事项	记录检查结果
6	检查辅接地、零压、辅过流、劈相机中间继电器	① FJDJ、LYZJ、FGZJ、PXZJ 安装牢固，支架无裂纹，螺栓不松动。 ② 触头防尘罩完整，联锁触头接触良好，开距、超程符合要求。线圈无烧损，接线无松脱，指示件完整，动作灵活	防撞、防挤压、防跌落	
7	检查劈相机延时继电器	① 1PXSJ 安装牢固。 ② 线圈无烧损，接线无松脱，衔铁无下垂、卡滞，低压联锁架无破损，延时铜套、延时片无脱落，联锁触头接触良好，开距、超程符合要求	防撞、防挤压、防跌落	
8	检查前照灯接触器	① 安装牢固，螺丝无松动，位置正确，接线无松脱。 ② 衔铁动作灵活无卡滞，触头无烧损，开距、超程符合要求	防撞、防挤压、防跌落	
9	检查辅助过流继电器	① 安装牢固，触头防尘罩完好。 ② 衔铁动作灵活无卡滞。 ③ 接线无松脱	防撞、防挤压、防跌落	
10	检查劈相机启动电阻转换开关	① QRK 安装牢固。 ② 刀夹有力、无裂纹，柄把无松动，扳动灵活。 ③ 各部无放电、灼痕，刀、夹接触线长>80%	防撞、防挤压、防跌落	
11	检查三相接触器	① 1FDC、3FDC、QRC、1YDC、1ZFDC、1PXC 安装牢固不松动。 ② 灭弧罩安装牢固无破损。 ③ 衔铁联动杆动作灵活，无卡滞，衔铁转轴及低压联锁框架无裂纹，弹簧无折损，接线板及低压接线无松脱，线圈无烧损	防撞、防挤压、防跌落	
12	检查辅助电路库用开关	① 3KYK 安装牢固不松动。 ② 刀夹有力，无裂纹，柄把无松动，扳动灵活。 ③ 各部无放电灼痕，刀夹接触线长>80%。 ④ 低压联锁盒安装牢固，接线无松脱	防撞、防挤压、防跌落	
13	检查移相电容器	① 安装牢固，接线无松脱。 ② 无鼓包、漏液，无放电	防撞、防挤压、防跌落	
14	检查接线端子及插座	① 安装牢固不松动。 ② 接线、插头无松脱，无放电烧损	防撞、防挤压、防跌落	

五、实训考核标准（见表4-1-2）

表 4-1-2 实训考核标准

<table>
<tr><th>考核标准</th><th>考核结果</th></tr>
<tr><td>（1）掌握劈相机启动电压继电器及各延时继电器的检查标准</td><td rowspan="3">（1）三个项目要求为合格，合格成绩为 60 分。
（2）有一项不符合要求，则不合格</td></tr>
<tr><td>（2）掌握辅接地、零压、辅过流、劈相机中间继电器的检查标准</td></tr>
<tr><td>（3）掌握三相接触器的检查标准</td></tr>
<tr><td>按要求掌握相关专业理论知识</td><td>20 分</td></tr>
<tr><td>按要求完成思考题</td><td>20 分</td></tr>
</table>

六、思考题

（1）如何判断劈相机及各延时继电器产生的故障?

（2）如何判断辅助电路库用开关是否正常?

任务二　扫石器、撒砂器检查与维护

一、实训目的

（1）掌握扫石器检查的要点并进行相关检查作业。

（2）掌握撒砂器检查的要点并进行相关检查作业。

（3）能将 SS_3 4000 电力机车撒砂器与扫石器的结构原理应用于工作中。

二、理论链接

SS_3 4000 电力机车设有扫石器、撒砂装置。当轨面潮湿或有油污以及列车上坡或通过曲线运行时，都可能因车轮与轨面间黏着状态遭到破坏，黏着系数下降而使车轮空转。当机车制动力过强时，车轮还会沿轨面滑行，造成车轮擦伤。为防止上述现象的发生，在机车上装有撒砂装置，向轨面撒砂，以提高车轮与钢轨间的黏着系数。撒砂装置由砂箱、撒砂器、撒砂软管、风管塞门、脚踏撒砂阀等部件组成。其各部作用如下：

砂箱：存放砂子的容器，每个转向架有 4 个砂箱。

撒砂器：撒砂装置的总开关，由它调整撒砂量的大小。

撒砂软管：砂箱中的砂粒经撒砂软管准确地撒在钢轨上。

风管塞门：当撒砂装置发生故障时，可将风管塞门关闭，切断风路。

脚踏撒砂阀：司机通过脚踏撒砂阀控制撒砂器动作。脚踏撒砂阀如图 4-2-1 所示。

扫石器是防止异物侵入轨道的装置，主要用于碎石碎渣的清除，使轨面保持干净。扫石器需安装牢固，胶皮挡板完好，不得有开焊、裂纹。排石器、扫石器距轨面高度符合限度规定。

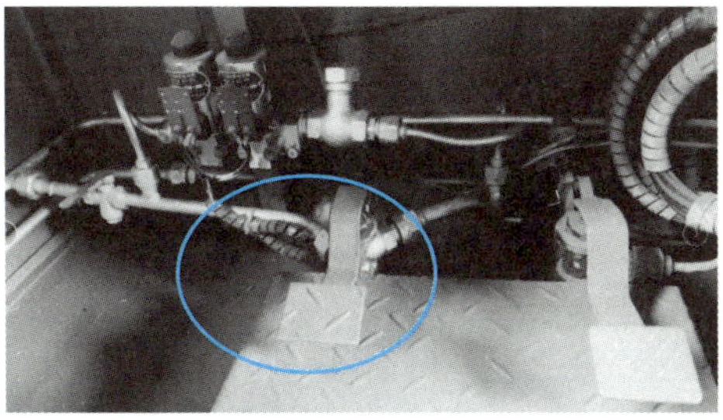

图 4-2-1　脚踏撒砂阀

三、实训要求

1. 实训时间

教学课时为 2 课时。

2. 实训形式

学生每 5 人组成一个工作小组，各小组根据实训课程任务制订实训实施方案，每个小组有一名组长，组长协助老师指导本组学生进行实训。

3. 实训注意事项

（1）机车在停留状态，做好防溜措施，机车二、五动轮应放置止轮器，防止机车溜逸，并打开隔离开关。

（2）穿戴好劳保防护用品。

（3）确认配电房配电箱空开接线状态、空开在“OFF”位。

（4）作业完后应将所有检查孔盖、防护罩、加油口盖、塞门、止阀以及手柄、按钮、开关闸刀等恢复正常状态。

4. 工器具材料准备

高度尺、检点锤、手电筒、警示牌、防护红旗、铁路专用安全帽等。

四、实训作业步骤

1. 整体实训过程（见图 4-2-2）

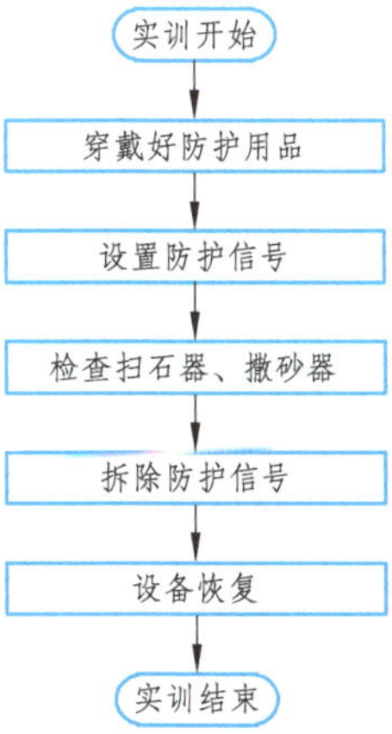

图 4-2-2　SS_3 4000 电力机车扫石器、撒砂器检查与维护流程图

2. 实训作业步骤（见表 4-2-1）

表 4-2-1 实训作业步骤

工序	作业内容	质量标准	使用工具	安全注意事项	记录检查结果
1	检查扫石器支架	牢固无开焊	目视	防撞、防挤压、防跌落	
2	检查扫石器调整螺栓	齐全无松动	目视	防撞、防挤压、防跌落	
3	检查夹板螺栓	紧固无松动，扫石胶皮无破损	目视	防撞、防挤压、防跌落	
4	测量排石器高度	距轨面高度为 70 ~ 80 mm，扫石器距轨面高度为 20 ~ 25 mm	高度尺	防撞、防挤压、防跌落	
5	分别逐步检查第一、二、三、四砂箱	① 砂箱盖严密，锁闭良好。 ② 砂箱体无变形，支架无开焊，安装螺栓齐全紧固。 ③ 搭扣良好，各穿销、开口销完好。 ④ 砂量充足，砂粒纯净干燥	目视	防撞、防挤压、防跌落	
6	从机车底部检查左右第四砂箱应符合标准	① 箱体及支架无裂纹，安装螺栓无松动。 ② 撒砂器、砂管安装牢固。 ③ 撒砂器风管、清扫堵及调整螺栓齐全牢固。 ④ 砂管吊铁无裂纹，“U”形卡子无松动。 ⑤ 砂管口无偏斜、变形，距轨面高度为 30 ~ 55 mm	目视、高度尺	防撞、防挤压、防跌落	

五、实训考核标准（见表4-2-2）

表 4-2-2 实训考核标准

考核标准	考核结果
（1）掌握扫石器的检查标准	（1）三个项目要求为合格，合格成绩为 60 分。 （2）有一项不符合要求，则不合格
（2）掌握撒砂器及砂箱的检查标准	
（3）按规定时间完成扫石器和撒砂器的检查	
按要求掌握相关专业理论知识	20 分
按要求完成思考题	20 分

六、思考题

（1）扫石器的检查标准是什么？
（2）撒砂器及砂箱的检查标准是什么？

任务三　走行部检查

一、实训目的

（1）能根据电力机车走行部需要检查的设备熟练进行相关检查作业。
（2）能按照电力机车走行部检查流程执行检查作业。

二、理论链接

转向架是电力机车的走行部分，所以转向架又称为走行部。SS_3 型电力机车有 2 台完全相同的转向架，主要由转向架附加装置、轮对电机组装、构架、一系弹簧悬挂装置、二系弹簧支承装置、牵引装置、电机悬挂装置、基础制动装置、手制动装置和砂箱装置十大部件组成。其主要技术参数如表 4-3-1 所示。

表 4-3-1　电力机车走行部主要技术参数

轴式	C_0-C_0
轴重	23 t
轴距	2 300 mm+2 000 mm
轮径	1 250 mm（新轮）
轨距	1 435 mm
垂向油压减振器型号	SFK1 型
垂向油压减振器数目	4 个
横向油压减振器型号	SFK 型
横向油压减振器数目	2 个
手制动率	23%
传动比	87∶20
通过最小曲线半径	125 m（速度＜5 km/h）
轮对左右轴箱中心线间距	2 110 mm
牵引方式	牵引杆
牵引点距轨面高度	750 mm
转向架总重	31 t
外形尺寸（长×宽×高）	6 980 mm×3 010 mm×1 560 mm
牵引电机悬挂方式	抱轴式半悬挂

SS_3 4000 系电力机车转向架如图 4-3-1 所示。

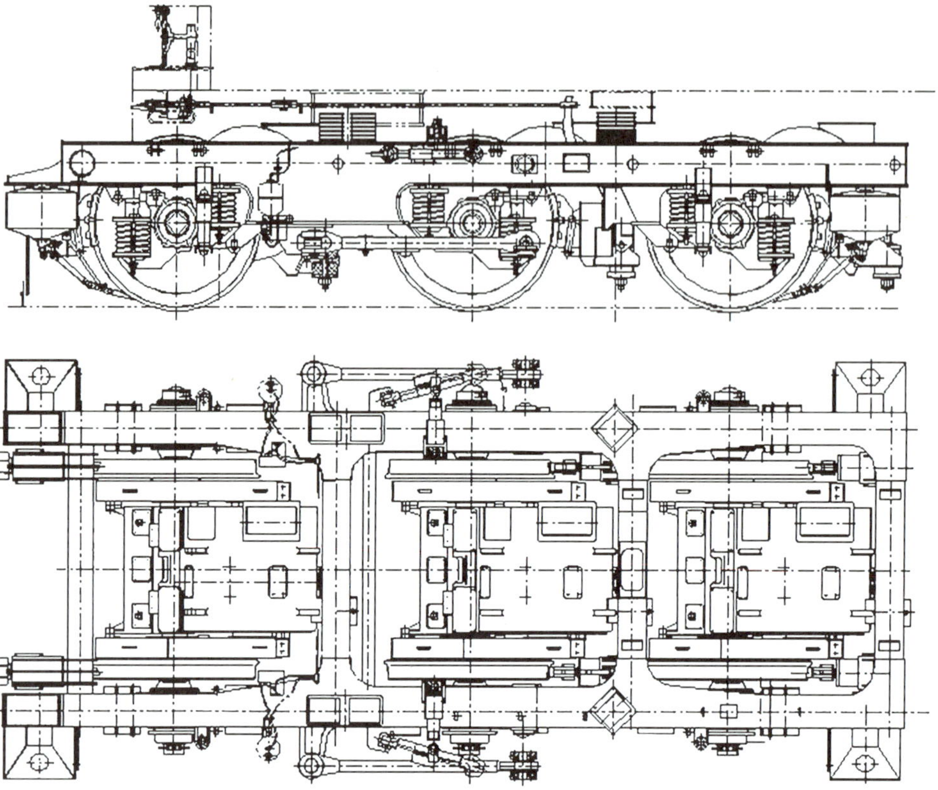

图 4-3-1　SS_3 4000 电力机车转向架结构

三、实训要求

1. 实训时间

教学课时为 2 课时。

2. 实训形式

学生每 5 人组成一个工作小组，各小组根据实训课程任务制订实训实施方案，每个小组有一名组长，组长协助老师指导本组学生进行实训。

3. 实训注意事项

（1）机车在停留状态，做好防溜措施，机车二、五动轮应放置止轮器，防止机车溜逸，并打开隔离开关。

（2）穿戴好劳保防护用品。

（3）确认配电房配电箱空开接线状态、空开在“OFF”位。

（4）作业完后应将所有检查孔盖、防护罩、加油口盖、塞门、止阀以及手柄、按钮、开关闸刀等恢复正常状态。

4. 工器具材料准备

检点锤、手电筒、警示牌、防护红旗、铁路专用安全帽等。

四、实训作业步骤

1. 整体实训过程（见图 4-3-2）

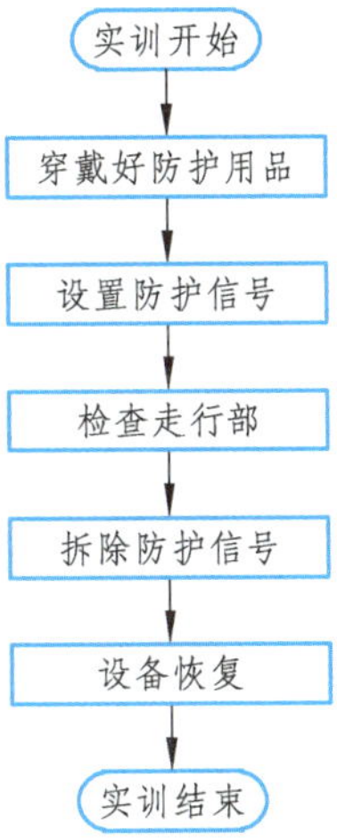

图 4-3-2　SS_3 4000 电力机车走行部检查流程

2. 实训作业流程（见表 4-3-2）

表 4-3-2　实训作业流程

工序	作业内容	质量标准	安全注意事项	记录检查结果
1	检查走行部右侧第六动轮制动装置	① 制动缸风管无泄漏，安装螺栓紧固，缸盖螺栓齐全紧固。 ② 传动螺杆密封罩完好。 ③ 闸瓦托调整螺栓无松动。 ④ 闸瓦安装正确，锁闭销完好。 ⑤ 闸瓦吊杆螺栓紧固，开口销完好。 ⑥ 闸瓦无裂纹，偏磨厚度不少于 10 mm。闸瓦与轮箍踏面的缓解间隙为 4 ~ 8 mm	防撞、防挤压、防跌落	
2	检查走行部右侧第六动轮	① 轮箍、轮辐无裂纹。 ② 轮箍无弛缓、透锈，弛缓线清晰无位移。 ③ 轮箍踏面擦伤深度不大于 0.7 mm，剥离长度不大于 40 mm，深度不大于 1 mm。 ④ 轮缘无碾堆，垂直磨耗高度不大于 18 mm，距踏面基线 11.25 mm 处测量厚度为 23 ~ 33 mm	防撞、防挤压、防跌落	

续表

工序	作业内容	质量标准	安全注意事项	记录检查结果
3	检查走行部右侧第六轴箱及弹簧装置	① 弹簧无折损裂纹，上盖限制杆螺栓无裂纹，开口销完好。 ② 弹簧无倾斜，内外弹簧无接磨。 ③ 轴箱拉杆座、轴箱拉杆无裂纹，拉杆芯轴卡圈无脱落。 ④ 轴箱组合螺栓无松动，组合杆无折损。 ⑤ 轴箱端盖无变形、漏油，安装螺栓齐全紧固，轴箱温度正常。 ⑥ 油压减振器安装牢固，座无裂纹，体无漏油。 ⑦ 速度传感器安装牢固，接线盒无松动。	防撞、防挤压、防跌落	
4	检查转向架牵引装置及喷脂罐	① 牵引座无裂纹。 ② 牵引杆无变形、裂纹，牵引杆销油润良好，油堵无丢失。 ③ 连接杆无变形、裂纹，连接杆销油润良好，油堵无丢失。 ④ 拐臂无变形、裂纹，油润良好。 ⑤ 牵引点距轨面高度为 460 mm。 ⑥ 轮缘喷脂罐安装牢固，注油口盖无松动	防撞、防挤压、防跌落	
5	检查二系悬挂装置	① 手制动机拉杆位置正确。 ② 转向架构架无裂纹、开焊。 ③ 橡胶旁承座无裂纹，橡胶堆无位移、龟裂、老化，层间无剥离。 ④ 横向油压减振器器体无漏油，安装螺栓紧固不松动，穿销、开口销齐全完好。 ⑤ 摩擦限制器各部无裂纹、摩擦板完好、橡胶件无老化龟裂、穿销及开口销齐全完好	防撞、防挤压、防跌落	
6	目视检查第五动轮	① 轮箍、轮辐无裂纹。 ② 轮箍无弛缓、透锈，弛缓线清晰无位移。 ③ 轮箍踏面擦伤深度不大于 0.7 mm，剥离长度不大于 40 mm，深度不大于 1 mm。 ④ 轮缘无碾堆，垂直磨耗高度不大于 18 mm，距踏面基线 11.25 mm 处测量厚度为 23 ~ 33 mm	防撞、防挤压、防跌落	

续表

工序	作业内容	质量标准	安全注意事项	记录检查结果
7	锤检目视第五动轮轴箱及弹簧装置	①弹簧无折损裂纹，上盖限制杆螺栓无裂纹，开口销完好。 ②弹簧无倾斜，内外弹簧无接磨。 ③轴箱拉杆座、轴箱拉杆无裂纹，拉杆芯轴卡圈无脱落。 ④轴箱组合螺栓无松动，组合杆无折损。 ⑤轴箱端盖无变形、漏油，安装螺栓齐全紧固，轴箱温度正常	防撞、防挤压、防跌落	
8	锤检目视第五动轮制动装置	①制动缸风管无泄漏，安装螺栓紧固，制动缸盖螺栓齐全紧固。 ②传动螺杆密封罩完好。 ③脱钩装置位置正确，调整手轮无损坏。 ④闸瓦托调整螺栓无松动。 ⑤闸瓦安装正确，锁闭销完好。 ⑥闸瓦吊杆螺栓紧固，开口销完好。 ⑦闸瓦无裂纹，偏磨厚度不少于10 mm。闸瓦与轮箍踏面的缓解间隙为4～8 mm	防撞、防挤压、防跌落	
9	检查车体牵引座	①车体牵引座无裂纹。 ②牵引杆销油润良好，油堵无丢失	防撞、防挤压、防跌落	
10	检查橡胶弹簧	①橡胶旁承座无裂纹，橡胶堆无位移、龟裂、老化，层间无剥离。 ②转向架无裂纹	防撞、防挤压、防跌落	
11	检查第四动轮	①轮箍、轮辐无裂纹。 ②轮箍无弛缓、透锈，弛缓线清晰无位移。 ③轮箍踏面擦伤深度不大于0.7 mm，剥离长度不大于40 mm，深度不大于1 mm。 ④轮缘无碾堆，垂直磨耗高度不大于18 mm，距踏面基线11.25 mm处测量厚度为23～33 mm	防撞、防挤压、防跌落	
12	检查第四动轮箱及弹簧装置	①弹簧无折损裂纹，上盖限制杆螺栓无裂纹，开口销完好。 ②弹簧无倾斜，内外弹簧无接磨。 ③油压减振器安装牢固，座无裂纹，体无漏油。 ④轴箱组合螺栓无松动，组合杆无折损。	防撞、防挤压、防跌落	

续表

工序	作业内容	质量标准	安全注意事项	记录检查结果
12	检查第四动轮箱及弹簧装置	⑤ 轴箱端盖无变形、漏油，安装螺栓齐全紧固，轴箱温度正常。 ⑥ 轴箱拉杆座、轴箱拉杆无裂纹，拉杆芯轴卡圈无脱落。 ⑦ 速度传感器安装牢固，接线盒无松动	防撞、防挤压、防跌落	
13	检查第四动轮制动装置	① 制动缸风管无泄漏，安装螺栓紧固，制动缸盖螺栓齐全紧固。 ② 传动螺杆密封罩完好。 ③ 闸瓦托调整螺栓无松动。 ④ 闸瓦安装正确，锁闭销完好。 ⑤ 闸瓦吊杆螺栓紧固，开口销完好。 ⑥ 闸瓦无裂纹，偏磨厚度不少于10 mm。闸瓦与轮箍踏面的缓解间隙为 4 ~ 8 mm	防撞、防挤压、防跌落	
14	检查第三动轮制动装置	① 制动缸风管无泄漏，安装螺栓紧固，制动缸盖螺栓齐全紧固。 ② 传动螺杆密封罩完好。 ③ 闸瓦托调整螺栓无松动。 ④ 闸瓦安装正确，锁闭销完好。 ⑤ 闸瓦吊杆螺栓紧固，开口销完好。 ⑥ 闸瓦无裂纹，偏磨厚度不少于10 mm。闸瓦与轮箍踏面的缓解间隙为 4 ~ 8 mm	防撞、防挤压、防跌落	
15	检查第三动轮	① 轮箍、轮辐无裂纹。 ② 轮箍无弛缓、透锈，弛缓线清晰无位移。 ③ 轮箍踏面擦伤深度不大于 0.7 mm，剥离长度不大于 40 mm，深度不大于 1 mm。 ④ 轮缘无碾堆，垂直磨耗高度不大于 18 mm，距踏面基线 11.25 mm 处测量厚度为 23 ~ 33 mm	防撞、防挤压、防跌落	
16	检查第三动轮箱及弹簧装置	① 弹簧无折损裂纹，上盖限制杆螺栓无裂纹，开口销完好。 ② 弹簧无倾斜，内外弹簧无接磨。 ③ 轴箱拉杆座、轴箱拉杆无裂纹，拉杆芯轴卡圈无脱落。 ④ 轴箱组合螺栓无松动，组合杆无折损。	防撞、防挤压、防跌落	

续表

工序	作业内容	质量标准	安全注意事项	记录检查结果
16	检查第三动轮箱及弹簧装置	⑤ 轴箱端盖无变形、漏油，安装螺栓齐全紧固，轴箱温度正常。 ⑥ 油压减振器安装牢固，座无裂纹，体无漏油。 ⑦ 轴箱接地线安装牢固无破损	防撞、防挤压、防跌落	
17	检查橡胶弹簧	① 橡胶旁承座无裂纹，橡胶堆无位移、龟裂、老化，层间无剥离。 ② 转向架无裂纹	防撞、防挤压、防跌落	
18	检查车体牵引座	① 车体牵引座无裂纹。 ② 牵引杆销油润良好，油堵无丢失	防撞、防挤压、防跌落	
19	检查第二动轮制动装置	① 制动缸风管无泄漏，安装螺栓紧固，制动缸盖螺栓齐全紧固。 ② 传动螺杆密封罩完好。 ③ 脱钩装置位置正确，调整手轮无损坏。 ④ 闸瓦托调整螺栓无松动。 ⑤ 闸瓦安装正确，锁闭销完好。 ⑥ 闸瓦吊杆螺栓紧固，开口销完好。 ⑦ 闸瓦无裂纹，偏磨厚度不少于10 mm。闸瓦与轮箍踏面的缓解间隙为4～8 mm	防撞、防挤压、防跌落	
20	检查第二动轮	① 轮箍、轮辐无裂纹。 ② 轮箍无弛缓、透锈，弛缓线清晰无位移。 ③ 轮箍踏面擦伤深度不大于0.7 mm，剥离长度不大于 40 mm，深度不大于1 mm。 ④ 轮缘无碾堆，垂直磨耗高度不大于18 mm，距踏面基线11.25 mm处测量厚度为23～33 mm	防撞、防挤压、防跌落	
21	检查第二动轮轴箱及弹簧装置	① 弹簧无折损裂纹，上盖限制杆螺栓无裂纹，开口销完好。 ② 弹簧无倾斜，内外弹簧无接磨。 ③ 轴箱拉杆座、轴箱拉杆无裂纹，拉杆芯轴卡圈无脱落。 ④ 轴箱组合螺栓无松动，组合杆无折损。 ⑤ 轴箱端盖无变形、漏油，安装螺栓齐全紧固，轴箱温度正常。 ⑥ 轴箱接地线安装牢固无破损	防撞、防挤压、防跌落	

续表

工序	作业内容	质量标准	安全注意事项	记录检查结果
22	检查二系悬挂装置	① 手制动机拉杆位置正确。 ② 转向架构架无裂纹、开焊。 ③ 橡胶旁承座无裂纹，橡胶堆无位移、龟裂、老化，层间无剥离。 ④ 横向油压减振器器体无漏油，安装螺栓紧固不松动，穿销开口销齐全完好。 ⑤ 摩擦限制器各部无裂纹、摩擦板完好、橡胶件无老化龟裂、穿销及开口销齐全完好	防撞、防挤压、防跌落	
23	检查转向架牵引装置及喷脂罐	① 牵引座无裂纹。 ② 牵引杆无变形、裂纹，牵引杆销油润良好，油堵无丢失。 ③ 连接杆无变形、裂纹，连接杆销油润良好，油堵无丢失。 ④ 拐臂无变形、裂纹，油润良好。 ⑤ 牵引点距轨面高度为 460 mm。 ⑥ 轮缘喷脂罐安装牢固，注油口盖无松动	防撞、防挤压、防跌落	
24	检查第一动轮	① 轮箍、轮辐无裂纹。 ② 轮箍无弛缓、透锈，弛缓线清晰无位移。 ③ 轮箍踏面擦伤深度不大于 0.7 mm，剥离长度不大于 40 mm，深度不大于 1 mm。 ④ 轮缘无碾堆，垂直磨耗高度不大于 18 mm，距踏面基线 11.25 mm 处测量厚度为 23 ~ 33 mm	防撞、防挤压、防跌落	
25	检查第一动轮箱及弹簧装置	① 弹簧无折损裂纹，上盖限制杆螺栓无裂纹，开口销完好。 ② 弹簧无倾斜，内外弹簧无接磨。 ③ 轴箱拉杆座、轴箱拉杆无裂纹，拉杆芯轴卡圈无脱落。 ④ 轴箱组合螺栓无松动，组合杆无折损。 ⑤ 轴箱端盖无变形、漏油，安装螺栓齐全紧固，轴箱温度正常。 ⑥ 油压减振器安装牢固，座无裂纹，体无漏油。 ⑦ 轴箱接地线安装牢固无破损	防撞、防挤压、防跌落	

续表

工序	作业内容	质量标准	安全注意事项	记录检查结果
26	检查第一动轮制动装置	①制动缸风管无泄漏，安装螺栓紧固，制动缸盖螺栓齐全紧固。 ②传动螺杆密封罩完好。 ③闸瓦托调整螺栓无松动。 ④闸瓦安装正确，锁闭销完好。 ⑤闸瓦吊杆螺栓紧固，开口销完好。 ⑥闸瓦无裂纹，偏磨厚度不少于10 mm。闸瓦与轮箍踏面的缓解间隙为4～8 mm	防撞、防挤压、防跌落	

五、实训考核标准（见表4-3-3）

表 4-3-3　实训考核标准

考核标准	考核结果
（1）掌握 SS_3 4000 电力机车走行部检查步骤	（1）三个项目要求为合格，合格成绩为 60 分 （2）有一项不符合要求，则不合格。
（2）掌握 SS_3 4000 电力机车走行部动轮制动装置检查标准	
（3）按时完成 SS_3 4000 电力机车走行部检查	
按要求掌握相关专业理论知识	20 分
按要求完成思考题	20 分

六、思考题

（1）SS_3 4000 电力机车走行部需要检查哪些部件？

（2）SS_3 4000 电力机车走行部的检查流程是什么？

任务四　车钩检查与维护

一、实训目的

（1）能正确阐述电力机车车钩的种类。

（2）能按照电力机车车钩检查与维护的作业流程进行相关作业。

二、理论链接

牵引缓冲装置，包括车钩及缓冲器。电力机车上还设有车钩复原装置，它们都安装在车体底架两端的牵引梁内，共同完成连挂列车，传递牵引力、制动力、吸收挂车时和运行中产生的纵向冲击振动的任务。车钩是机车牵引缓冲装置的重要部件之一，起连挂车列或其他机车的作用。我国机车上采用的车钩，具有自动连挂的性能。根据车钩的开启方式，可以将车钩分为上作用式及下作用式两种。国内各型电力机车，现在大多采用下作用式 13 号自动车钩。SS_3 4000 系电力机车牵引缓冲装置由车钩装置、缓冲装置、复原装置等组成。SS_3 4000 系电力机车牵引缓冲装置如图 4-4-1 所示。

图 4-4-1　SS_3 4000 系电力机车牵引缓冲装置

车钩装置又包括车钩、单侧下作用式提杆装置及提杆支座。车钩由钩体、钩舌、钩锁、推舌铁、下锁销、下锁销杆构成。缓冲装置包括摩擦橡胶缓冲器、钩尾框、从板。摩擦橡胶缓冲器是带有摩擦楔块和橡胶减振片的缓冲器。复原装置包括复原弹簧、弹簧箱导框及滑台等。

三、实训要求

1. 实训时间

教学课时为 2 课时。

2. 实训形式

学生每 5 人组成一个工作小组，各小组根据实训课程任务制订实训实施方案，每个小组有一名组长，组长协助老师指导本组学生进行实训。

3. 实训注意事项

（1）机车在停留状态，做好防溜措施，机车二、五动轮应放置止轮器，防止机车溜逸，并打开隔离开关。

（2）穿戴好劳保防护用品。

（3）确认配电房配电箱空开接线状态、空开在“OFF”位。

（4）作业完后应将所有检查孔盖、防护罩、加油口盖、塞门、止阀以及手柄、按钮、开关闸刀等恢复正常状态。

4. 工器具材料准备

检点锤、手电筒、警示牌、防护红旗、铁路专用安全帽等。

四、实训作业步骤

1. 整体实训过程（见图 4-4-2）

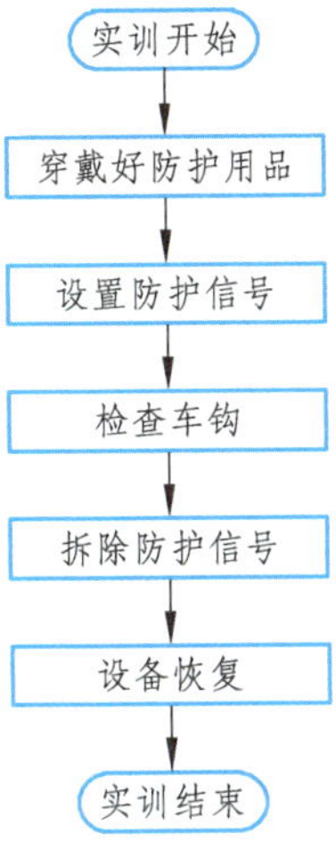

图 4-4-2　SS_3 4000 电力机车车钩检查流程

2. 车钩检查流程（见表 4-4-1）

表 4-4-1　车钩检查流程

工序	作业内容	质量标准	安全注意事项	记录检查结果
1	检查机车一位端端部车钩	① 钩提杆无变形，提钩车钩自动开放无卡劲，钩舌全开位开度为 220～250 mm。 ② 车钩摆动灵活，钩体各部无裂纹。 ③ 钩舌销无折损，开口销完好（开度 60°），径向间隙 1～4 mm。 ④ 钩舌各部无裂纹，防跳台应为 900 mm。 ⑤ 钩舌锁闭作用良好，锁闭位开度为 110～130 mm。 ⑥ 车钩水平中心线距轨面高度为 815～890 mm。 ⑦ 车钩托板垫板完整，吊杆无裂纹	防撞、防挤压、防跌落	

续表

工序	作业内容	质量标准	安全注意事项	记录检查结果
2	检查机车二位端端部车钩	① 钩提杆无变形，提钩车钩自动开放无卡劲，钩舌全开位开度为 220～250 mm。 ② 车钩摆动灵活，钩体各部无裂纹。 ③ 钩舌销无折损，开口销完好（开度 60°），径向间隙 1～4 mm。 ④ 钩舌各部无裂纹，防跳台应为 900 mm。 ⑤ 钩舌锁闭作用良好，锁闭位开度为 110～130 mm。 ⑥ 车钩水平中心线距轨面高度为 815～890 mm。 ⑦ 车钩托板垫板完整，吊杆无裂纹	防撞、防挤压、防跌落	

五、实训考核标准（见表4-4-2）

表 4-4-2 实训考核标准

考核标准	考核结果
（1）掌握 SS_3 4000 电力机车车钩检查标准	（1）三个项目要求为合格，合格成绩为 60 分。 （2）有一项不符合要求，则不合格
（2）掌握 SS_3 4000 电力机车车钩结构组成	
（3）在规定时间内完成 SS_3 4000 电力机车车钩检查	
按要求掌握相关专业理论知识	20 分
按要求完成思考题	20 分

六、思考题

（1）SS_3 4000 电力机车车钩的结构包含哪些部分？

（2）SS_3 4000 电力机车车钩检查的标准流程是什么？

任务五 制动机五步闸试验

一、实训目的

（1）能正确阐述 SS_3 4000 电力机车电空制动器手柄的各个级位。

（2）能正确阐述 SS_3 4000 电力机车空气制动阀的各个级位。

（3）能按照 SS_3 4000 电力机车五步闸试验的标准流程执行五步闸试验。

二、理论链接

SS_3 4000 电力机车配备 DK-1 型电空制动机，为保证制动系统正常工作，需对该型制动机进行日常试验，即铁道部（现更名为国铁集团）颁布的《机车操作规程》要求，俗称“五步闸”检查方法，详细内容如表 4-5-1 所示。

表 4-5-1　五步闸试验流程

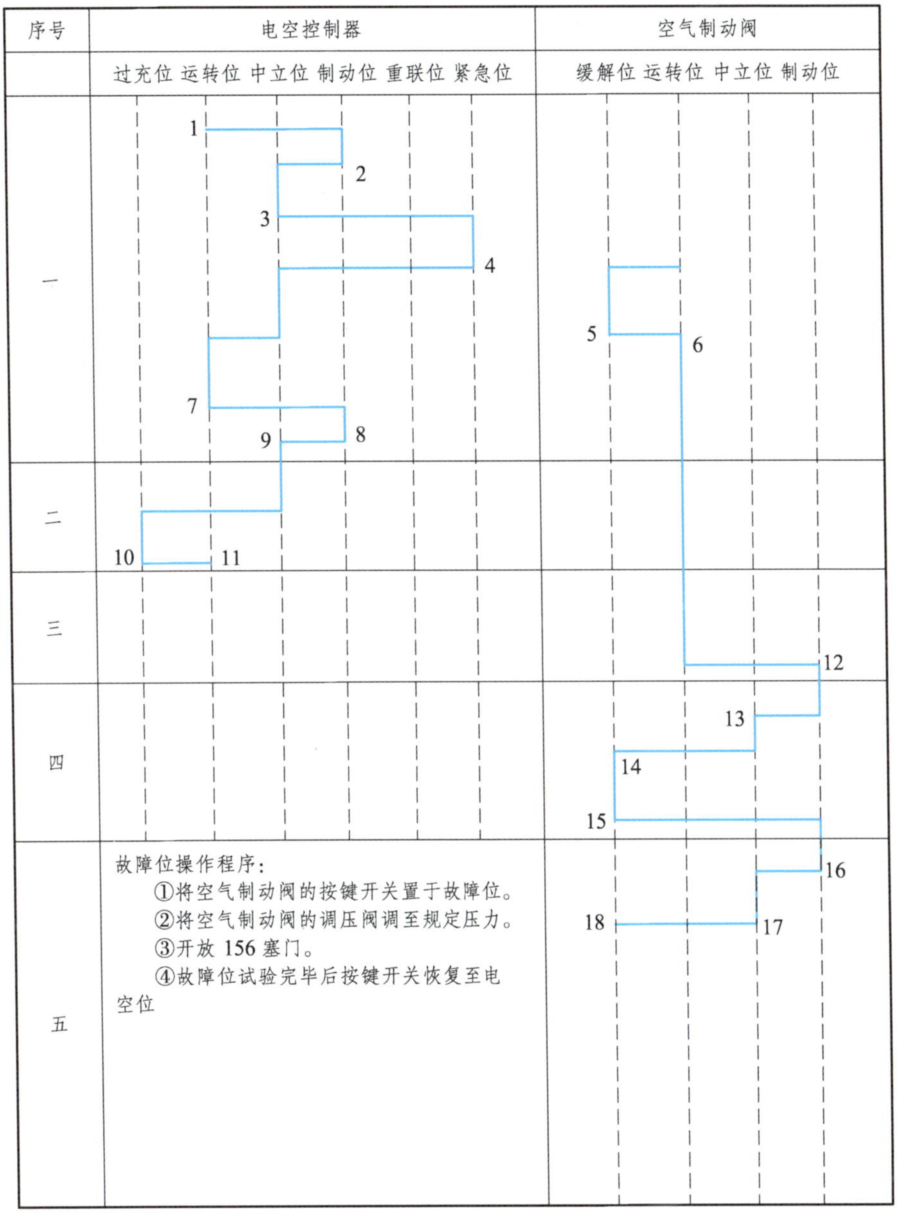

三、实训要求

1. 实训时间

教学课时为 2 课时。

2. 实训形式

学生每 5 人组成一个工作小组，各小组根据实训课程任务制订实训实施方案，每个小组有一名组长，组长协助老师指导本组学生进行实训。

3. 实训注意事项

（1）机车在停留状态，做好防溜措施，机车二、五动轮应放置止轮器，防止机车溜逸，并打开隔离开关。

（2）穿戴好劳保防护用品。

（3）作业前检查配电箱空开接线状态、空开在“OFF”位。

（4）作业完后应将所有检查孔盖、防护罩、加油口盖、塞门、止阀以及手柄、按钮、开关闸刀等恢复正常状态。

4. 工器具材料准备

检点锤、手电筒、警示牌、防护红旗、铁路专用安全帽等。

四、实训作业步骤

1. 整体实训过程（见图 4-5-1）

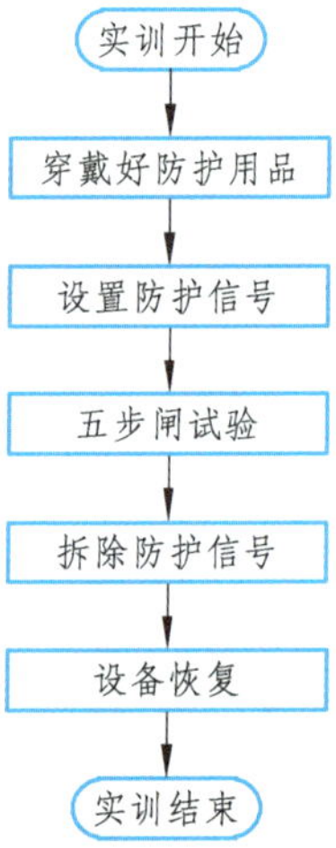

图 4-5-1　SS_3 4000 电力机车五步闸试验流程

2. 实训作业流程（见表 4-5-2）

表 4-5-2　实训作业流程

工序	作业内容	质量标准	安全注意事项	记录检查结果
1	试验前准备工作	① 各管路塞门正常。 ② 大闸至运转位，小闸至运转位。 ③ 电空转换扳键在电空位。 ④ 总风压力为 750～900 kPa。列车管、均衡风缸压力均为 600 kPa	防撞、防挤压、防跌落	

续表

工序	作业内容	质量标准	安全注意事项	记录检查结果
2	“五步闸”试验第一步	① 大闸移至紧急位。列车管压力在 3 s 内降至 0；机车制动缸压力在 5 s 内升至 400 kPa，最高压力为 450 kPa。自动撒砂，有牵引级位时切断主断路器。 ② 小闸移至缓解位，并下压手柄，制动缸压力单缓到 0。 ③ 小闸移至运转位，制动缸压力不得回升。 ④ 大闸回运转位，列车管压力由 0 升至 580 kPa 的时间不大于 11 s。大闸在运转位停留 50 s 后，开始第二步试验	防撞、防挤压、防跌落	
3	“五步闸”试验第二步	① 大闸由运转位移至制动位。均衡风缸减压 170 kPa 的时间为 6～8 s。 制动缸压力由 0 升至（400±20）kPa 的时间为 7～9.5 s。 ② 大闸移至中立位（保压 1 min），处于制动后保压状态。均衡风缸、列车管的泄漏量分别不大于每分钟 5 kPa 和 10 kPa	防撞、防挤压、防跌落	
4	“五步闸”试验第三步	① 大闸移至过充位。均衡风缸为定压，列车管超过定压 30～40 kPa，制动缸压力不变。 ② 大闸移至运转位，120～180 s 内过充压力消除，列车管恢复定压，制动缸压力缓解至 0	防撞、防挤压、防跌落	
5	“五步闸”试验第四步	① 小闸移至制动位。制动缸压力由零升至 280 kPa，最后达 300 kPa 的时间不大于 4 s。 ② 小闸移至中立位保压（保压 1 min），制动缸压力不变。 ③ 小闸移至运转位。制动缸压力由 300 kPa 下降至 35 kPa 的时间不大于 5 s	防撞、防挤压、防跌落	
6	电空位转为空气位	① 将小闸打至缓解位，并下压手柄，将机车缓解。大闸处于运转位或重联位。 ② 将电空转换扳键由电空位扳至空气位。 ③ 将 53#或 54#调压阀由 300 kPa 调至 600 kPa。 ④ 将机车电器屏柜内的电空转换开关由电空位转换到空气位	防撞、防挤压、防跌落	

续表

工序	作业内容	质量标准	安全注意事项	记录检查结果
7	“五步闸”空气位试验	① 小闸移至制动位，均衡风缸减压 170 kPa 的时间为 6～8 s。 ② 小闸移至中立位（或运转位）保压 1 min，均衡风缸、列车管的泄漏量分别不大于每分钟 5 kPa 和 10 kPa。 ③ 小闸移至缓解位，并下压手把。均衡风缸、列车管恢复定压，制动缸压力缓解为 0	防撞、防挤压、防跌落	
8	制动机转为电空位	① 将电空转换扳键由空气位扳到电空位。 ② 将 53# 调压阀由 600 kPa 调至 300 kPa。 ③ 将机车电器屏柜内的电空转换开关由空气位转换到电空位	防撞、防挤压、防跌落	

五、实训考核标准（见表4-5-3）

表 4-5-3　实训考核标准

考核标准	考核结果
（1）掌握 SS_3 4000 电力机车五步闸试验流程	（1）三个项目要求为合格，合格成绩为 60 分。 （2）有一项不符合要求，则不合格
（2）掌握 SS_3 4000 电力机车各个手柄的级位	
（3）在规定时间内完成 SS_3 4000 电力机车五步闸试验	
按要求掌握相关专业理论知识	20 分
按要求完成思考题	20 分

六、思考题

（1）SS_3 4000 电力机车五步闸试验流程是什么？

（2）SS_3 4000 电力机车电空制动器有哪些级位？

任务六　制动机八步闸试验

一、实训目的

（1）能根据 SS_3 4000 电力机车八步闸试验的注意事项正确完成试验作业。

（2）能正确阐述 SS_3 4000 电力机车列车管减压量与制动缸压力之间的关系。

（3）能按照 SS_3 4000 电力机车八步闸试验的标准流程执行八步闸试验作业。

二、理论链接

DK-1 型电空制动机“八步闸”检查试验方法与要求如表 4-6-1 所示。

表 4-6-1 DK-1 型制动机“八步闸”试验程序

试验程序	操作顺序	电空控制器						空气制动阀				试验项目及要求	备注
		过充位	运转位	中立位	制动位	重联位	紧急位	缓解位	运转位	中立位	制动位		
电控位	一		1, 5				2	3	4			1.列车管、均衡风缸为定压，制动缸压力为零。 2.列车管压力，均衡风缸压力下降为 0的时间不大于5 s，制动缸压力为(450±10)kPa，分配阀安全阀动作，机车自动撒砂。机车加载时自动断主断路器。 3.将空气制动阀由运转位移至缓解位，下压手把，制动缸压力立即下降，并能缓解至 35 kPa 以下。 4.回运转位后，制动缸压力不得回升。 5.列车管、均衡风缸压力不得回升	3.下压手把
	二		7, 10	6, 9	8							6.由运转位移至中立位停留 15 s以上。 7.回运转位停留50 s以上，均衡风缸、列车管恢复定压，制动缸压力缓解至 0。 8.制动位减压 40~50 kPa，制动缸压力按比例上升。 9.回中立位，均衡风缸泄漏量 >5 kPa/min，列车管泄漏量不大于 10 kPa/min。人为开放 121放风阀，放风后关闭，列车管压力不得回升。 10.回运转位，均衡风缸、列车管恢复定压，制动缸压力缓解为 0	9.试验泄漏后人为开放121放风阀
		14	15	12	11, 13							11.列车管追加减压至 100 kPa，制动缸压力为240~270 kPa。追加减压至 140 kPa，制动缸压力为340~380 kPa。 12.中立位，均衡风缸泄漏量不大于 5 kPa/min，列车管泄漏量不大于 10 kPa/min。人为开放 121放风阀，放风后关闭，列车管压力不得回升。 13.列车管最大减压量 190~230 kPa，压力稳定后，制动缸泄漏每分钟不大于 10 kPa。 14.过充位，列车管过充压力为 30~40 kPa，且制动缸的压力不得缓解。 15.运转位，制动缸压力应缓解为 0。过充压力在120 s左右自动消除	
	三		18	17	16							16.均衡风缸减压 140 kPa，排风时间为 5~7 s制动缸压力由0升至340 kPa的时间为 6~8 s。 17.关闭供给塞门 123，制动缸泄漏量不大于10 kPa/min，然后开放供给塞门。 18.均衡风缸、列车管压力恢复定压。制动缸压力由340~380 kPa下降到40 kPa以下的时间不大于7 s	17.关闭供给塞门

续表

试验程序	操作顺序	电空控制器 过充位	电空控制器 运转位	电空控制器 中立位	电空控制器 制动位	电空控制器 重联位	电空控制器 紧急位	空气制动阀 缓解位	空气制动阀 运转位	空气制动阀 中立位	空气制动阀 制动位	试验项目及要求	备注
电气位	四								21 23	20 22	19	19~20.阶段制动及保压应稳定。 21~22.阶段缓解及保压应稳定。 23.空气制动阀移至运转位，制动缸压力下降为 0	
	五								25		24	24.制动缸压力由0升至280 kPa的时间不大于4 s，最高压力不超过 300 kPa。 25.制动缸压力由300 kPa降至40 kPa以下的时间不大于5 s	
	六		27			26						26.重联位列车管、均衡风缸风压应保持一致，将电空转换键转至“空气”位。 27.电空控制器移至运转位	
	七							28 32 35		30 31 34	29 33 36	28.空气制动阀移至缓解位，调整调压阀使均衡风缸、列车管至定压。下压空气制动阀手把，制动缸压力应降为 0。 29.均衡风缸减压 140 kPa，排风时间为 5~7 s。制动缸压力由 0升至340 kPa的时间为6~8 s。 30.空气制动阀由制动位移回中立位。均衡风缸泄漏量不大于 5 kPa/min，列车管泄漏量不大于 10 kPa/min。 31.下压空气制动阀手把，制动缸压力应下降。松开空气制动阀手把，制动缸压力停止下降，并能保压。 32.空气制动阀移至缓解位，并下压手把。均衡风缸、列车管应恢复定压，制动缸压力应缓解为0。 33~34.空气制动阀在制动位、中立位之间移动 2~3次，阶段制动作用应稳定。 35.空气制动阀移至缓解位，均衡风缸、列车管应恢复定压，制动缸压力不得下降。将电空转换键恢复至“电空”位，制动缸压力下降为 0。 36.空气制动阀移至制动位，调整调压阀使制动缸压力至300 kPa，然后移回运转位	28.调整调压阀为规定压力。 35.恢复电空位

三、实训要求

1. 实训时间

教学课时为 2 课时。

2. 实训形式

学生每 5 人组成一个工作小组，各小组根据实训课程任务制订实训实施方案，每个小组有一名组长，组长协助老师指导本组学生进行实训。

3. 实训注意事项

（1）机车在停留状态，做好防溜措施，机车二、五动轮应放置止轮器，防止机车溜逸，并打开隔离开关。

（2）穿戴好劳保防护用品。

（3）作业前检查配电箱空开接线状态、空开在“OFF”位。

（4）作业完后应将所有检查孔盖、防护罩、加油口盖、塞门、止阀以及手柄、按钮、开关闸刀等恢复正常状态。

4. 工器具材料准备

检点锤、手电筒、警示牌、防护红旗、铁路专用安全帽等。

四、实训作业步骤

1. 整体实训过程（见图 4-6-1）

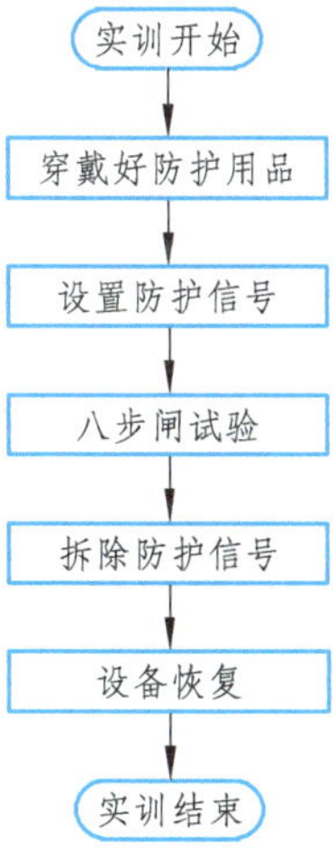

图 4-6-1　SS_3 4000 电力机车八步闸试验流程

2. 实训作业流程（见表 4-6-2）

表 4-6-2　实训作业流程

工序	作业内容	质量标准	记录检查结果
1	试验前准备工作	1. 各管路塞门正常。 大闸至运转位，小闸至运转位。 总风压力为 750～900 kPa。列车管、均衡风缸压力均为 600 kPa，制动缸压力为 0	
2	“八步闸”试验第一步	2.大闸移至紧急位。列车管压力在 5 s 内降至 0；机车制动缸压力在 5 s 内升至（450±10）kPa，分配阀安全阀动作，自动撒砂，有牵引级位时切断主断路器。	

续表

工序	作业内容	质量标准	记录检查结果
2	“八步闸”试验第一步	3.小闸移至缓解位，并下压手柄，制动缸压力单缓到35 kPa 以下。 4.小闸移至运转位，制动缸压力不得回升。 5.大闸回运转位，列车管、均衡风缸压力不得回升	
3	“八步闸”试验第二步	6.大闸由运转位移至中立位停留 15 s 以上。 7.大闸回运转位停留 50 s 以上，均衡风缸、列车管恢复定压，动缸压力缓解至 0。 8.大闸在制动位减压 40 ~ 50 kPa，制动缸压力按比例上升。 9.大闸回中立位，均衡风缸泄漏量不大于 5 kPa/min，列车管泄漏量不大于 10 kPa/min。人为开放 121 放风阀，放风后关闭，列车管压力不得回升。 10.大闸回运转位，均衡风缸、列车管恢复定压，制动缸压力缓解为 0	
4	“八步闸”试验第三步	11.大闸在制动区，列车管追加减压至 100 kPa，制动缸压力为 240 ~ 270 kPa；追加减压至 140 kPa，制动缸压力为 340 ~ 380 kPa。 12.大闸中立位，均衡风缸泄漏量不大于 5 kPa/min，列车管泄漏量不大于 10 kPa/min。人为开放 121 放风阀，放风后关闭列车管压力不得回升。 13.大闸制动位，列车管最大减压量 190 ~ 230 kPa，压力稳定后，制动缸泄漏每分钟不大于 10 kPa。 14.大闸过充位，列车管过充压力为 30 ~ 40 kPa，且制动缸的压力不得缓解。 15.大闸运转位，制动缸压力应缓解为 0。过充压力在120 s 左右自动消除。 16.大闸制动位，均衡风缸减压 140 kPa，排风时间为 5 ~ 7 s。制动缸压力由 0 升至 340 kPa 的时间为 6 ~ 8 s。 17.大闸中立位，关闭供给塞门 123，制动缸泄漏量不大于 10 kPa/min，然后开放供给塞门。 18.大闸运转位，均衡风缸、列车管压力恢复定压。制动缸压力由 340 ~ 380 kPa 下降到 40 kPa 以下的时间不大于 7 s	
5	“八步闸”试验第四步	19 ~ 20.阶段制动及保压应稳定。 21 ~ 22.阶段缓解及保压应稳定。 23.空气制动阀移至运转位，制动缸压力下降为 0	

续表

工序	作业内容	质量标准	记录检查结果
6	“八步闸”试验第五步	24.小闸由运转位至制动位制动缸压力由0升至280 kPa的时间不大于4 s，最高压力不超过300 kPa。 25.小闸由制动位至运转位，制动缸压力由 300 kPa 降至40 kPa以下的时间不大于5 s	
7	“八步闸”试验第六步	26.大闸重联位，重联位列车管、均衡风缸风压应保持一致，将电空转换键转至“空气”位。 27.电空控制器移至运转位	
8	“八步闸”试验第七步	28.空气制动阀移至缓解位，调整调压阀使均衡风缸、列车管至定压。下压空气制动阀手把，制动缸压力应降为0。 29.均衡风缸减压140 kPa，排风时间为5～7 s。制动缸压力由0升至340 kPa的时间为6～8 s。 30.空气制动阀由制动位移回中立位。均衡风缸泄漏量不大于5 kPa/min，列车管泄漏量不大于10 kPa/min。 31.下压空气制动阀手把，制动缸压力应下降。松开空气制动阀手把，制动缸压力停止下降，并能保压。 32.空气制动阀移至缓解位，并下压手把。均衡风缸、列车管应恢复定压，制动缸压力应缓解为0。 33～34.空气制动阀在制动位、中立位之间移动 2～3次，阶段制动作用应稳定。 35.空气制动阀移至缓解位，均衡风缸、列车管应恢复定压，制动缸压力不得下降。将电空转换键恢复至“电空”位，制动缸压力下降为0。 36.空气制动阀移至制动位，调整调压阀使制动缸压力至300 kPa，然后移回运转位	
9	“八步闸”试验第八步	37.将司机控制器反向手柄置于牵引位，并将调速手柄移至“*”位。 38.开放121放风阀，应产生下列作用：① 均衡风缸、列车管压力快速降为0，制动缸压力上升至(450±10)kPa，并不得自动缓解。② 机车自动撒砂。③ 自动切除机车牵引力，主断路器断开。 39.调速手柄回零位，反向手柄置制动位，重新闭合主断路器，电空制动器移至中立位15 s以上再移至运转位，均衡风缸、列车管恢复定压，制动缸压力缓解为0。 40.断开14ZK，列车管、均衡风缸压力应按常用减压速度下降，制动缸压力上升。 41.恢复14ZK开关，均衡风缸、列车管恢复定压	

五、实训考核标准（见表4-6-3）

表 4-6-3 实训考核标准

考核标准	考核结果
（1）掌握 SS_3 4000 电力机车八步闸试验流程	（1）三个项目要求为合格，合格成绩为 60 分。 （2）有一项不符合要求，则不合格
（2）掌握 SS_3 4000 电力机车各个手柄的级位	
（3）在规定时间内完成 SS_3 4000 电力机车八步闸试验	
按要求掌握相关专业理论知识	20 分
按要求完成思考题	20 分

六、思考题

（1）SS_3 4000 电力机车八步闸试验流程是什么?

（2）SS_3 4000 电力机车五步闸和八步闸有哪些区别和联系?

任务七　低压试验

一、实训目的

（1）能根据 SS_3 4000 电力机车低压试验的试验方法进行试验作业。

（2）能正确阐述 SS_3 4000 电力机车低压试验需操作的内容。

（3）能根据 SS_3 4000 电力机车低压试验各操作的目的和要求完成试验作业。

二、理论链接

在进行低压试验前需做以下准备工作:

（1）闭合电源柜控制接地闸刀 KJDK、蓄电池闸刀 DCK、整流输出闸刀 KGK，电源柜转换开关转至 A 组，确认控制电压不低于 92.5 V，控制电流表显示的放电电流不大于 10 A，电子柜冷却风扇转动。

（2）电子柜转换开关转至 A 组。

（3）打开总风缸 113#塞门，确认总风缸风压不低于 700 kPa，各风路塞门处于正常位置。

（4）将牵引风速故障开关 1FJK、制动风速故障开关 2FJK 和零压故障开关 LYK 分别置于“故障位”。

（5）拉起锁闭杆，打开各室及司机室走廊门。

三、实训要求

1. 实训时间

教学课时为 6 课时。

2. 实训形式

学生每 5 人组成一个工作小组，各小组根据实训课程任务制订实训实施方案，每个小组有一名组长，组长协助老师指导本组学生进行实训。

3. 实训注意事项

（1）机车在停留状态，做好防溜措施。

（2）确认机车蓄电池闸刀在断开位。

（3）确认配电房配电箱空开接线状态、空开在“OFF”位。

（4）确认室外配电箱空开及接触器的接线状态、空开在“OFF”位。

4. 工器具材料准备

“高压危险、禁止靠近”警示牌、防护红旗、铁路专用安全帽等。

四、实训作业步骤

1. 整体实训过程（见图 4-7-1）

图 4-7-1　SS_3 4000 电力机车低压试验流程

2. 实训作业流程（见表 4-7-1）

表 4-7-1　实训作业流程

工序	作业内容	质量标准	使用工具	注意事项	操作示意图
1	室外配电箱引出线与辅助电路库用插座对应线号安装紧固	检查确认线号对应准确、紧固良好	绝缘电工钳	防撞、防挤压、防触电	

续表

工序	作业内容	质量标准	使用工具	注意事项	操作示意图
2	辅助电路库用插座上悬挂“高压危险、禁止靠近”警示牌	悬挂“高压危险、禁止靠近”警示牌	警示牌	防撞、防挤压、防触电	
3	配电房配电箱空开打在“ON”位	合闸前高呼“合闸”，回复“安全良好”方可操作		防触电	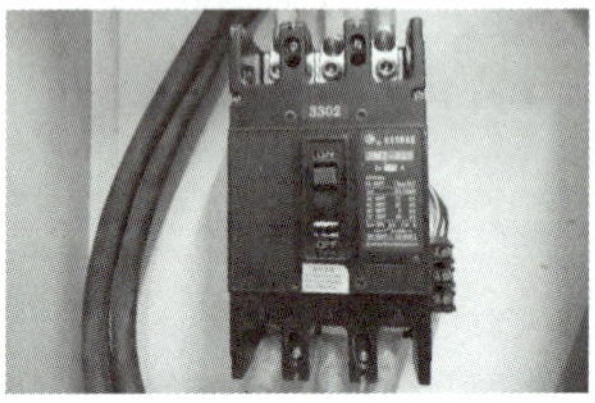
4	关闭配电房配电箱门	悬挂“当心触电”警示牌	警示牌	防触电	
5	车上闭合蓄电池闸刀	合蓄电池闸刀前高呼“合蓄电池”。第一步：闭合接地闸刀。第二步：闭合整流输出闸刀。第三步：闭合蓄电池闸刀		防触电	
6	室外配电箱空开打在“ON”位	电源指示灯亮		防触电	
7	关闭室外配电箱门	悬挂“当心触电”警示牌	警示牌	防撞、防挤压、防触电	
8	按下启动按钮	接触器吸合，工作指示灯亮		按下启动按钮前高呼“合闸”，回复“注意安全”方可操作	

续表

工序	作业内容	质量标准	使用工具	注意事项	操作示意图
9	闭合 DSK 钥匙开关	听保护阀 BHF 得电后门联锁的动作声	钥匙开关	看主断路器、油流、预备、零位信号指示灯亮	
10	断开 DSK 钥匙开关	听 BHF 失电声	钥匙开关	听门联锁释放声；看信号指示灯灭	
11	进行主断路器控制电路试验	详见《电力机车控制技术》内相关操作流程			
12	进行劈相机组启动控制电路试验	详见《电力机车控制技术》内相关操作流程			
13	进行辅助电机控制电路试验	详见《电力机车控制技术》内相关操作流程			
14	进行辅助电机故障隔离控制试验	详见《电力机车控制技术》内相关操作流程			
15	进行方向选择工况控制电路试验	详见《电力机车控制技术》内相关操作流程			
16	调速控制电路试验	详见《电力机车控制技术》内相关操作流程			
17	磁场削弱控制试验	详见《电力机车控制技术》内相关操作流程			
18	电阻制动控制试验	详见《电力机车控制技术》内相关操作流程			
19	进行方向选择调速控制电路试验	详见《电力机车控制技术》内相关操作流程			
20	断开机车蓄电池闸刀	断开机车电源		防触电	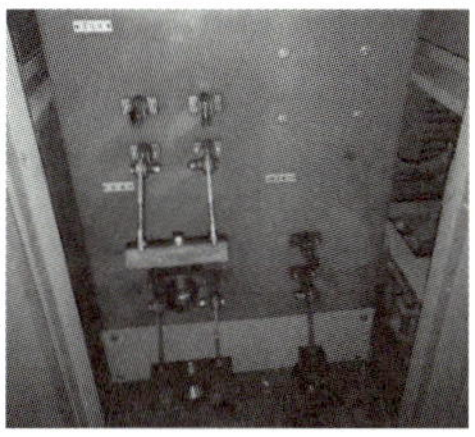

续表

工序	作业内容	质量标准	使用工具	注意事项	操作示意图
21	按下停止按钮	工作指示灯灭		防触电	
22	将配电箱及配电房空开打回至“OFF”位	断电		防触电	
23	确认配电房、室外配电箱空开在“OFF”位	取下辅助电路库用插座“高压危险、禁止靠近”警示牌，拆下辅助电路库用插座连线，并收放室外配电箱架		防触电	
24	恢复辅助电路库用插座	盖上辅助电路库用插座盖		防触电	
25	取下配电箱“当心触电”警示牌	锁闭配电箱门		防触电	

五、实训考核标准（见表4-7-2）

表 4-7-2　实训考核标准

考核标准	考核结果
（1）掌握 SS_3 4000 电力机车低压试验各操作的目的和要求	（1）三个项目要求为合格，合格成绩为 60 分。 （2）有一项不符合要求，则不合格
（2）掌握 SS_3 4000 电力机车低压试验需操作的内容	
（3）掌握 SS_3 4000 电力机车低压试验的试验方法	
按要求掌握相关专业理论知识	20 分
按要求完成思考题	20 分

六、思考题

（1）SS_3 4000 电力机车低压试验中辅机过流保护试验应如何操作？

（2）SS_3 4000 电力机车零压保护电路试验应如何操作？

（3）SS_3 4000 电力机车过流保护试验应如何操作？

任务八　司机室检查

一、实训目的

（1）能按照 SS_3 4000 电力机车司机室检查的顺序进行检查作业。

（2）能根据 SS_3 4000 电力机车司机室检查的要求完成司机室检查作业。

（3）能准确阐述 SS_3 4000 电力机车司机室的设备布置情况。

二、理论链接

SS_3 4000 电力机车，牵引电动机斜对称地布置在两个转向架上，安放的位置为各端前方同向抱轴悬挂，这样布置可以减少机车轴重转移，同时也便于两个转向架互换。其余的电气设备都布置在机车上部。车内设备以平面斜对称布置为主，只有少数设备重叠安放，设备成套安装，有利于制造和互换。

SS_3 4000 电力机车总体布置及司机作业路线如图 4-8-1 所示。

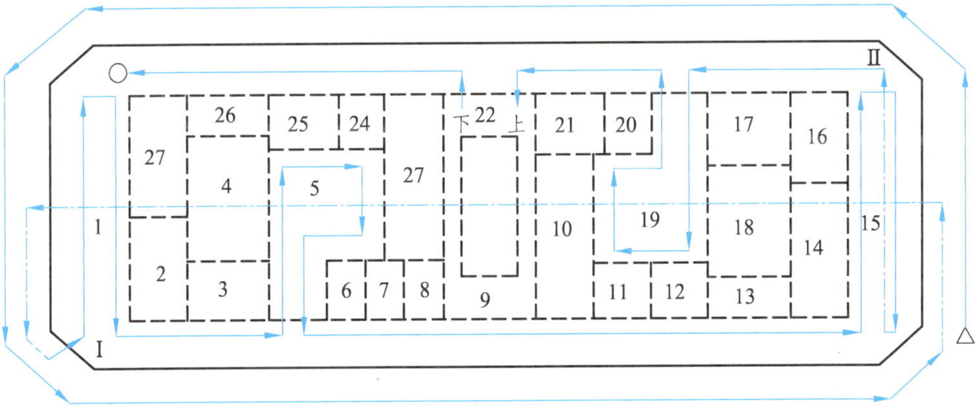

1—Ⅰ端司机室；2—Ⅰ端机械室左侧；3—Ⅰ端低压电器柜；4—Ⅰ端平波电抗器；5—Ⅰ端高压室；6—电阻制动柜；7—控制电源柜；8—电子柜；9—变压器室左侧；10—Ⅱ端硅整流柜；11—第 4 牵引通风机组；12—Ⅱ端高压柜；13—第 2 牵引通风机组；14—Ⅱ端机械室右侧；15—Ⅱ端司机室；16—Ⅱ端机械室左侧；17—Ⅱ端低压电器柜；18—Ⅱ端平波电抗器；19—Ⅱ端高压室；20—Ⅱ端电阻制动柜；21—电空制动屏；22—变压器室右侧；23—Ⅰ端硅整流柜；24—第 3 牵引通风机组；25—Ⅰ端高压柜；26—第 1 牵引通风机组；27—Ⅰ端机械室右侧。

图 4-8-1　SS_3 4000 电力机车总体布置及司机作业路线

三、实训要求

1. 实训时间

教学课时为 2 课时。

2. 实训形式

学生每 5 人组成一个工作小组，各小组根据实训课程任务制订实训实施方案，每个小组有一名组长，组长协助老师指导本组学生进行实训。

3. 实训注意事项

（1）机车在停留状态，做好防溜措施。

（2）确认机车蓄电池闸刀在断开位。

（3）确认配电房配电箱空开接线状态、空开在“OFF”位。

（4）确认室外配电箱空开及接触器的接线状态、空开在“OFF”位。

4. 工器具材料准备

“高压危险、禁止靠近”警示牌、防护红旗、铁路专用安全帽等。

四、实训作业步骤

1. 整体实训过程（见图 4-8-2）

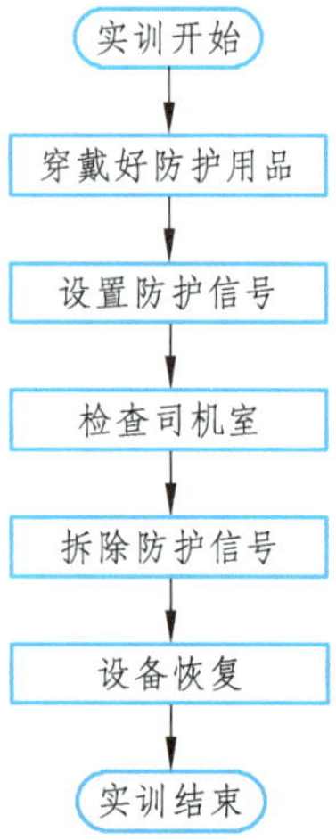

图 4-8-2　SS_3 4000 电力机车司机室检查流程

2. 实训作业流程（见表 4-8-1）

表 4-8-1　实训作业流程

工序	作业内容	质量标准	安全注意事项	记录检查结果
1	检查一位端司机室侧门	开闭灵活，锁闭作用良好	防撞、防挤压、防跌落	
2	检查司机室 I 端司机室左侧	① 侧窗玻璃完整清洁、作用灵活。 ② 辅助司机控制器各手柄均在“零”位或“取”位，箱体外罩牢固，标牌清晰，接线、插座无松脱，触点无烧损。	防撞、防挤压、防跌落	

续表

工序	作业内容	质量标准	安全注意事项	记录检查结果
2	检查司机室 I 端司机室左侧	③ 空气制动阀、电空制动控制器位置正确，“电-空”转换按键开关在“电控位”。调压阀、油水分离器完好，空气制动阀、风压表各管路接头安装牢固无泄漏，塞门位置正确。 ④ 电风扇作用良好，接线无松脱。前窗玻璃、刮雨器、遮阳板安装牢固，玻璃完整清洁，刮雨器作用良好，管路接头无松漏，手动作用灵活，窗加热接线无松脱。 ⑤ 监控显示器外观良好，安装牢固，接线插座无松脱。速度表、风压表外观完好，指示正确，检验不过期。指示灯、手压风笛阀作用良好。 ⑥ 司机台各仪表完好，指示正确，检验不过期。信号显示屏外观完好无破损。 ⑦ DSK 电气联锁开关位置正确，机械联锁作用良好。各按键开关无破损，作用良好。 ⑧ 司机台按键开关箱安装牢固无破损，司机控制器各手柄位置均在零位，箱体外罩牢固、标牌清晰，接线、插座无松脱，触点无烧损。 ⑨ 脚踏风笛、撒砂阀作用良好，撒砂电磁阀安装牢固，接线无松脱，风路塞门位置正确。 ⑩ 脚炉罩完整牢固。司机座椅完整无破损，转动升降灵活	防撞、防挤压、防跌落	
3	检查一位端司机室中部	① 前照灯各孔盖严密，箱内接线无松脱，部件无放电烧损。机车信号灯显装置安装牢固，接线插座无松脱。 ② 机车重联显示屏外观完好无破损，转换开关作用良好，处于规定位置。 ③ 电炉、热风机作用良好，插座安装牢固，无放电烧损	防撞、防挤压、防跌落	

续表

工序	作业内容	质量标准	安全注意事项	记录检查结果
4	检查一位端司机室右侧	① 前窗玻璃、刮雨器、遮阳板安装牢固，玻璃完整清洁，刮雨器作用良好，管路接头无松漏，手动作用灵活，窗加热接线无松脱。 ② 电风扇作用良好，接线无松脱。 ③ 副司机台各仪表完好，指示正确，检验不过期，紧急停车按钮、副台解锁按钮作用良好。 ④ 副台各按键开关无破损，作用良好，手压风笛阀作用良好。 ⑤ 列车无线电台、列尾装置发码盒安装牢固无破损，插座无松脱，作用良好。 ⑥ 侧窗玻璃完整清洁、作用灵活。 ⑦ 列车管放风塞门在“关闭位”，管路接头紧固无泄漏。 ⑧ 副司机台按键开关箱安装牢固无破损，插座无松脱，电炉、脚炉开关无破损，作用良好。 ⑨ 脚炉罩完整牢固。副司机座椅完整无破损，转动升降灵活	防撞、防挤压、防跌落	
5	检查一位端司机室后侧	① 司机室照明灯外观完好。 ② 各工具柜门平整严密，锁闭良好。 ③ 手制动机转动灵活无卡滞。 ④ 中央端子排柜门完好、锁闭良好，端子排线夹安装牢固，各接线无松脱、无放电。 ⑤ 司机室地板平整无破损	防撞、防挤压、防跌落	
6	检查二位端司机室侧门	开闭灵活，锁闭作用良好	防撞、防挤压、防跌落	
7	检查司机室二位端司机室左侧	① 侧窗玻璃完整清洁、作用灵活。 ② 辅助司机控制器各手柄均在“零”位或“取”位，箱体外罩牢固，标牌清晰，接线、插座无松脱，触点无烧损。	防撞、防挤压、防跌落	

续表

工序	作业内容	质量标准	安全注意事项	记录检查结果
7	检查司机室二位端司机室左侧	③ 空气制动阀、电空制动控制器位置正确，“电-空”转换按键开关在“电控位”。调压阀、油水分离器完好，空气制动阀、风压表各管路接头安装牢固无泄漏，塞门位置正确。 ④ 电风扇作用良好，接线无松脱。前窗玻璃、刮雨器、遮阳板安装牢固，玻璃完整清洁，刮雨器作用良好，管路接头无松漏，手动作用灵活，窗加热接线无松脱。 ⑤ 监控显示器外观良好，安装牢固，接线插座无松脱。速度表、风压表外观完好，指示正确，检验不过期。指示灯、手压风笛阀作用良好。 ⑥ 司机台各仪表完好，指示正确，检验不过期。信号显示屏外观完好无破损。 ⑦ DSK 电气联锁开关位置正确，机械联锁作用良好。各按键开关无破损，作用良好。 ⑧ 司机台按键开关箱安装牢固无破损，司机控制器各手柄位置均在零位，箱体外罩牢固、标牌清晰，接线、插座无松脱，触点无烧损。 ⑨ 脚踏风笛、撒砂阀作用良好，撒砂电磁阀安装牢固，接线无松脱，风路塞门位置正确。 ⑩ 脚炉罩完整牢固。司机座椅完整无破损，转动升降灵活	防撞、防挤压、防跌落	
8	检查二位端司机室中部	① 前照灯各孔盖严密，箱内接线无松脱，部件无放电烧损。机车信号灯显装置安装牢固，接线插座无松脱。 ② 机车重联显示屏外观完好无破损，转换开关作用良好，处于规定位置。 ③ 电炉、热风机作用良好，插座安装牢固，无放电烧损	防撞、防挤压、防跌落	

续表

工序	作业内容	质量标准	安全注意事项	记录检查结果
9	检查二位端司机室右侧	① 前窗玻璃、刮雨器、遮阳板安装牢固，玻璃完整清洁，刮雨器作用良好，管路接头无松漏，手动作用灵活，窗加热接线无松脱。 ② 电风扇作用良好，接线无松脱。 ③ 副司机台各仪表完好，指示正确，检验不过期，紧急停车按钮、副台解锁按钮作用良好。 ④ 副台各按键开关无破损，作用良好，手压风笛阀作用良好。 ⑤ 列车无线电台、列尾装置发码盒安装牢固无破损，插座无松脱，作用良好。 ⑥ 侧窗玻璃完整清洁、作用灵活。 ⑦ 列车管放风塞门在“关闭位”，管路接头紧固无泄漏。 ⑧ 副司机台按键开关箱安装牢固无破损，插座无松脱，电炉、脚炉开关无破损，作用良好。 ⑨ 脚炉罩完整牢固。副司机座椅完整无破损，转动升降灵活	防撞、防挤压、防跌落	
10	检查二位端司机室后侧	① 司机室照明灯外观完好。 ② 各工具柜门平整严密，锁闭良好。 ③ 手制动机转动灵活无卡滞。 ④ 中央端子排柜门完好、锁闭良好，端子排线夹安装牢固，各接线无松脱、无放电。 ⑤ 司机室地板平整无破损	防撞、防挤压、防跌落	

五、实训考核标准（见表4-8-2）

表 4-8-2　实训考核标准

考核标准	考核结果
（1）掌握 SS_3 4000 电力机车司机室检查的流程	（1）三个项目要求为合格，合格成绩为 60 分。 （2）有一项不符合要求，则不合格
（2）掌握 SS_3 4000 电力机车司机室左侧的检查内容	
（3）在规定时间完成 SS_3 4000 电力机车司机室检查	
按要求掌握相关专业理论知识	20 分
按要求完成思考题	20 分

六、思考题

（1）SS_3 4000 电力机车司机室有哪些设备？
（2）SS_3 4000 电力机车司机室检查的标准流程是什么？

任务九　机械间检查

一、实训目的

（1）能准确阐述 SS_3 4000 电力机车机械间的设备类型。
（2）能按照 SS_3 4000 电力机车机械间检查的标准流程执行检查作业。
（3）能根据 SS_3 4000 电力机车机械间各设备检查的要点完成检查作业。

二、理论链接

SS_3 4000 电力机车机械间与司机间相邻，机械间以辅助设备为主，两端设备是对称布置的。

机械间主要设备有劈相机、空气压缩机组、离心通风机组（用来冷却平波电抗器及牵引电动机，如图 4-9-1 所示）。平波电抗器位于风柜上，外壳有铝制风筒，风柜和风筒构成强迫冷却通道，此外铝制风筒还能屏蔽漏磁的作用。在自动信号装置和辅助压缩机组上方装有辅机保护装置，用于辅机单相过流保护。以上设备在一位端和二位端各一台。在劈相机和压缩机组电动机的上方分别在一位端和二位端装有自动信号装置和辅助压缩机组，在机车因风压不足无法升弓时，可依靠蓄电池供电使辅助压缩机组工作，从而让机车升弓，取得 25 kV 高压电源，再接通主压缩机组给风路系统充风。

图 4-9-1　通风机电动机

三、实训要求

1. 实训时间

教学课时为 2 课时。

2. 实训形式

学生每 5 人组成一个工作小组，各小组根据实训课程任务制订实训实施方案，每个小组有一名组长，组长协助老师指导本组学生进行实训。

3. 实训注意事项

（1）机车在停留状态，做好防溜措施。

（2）确认机车蓄电池闸刀在断开位。

（3）确认配电房配电箱空开接线状态、空开在“OFF”位。

（4）确认室外配电箱空开及接触器的接线状态、空开在“OFF”位。

4. 工器具材料准备

“高压危险、禁止靠近”警示牌、防护红旗、铁路专用安全帽等。

四、实训作业步骤

1. 整体实训过程（见图 4-9-2）

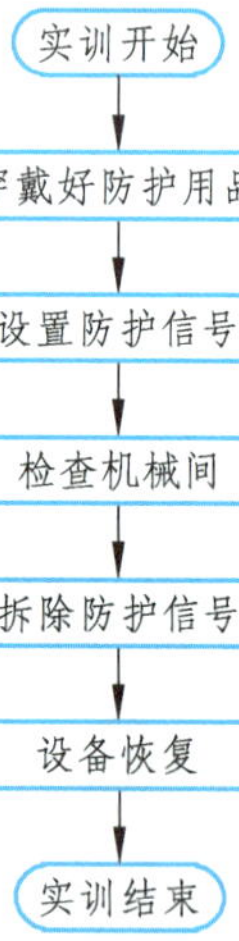

图 4-9-2　SS_3 4000 电力机车机械间检查流程

2. 机械间检查流程（见表 4-9-1）

表 4-9-1　机械间检查流程

工序	作业内容	质量标准	使用工具	安全注意事项	记录检查结果
1	检查司机室走廊门	①锁闭作用良好，玻璃完整。 ②密封状态良好	目视	防撞、防挤压、防跌落	
2	检查侧墙百叶窗内侧	①完整无破损。 ②照明灯齐全完整	目视	防撞、防挤压、防跌落	

续表

工序	作业内容	质量标准	使用工具	安全注意事项	记录检查结果
3	检查灭火器状态	① 放置牢固，各部无损坏。 ② 铅封完整，检验不过期	目视	防撞、防挤压、防跌落	
4	检查辅机保护插件及轮缘喷油器控制盒	① 箱体安装牢固，螺栓不松动。 ② 插件位置正确、无松脱，故障开关在“工作位”，指示灯及标牌完整清晰。 ③ 背部插座及接线无松脱	目视	防撞、防挤压、防跌落	
5	检查空气压缩机组	① 电机安装螺栓无松动。 ② 电机接线无松脱，电流互感器无破损。 ③ 电机轴承注油堵齐全。 ④ 联轴器无松动，螺杆、胶圈齐全完好。 ⑤ 压缩机法兰盘安装牢固，无变形。 ⑥ 风扇叶片、传动皮带无变形、裂损。风扇防护罩牢固无破损。 ⑦ 气缸盖、气缸安装牢固，缸盖、缸体、机体无裂纹。冷却器安装牢固，无裂损，无泄漏。 ⑧ 油位表完好，无漏油。油位在上、下刻线之间。高低压安全阀、逆止阀安装牢固，接头无松动	目视	防撞、防挤压、防跌落	
6	检查平波电抗器	① 外罩无变形，风道严密。 ② 支架无开焊，安装螺栓齐全紧固。 ③ 铁心、铁心夹件紧固，螺栓齐全无松动。 ④ 线圈无过热，连接扁铜线无裂纹，接头无开焊断裂，紧固螺栓无松动，无放电灼痕	目视	防撞、防挤压、防跌落	
7	检查牵引通风机	① 电机无烧损，安装螺栓齐全牢固。 ② 轴承注油堵无丢失。 ③ 风筒无损坏，卡子完整，作用良好。 ④ 接线盒完整，接线无松脱，电流互感器安装牢固无烧损	目视	防撞、防挤压、防跌落	

续表

工序	作业内容	质量标准	使用工具	安全注意事项	记录检查结果
8	检查辅助压缩机组	① 压缩机安装牢固。空气滤清器完好无堵塞。加油堵无松动、漏油。 ② 电机安装牢固，接线盒完好，接线无松脱。联轴器转动灵活，无松动。 ③ 开关安装牢固，接线无松脱，作用良好。 ④ 风表完好，指示正确，校验不超期，铅封完好。 ⑤ 储风缸排水阀安装牢固，排水作用良好。 ⑥ 各风路接头无松动	目视	防撞、防挤压、防跌落	
9	检查劈相机	① 安装螺栓齐全紧固。注油堵齐全。 ② 劈相机轴承不过热。 ③ 接线盒完整，接线无脱落。线组端部无过热烧损。电流互感器安装牢固无烧损	目视	防撞、防挤压、防跌落	

五、实训考核标准（见表4-9-2）

表 4-9-2 实训考核标准

考核标准	考核结果
（1）掌握 SS_3 4000 电力机车机械间设备布置	（1）三个项目要求为合格，合格成绩为 60 分。 （2）有一项不符合要求，则不合格
（2）掌握 SS_3 4000 电力机车机械间设备的检查流程	
（3）在规定时间完成 SS_3 4000 电力机车机械间的检查	
按要求掌握相关专业理论知识	20 分
按要求完成思考题	20 分

六、思考题

（1）SS_3 4000 电力机车机械间主要有哪些电机设备？各有什么功能？

（2）SS_3 4000 电力机车机械间的检查流程是什么？

任务十　机车顶部检查

一、实训目的

（1）能准确描述 SS_3 4000 电力机车顶部的设备布置。

（2）能根据 SS_3 4000 电力机车顶部的设备检查要点完成检查作业。

（3）能按照 SS_3 4000 电力机车顶部设备的检查流程执行检查作业。

二、理论链接

车顶设备属于户外高压电气设备，要求既要满足机车电气性能的要求，还要具有抗风、沙、雨等恶劣天气及污染的能力。车顶两端各装有一台 TSG1-600/25 型单臂受电弓，并用 25 kV 高压绝缘子支撑，受流滑板中心线与转向架旋转中心对应，以减小机车运行时受电弓与接触网的偏移值，提高受电弓运用的可靠性，如图 4-10-1 所示。车顶中部装有一台 TDZ1-200/5 型主断路器，还装有大气过电压保护放电间隙及一台 TBL1-25-200/5 型穿墙套管电流互感器。电流互感器和电流继电器配套构成机车短路保护装置，当电流达到 400 A 时，继电器动作使主断路器分闸。

图 4-10-1　SS_3 4000 电力机车车顶设备

三、实训要求

1. 实训时间

教学课时为 2 课时。

2. 实训形式

学生每 5 人组成一个工作小组，各小组根据实训课程任务制订实训实施方案，每个小组有一名组长，组长协助老师指导本组学生进行实训。

3. 实训注意事项

（1）机车在停留状态，做好防溜措施。

（2）确认机车蓄电池闸刀在断开位。

（3）确认配电房配电箱空开接线状态、空开在“OFF”位。

（4）确认室外配电箱空开及接触器的接线状态、空开在“OFF”位。

4. 工器具材料准备

“高压危险、禁止靠近”警示牌、防护红旗、安全带、铁路专用安全帽等。

四、实训作业步骤

1. 整体实训过程（见图 4-10-2）

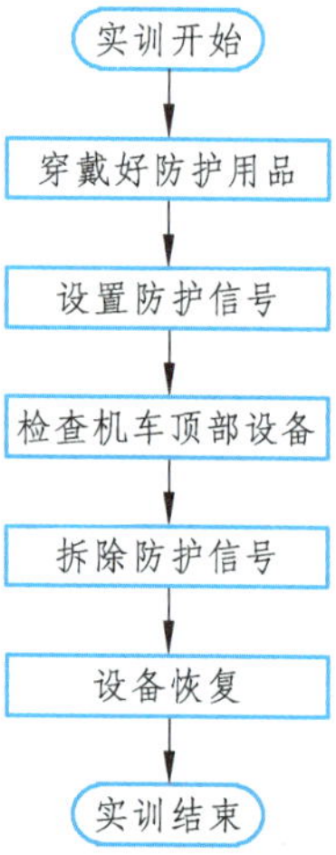

图 4-10-2　SS_3 4000 电力机车顶部设备检查流程

2. 实训作业流程（见表 4-10-1）

表 4-10-1　实训作业流程

工序	作业内容	质量标准	使用工具	安全注意事项	记录检查结果
1	检查保护阀及门联锁	① BHF 保护电空阀安装牢固，接线无松脱，风管接头无松动。 ② 门联锁安装牢固，阀体、推杆无裂纹、变形，风管接头无松动、泄漏	目视	防撞、防挤压、防跌落	
2	检查车顶门	① 确认脚蹬牢固。 ② 挂钩弹簧无折损，作用良好，门联锁行程开关作用良好，接线无松脱。 ③ 车顶门密封装置完好，接地闸刀无损坏	目视	防撞、防挤压、防跌落	

续表

工序	作业内容	质量标准	使用工具	安全注意事项	记录检查结果
3	检查主断路器上部	① 导电杆安装牢固，瓷瓶安装牢固无破损，清洁无裂纹，无放电灼痕。 ② 隔离开关动、静触头无松动、烧损，闭合不过位，触头厚度不小于 8 mm，超程不小于 1 mm。 ③ 软线无破损，连接螺栓紧固无松动	目视	防撞、防挤压、防跌落	
4	检查放电间隙	① 确认放电间隙安装牢固，放电杆位置正确，无灼痕。 ② 确认放电间隙长度为 110 mm	目视	防撞、防挤压、防跌落	
5	检查 I 端受电弓驱动装置	① 传动风缸、缓冲阀完整无破坏，风管接头无松动。 ② 传动杆无变形、裂损。 ③ 瓷瓶清洁无裂纹、破损，无放电灼痕。 ④ 连接销及开口销齐全完整	目视	防撞、防挤压、防跌落	
6	检查 I 端受电弓	① 滑板及三角架弹簧无破损，穿销及开口销齐全完好。 ② 夹板螺栓齐全、牢固、无锈蚀，诱导角完好，与滑板条间隙不大于 2 mm。 ③ 滑板条无松动、断裂，局部磨耗深度不大于 5 mm，滑板条结合处间隙不大于 1 mm。 ④ 粉末冶金滑板厚度不小于 3 mm，碳滑板厚度不小于 13 mm。 ⑤ 框架无变形，铰链座、底座无裂纹。分流线紧固松动，破损不大于 30%。 ⑥ 转轴作用灵活，升弓弹簧无断裂，调整螺栓无松动。轴销油润良好。 ⑦ 支持瓷瓶清洁，无裂纹、破损、灼痕	钢直尺、目视、塞尺	防撞、防挤压、防跌落	
7	检查 I 端风笛和前照灯	① 风笛安装座螺栓无松动，喇叭筒无裂纹、破损，风管接头不漏风。 ② 前照灯无破损，安装卡子不松动	目视	防撞、防挤压、防跌落	

续表

工序	作业内容	质量标准	使用工具	安全注意事项	记录检查结果
8	检查Ⅰ端制动电阻百叶窗	① 安装严密，叶片无变形。 ② 传动风缸安装牢固，风管接头无泄漏，止挡完好。 ③ 车顶玻璃完整严密	目视	防撞、防挤压、防跌落	
9	检查高压电流互感器	① 安装牢固，密封完好，接线无松脱。 ② 瓷瓶清洁，无裂纹、破损、放电痕迹	目视	防撞、防挤压、防跌落	
10	检查导电杆及高压绝缘子	① 导电杆安装牢固，无放电痕迹。 ② 绝缘瓷瓶安装牢固，瓷瓶清洁，无裂纹、破损，无放电痕迹	手锤	防撞、防挤压、防跌落	
11	检查Ⅱ端受电弓驱动装置	① 传动风缸、缓冲阀完整无破坏，风管接头无松动。 ② 传动杆无变形、裂损。 ③ 瓷瓶清洁，无裂纹、破损、无放电灼痕。 ④ 连接销及开口销齐全完整	目视	防撞、防挤压、防跌落	
12	检查Ⅱ端受电弓	① 滑板及三角架弹簧无破损，穿销及开口销齐全完好。 ② 夹板螺栓齐全、牢固、无锈蚀，诱导角完好，与滑板条间隙不大于 2 mm。 ③ 滑板条无松动、断裂，局部磨耗深度不大于 5 mm，滑板条结合处间隙不大于 1 mm。 ④ 粉末冶金滑板厚度不小于 3 mm，碳滑板厚度不小于 13 mm。 ⑤ 框架无变形，铰链座、底座无裂纹。分流线紧固松动，破损不大于 30%。 ⑥ 转轴作用灵活，升弓弹簧无断裂，调整螺栓无松动。轴销油润良好。 ⑦ 支持瓷瓶清洁，无裂纹、破损、灼痕	钢直尺、目视、塞尺	防撞、防挤压、防跌落	

续表

工序	作业内容	质量标准	使用工具	安全注意事项	记录检查结果
13	检查Ⅱ端风笛和前照灯	① 风笛安装座螺栓无松动，喇叭筒无裂纹、破损，风管接头不漏风。 ② 前照灯无破损，安装卡子不松动	目视	防撞、防挤压、防跌落	
14	检查Ⅱ端制动电阻百叶窗	① 安装严密，叶片无变形。 ② 传动风缸安装牢固，风管接头无泄漏，止挡完好。 ③ 车顶玻璃完整严密。 ④ 车顶盖及走板无破损，所有安装螺栓无松动	目视	防撞、防挤压、防跌落	

五、实训考核标准（见表4-10-2）

表 4-10-2　实训考核标准

考核标准	考核结果
（1）掌握 SS_3 4000 电力机车车顶设备布置	（1）三个项目要求为合格，合格成绩为 60 分。 （2）有一项不符合要求，则不合格
（2）掌握 SS_3 4000 电力机车车顶设备的检查标准	
（3）在规定时间内完成车顶设备的检查	
按要求掌握相关专业理论知识	20 分
按要求完成思考题	20 分

六、思考题

（1）SS_3 4000 电力机车车顶设备主要有哪些?

（2）SS_3 4000 电力机车车顶设备的标准检查流程是什么?

项目五 380A 车体连接装置检修与维护

任务一 全自动车钩的结构与认知

一、实训目的

（1）通过实训，学生可以整体认知全自动车钩的结构和组成。
（2）通过实训，学生能为后期的全自动车钩检查、连挂和解钩做理论支撑。

二、理论链接

1. 电气车钩的功能

电气车钩可同时连接和分离两辆机械连挂车辆的电触头。

2. 电气车钩的工作原理

连挂期间，电气车钩向前移动，相对外壳的对中元件相互接触并相互对准外壳，由此，触头可准确接触，密封框相互挤压。解钩时，电气车钩的触头分离。

连挂和解钩过程中，封盖自动打开或关闭。

3. 钩身部分后置压馈管能量吸收

压馈管以破坏性方式缓冲超出车钩额定压缩力的能量。压溃管内有预设压力的冲头，将超负荷能量转换为摩擦和变形能量。运行时，预设压力保证在受到拉力或缓冲力时力的统一传递。超负荷能量将冲头压入变宽的压溃管，撞击能量转化为摩擦和变形能量，整个行程内保持不间断吸收能量。撞击后，压溃管与钩身产生间隙，产品无法再使用，需要安装新的压溃管才能再次操作。压馈管的能量吸收如图 5-1-1 所示。

缓冲器壳体尾部拉环内的橡胶轴承可以保证车钩垂直和水平方向及绕车钩纵向中心方向旋转。

三、实训要求

1. 实训时间

教学课时为 2 课时。

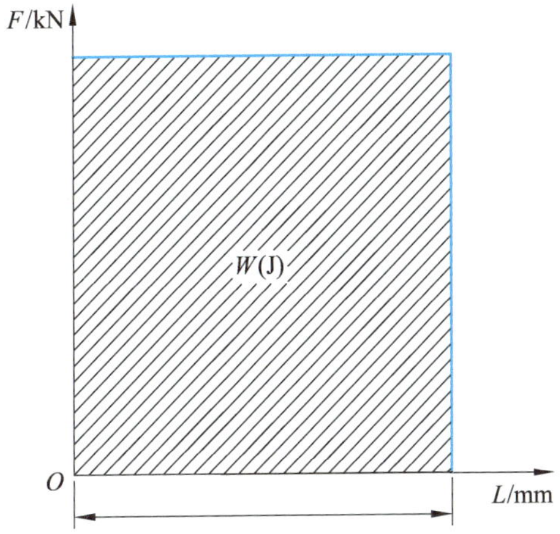

图 5-1-1 压溃管的能量吸收

2. 实训形式

学生每 5 人组成一个工作小组，各小组根据实训课程任务制订实训实施方案，每个小组有一名组长，组长协助老师指导本组学生进行实训。

3. 实训注意事项

（1）未经教师或管理员运行不得擅自操作。

（2）进行整体认知前需要切断电源。

（3）在打开车钩锁时，钩舌会受到拉伸力从车钩头部凸锥中俯冲出来，所以需要与车钩保持 10 cm 的安全距离。

4. 工器具材料准备

（1）防护用品：防滑鞋、绝缘手套、工作服、防护红旗、铁路专用安全帽等。

（2）个人用品：笔、笔记本等。

四、实训作业步骤

1. 整体实训过程（见图 5-1-2）

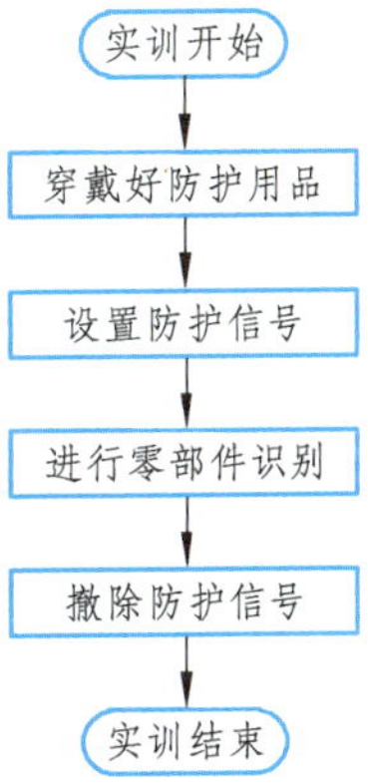

图 5-1-2 整体实训过程

2. 结构认知步骤（见图 5-1-3）

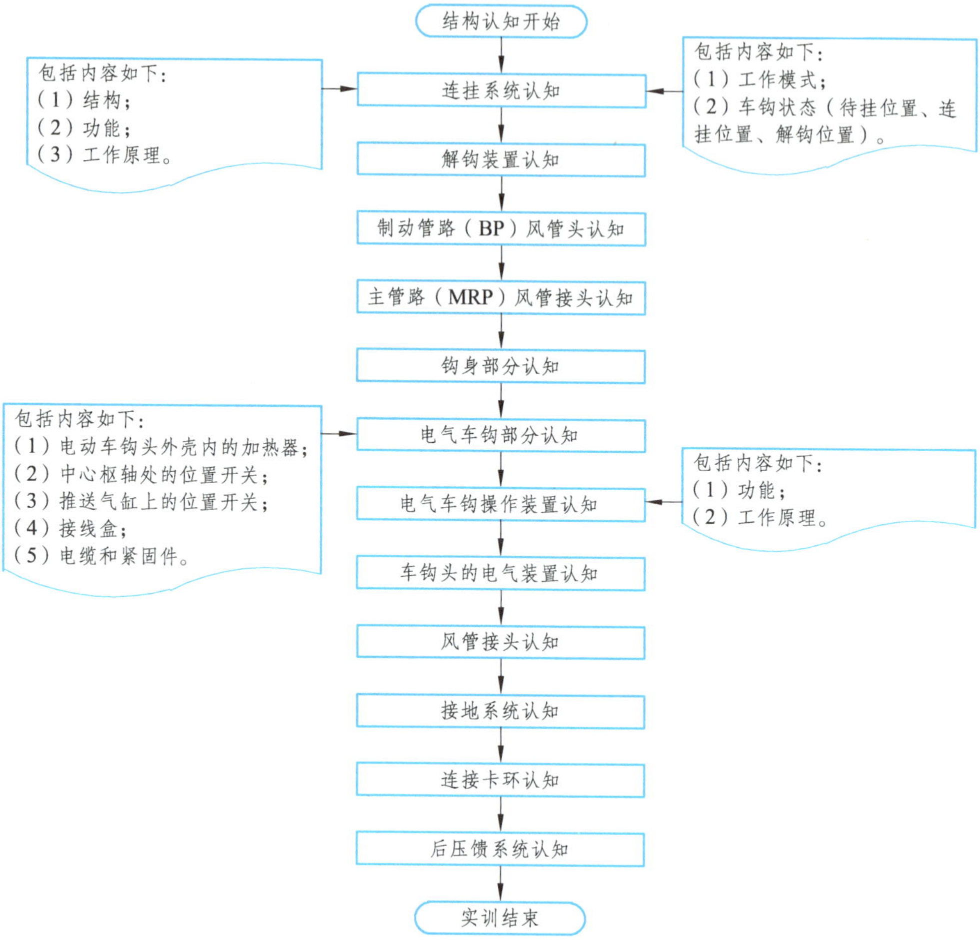

图 5-1-3　结构认知步骤

3. 实训步骤

1）连挂系统认知（见表 5-1-1）

表 5-1-1　连挂系统认知

序号	作业内容	质量标准	图片
1	连挂系统认知	机械连挂系统保证两车的机械连接。其表面配有一个凸锥（1）和一个凹锥（4），使得车钩可以自动对正和对准中心，并使得水平和垂直两个方向都有足够的活动范围，同时采用导向喇叭和延长线来扩展连挂范围	

续表

序号	作业内容	质量标准	图片
1	连挂系统认知		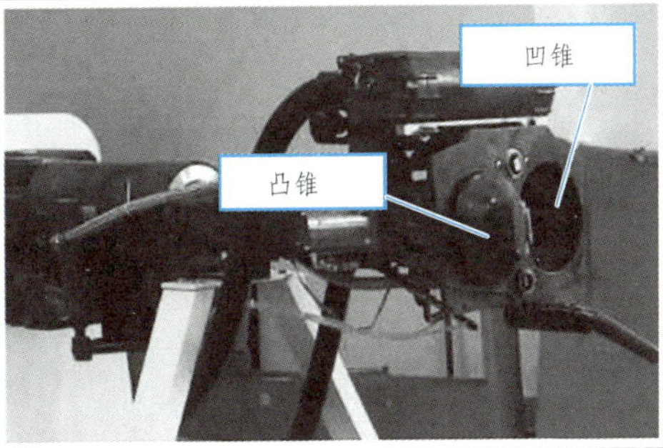
2	工作模式认知	机械钩头表面边缘较宽平，用于吸收缓冲负荷。牵引负荷通过连挂系统（连挂杆、定位杆、钩舌等）传递	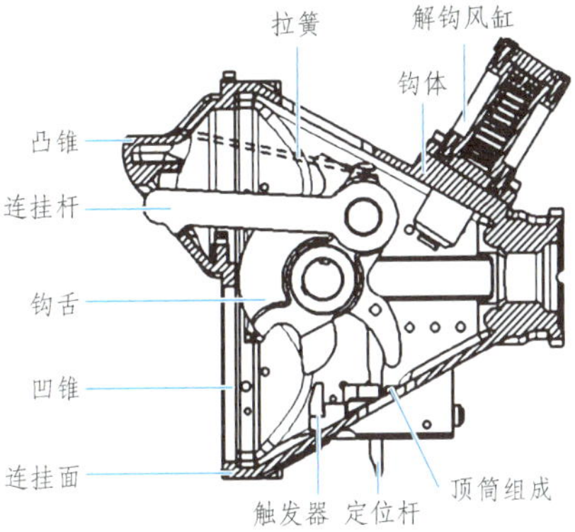
3	车钩状态认知	车钩有三种工作状态： （1）待挂位置认知 此位置连挂杆末端靠近凸锥边缘，定位杆被连挂组成块锁住，同时拉簧处于拉伸状态，拉住钩舌。 （2）连挂位置认知 连挂时，连挂车车钩的凸锥导入被连挂车车钩的凹锥，触发器将定位杆推出连挂组成块，在拉簧作用下，连挂杆与钩舌的凹口联锁。 （3）连挂位置认知 连挂时，连挂车车钩的凸锥导入被连挂车车钩的凹锥，触发器将定位杆推出连挂组成块，在拉簧作用下，连挂杆与钩舌的凹口联锁	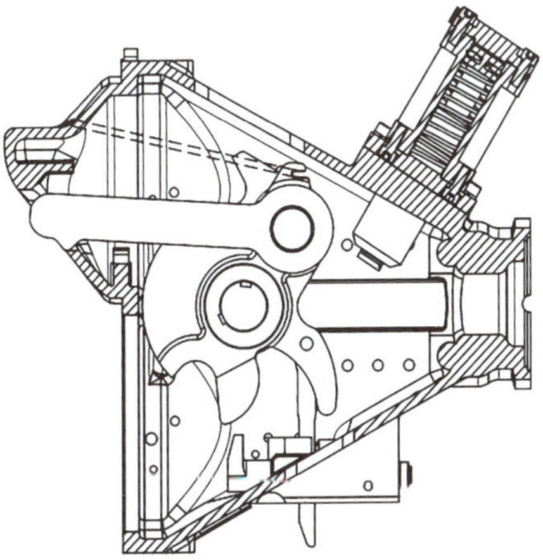 待挂位置

续表

序号	作业内容	质量标准	图片
3	车钩状态认知		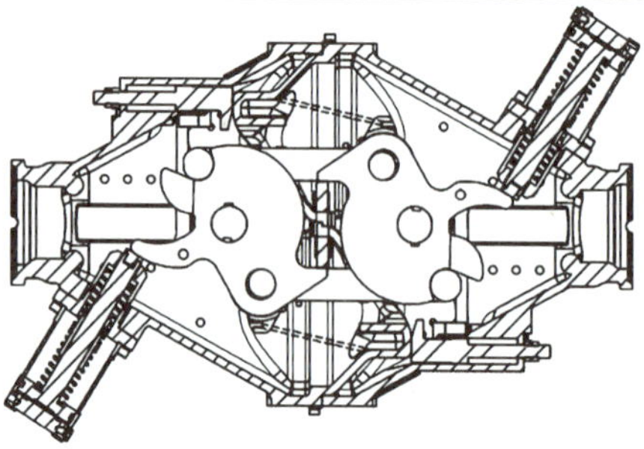 连挂位置 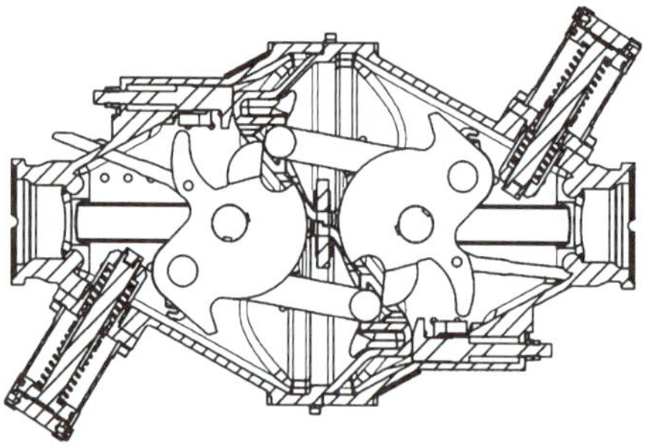 解构位置

2）解构装置认知（见表 5-1-2）

表 5-1-2　解构装置认知

序号	作业内容	质量标准	图片
1	解构装置认知	解构装置的主要组成部分就是解锁气缸	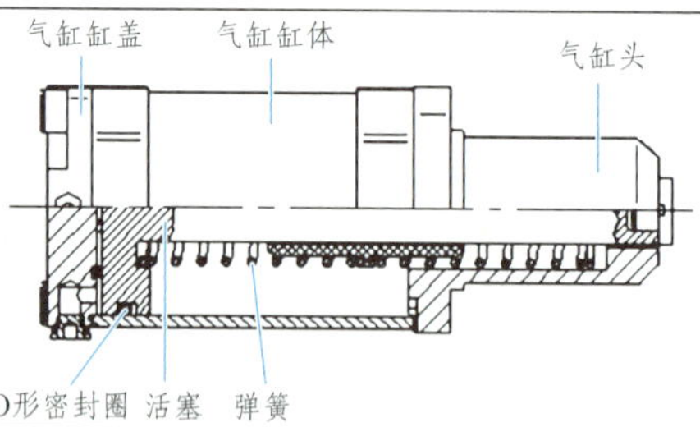
2	制动管路（BP）风管接头认知	制动管路（BP）的风管接头位于车钩表面上部分的中心处，装在套中。连接装置的管头（包括接头和垫圈）突出车钩表面，在连接过程中将其按下，使其接触对面车钩的风管接头	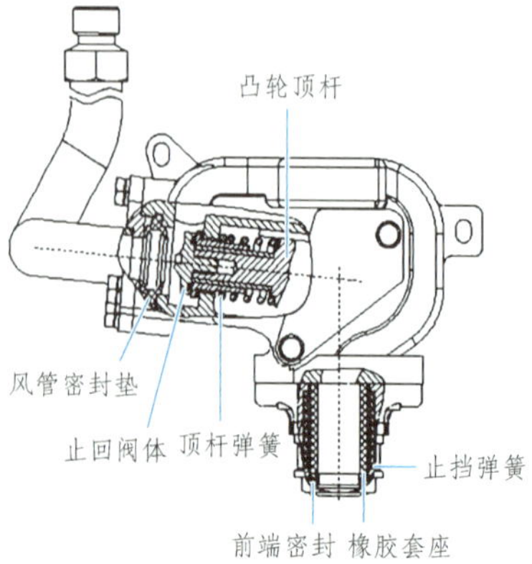

续表

序号	作业内容	质量标准	图片
3	主管路（MRP）风管接头认知	风管接头MRP位于车钩表面下部分的中心处，包括接头和垫圈。风管接头突出车钩表面，在连挂过程中将其按下，使其接触相邻车钩的管接头	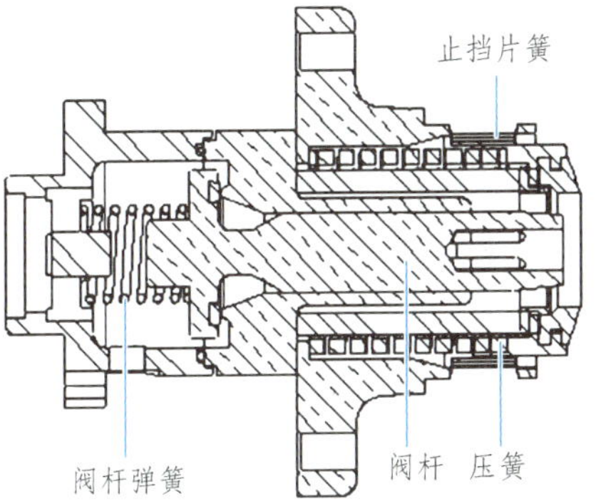
4	钩身部分认知	钩身部分包括缓冲系统、安装吊挂系统和后压溃系统	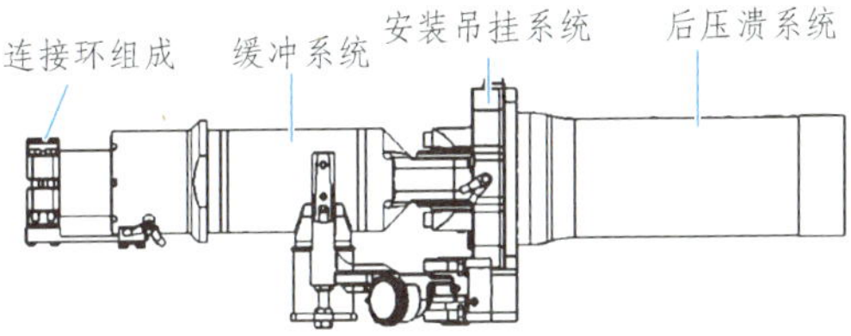
5	电气车钩认知	电气车钩包括一个外壳，外壳截面呈矩形，钩头的外侧装有导向元件，前部有附加的对中装置，触头块（带有接线柱的孔，触头拧在接线柱的前部）位于前部开口中，由密封框包围。 外壳后部通过封盖紧紧关闭。封盖可容纳电缆接头并方便操作装置的连接。安装在枢轴上的封盖被固定到外壳的前部，封盖能够转动	
6	电气车钩操作装置认知		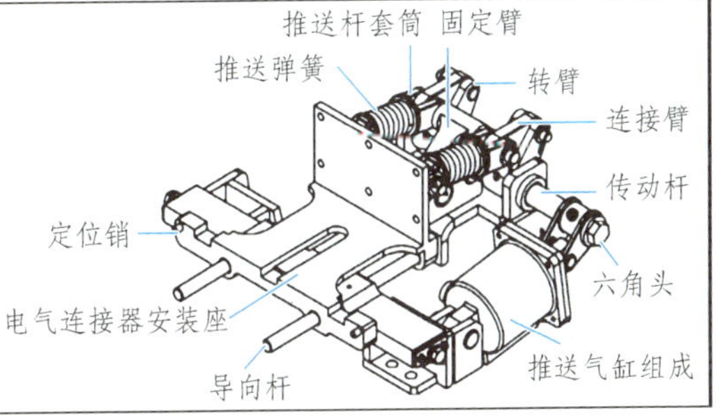

续表

序号	作业内容	质量标准	图片
7	车钩头的电气装置认知	车钩头的电气装置包括：位于电动车钩头外壳内的加热器、中心枢轴处的位置开关、推送气缸上的位置开关	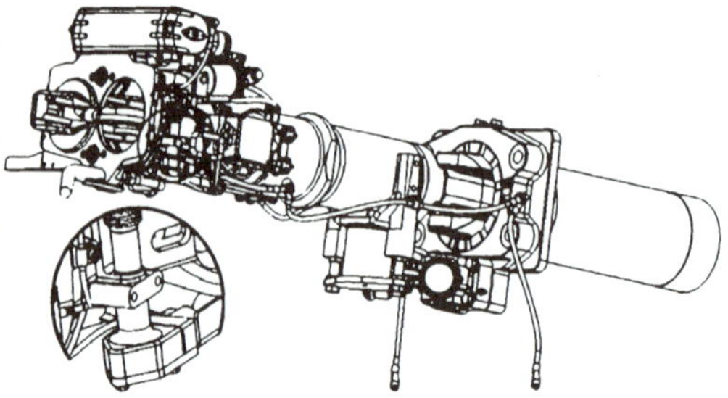
8	风管接头	风管接头是管型材件，一侧装有法兰，另一侧有螺纹。车辆的风管连接到其螺纹管件上	
9	接地系统	接地线连接到车钩，以分路电流和绕过非传导性的元件。接地线位于车钩头和钩身之间、钩身和钩身之间和钩身和车体底架之间	
10	连接卡环认知	此款全封闭车钩连接环采用易于拆除的卡环连接，将钩身连接到车钩头上	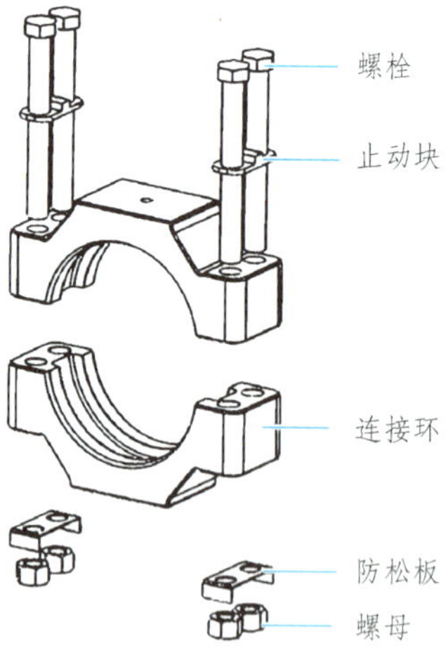
11	后压馈系统认知	后压溃装置在安装座的后部，分别由后压馈连接座、加压锥、后压馈管等零部件组成	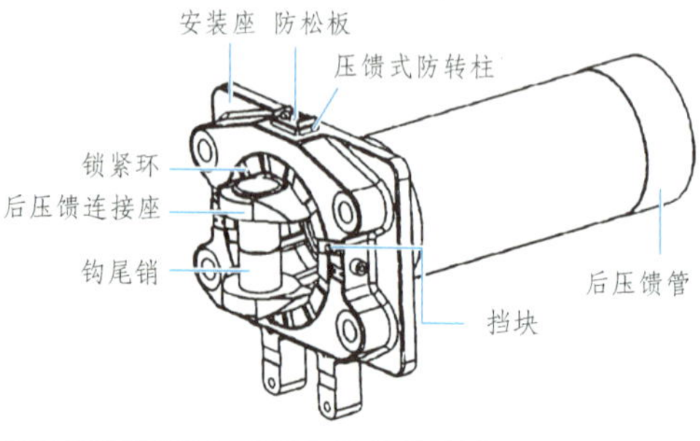

续表

序号	作业内容	质量标准	图片
12	全自动车钩整体部件组成认识	1 为电气连接器；2 为 BP 阀组成；3 为连挂组成；4 为 MRP 主风管连接器；5 为加热棒压块；6 为解钩系统；7 为手动解钩拉环；8 为推送风缸；9 为橡胶支撑；10 为对中装置；11 为安装座；12 为后压溃管；13 为缓冲系统；14 为气动制动系统	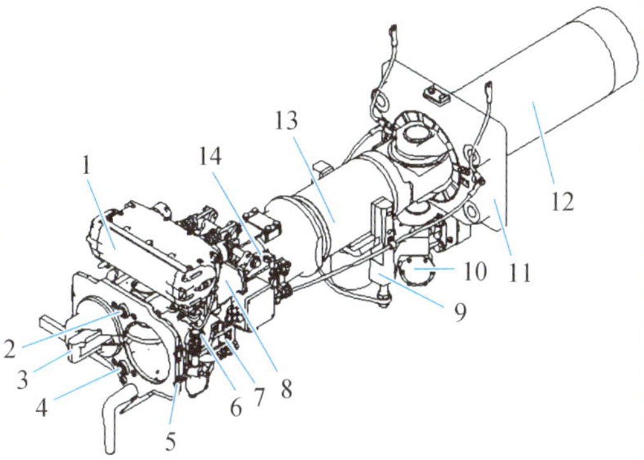

五、实训考核标准（见表5-1-3）

表 5-1-3　实训考核标准

项　目	标　准	配分	得分
整体实训过程考核	能叙述出全自动车钩的整体实训过程	5 分	
全自动车钩结构认知步骤考核	能简述全自动车钩结构认知的步骤	5 分	
连挂系统认知考核	可以在实物设备上识别出对应的部件名称	5 分	
解构装置认知考核	可以在实物设备上识别出对应的部件名称	5 分	
制动管路（BP）风管接头认知考核	可以在实物设备上识别出对应的部件名称	10 分	
主管路（MRP）风管接头认知考核	可以在实物设备上识别出对应的部件名称	10 分	
钩身部分认知考核	可以在实物设备上识别出对应的部件名称	5 分	
电气车钩认知考核	可以在实物设备上识别出对应的部件名称	10 分	
电气车钩操作装置认知考核	可以在实物设备上识别出对应的部件名称	10 分	
车钩头的电气装置认知考核	可以在实物设备上识别出对应的部件名称	10 分	
风管接头认知考核	可以在实物设备上识别出对应的部件名称	5 分	
接地系统认知考核	可以在实物设备上识别出对应的部件名称	5 分	
连接卡环认知考核	可以在实物设备上识别出对应的部件名称	5 分	
后压馈系统认知考核	可以在实物设备上识别出对应的部件名称	10	

六、思考题

（1）全自动车钩在整个动车组列车中的作用是什么？使用前需要做哪些准备？

（2）全自动车钩所用部件组成中，哪些是核心部件？在整个全自动车钩中起什么作用？

任务二　统型过渡车钩的结构与认知

一、实训目的

（1）通过实训，学生能识别统型过渡车钩的组成并掌握各部件的作用。

（2）通过实训，学生能学会统型过渡车钩的安装及分解操作，学会使用相关设备和工具。

二、理论链接

过渡车钩由两个车钩模块组成，一是与动车组 10 型车钩相连接的密接式车钩；二是 AAR 型钩头。过渡车钩设置可与 TB/T 60—2001《制动软管连接器总成》规定的空气软管相连接的过渡风管接口，为救援和回送时提供压缩空气。结构形式满足动车组被既有机车救援及回送，以及各型动车组相互之间救援及回送的要求。

正常情况下，牵引机车的车钩高度为 880 mm，自动车钩高度为 1 000 mm。过渡车钩设计用来牵引一列动车组。只有在回送和救援工况时才可使用过渡车钩牵引动车组，在列车正常运行时，不得使用。

10 型过渡车钩模块可以和动车组上的前端车钩连挂。钩头前面有一个凸锥和一个凹锥，用于过渡车钩的连挂导向，保证过渡车钩和前端车钩时的自动矫正和对中，如图 5-2-1 所示。10 型过渡车钩模块还包含制动管和总风管，用以向机车传递空气压力信号。

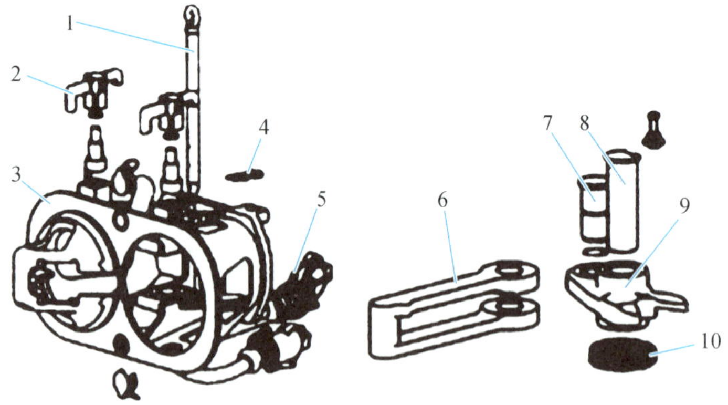

1—连接销；2—辅助挂钩；3—10 型过渡车钩钩体；4—R 销；5—风管；6—钩舌杆；7—钩舌销；8—枢轴；9—钩舌板；10—弹簧。

图 5-2-1　10 型过渡车钩模块结构

三、实训要求

1. 实训时间

教学课时为 2 课时。

2. 实训形式

学生每 5 人组成一个工作小组，各小组根据实训课程任务制订实训实施方案，每个小组有一名组长，组长协助老师指导本组学生进行实训。

3. 实训注意事项

（1）未经教师或管理员运行不得擅自操作。

（2）开始任何工作前需切断电源。

（3）小心受伤：在打开车钩锁时，钩舌会受到拉伸负载并从车钩头凸锥中冲出来。在车钩前方保持至少 10 cm 的安全距离。

4. 工器具材料准备

（1）防护用品：包括防滑鞋、绝缘手套、工作服、防护红旗、铁路专用安全帽等。

（2）个人用品：笔、笔记本等。

四、实训作业步骤

1. 整体实训过程（见图 5-2-2）

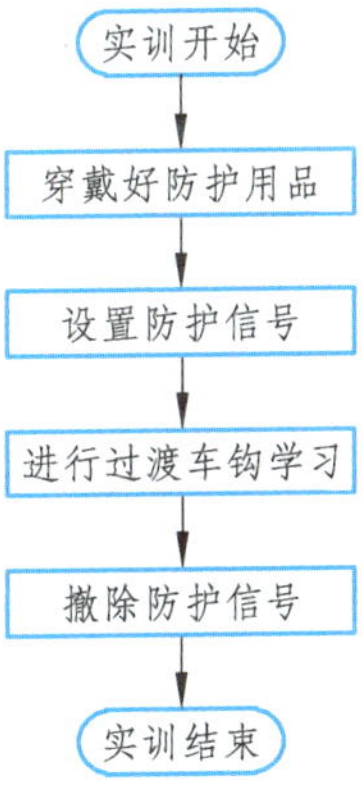

图 5-2-2　整体实训过程

2. 过渡车钩学习步骤（见图 5-2-3）

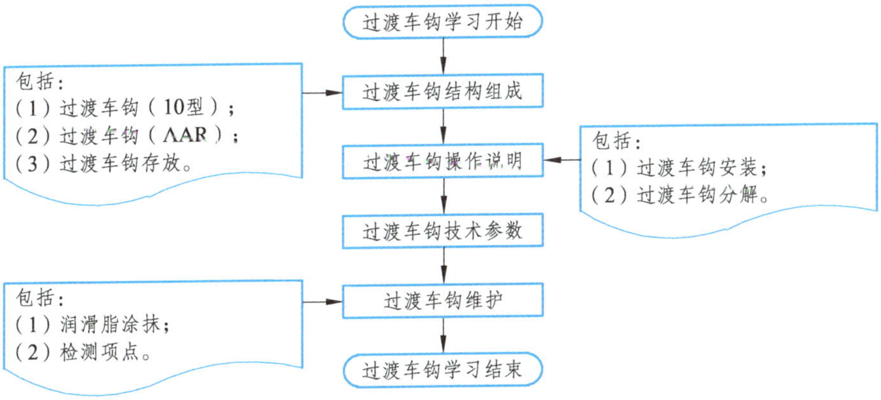

图 5-2-3　过渡车钩学习步骤

3. 实训步骤（见表 5-2-1）

表 5-2-1 实训步骤

工序	作业内容	检查结果记录
1	检查辅助挂钩组成	
2	检查过渡车钩	
3	检查自锁销	
4	检查过渡车钩	
5	检查连接销	
6	检查 R 型销	
7	检查制动软管连接器	

五、实训考核标准（见表5-2-2）

表 5-2-2 实训考核标准

项 目	标 准	配分	得分
整体实训过程考核	能叙述出全自动车钩的整体实训过程	5 分	
过渡车钩简介及技术要求	能简述过渡车钩简介及技术要求	5 分	
过渡车钩结构认知考核	可以在实物设备上识别出对应的部件名称	10 分	
过渡车钩（10 型）认知考核	可以准确识别过渡车钩（10 型），并在实物设备上指出对应的部件名称	10 分	
过渡车钩（AAR）认知考核	可以准确识别过渡车钩（AAR），并在实物设备上指出对应的部件名称	10 分	
过渡车钩存放状态认知考核	可以准确识别过渡车钩拉出和缩回的状态	10 分	
过渡车钩安装操作认知考核	能掌握并叙述出过渡车钩的安装操作	10 分	
过渡车钩分解操作认知考核	能掌握并叙述出过渡车钩的分解操作	10 分	
过渡车钩技术参数认知考核	了解过渡车钩技术参数	5 分	
过渡车钩维护认知考核	了解过渡车钩维护等级、运行距离、时间间隔	10 分	
过渡车钩润滑脂认知考核	掌握在过渡车钩部件位置涂抹润滑脂	5 分	
过渡车钩检查项点认知考核	掌握过渡车钩检查项点的标准要求	10 分	

六、思考题

（1）统型过渡车钩组成结构有哪些？过渡车钩的安装和分解如何操作？

（2）统型过渡车钩的使用环境以及作用是什么？

（3）统型过渡车钩如何进行维护？

任务三　全自动车钩自动连挂

一、实训目的

通过实训操作，学生能正确、熟练地进行全自动车钩自动连挂（直线轨道）作业。

二、理论链接

全自动钩缓装置的操作必须是在前端模块打开状态下进行，全自动钩缓装置包含自动连挂及解钩操作、人工气动连挂及解钩操作和完全手动连挂及解钩操作三种模式。全自动车钩可实现铁路动车组的自动连挂，一节车厢驶到另一节车厢并对准后，全自动车钩即可在无须人工协助的情况下实现车辆的连挂。即使在连挂车辆存在水平和垂直角度误差时，全自动车钩也可实现车辆的自动连挂。该车钩可实现连挂车的竖曲线和平曲线运动及旋转运动。

在车钩连挂时，车钩连接面是车钩受压时很重要的部位，如图 5-3-1 所示。当两车钩相互挤压时，都是通过车钩连接前端面传递受力。端面上有凸锥和凹锥，可以在车钩连挂时保证车钩的接合和对中。最小连挂速度要求为 0.6 km/h，连挂时，钩锁铁可以提供牢固的无间隙机械、气动和电动连接。

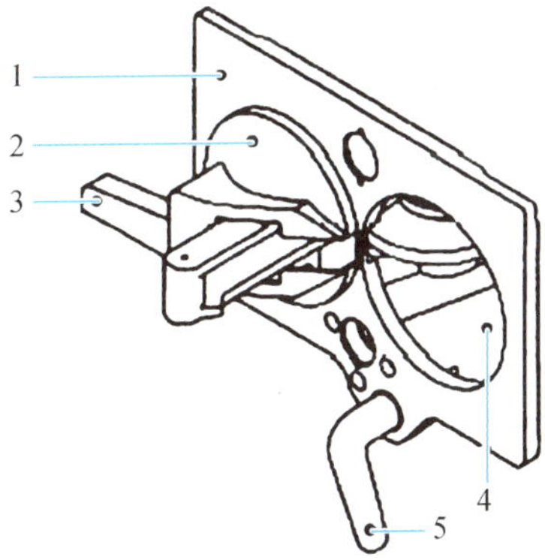

1—前接触面；2—凸锥；3—导向面；4—凸锥；5—导向角臂。

图 5-3-1　车钩连挂面

连挂之后，钩锁形成一个平行四边形以确保力的平衡，钩锁铁只受到均匀作用在连杆上的拉伸载荷，如图 5-3-2 所示。

全自动车钩连挂失败的原因及排除方法如表 5-3-1 所示。

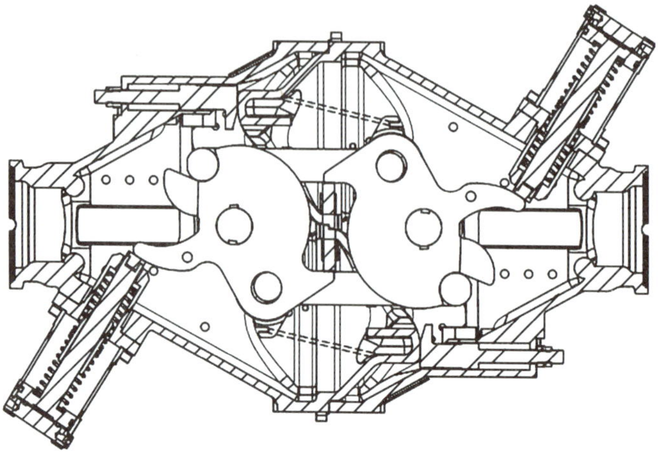

图 5-3-2　车钩连挂完成图

表 5-3-1　全自动车钩连挂失败的原因及排除方法

全自动车钩连挂失败原因分析	全自动连挂失败排除方法
没有达到连挂需要的最小速度	把车辆分开。连挂前把驾驶的车辆停在静止车辆前 1 m 处，然后重新开始，把速度增加到至少 0.6 km/h
车钩面上可能有污垢及外来杂质	把车辆分开。清洁钩面，重新进行连挂
凸锥或锥体上可能有污垢	用空气流喷射清除杂物，重新进行连挂
钩锁太紧	润滑钩锁
钩锁已经损坏	在车间进行修理钩锁

三、实训要求

1. 实训时间

教学课时为 2 课时。

2. 实训形式

学生每 5 人组成一个工作小组，各小组根据实训课程任务制订实训实施方案，每个小组有一名组长，组长协助老师指导本组学生进行实训。

3. 实训注意事项

（1）小心触电：车钩头内接有带电电线，请勿接触电触点。开始任何维护工作前需要切断电源。

（2）小心受伤：在打开车钩锁时，钩舌会受到拉伸负载并从车钩头凸锥中冲出来，在车钩前方保持至少 10 cm 的安全距离。

（3）小心列车意外分离：异物会卡住车钩，需清除两个车钩凹锥上的所有异物。

（4）连挂时小心受伤：超过连挂范围或对角连挂时，车钩可能突然向侧面旋转，保持至少 1 m 的安全距离。

（5）小心触电：如果连挂后电气车钩之间有缝隙，则存在触电和撞击的危险，请与缝隙保持安全距离。

4. 工具材料准备

（1）防护用品：防滑鞋、绝缘手套、工作服、防护红旗、铁路专用安全帽等。

（2）个人用品：笔、笔记本等。

四、实训作业步骤

1. 整体实训过程（见图 5-3-3）

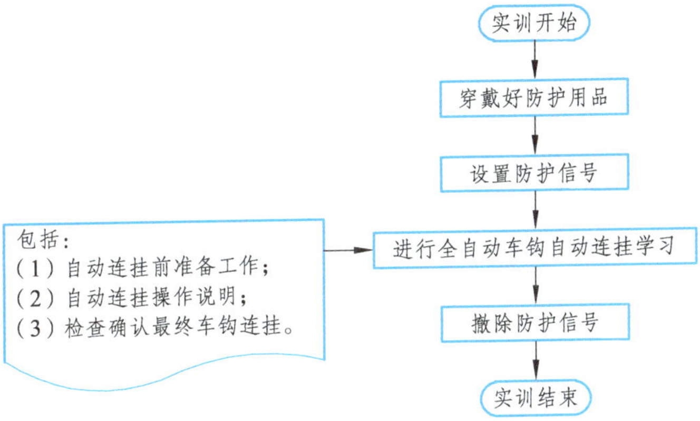

图 5-3-3　整体实训过程

2. 实训步骤（见表 5-3-2）

表 5-3-2　实训步骤

工序	作业内容	作业标准	检查结果记录
1	自动连挂前准备工作	① 清洁车钩表面； ② 打开前端开闭机构并确认锁闭； ③ 清除两个车钩头凸锥和凹锥的外部物质； ④ 检查连挂组成是否处于准备连挂位置	
2	自动连挂操作	① 车钩的连挂需要在就地控制台上操作； ② 连挂前车钩必须处于待挂位置，压力必须达到 500 kPa； ③ 顺时针转动钥匙开关，打开电源； ④ 按动红色连挂按钮； ⑤ 红色连挂指示灯闪烁； ⑥ 蜂鸣器鸣响； ⑦ 如有紧急情况，快速按下急停按钮，小车停止运行	
3	检查确认最终车钩连挂	① 检查车钩连挂位置； ② 检查风管接头是否密封	

五、实训考核标准（见表5-3-3）

表 5-3-3 实训考核标准

项 目	标 准	配分	得分
整体实训过程考核	能叙述出全自动车钩自动连挂的整体实训过程	5 分	
自动连挂操作过程中注意事项	能简述自动连挂操作过程中的注意事项	5 分	
自动连挂前准备工作	可以准确地描述出自动连挂前准备工作	10 分	
自动连挂的操作步骤	掌握自动连挂的操作步骤	10 分	
检查连挂组成是否处于准备连挂位置	可以准确描述出判断连挂组成是否处于准备连挂位置的方式	10 分	
车钩待连挂认知考核	可以准确识别车钩待连挂时的状态图	5 分	
自动连挂操作说明	可以准确描述出自动连挂的操作步骤说明	10 分	
检查确认最终车钩连挂的方法	能掌握检查确认最终车钩连挂的方法	10 分	
检查连挂组成是否处于连挂位置	能掌握并叙述判断连挂组成是否处于连挂位置的方式	10 分	
检查风管接头是否密封	能掌握并叙述判断风管接头是否密封的方式	10 分	
车钩连挂完成认知考核	可以准确识别车钩连挂完成时的状态图	5 分	
全自动连挂失败原因分析	掌握全自动连挂失败原因分析	5 分	
全自动连挂失败排除方法	掌握全自动连挂失败排除方法	5	

六、思考题

（1）全自动车钩如何进行自动连挂？如何判断自动连挂完成？

（2）分析全自动车钩自动连挂过程中的失败原因以及排除方法。

任务四　全自动车钩自动解钩

一、实训目的

通过实训，学生能正确、熟练地进行全自动车钩自动解钩作业。

二、理论链接

1. 解　钩

要解钩时，转动弹簧负荷的钩板，直至钩舌从钩板凹口脱离为止。棘齿与导杆搭合，从而将车钩锁保持在此位置。车厢移动分离时，弹簧负荷的导杆和挂钩向前移动并松开棘齿。钩板在拉簧的作用力下沿逆时针方向转动，直至棘齿与导杆的挂钩搭合且可以看到钩舌接近凸锥边缘，车钩锁即准备好再次连挂，如图5-4-1 所示。

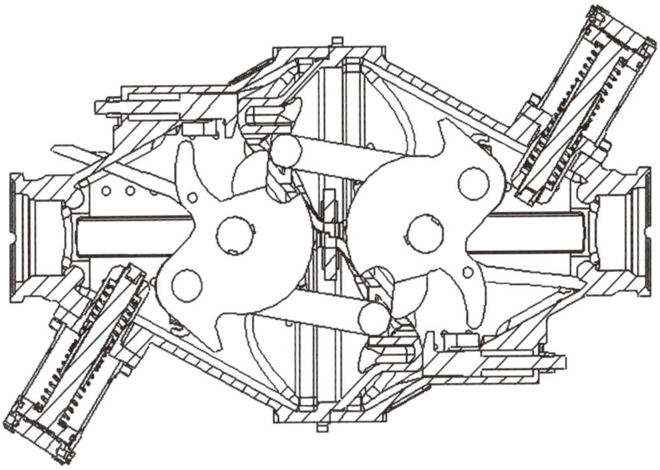

图 5-4-1　解钩位置

2. 解钩装置

解钩装置可以解开车钩锁，可从驾驶室通过远程控制启动解钩动作，也可在铁道旁通过人工启动解钩动作。

远程控制解钩：按下相应的解钩按钮，使用压缩空气驱动车钩头中的解钩气缸，活塞杆即向前移动，转动两个车钩的钩板，直至钩舌松开，即达到已解钩的位置。

3. 解钩气缸

解钩气缸是作为自动车钩在解钩过程中的一个控制部件。它位于自动车钩钩头内部的后端。在解钩过程中，它作用于吊板，使吊板转动，这样就使车钩的平行四边形受力解钩脱离开来。

4. 全自动车钩解钩失败原因及排除方法（见表 5-4-1）

表 5-4-1　全自动车钩解钩失败原因及排除方法

全自动解钩失败原因分析	全自动车钩解钩失败排除方法
按钮驱动错误	再次按住按钮数秒钟
电力不足	切断电源
作用在车钩上的牵引力太大（车辆制动不均匀）	降低负载（不能给车辆施加制动）
钩锁太紧	手动解钩检查钩锁是否破坏，润滑钩锁
气动解钩缸活塞杆堵塞或弯曲	清扫活塞杆
风缸管内压力不足	检查气路系统，增加风管压力
解钩缸的连接软管漏气	拧紧螺丝连接处的螺母。使用肥皂液检查是否漏气，使用密封剂密封螺纹

三、实训要求

1. 实训时间

教学课时为 2 课时。

2. 实训形式

学生每 5 人组成一个工作小组，各小组根据实训课程任务制订实训实施方案，每个小组有一名组长，组长协助老师指导本组学生进行实训。

3. 实训注意事项

（1）小心受伤：车钩受拉力作用可能在自动解钩时向前或向侧面跳出，保持至少 1 m 的安全距离。

（2）小心列车意外分离：异物会卡住车钩，需清除两个车钩凹锥上的异物。

（3）连挂时小心受伤：超过连挂范围或对角连挂时，车钩可能突然向侧面旋转，保持至少 1 m 的安全距离。

（4）小心触电：如果连挂后电气车钩之间有缝隙，则存在触电和撞击的危险，请与缝隙保持安全距离，待完全解钩之后再次连挂。

4. 工具材料准备

（1）防护用品：防滑鞋、绝缘手套、工作服、防护红旗、铁路专用安全帽等。

（2）个人用品：笔、笔记本等。

四、实训作业步骤

1. 整体实训过程（见图 5-4-2）

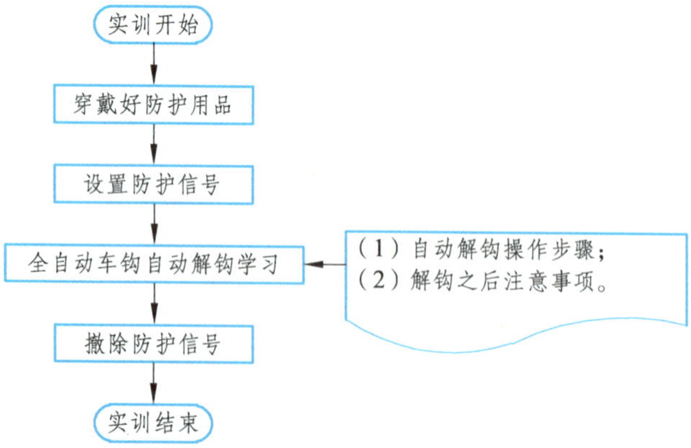

图 5-4-2　整体实训过程

2. 实训作业流程（见表 5-4-2）

表 5-4-2　实训作业流程

工序	作业内容	作业标准	检查结果记录
1	自动解钩操作	① 车钩的解钩需要在就地控制台上操作； ② 顺时针转动钥匙开关，打开电源； ③ 按动绿色解钩按钮； ④ 绿色解钩指示灯闪烁； ⑤ 蜂鸣器鸣响； ⑥ 如有紧急情况，快速按下急停按钮，小车停止运行	
2	自动连挂操作	① 检查车钩是否处于解钩状态； ② 解钩之后，将车辆分离； ③ 将导向杆从车钩头拆下，从后面插入车钩头； ④ 关闭前端开闭机构	

五、实训考核标准（见表5-4-3）

表 5-4-3　实训考核标准

项　目	标　准	配分	得分
整体实训过程考核	能叙述出全自动车钩自动解钩的整体实训过程	5 分	
自动连挂解钩过程中注意事项	能简单叙述出自动解钩操作过程中的注意事项	5 分	
自动解钩的操作步骤	掌握自动解钩的操作步骤	10 分	
自动解钩完成后的注意事项	可以准确描述出自动解钩完成后的注意事项	10 分	
车钩控制台认知考核	能掌握车钩控制台的操作方法	10 分	
车钩解钩完成认知考试	可以准确识别车钩解钩完成时的状态图	10 分	
解钩时的工作原理认知考核	能掌握解钩时的工作原理	10 分	
解钩装置作用的认知考核	能掌握解钩装置的作用	10 分	
解钩装置的认知考核	可以准确识别解钩装置图	10 分	
解钩气缸作用的认知考核	能掌握解钩装置的作用	10 分	
全自动解钩失败原因分析	掌握全自动解钩失败原因分析	5 分	
全自动解钩失败排除方法	掌握全自动解钩失败排除方法	5 分	

六、思考题

（1）全自动车钩如何进行自动解钩？如何判断自动连挂完成？

（2）全自动车钩解钩装置和解钩气缸的作用是什么？

（3）分析全自动车钩解钩失败原因及排除方法。

任务五　全自动车钩人工气动连挂及解钩

一、实训目的

（1）通过实训，学生能正确、熟练地进行全自动车钩人工气动连挂操作以及掌握连挂过程中的注意事项。

（2）通过实训，学生能正确、熟练地进行全自动车钩人工气动解钩操作以及掌握解钩过程中的注意事项。

二、理论链接

电气连接器是全自动密接式钩缓装置中执行车组之间电路自动连通和分解的功能模块，随机械车钩的连挂和解钩作用，实现两列动车组电气线路的自动连挂和解钩。

1. 电气连接器的组成

电气连接器由电子钩头操作装置和电子钩头组成，如图 5-5-1 所示。电子钩头操作装置安装在钩头的下面，用来向前和向后移动电子钩头。电子钩头通过各种类型的触头将列车线连接起来，位于机械钩头的上方，主要有电缆和端子柱、排气和排水、触头的保护、手动隔离、拖拉故障列车等。

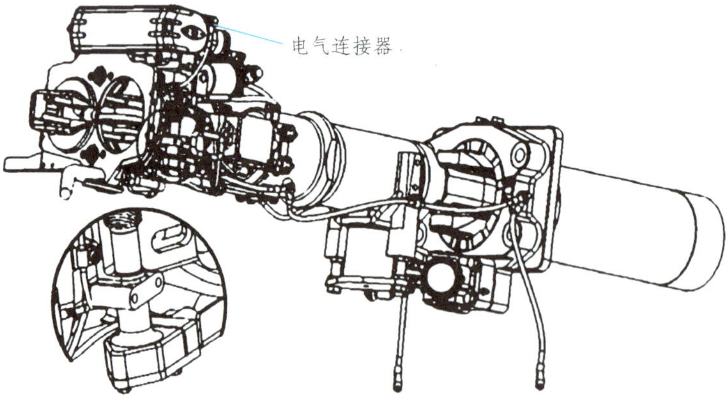

图 5-5-1　电气连接器三维图

2. 电气连接器的作用

电气连接器采用带有机械自锁的推送气缸代替原来的无自锁推送气缸，即电气连接器推出到位后，推送气缸实现机械锁定，保证气缸无法退回，如图 5-5-2 所示。推送气缸内的风压可以保证电气连接器连接紧密，在无风压的情况下，电气连接器仍然无法回退，以保证连接可靠。

图 5-5-2 电气连接器实体

3. 全自动车钩控制系统分析（见图 5-5-3）

1）连挂状态

在车钩连挂时，MRP 阀 V1 首先连通，自动开闭阀口被打开，压力空气从其后腔体进入前腔体，在通向对面连挂车辆的同时也将气路连通反馈压力信号输送给气动控制单元。压力空气在气动控制单元内部经过过滤后到达机械连挂反馈部分的机构指示阀 V4 的选择口。在气路连通的同时机械连挂也完成，机械连挂反馈部分的凸轮旋转，使 V4 得到释放，气路被连通。

气路连通信号经过机械连挂确认后再次进入气动控制单元。连通信号进入气动控制单元后首先到达两位三通阀 V8 的弹簧复位端选择口，由于没有控制压力，连通信号通过 V8 到达两位五通阀 V9 下端。V9 上端没有压力信号，在下端连通压力信号的推动下向上移动，使原先待挂状态时通往推送机构 C2 和 C3 气缸前端的压力气体换向，通往 C2 和 C3 气缸的后端。此时电气车钩 1 和 2 由推送机构推出进行连挂，C2 和 C3 气缸的前端压力气体通过单向节流阀 3 从 V9 排气口排出。

推送机构推出后电路反馈部分的机控阀 V6 和 V7 得到释放，使解钩气路断开，在没有信号输入时无法进行解钩。此时连挂完成，整个控制系统处于连挂状态。

2）解钩状态

在车钩解钩时，司机控制解钩气路开关，打开解钩气路，使压力气体进入解钩气路。解钩压力信号通过 UC 阀 V3 后端的支管进入气动控制单元，经过过滤后分为两路，一路解钩压力信号从气动控制单元流出，到达电路反馈部分的机控阀 V7 的选择口，由于机控阀 V7 和 V6 处于释放状态，气路被断开，压力信号到达后被隔断，不能继续前进；另外一路解钩压力信号通过气动控制单元到达两位三通阀 V8 上端和两位五通阀 V9 上端。在解钩压力信号的作用下，V8 换向，使原先到达 V9 下位的连挂压力信号被断开，V9 下端处于排气状态，而其上端解钩压力信号迫使 V9 向下移动发生换向。

原先连挂后通往 C2 和 C3 气缸后端的压力气体经过换向重新通往 C2 和 C3 气缸的前端，气缸后端压力气体通过 V9 排气口排向大气，电气车钩 1 和 2 在 C2 和 C3 气缸推动下缩回，完成分解。推送机构缩回后压缩 V6 和 V7，使其连通气路，原先到达 V7 选择口的解钩压力信号通过 V7 和 V6 通往解钩气缸 C1。

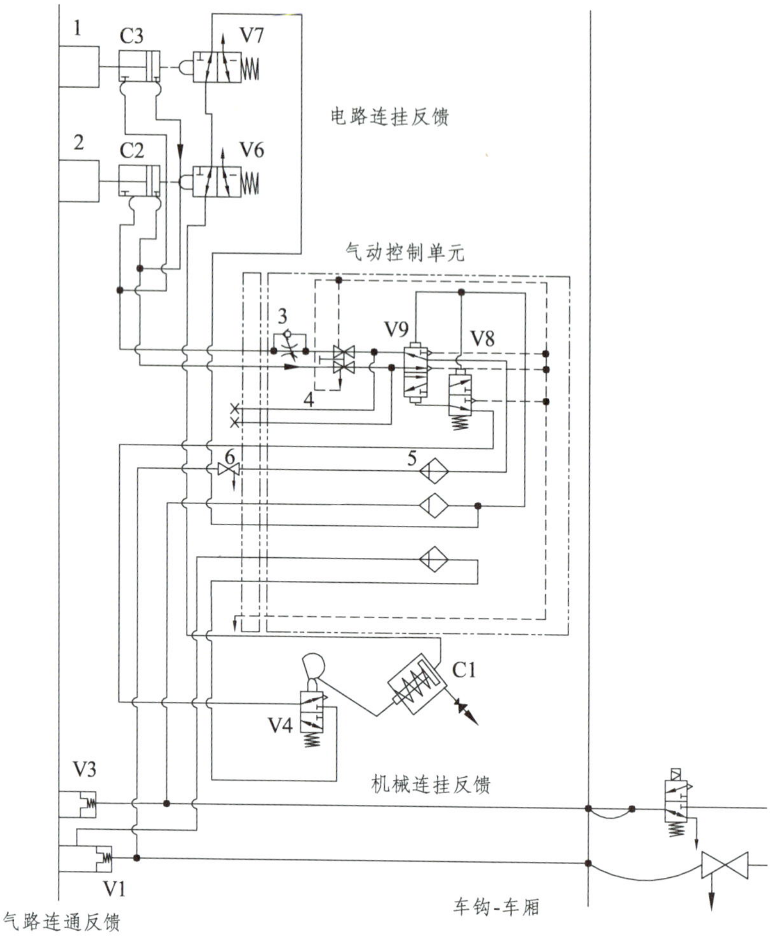

1—右侧电气车钩；2—左侧电气车钩；3—单向节流阀；4、6—截止阀；5—过滤器；C1—解钩气缸；C2—左侧推送气缸；C3—右侧推送气缸；V1—MBP 阀；V3—UC 阀；V4—机构指示阀；V6—电气车钩左侧机控阀；V7—电气车钩右侧机控阀；V8—两位三通阀；V9—两位五通阀。

图 5-5-3　全自动车钩控制系统

在解钩压力信号作用下解钩气缸 C1 推出，使车钩机械连挂进行分解，到达解钩位。机械连挂反馈部分的凸轮也到达解钩位，压缩机构指示阀 V4 使其断开气路，机械连挂反馈压力信号被释放。

此时整个车钩处于解钩状态，车辆可进行分离。在车辆分离后，MRP 阀 V1 自动关闭，其前端气路通往大气，连通压力信号被释放。此时司机关闭解钩气路，解钩管路压力气体排出，解钩压力信号消失，解钩气缸 C1 缩回，解钩操作完成，整个控制系统完全回到待挂状态。

三、实训要求

1. 实训时间

教学课时为 2 课时。

2. 实训形式

学生每 5 人组成一个工作小组，各小组根据实训课程任务制订实训实施方案，每个小组有一名组长，组长协助老师指导本组学生进行实训。

3. 实训注意事项

（1）小心触电：车钩头内接有带电电线，请勿接触电触点。开始任何维护工作前都需要切断电源。

（2）小心弹簧张力引起受伤：钩舌受拉力作用，可能会在连挂组成解开时从车钩头凸锥跳出。因此，作业时应离凸锥至少 10 cm 的安全距离。

（3）小心车厢意外分离：外部物质可能会阻碍正常连挂，清除两车钩头凸、凹锥上所有外部物质。

（4）小心烫伤的危险：在寒冷环境下车钩表面会加热，保持一定的（10 cm 作业）安全距离，或尽早关闭车钩表面加热器，使其冷却。

4. 工具材料准备

（1）防护用品：防滑鞋、绝缘手套、工作服、防护红旗、铁路专用安全帽等。

（2）工具：M24 六角棘轮扳手。

（3）个人用品：笔、笔记本等。

四、实训作业步骤

1. 整体实训过程（见图 5-5-4）

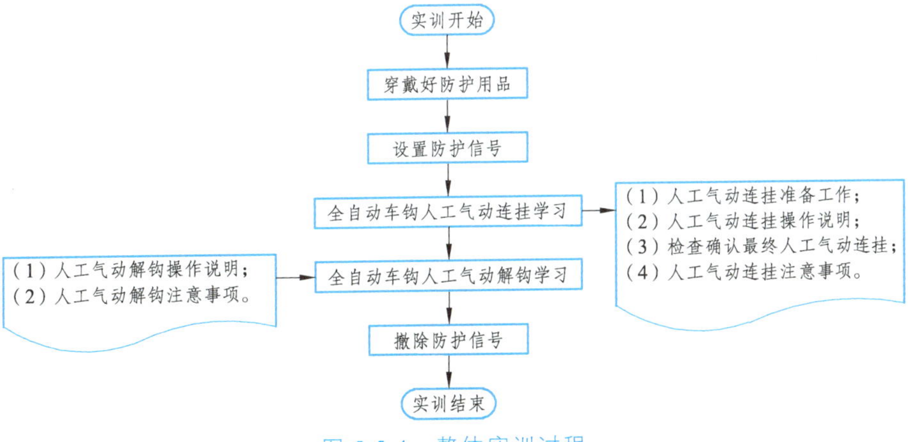

图 5-5-4　整体实训过程

2. 实训作业流程（见表 5-5-1）

表 5-5-1　实训作业流程

工序	作业内容	作业标准	检查结果记录
1	人工气动连挂准备工作	① 清洁车钩表面； ② 清除两个车钩凸锥和凹锥的外部物质； ③ 检查连挂组成是否处于准备连挂位置； ④ 绿色解钩指示灯闪烁；	

续表

工序	作业内容	作业标准	检查结果记录
1	人工气动连挂准备工作	⑤ 蜂鸣器鸣响； ⑥ 如有紧急情况，快速按下急停按钮，小车停止运行	
2	人工气动连挂操作说明	① 将两辆需要连挂的车辆靠近进行车钩连挂； ② 车钩接触后继续靠近，连挂装置互相挤压并连挂，此时可看见解钩手柄钢丝绳迅速拉起且迅速恢复到原位，完成机械车钩连挂； ③ 观察连挂到位机械指示的两红色区域是否基本重合，若重合，则连挂到位； ④ 人工使用 M24 六角棘轮扳手旋转传动杆的六角头，从而推动电气连接器前进；将电气连接器保护盖打开，继续旋转使电气连接器推送机构锁定到位，完成电气连接器连挂	
3	检查确认最终人工气动连挂	① 检查连挂组成是否处于连挂位置； ② 检查风管接头是否气封	

3．全自动车钩人工气动解钩（见表 5-5-2）

表 5-5-2　全自动车钩人工气动解钩

工序	作业内容	作业标准	检查结果记录
1	人工气动解钩操作说明	① 使用 M24 六角棘轮扳手旋转传动杆的六角头，旋转使电气连接器缩回，电气连接器推送机构锁定到位，将六角棘轮扳手放回原位； ② 拉动解锁手柄，完成机械车钩的解挂； ③ 听到“咔哒”声，表明解钩操作完成	

五、实训考核标准（见表5-5-3）

表 5-5-3　实训考核标准

项　目	标　准	配分	得分
整体实训过程考核	能叙述出全自动车钩自动解钩的整体实训过程	10 分	
人工气动连挂准备工作认知考核	掌握人工气动连挂准备工作的要求	10 分	
人工气动连挂操作说明考核	掌握人工气动连挂的操作说明	10 分	
检查确认最终人工气动连挂考核	掌握人工气动连挂完成之后的检查确认方法	10 分	
人工气动连挂注意事项考核	掌握人工气动连挂的注意事项	10 分	
人工气动解钩操作说明考试	掌握人工气动解钩的操作说明	10 分	
人工气动解钩注意事项考核	掌握人工气动解钩的注意事项	10 分	
解钩装置作用的认知考核	能掌握解钩装置的作用	10 分	
电气连接器组成认知考核	了解掌握电气连接器的组成	5 分	
电气连接器的作用认知考核	了解掌握电气连接器的作用	5 分	
全自动车钩控制系统分析认知考核	了解全自动车钩控制系统连挂和解钩的状态	10 分	

六、思考题

(1)如何进行全自动车钩人工气动连挂？如何判断人工气动连挂完成？

(2)如何进行全自动车钩人工气动解钩？

(3)人工气动连挂及解挂时电气连接器的作用是什么？

任务六　全自动车钩完全手动连挂及解钩

一、实训目的

通过实训，学生能正确、熟练地进行全自动车钩完全手动连挂作业以及解钩作业。

二、理论链接

当车辆回送、救援时，自动车钩与过渡车钩连挂，必须关闭电气车钩，仅有机械连接和气路连接；关闭电气车钩的推送气缸的压缩空气控制阀。

在车钩无电、无压缩空气的情况下，只能进行人工操作。拉出手动解锁手柄或推动手动解锁杠杆，使伸缩装置解锁，如图 5-6-1 所示。将六角棘轮扳手（随车工具）套在齿轮装置的六角柱上，旋转六角棘轮扳手，车钩在齿轮的作用下伸出并锁定，取下六角棘轮扳手放回原位。

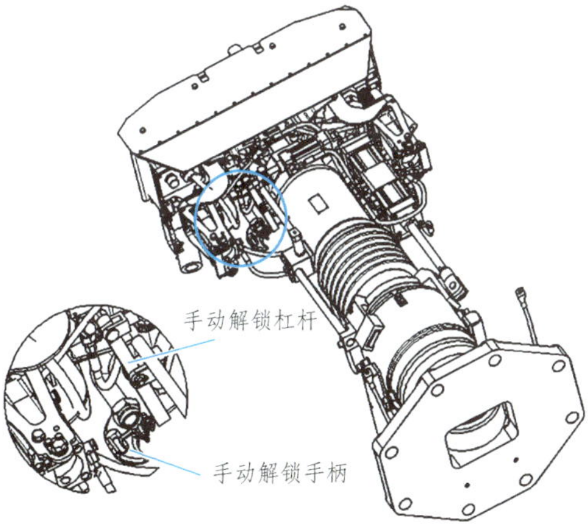

图 5-6-1　手动解锁手柄和手动解锁杠杆

手动解钩时需关闭电气车钩的推送气缸的压缩空气控制阀，拆下两侧推送机构的气缸手动解锁提杆（红色拇指形螺钉），插入气缸自锁装置孔内（不要拧太紧，否则取不下来），拔起自锁销使气缸解锁，推送气缸带动电气连接器后退一定距离，在两电气连接器件留出间隙。

三、实训要求

1. 实训时间

教学课时为 2 课时。

2. 实训形式

学生每 5 人组成一个工作小组，各小组根据实训课程任务制订实训实施方案，每个小组有一名组长，组长协助老师指导本组学生进行实训。

3. 实训注意事项

（1）小心触电：车钩头内接有带电电线，请勿接触电触点。开始任何维护工作前需要切断电源。

（2）小心受伤：在打开车钩锁时，钩舌会受到拉伸负载并从车钩头凸锥中冲出来，应在车钩前方保持至少 10 cm 的安全距离。

（3）小心列车以外分离：异物会卡住车钩，清除两个车钩凹锥上的所有异物。

（4）连挂时小心受伤：超过范围或对角连挂时，车钩可能突然向侧面旋转，保持至少 1 m 的安全距离。

（5）如果连挂后电气车钩之间有缝隙，则存在触电和撞击的危险，请与缝隙保持安全距离。

4. 工具材料准备

（1）防护用品：防滑鞋、绝缘手套、工作服、防护红旗、铁路专用安全帽等。

（2）工具：M24 六角棘轮扳手。

（3）个人用品：笔、笔记本等。

四、实训作业步骤

1. 整体实训过程（见图 5-6-2）

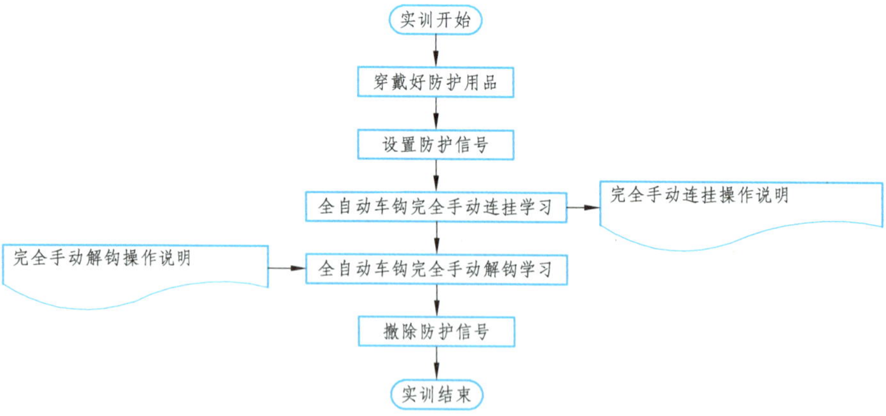

图 5-6-2　全自动车钩整体实训过程

2. 实训作业流程（见表 5-6-1）

表 5-6-1　实训作业流程

工序	作业内容	作业标准	检查结果记录
1	全自动车钩完全手动连挂	① 将两辆需要连挂的车辆靠近进行车钩连挂； ② 车钩接触后继续缓慢靠近，连挂装置互相挤压并进行连挂，此时可见解钩手柄钢丝绳迅速拉起且迅速恢复到原位，完成机械车钩连挂；	

续表

工序	作业内容	作业标准	检查结果记录
1	全自动车钩完全手动连挂	③ 观察机械连挂指示的两红色区域是否基本重合，若重合，则连挂到位； ④ 人工使用 M24 六角棘轮扳手旋转传动杆的六角头，从而推动电气连接器前进，将电气连接器保护盖打开，继续旋转使电气连接器推送机构锁定到位，完成电气连接器连挂	
2	全自动车钩完全手动解钩	① 使用 M24 六角棘轮扳手旋转传动杆的六角头，旋转使电气连接器缩回，电气连接器推送机构锁定到位，将六角棘轮扳手放回原位； ② 拉动解锁手柄，听到“咔哒”声，即表明机械车钩解挂完成	

五、实训考核标准（见表5-6-2）

表 5-6-2　实训考核标准

项　目	标　准	配分	得分
整体实训过程考核	能叙述出全自动车钩完全手动连挂及解挂的整体实训过程	20 分	
全自动车钩完全手动连挂操作方法	掌握全自动车钩完全手动连挂操作方法	80 分	

六、思考题

（1）全自动车钩完全手动连挂及解钩的前提条件是什么？

（2）全自动车钩手动连挂及解钩的操作方法是什么？

任务七　全自动车钩检查

一、实训目的

通过实训，学生可以正确、熟练地进行全自动车钩的检查作业。

二、理论链接

1. 车钩故障的修复和排除

对运用中发生的各类故障进行及时修复，确保自动车钩状态良好。比较典型的故障有：动车组 01 车钩舌伸出后无法收回，经检查确认故障原因为车钩扭力弹簧折断，更换扭力弹簧后故障消除。在进行重联试验时，发现 08 车自动车钩无法与重联车辆车钩进行连接。进行现场分析，发现车辆运营期间与其他车辆进行重联作业时车钩支架发生变形，从而导致一侧电子车钩向外侧倾斜，使得该车无法完成重联试验。由于车钩顶销与顶销孔配合间隙过小，长期重联或解编运行后导致车钩顶销与顶销孔锈死黏连到一起，造成自动车钩解钩机构出现释放连挂机构无法复位现象，最后更换车钩，故障排除。

2. 车钩维护和保养作业的优化

外温低于 0 °C 时，动车组重联或解编作业前，须检查确认自动车钩电伴热工作正常，钩头、电气连接器和开闭机构无结冰、冻结等异常情况。通过增加车钩顶销的检查清洁，缩短车钩顶销的检查清洁周期及优化作业，可确保动车组解编时不再因解钩顶销作用失效，导致重联动车组解编后发生异常排风现象。

三、实训要求

1. 实训时间

教学课时为 2 课时。

2. 实训形式

学生每 5 人组成一个工作小组，各小组根据实训课程任务制订实训实施方案，每个小组有一名组长，组长协助老师指导本组学生进行实训。

3. 实训注意事项

（1）在进行地沟作业前要确认接地杆是否已挂。

（2）作业前确认已设置“禁止供电”安全防护牌。

（3）安全帽、手套等防护用品穿戴齐全进行作业，避免刮碰磕伤。

（4）认真确认各部螺栓的防松线状态，发现防松线错位的要立即校对力矩并重新涂打防松标记。

（5）对动车组车下进行检查作业时，要仔细辨别漏风的声音，对疑似漏风的处所要采用手摸或抹肥皂水的方式进行测试，发现漏风及时处理。

4. 工具材料准备

（1）防护用品：防滑鞋、绝缘手套、工作服、防护红旗、铁路专用安全帽等。

（2）工具：套筒棘轮扳手 1 把、棘轮套筒头（规格型号 18 mm）1 个、橡胶锤 1 把、手电筒 2 把。

（3）材料：介子布若干把、清洗剂（乐泰 7063）2 瓶、润滑脂（可选用 AUTOL TOP 2000）若干克、滑石粉 10 g。

四、实训作业步骤

1. 工前准备

1）确认作业条件

1 号确认接触网已断电，接地杆已挂；动车组已降弓，施加停放制动；作业防护牌已挂。

2）领取工具、材料

2 号根据材料、工具清单，到立体库、工具室领取工具、材料，清点配件数量，并确认材料配件数量齐全。

3）安放作业平台

1、2 号将作业平台平放于钢轨上方，并确认作业平台安装平稳、牢固，如图 5-7-1 所示。

图 5-7-1　作业平台安放

2. 自动车钩检查（见表 5-7-1）

表 5-7-1　自动车钩检查

<table>
<tr><th>序号</th><th>修程</th><th>工作内容及质量标准</th><th>图片</th></tr>
<tr><td>1</td><td>打开前端开闭机构</td><td>1、2 号使用 18 mm 棘轮扳手向车体中心位置旋转打开开闭机构锁定装置，手动向两侧打开前端开闭机构头罩</td><td></td></tr>
<tr><td>2</td><td>将车钩置于维修位置</td><td></td><td>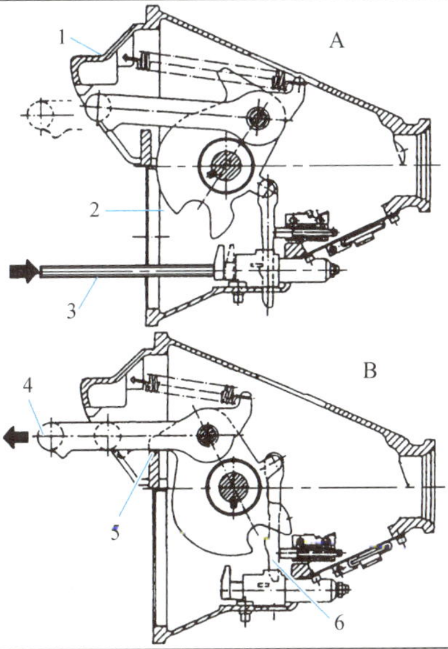

<table>
<tr><td>A</td><td>准备连挂位置</td><td>B</td><td>连挂位置（维修位置）</td></tr>
<tr><td>1</td><td>凸锥</td><td>4</td><td>连挂杆从凸锥中伸出</td></tr>
<tr><td>2</td><td>凹锥</td><td>5</td><td>挡块处的钩板</td></tr>
<tr><td>3</td><td>钳工锤</td><td>6</td><td>缩进车钩头的棘轮</td></tr>
</table></td></tr>
</table>

续表

<table>
<tr><th>序号</th><th>修程</th><th>工作内容及质量标准</th><th>图片</th></tr>
<tr><td>3</td><td>检查车钩</td><td>1、2 号检查车钩整体，确保车钩整体无裂纹和变形</td><td></td></tr>
<tr><td>4</td><td>检查车钩头钩锁并对车钩涂抹润滑油</td><td>2 号反复拉动手动解钩拉手，检查车钩头钩锁运行状态，确保运行平滑无卡滞。使用 AUTOL TOP 2000 润滑车钩锁和中心枢轴轴承衬套的部件。使用压缩空气、毛刷或抹布进行清洁。使用 AUTOL TOP 2000 润滑凸锥和凹锥的滑动表面以及车钩锁的部件。使用 AUTOL TOP 2000 润滑连挂杆和钩板的凹口。使用 AUTOL TOP 2000 润滑棘齿的后侧。采用 KALTZINK HS 300 修复车钩表面、凸锥和凹锥的表面防腐</td><td>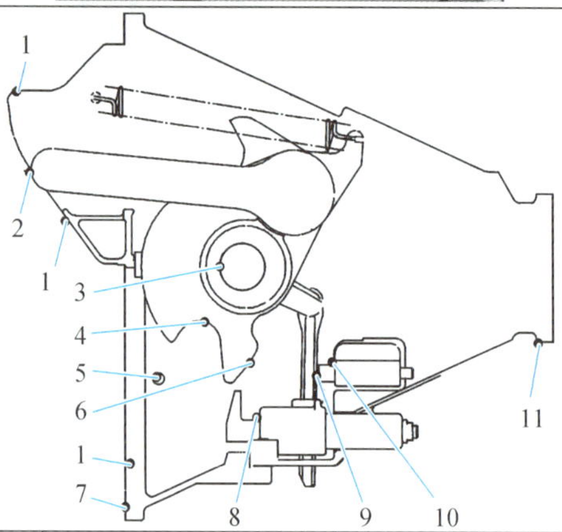

<table>
<tr><th>零件</th><th>润滑点</th><th>润滑剂</th></tr>
<tr><td>1</td><td>凸锥和凹锥的导向面</td><td>ZINGA</td></tr>
<tr><td>2</td><td>钩舌筋板</td><td>AUTOL TOP 2000</td></tr>
<tr><td>3</td><td>中心枢轴</td><td>AUTOL TOP 2000</td></tr>
<tr><td>4</td><td>钩板槽</td><td>AUTOL TOP 2000</td></tr>
<tr><td>5</td><td>排水孔</td><td>疏通清洁</td></tr>
<tr><td>6</td><td>钩板后侧</td><td>AUTOL TOP 2000</td></tr>
<tr><td>7</td><td>车钩表面</td><td>ZINGA</td></tr>
<tr><td>8</td><td>导向杆的接触面</td><td>AUTOL TOP 2000</td></tr>
<tr><td>9</td><td>棘轮的后侧</td><td>AUTOL TOP 2000</td></tr>
<tr><td>10</td><td>弹簧支座</td><td>AUTOL TOP 2000</td></tr>
<tr><td>11</td><td>轴环</td><td>AUTOL TOP 2000</td></tr>
</table></td></tr>
<tr><td>6</td><td>检查钩锁弹簧</td><td>1 号检查钩锁弹簧是否损坏，确保弹簧无失效与折断</td><td></td></tr>
<tr><td>7</td><td>检查风管接头</td><td>2 号用无油空气或者无油抹布清洁风管套筒及垫圈，确保风管套筒及垫圈无灰尘和油污</td><td></td></tr>
</table>

续表

序号	修程	工作内容及质量标准	图片
8	清洁导向杆、机械限位开关、车钩控制阀组	1、2号在干燥状态下使用乐泰7063清洁导向杆，拆装良好无卡滞。使用AUTOL TOP 2000润滑导向杆卡入固定座的部位，其他部位不允许润滑；使用无油抹布清洁所有限位开关及车钩控制阀组，机械限位开关、车钩控制阀组作用良好，无灰尘和油污	 
9	检查电动钩头	1号使用无油抹布或肥皂溶液清洁电动钩头橡胶框，用滑石粉除去灰尘，干燥情况下采用无油压缩空气或者无油抹布清洁电动钩头触点（使用抹布蘸上喷雾R3000除去永久积尘，然后除去喷雾），清洁绝缘块，清洁部位需晾干；检查插针及触点，插针及触点应无可见损坏或弯曲，如有损坏及弯曲，必须更换；使用无油抹布清洁电动钩头保护盖，保护盖无油质、灰尘	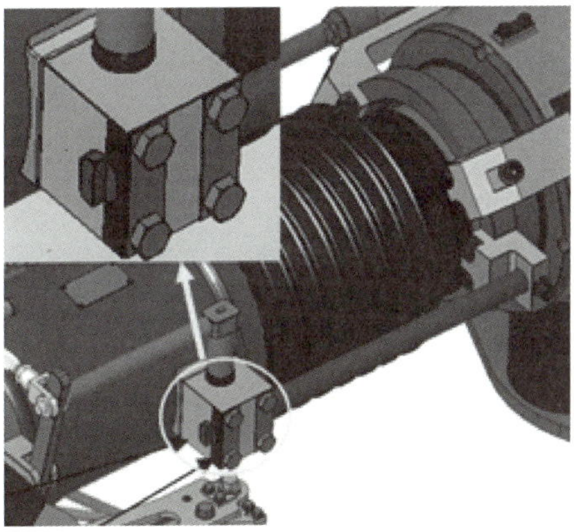
10	完工确认	（1）撤下作业平台。 1、2号将作业平台从钢轨上撤下。 （2）整理工具、清理现场。 ①1号清点工具、将所有作业工具擦拭干净，归还至工具室；	

续表

序号	修程	工作内容及质量标准	图片
10	完工确认	② 2 号清理作业现场，清点、回收作业废料，要求回收作业废料送废料间，领用材料与回送废料数量一一对应	
11	填写作业记录	① 填写《作业记录单》，要求字迹工整，填写准确；② 回填“信息管理系统”电子记录，要求填写准确	

五、实训考核标准（见表5-7-2）

表 5-7-2　实训考核标准

项　目	标　准	配分	得分
全自动车钩检查过程中注意事项	能简述全自动车钩检查过程中的注意事项	10 分	
全自动车钩检查前工具材料准备	了解全自动车钩检查前工具材料的准备	10 分	
全自动车钩检查前准备要点认知考核	能掌握全自动车钩检查前准备要点	20 分	
全自动车钩检查过程认知考核	能掌握全自动车钩检查过程中的内容	20 分	
车钩故障的修复和排除认知考核	了解车钩故障的修复和排除内容	20 分	
车钩维护和保养作业的优化认知考核	了解车钩维护和保养作业的优化内容	20 分	

六、思考题

（1）分析全自动车钩检查的重要性。

（2）全自动车钩检查项点有哪些？如何排除车钩故障和修复车钩？

任务八　机车救援演练（车钩部分）

一、实训目的

（1）通过实训，学生能正确、熟练地进行统型过渡车钩（10 型）的安装和拆解。

（2）通过实训，学生能正确、熟练地进行统型过渡车钩（AAR）的安装和拆解。

二、理论链接

1. 救援与被救援动车组连挂端整备

（1）救援连挂前，动车组机械师到重联端司机室闭合【连解控制】空开，断开【连解限位开关】空开，使用手动强制方式打开并锁闭头罩，切除“电钩”阀门（动车组无电时可采用手动操作电磁阀开锁打开头罩，无风时可使用工具手动将锁舌推出后人力推开头罩）。下车确认头罩打开、头罩锁锁闭良好、电钩处于缩回状态后，返回司机室将【连解控制】空开断开。

（2）被救援动车组机械师通知被救援动车组司机断电降弓并拔取主控。

（3）救援动车组机械师给出信号，通知救援动车组司机操纵与被救援动车组进行机械连挂。

（4）机械连挂成功后，救援动车组机械师通知救援动车组司机进行试拉，确认两车车钩机械部分连挂技术状态良好。

（5）救援动车组机械师通知救援动车组司机断电降弓并拔取主控。

（6）机械师在救援连挂端安装连接 32 芯及 7 芯救援连接线。

（7）重联端两司机室操作救援手柄（HELPS）置“救援”位，将重联端两司机室总风管路贯通（手动打开空气管开闭器）。

（8）救援动车组机械师通知救援动车组司机在非重联端司机室投入主控升弓供电。

2. 贯通试验

（1）救援动车组司机进行制动系统试验，通知被救援动车组司机及机械师确认被救援车组制动级位、缓解状态与救援动车组是否一致。

（2）制动试验包括缓解位、B1 ~ B7 制动、快速制动、紧急制动，必要时进行耐雪制动试验。

3. 滚动试验

救援动车组机械师通知救援动车组司机进行不高于 5 km/h 的速度滚动试验，由被救援动车组机械师确认滚动试验时被救援动车组制动缓解及轮对旋转情况。

三、实训要求

1. 实训时间

教学课时为 2 课时。

2. 实训形式

学生每 5 人组成一个工作小组，各小组根据实训课程任务制订实训实施方案，每个小组有一名组长，组长协助老师指导本组学生进行实训。

3. 实训注意事项

（1）在进行地沟作业前确认接地杆是否已连挂。

（2）作业前确认已设置“禁止供电”安全防护牌。

（3）确认前端开闭机构已打开并锁闭良好。

（4）保持车钩处于待挂状态。

（5）需要严格按照标准操作步骤进行实训。

4. 工具材料准备

（1）防护用品：防滑鞋、绝缘手套、工作服、防护红旗、铁路专用安全帽等。

（2）工具：套筒棘轮扳手 1 把、棘轮套筒头（规格型号 18 mm）1 个、橡胶锤 1 把、手电筒 2 把。

（3）材料：介子布若干把、清洗剂（乐泰 7063）2 瓶、润滑脂（可选用 AUTOL TOP 2000）若干克、滑石粉 10 g。

四、实训作业步骤（见表5-8-1～表5-8-4）

表 5-8-1　统型过渡车钩（10 型）的安装

序号	修程	工作内容及质量标准	使用工具	安全注意事项	图片
1	拉出过渡车钩箱	在 1/8 车过渡车钩存放柜内，拧开过渡车钩箱上的锁定螺栓，手动使过渡车钩箱从下托架上滑出			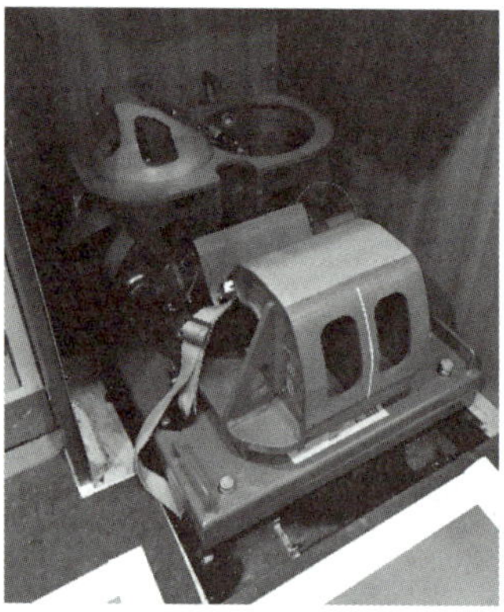
2	松开过渡车钩	分别松开过渡车钩上的捆扎带，拔出 R 型销，抽出连接销组成			
3	取出模块	取出统型过渡车钩（10 型）			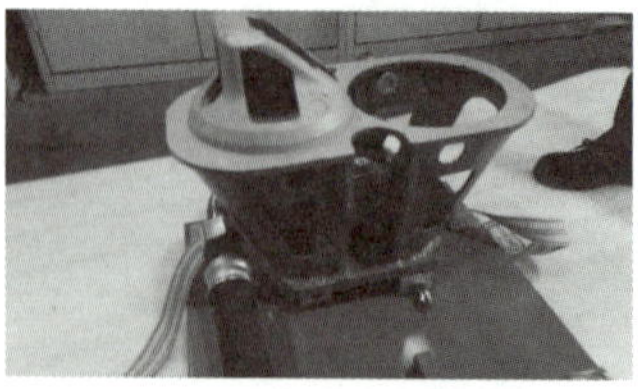
4	检查车钩	打开头罩，检查前端车钩及过渡车钩，以保证连挂机构运动自如			

续表

序号	修程	工作内容及质量标准	使用工具	安全注意事项	图片
5	清洁车钩	清洁过渡车钩和前端车钩的接触面；清除两车钩头凸凹锥上所有外部物质			
6	辅助挂钩	使用辅助挂钩较低一侧			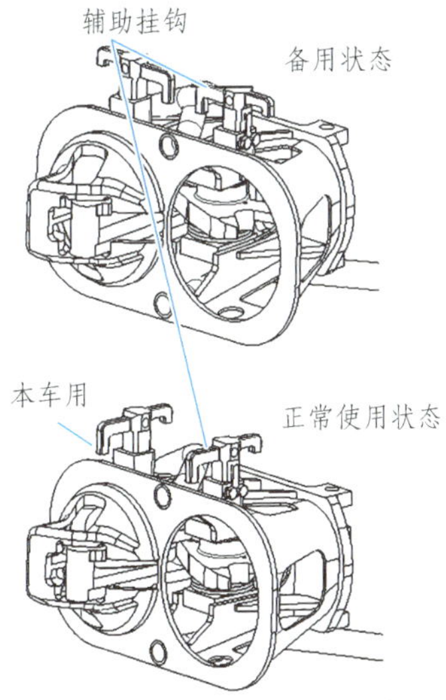
7	关闭截断塞门	打开车头二位侧总风管截断阀盖板，关闭总风管截断塞门 B33、电钩风管截断塞门 Z35			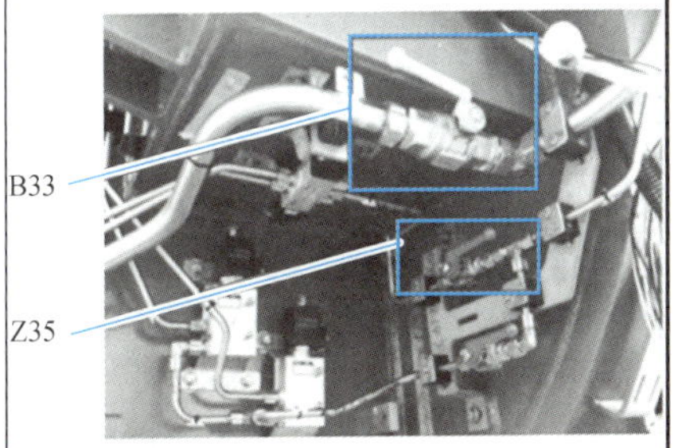
8	关闭截断阀	打开车头一位侧列车管截断阀盖板，关闭列车管截断阀 B52			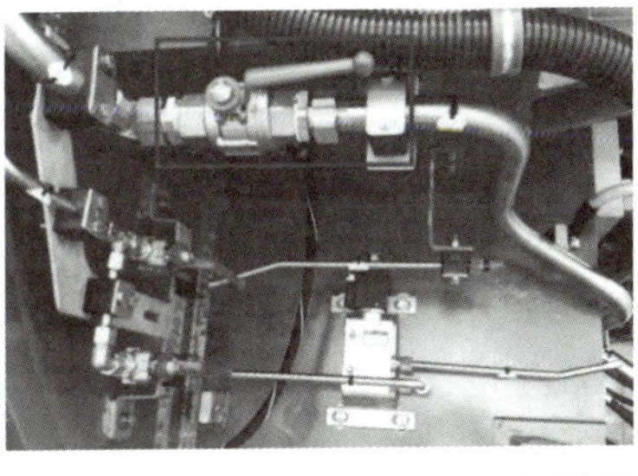

续表

序号	修程	工作内容及质量标准	使用工具	安全注意事项	图片
9	安装10型车钩	使用辅助挂钩将过渡车钩挂在前端车钩上沿，用力下压完成连挂			
10	确认连挂到位	确认车钩指针处于“红点”位置，同时确认车钩钩舌处红线重合			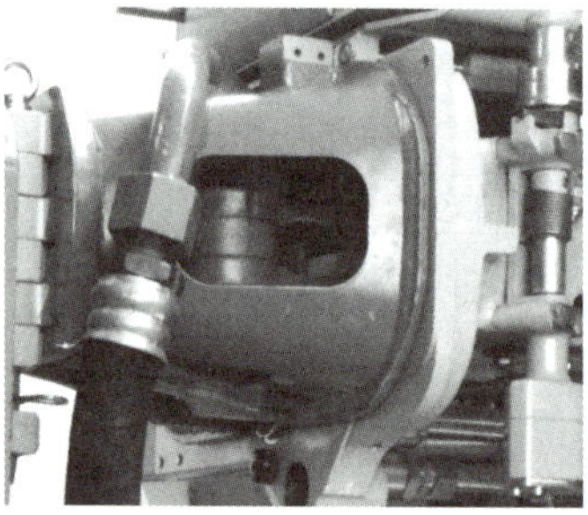

表 5-8-2　统型过渡车钩（AAR）的安装

序号	修程	工作内容及质量标准	使用工具	安全注意事项	图片
1	取出模块	取出过渡车钩（AAR）			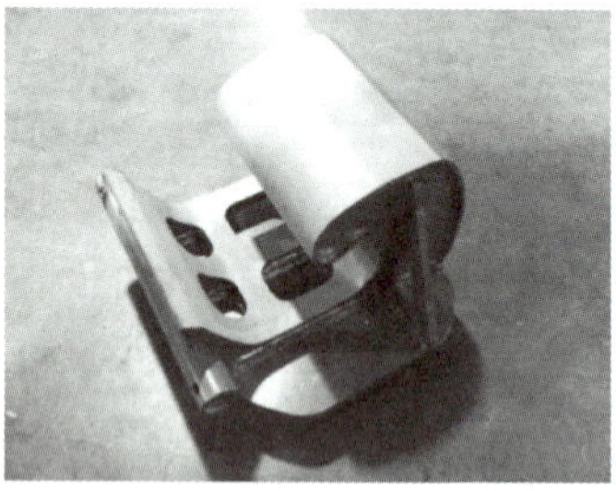
2	确认取出防跳架	在与救援车车钩连挂前，随车机械师应取下上下防跳架			

续表

序号	修程	工作内容及质量标准	使用工具	安全注意事项	图片
3	安装模块	把过渡车钩（AAR）通过如图所示结构安装至过渡车钩（10 型）上，依次穿入连接销，并插入 R 型销			
4	调整过渡车钩	确认过渡车钩中心线与机车车钩中心线高度差不超过 50 mm。如超过差值，允许上下调一格，机车侧较高时可调 2 格；极端情况依然无法满足时人工干预			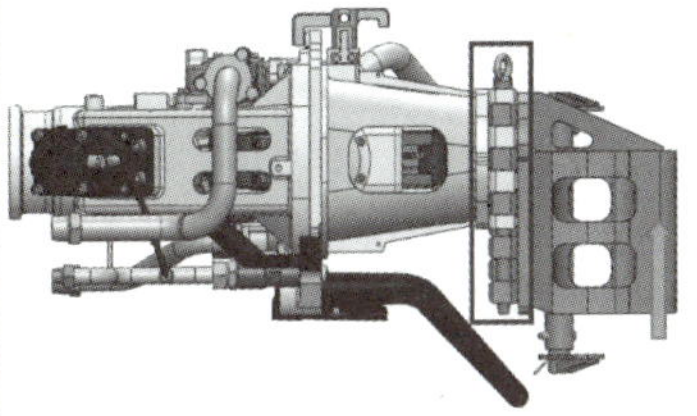 正常状态 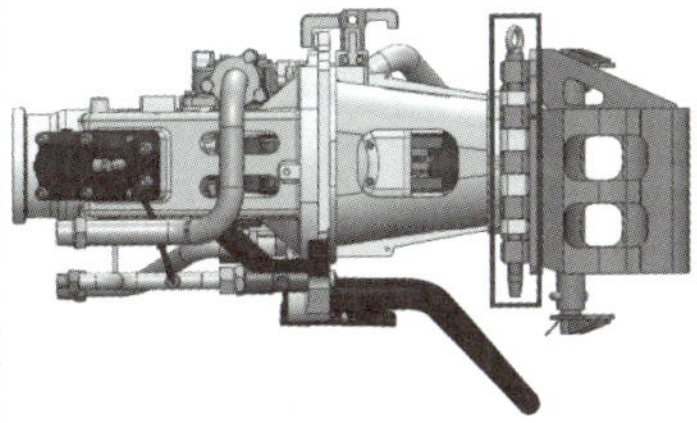 向上提高 60 mm
5	机车连挂	将机车车钩准备完毕，引导机车以不大于 5 km/h 的速度进行连挂。确认机车车钩和过渡车钩接触完成连挂，通知司机进行试拉			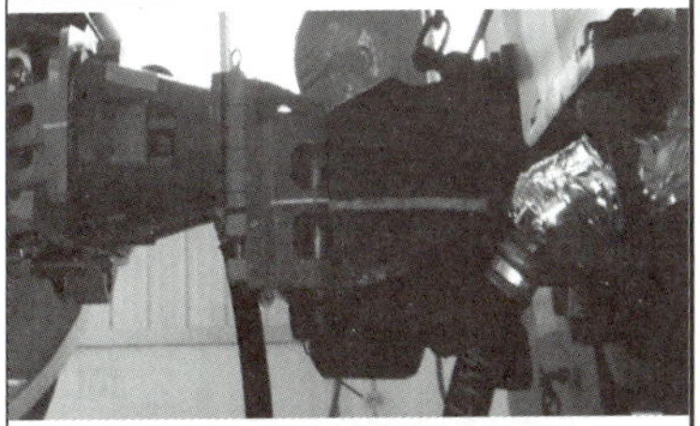
6	安装防跳架	当机车车钩与过渡车钩中心线在 50 mm 范围内时，上、下防跳架反转使挡板朝向车钩内侧，定位销插入第 2 个眼孔；如遇到无法正常安装防跳架时，允许使用其他眼孔调节上下防跳架工作位置，并穿入自锁销锁定位置			

续表

序号	修程	工作内容及质量标准	使用工具	安全注意事项	图片
7	确认防跳架安装正确	上下防跳架不可反装。防跳架止挡应朝向机车方向			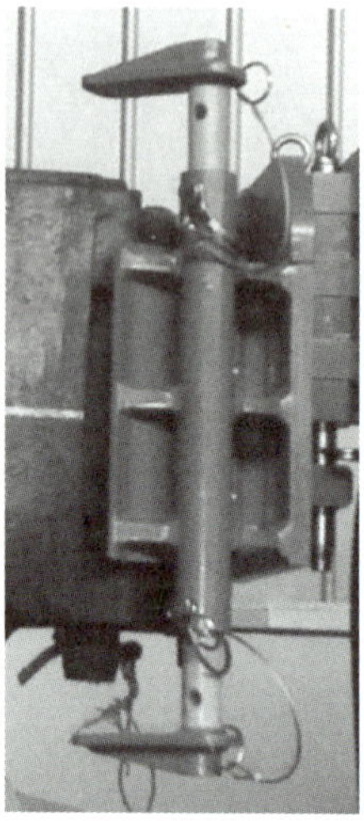
8	打开截断塞门	连接过渡车钩的制动风管，然后先打开机车列车管截断塞门，确认连接管是否漏风，再打开动车列车管截断塞门			B52 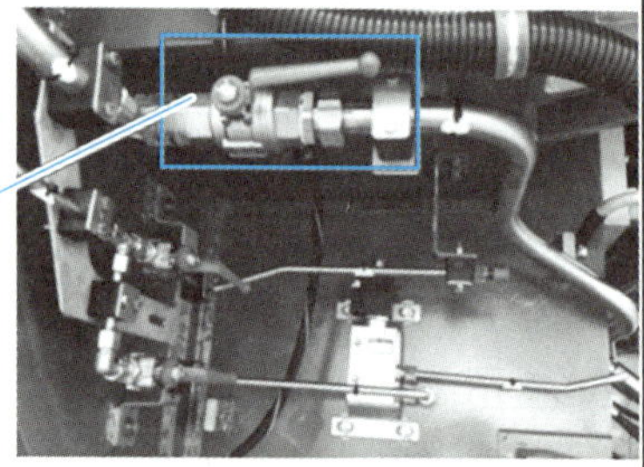
9	关闭盖板	锁上总风管截断阀和列车管截断阀的盖板			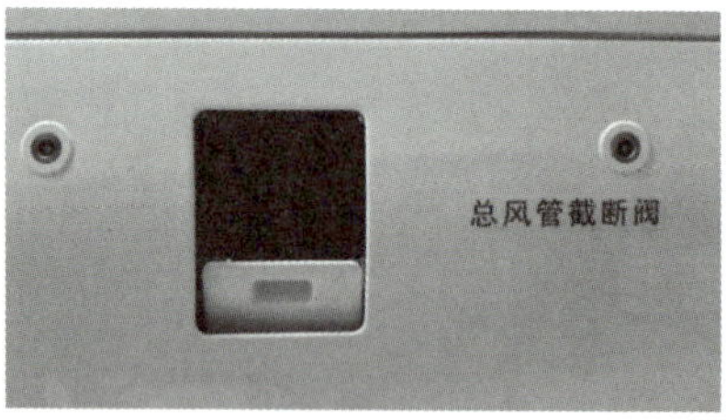 总风管截断阀门 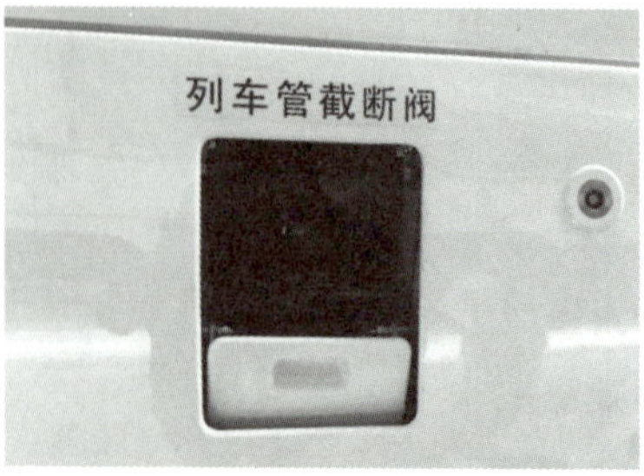 列车管截断阀门

表 5-8-3　统型过渡车钩（AAR）的拆解

序号	修程	工作内容及质量标准	使用工具	安全注意事项	图片
1	关闭截断塞门	先关断动车组列车管截断塞门 B52，再关闭机车列车管截断塞门			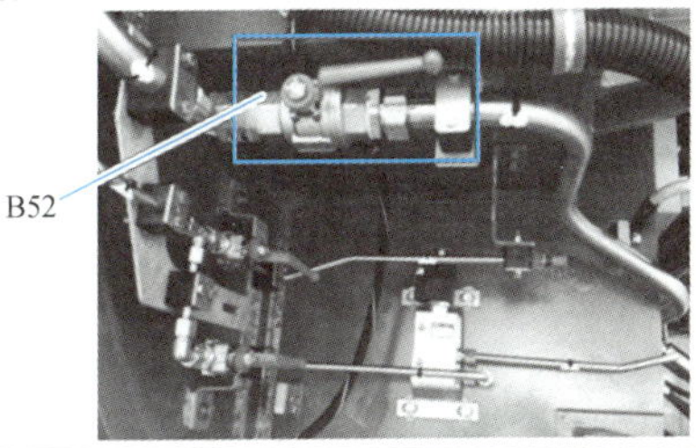
2	分离连接风管	分离过渡车钩与机车之间的连接风管			
3	机车解钩	向上拉动机车车钩的解钩杆，使机车车钩处于解锁状态；通知机车司机使机车向后缓慢移动 5 m，与过渡车钩分离			
4	拆除模块	拔出连接销上的 R 型销，拆除连接销，拆除过渡车钩（AAR）			

表 5-8-4　统型过渡车钩（10 型）的拆解

序号	修程	工作内容及质量标准	使用工具	安全注意事项	图片
1	车钩拆除	拉动红色解钩绳，将过渡车钩（10 型）从自动车钩上面拆除			
2	车钩放回车钩箱	分别将过渡车钩（10 型）和过渡车钩（AAR）放在过渡车钩箱内，并进行固定			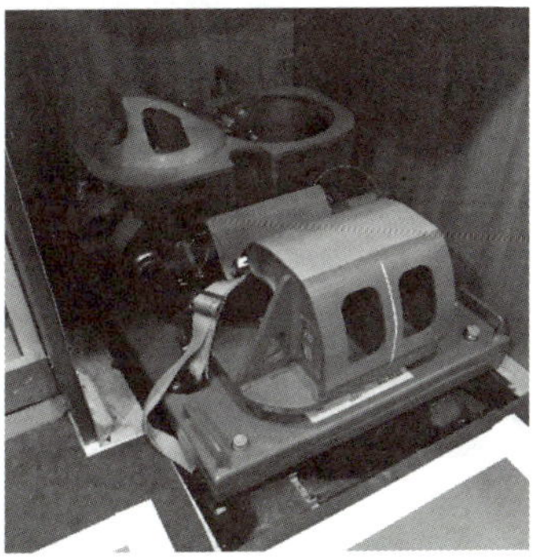

五、实训考核标准（见表5-8-5）

表 5-8-5　实训考核标准

项　目	标　准	配分	得分
机车救援过程中（车钩部分）注意事项	能简述机车救援过程中（车钩部分）的注意事项	5 分	
统型过渡车钩（10 型）的安装认知考核	能掌握统型过渡车钩（10 型）的安装	20 分	
统型过渡车钩（AAR）的安装认知考核	能掌握统型过渡车钩（AAR）的安装	20 分	
统型过渡车钩（AAR）的拆解认知考核	能掌握统型过渡车钩（AAR）的拆解	20 分	
统型过渡车钩（10 型）的安装认知考核	能掌握统型过渡车钩（10 型）的拆解	20 分	
救援与被救援动车组连挂端整备认知考核	了解救援与被救援动车组连挂端整备内容	5 分	
机车救援贯通试验、滚动试验认知考核	了解机车救援贯通试验、滚动试验内容	10 分	

六、思考题

（1）机车救援时如何正确使用车钩?

（2）机车救援时如何正确将救援车与被救援车进行连挂?

轨道交通实训课新理念新形态活页式教材

铁道机车运用与维护实训指导

（三）制动技术

主　编 / 王　慧　蒲华强

西南交通大学出版社
·成　都·

图书在版编目（CIP）数据

铁道机车运用与维护实训指导．三，制动技术 / 王慧，蒲华强主编．—成都：西南交通大学出版社，2023.6
ISBN 978-7-5643-9266-6

Ⅰ．①铁…　Ⅱ．①王…　②蒲…　Ⅲ．①机车车辆－车辆制动－高等职业教育－教材　Ⅳ．①U26

中国国家版本馆 CIP 数据核字（2023）第 074125 号

目录
CONTENTS

项目九 HXD_1型电力机车基础制动装置检查与维护

任务一　基础制动装置的组成与原理

一、实训目的

（1）能根据基础制动装置的结构进行拆解与组装。
（2）能准确阐述基础制动装置的工作原理。
（3）通过学习对基础制动装置的主要作用有清晰的认知。

二、理论链接

1. 基础制动装置安装位置

基础制动装置安装在转向架上，如图 9-1-1 所示。

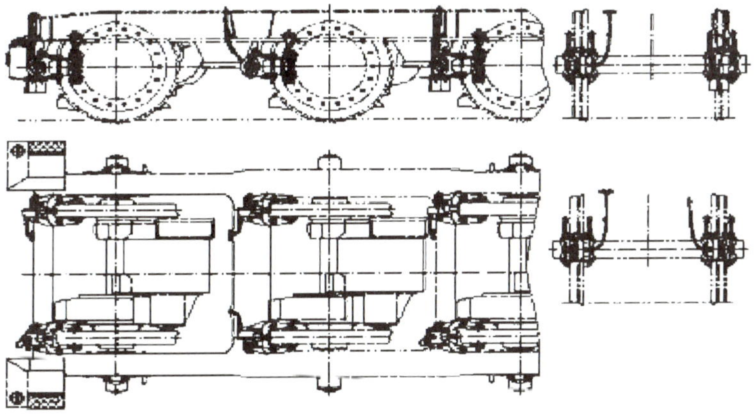

图 9-1-1　基础制动装置安装位置示意图

2. 基础制动装置的结构组成

轮装制动盘的结构及安装方式如图 9-1-2 和图 9-1-3 所示，轮装制动盘采用铸钢整体结构，在制动盘靠轮辐一侧设有散热筋。每两个轮盘为一组，用 18 个 M12 螺栓、膨胀套、防松螺母和 6 个定位键安装在车轮轮辐两侧，每个螺栓的预紧力矩为 30 kN·m，在 18 个 M12 螺栓达到紧固力矩后，两个制动盘的摩擦面基本上呈平行状态，其端面轴向跳动量不大于 0.5 mm。

图 9-1-2　基础制动装置

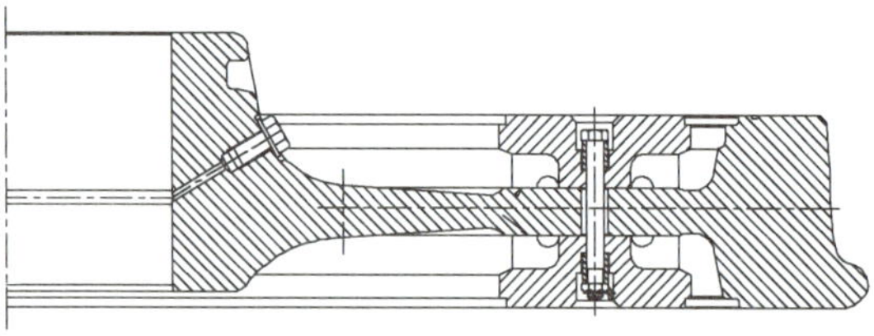

图 9-1-3　轮盘结构

单元制动器由单元制动缸和夹钳机构组成，其安装如图 9-1-4 所示。

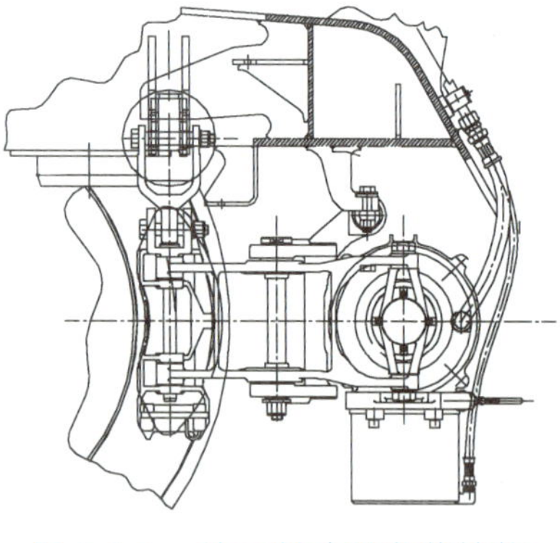

图 9-1-4　单元制动器安装结构

HXD_1 型电力机车每个轮对有两套轮盘制动装置，其中一个带有蓄能制动装置，如图 9-1-5 所示。

主要组成：若干个制动单元，每个单元包括一个制动缸及其所驱动的一套杠杆系统和闸片。

3. 基础制动装置的工作原理

盘形制动装置由单元制动缸、夹钳装置、闸片和制动盘组成。单元制动缸包括闸调器，夹钳装置由吊杆、闸片托、杠杆和支点拉板组成。夹钳的悬挂方式为制动缸浮动点悬挂，即两闸片托的吊杆为两悬挂点，另一悬挂点是支点拉板。

制动时，制动缸活塞杆推出，制动缸缸体和活塞杆带动两根杠杆，通过杠杆和支点拉板组成的夹钳，使装在闸片托上的闸片同时夹紧制动盘的两个摩擦面，产生制动作用。

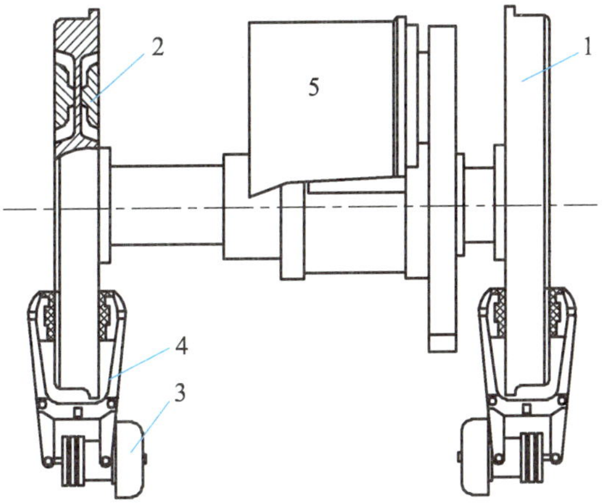

1—车轮；2—制动盘；3—制动缸；4—制动夹钳；5—电机。

图 9-1-5　轮盘位置结构示意图

4. 基础制动装置的主要作用

将制动缸的力经杠杆系统增大后传给闸片。

三、实训要求

1. 实训时间

教学课时为 4 课时。

2. 实训形式

学生每 5 人组成一个工作小组，各小组制订实施方案及工作计划。组长协助教师指导本组学生学习，检查实训作业进度和质量，制定改进措施，共同完成项目任务。

3. 实训注意事项

（1）未经教师或管理员允许不得擅自操作。

（2）需严格按照上电顺序进行上电，注意遵守车间检修注意事项。

4. 工器具材料准备

（1）防护用品：防滑鞋、绝缘手套、工作服、安全帽等。

（2）工具：无。

（3）个人用品：笔、笔记本等。

四、实训作业步骤

1. 整体实训过程（见图 9-1-6）

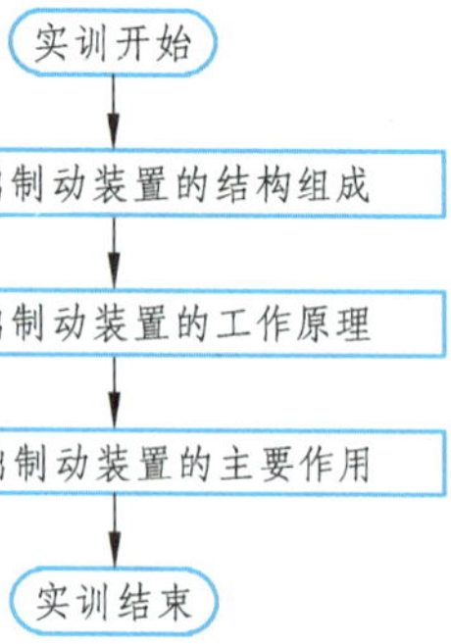

图 9-1-6 基础制动装置认知实训流程

2. 实训作业步骤（见表 9-1-1）

表 9-1-1 实训作业步骤

工序	实训内容	图片	记录检查结果
1	学习基础制动装置的结构组成		
2	学习基础制动装置的工作原理	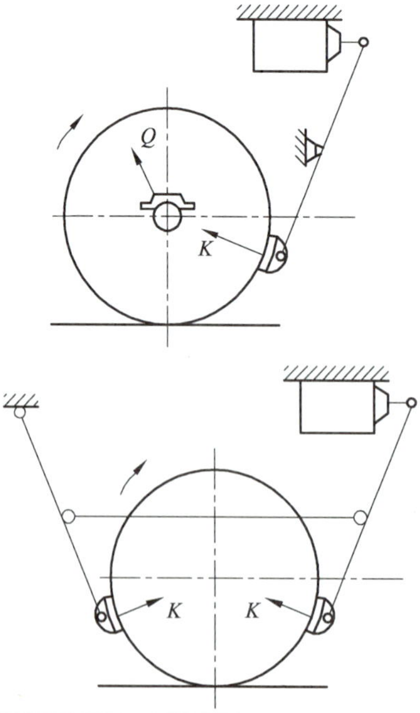	
3	掌握基础制动装置的主要作用		

五、实训考核标准（见表9-1-2）

表 9-1-2 实训考核标准

序号	考核项目	考核标准	配分	得分
1	简述基础制动装置的结构组成	简述无误	50 分	
2	简述基础制动装置的工作原理	简述无误	25 分	
3	简述基础制动装置的主要作用	简述无误	25 分	

六、思考题

（1）基础制动装置主要由哪几部分组成?

（2）基础装置进行制动的原理是什么?

（3）基础制动装置上的散热筋在什么部位?

任务二 闸片更换与间隙调节

一、实训目的

（1）能按照基础制动装置闸片的更换方法进行更换操作。

（2）能根据基础制动装置闸片间隙调节的方法进行调节操作。

（3）能准确阐述更换闸片的目的和作用。

二、理论链接

1. 闸片更换后的制动试验内容

开放制动缸塞门进行制动试验，必须保证所使用的闸片制动、缓解正常。

注意事项：更换左 1、3 右 4、6 轮对的闸片时，还需缓解停放制动，或将停放制动塞门（B40.06）关闭，人为地拉所需更换轮对的弹停风缸拉环，使停放制动在缓解状态下，方可进入地沟作业。手制动和 HXD_2 型机车需要关闭对应的转向架制动缸折角塞门。

2. 闸片制动原理

盘形制动是随着高速列车而产生并发展起来的。要想列车从很高的速度下降到低速或停止，必然要求有一个高效的基础制动装置，而盘形制动采用制动盘和制动闸片相互摩擦作用，将动能转换成热能消耗掉。该方式制动高效，而且不会损伤轮对的踏面，在高速列车和动车组中得到广泛应用。

盘形制动装置的基本原理是：采用闸片和制动盘摩擦消耗动能，从而达到制动或减速的目的。制动缸产生的压力通过传动杠杆装置施加到闸片上，产生制动力，从而进行制动。

环保型无石棉闸片，是一种采用树脂基和其他增强纤维代替石棉的摩阻材料，如图 9-2-1 所示。其特点是：不含石棉，绿色环保；摩擦系数高，力学强度好，热衰退小；磨耗低，使用周期长。

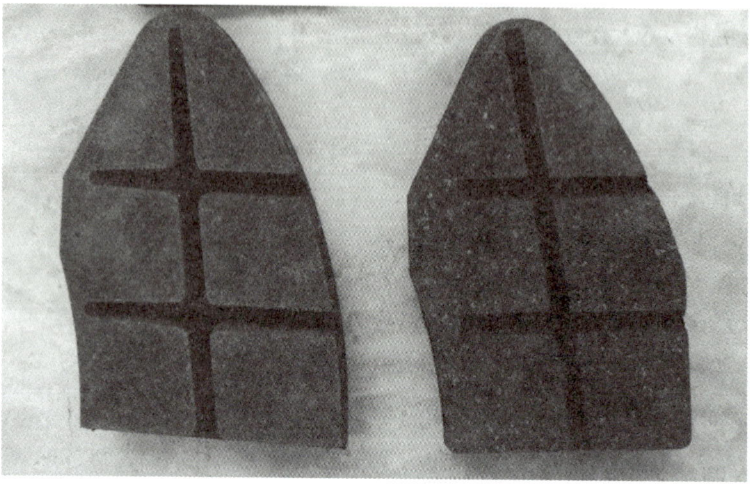

图 9-2-1　闸片

三、实训要求

1. 实训时间

教学课时为 4 课时。

2. 实训形式

学生每 5 人组成一个工作小组，各小组制订实施方案及工作计划。组长协助教师指导本组学生学习，检查实训作业进度和质量，制定改进措施，共同完成项目任务。

3. 实训注意事项

（1）未经教师或管理员允许不得擅自操作。

（2）只能聘用有资质的人员对现有装置进行操作、维护、检修和故障查找工作。

有资质人员是指那些接受过培训、拥有经验和掌握工作程序，并对相关标准、规则、故障预防守则和操作指南了解，经过安全责任单位授权，并能够识别和避免与任务相关的潜在危险的人员。

此外，拥有急救相关知识和了解当地的救援设施也是必要的条件。

对于与电力电源安装相关的工作，已经存在禁止无资质人员操作的规章制度，如 IEC 364 或 DIN VDE 0105 标准等。

作业前按规定穿好工作服、防滑鞋，佩戴安全帽、绝缘手套等。

4. 工器具材料准备

（1）防护用品：防滑鞋、绝缘手套、工作服、安全帽等。

（2）工具：螺丝刀、活动扳手、钳子、铁丝。

（3）个人用品：笔、笔记本等。

四、实训作业步骤

1. 整体实训过程（见图 9-2-2）

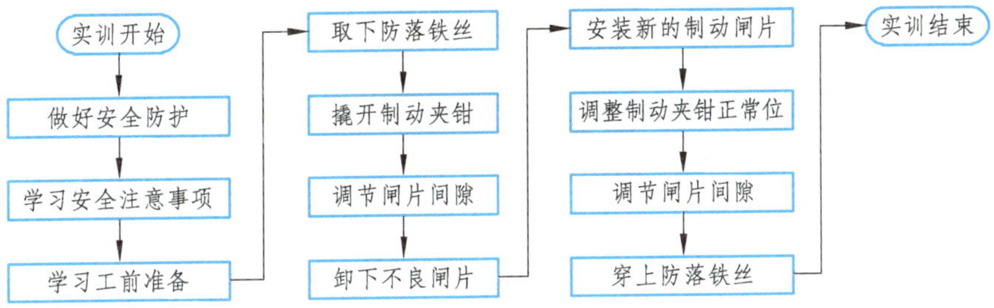

图 9-2-2　闸片更换流程

2. 实训作业步骤（见表 9-2-1）

表 9-2-1　闸片更换操作步骤

工序	实训内容	使用工具	安全注意事项
1	用钳子松开闸片防脱落铁丝，并将其取出	钳子	注意防止砸伤
2	用螺丝刀撬开制动夹钳	螺丝刀	注意防止砸伤
3	卸下不良闸片	螺丝刀、钳子	注意防止砸伤
4	用活动扳手调整闸片间隙螺母(顺时针旋转)；使闸片间隙退至所需要求	活动扳手	注意防止砸伤、碰伤
5	闸片有圆弧的一面靠轮缘一侧，先安装上闸片，一手托住使其落槽对位，再安装下下闸片对槽入座，用手压住制动夹钳到正常位	钳子、螺丝刀	注意防止砸伤、碰伤
6	用活动扳手逆时针调整闸片间隙螺母，调整至 1 ~ 2 mm	活动扳手	注意防止砸伤、碰伤
7	穿上防脱落铁丝捆绑牢固	钳子、铁丝	注意防止砸伤、碰伤
8	用活动扳手调整闸片间隙螺母(顺时针旋转)，使闸片间隙退至所需要求	活动扳手	注意防止砸伤、碰伤
9	用活动扳手逆时针调整闸片间隙螺母，调整至 1 ~ 2 mm	活动扳手	注意防止砸伤、碰伤

五、实训考核标准（见表9-2-2）

表 9-2-2　实训考核标准

序号	考核项目	考核标准	配分	得分
1	整体检查流程考核	能简述整体流程	20 分	
2	未确认电源断开	能正确确认	10 分	
3	准备工作未按标准流程执行	能按标准执行	10 分	
4	制动闸片的更换	完成闸片更换操作	30 分	
5	制动闸片间隙的调节方法	完成闸片间隙调节	30 分	

六、思考题

（1）闸片更换所需要的工具有哪些？
（2）用什么样的方法可以快速调节闸片间隙？
（3）闸片的制动原理是什么？

任务三　制动盘检查与更换作业

一、实训目的

（1）能按照对基础制动装置上制动盘的检查方法进行检查作业。
（2）完成对基础制动装置上制动盘的更换作业。
（3）能将制动盘在整个制动过程中的作用应用于相关作业中。

二、理论链接

1. 技术说明

车轮制动盘是车辆制动器的组件，在该组件中动能通过摩擦而转换为热能，如图 9-3-1 和图 9-3-2 所示。

车轮制动盘由两个摩擦环组成，根据摩擦环相对于轮缘的布置情况，分别称作内摩擦环和外摩擦环。

车轮制动盘由环状铸件组成（见图 9-3-3），带有径向排布的散热肋片。车轮制动盘作为不可拆分的整体使用，以滑块定心。

除了使摩擦环彼此对中及相对车轮对中的功能之外，滑块还可阻止摩擦环之间的相对旋转运动，使连接螺栓不必承受弯曲应力。

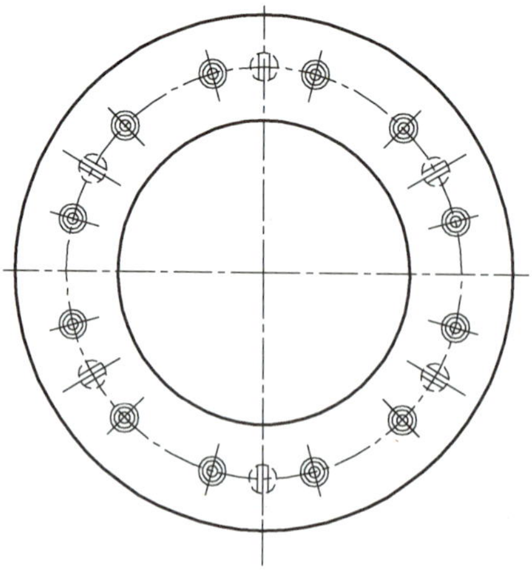

图 9-3-1　车轮制动盘

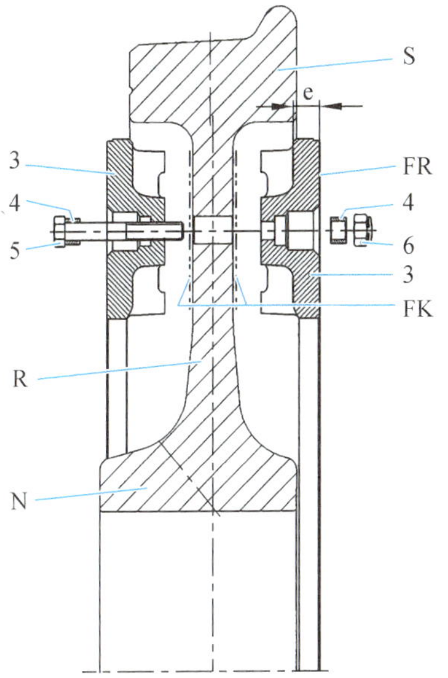

3—摩擦环（外环，内环）；4—伸缩套管；5—六角螺栓；6—螺母；
e—摩擦带厚度；FK—接触面（涂有 Molykote D321R）；
FR—摩擦面；N—轮毂；R—车轮隔片；S—轮缘。

图 9-3-2　车轮制动盘摩擦环

图 9-3-3　制动盘

散热肋片除了散热外，它们在车轮摩擦片与车轮之间还起着支撑的作用。

摩擦环的厚度以及散热肋片的数量、几何形状的设计，可允许制动时摩擦环的温度在一个许可范围内变动。设计时同时也考虑到使总质量尽可能小。

为了对摩擦环进行固定、定中及传递制动扭矩，在此预设了紧固螺栓和定心槽。定心槽安装在摩擦面的背面，用于使摩擦环与轮轴对中，使其在因受热而膨胀时也能对中。定心槽的数量取决于负荷大小（此处为 6 件）。

滑块是一个柱形构件，它的两端都在两面被削平。滑块的平面部分（类似一个配合键）嵌入车轮制动盘的定心槽中。在滑块体的中间有一个槽，槽内放置一个 O 形环。O 形环的功用是在将滑块安装到摩擦片上时使之保持在预定位置上。

摩擦片用 18 个连接螺栓固定[按图 9-3-4 所示的顺序用规定力矩（60 N·m）的一半紧固制动盘螺栓，然后用规定力矩依次紧固制动盘螺栓]，用带锁止功能的伸缩套管和伸缩螺母防止螺纹松动。

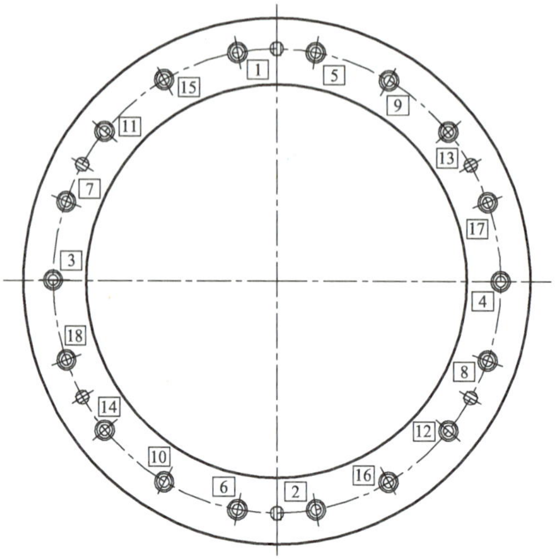

图 9-3-4　螺栓拧紧顺序

2. 制动盘分类

按材料分：铸铁、钢、铝合金、陶瓷等。

按加工方式分：铸造、锻造制动盘。

按安装方式分：轴装盘、轮装盘。

按结构分：整体式、分体式制动盘。

按安装车型分：动车盘、机车盘、客车盘、货车盘、地铁盘。

三、实训要求

1. 实训时间

教学课时为 4 课时。

2. 实训形式

学生每 5 人组成一个工作小组，各小组制订实施方案及工作计划。组长协助教师指导本组学生学习，检查实训作业进度和质量，制定改进措施，共同完成项目任务。

3. 实训注意事项

（1）未经教师或管理员允许不得擅自操作。

（2）需严格按照上电顺序进行上电，注意遵守车间检修注意事项。

4. 工器具材料准备

（1）防护用品：防滑鞋、绝缘手套、工作服等。

（2）工具：扭矩扳手、开口扳手、液压喷洒设备、起重设备，1 000 kg 承载力、推杆（12 mm×200 mm）、游标卡尺、Molykote D321R 润滑剂、漆笔、手电筒。

（3）个人用品：笔、笔记本等。

四、实训作业步骤

1. 整体实训过程（见图 9-3-5）

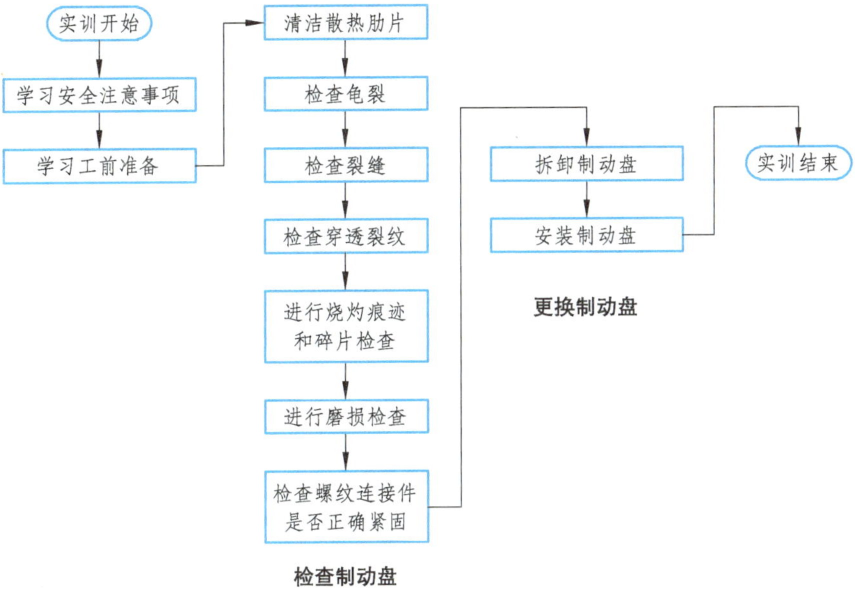

图 9-3-5 制动盘检查与更换

2. 实训作业步骤（见表 9-3-1）

表 9-3-1 制动盘检查与更换操作步骤

工序	实训内容	使用工具	安全注意事项
1	检查散热肋片的脏污状况，需要时用压缩空气进行清洁	液压喷洒设备	防碰撞
2	检查制动盘上是否有龟裂	手电筒	防碰撞
3	检查裂缝	游标卡尺	防碰撞
4	检查制动盘上是否有从内径到外径以及贯穿到散热肋片的穿透裂纹	手电筒	防碰撞
5	进行灼烧痕迹和碎片检查	游标卡尺	防碰撞
6	进行磨损检查	游标卡尺	防碰撞
7	检查螺纹连接件是否正确紧固	活动扳手	防碰撞
8	拆除轮对的安装配件，将轮对从转向架上拆下；从轴中挤出车轮。 拆下车轮制动盘，拆下两个对角的六角螺栓	开口扳手、起重工具	防碰撞、防砸伤

续表

工序	实训内容	使用工具	安全注意事项
9	为了撑住摩擦环，通过空的固定孔各插入一根细杆（12 mm×200 mm）	开口扳手、扭矩扳手	防碰撞、防砸伤
10	拆下多余的六角螺栓	开口扳手、扭矩扳手	防碰撞、防砸伤
11	借助适当的起重工具将摩擦环从车轮两侧取下	起重工具、开口扳手、扭矩扳手	防碰撞、防砸伤
12	将所有滑块从车轮隔片中拉出，将O形环从滑块中取出	润滑脂、起重工具、开口扳手、扭矩扳手	防碰撞、防砸伤
13	清洁车轮隔片和滑块接触面并涂润滑脂（需要时清洁接触面）	润滑脂	防碰撞、防砸伤
14	将滑块放入车轮隔片的孔中，并在径向对准。滑块削平的两端必须从车轮隔片的两侧突出来	起重工具、开口扳手、扭矩扳手	防碰撞、防砸伤
15	借助适当的起重工具将摩擦环放到车轮上，用开口扳手通过稍稍转动滑块，使其卡入车轮摩擦片背面的定心槽中。为了撑住摩擦环，通过两个对角的固定孔各插入一根细杆	起重工具、开口扳手、扭矩扳手	防碰撞、防砸伤
16	借助适当的起重工具将第二个摩擦环放在车轮的相对一侧，并使滑块卡入定心槽	起重工具、开口扳手、扭矩扳手	防碰撞、防砸伤
17	装上固定摩擦环用的螺栓与弹簧垫片及螺母，并将螺母稍稍拧紧，抽出两根细杆，在空出的孔中装入固定螺栓	起重工具、开口扳手、扭矩扳手	防碰撞、防砸伤
18	将螺栓以交叉方式，用一半拧紧扭矩拧紧	起重工具、开口扳手、扭矩扳手	防碰撞、防砸伤
19	将螺栓沿着圆周方向，用全部拧紧扭矩拧紧，螺栓的末端用一条漆画的直线标记	起重工具、开口扳手、扭矩扳手	防碰撞、防砸伤
20	将带车轮制动盘的车轮压入轮对，用安装配件将轮对装入转向架，进行功能检测，制动盘更换完毕	起重工具、开口扳手、扭矩扳手	防碰撞、防砸伤

五、实训考核标准（见表9-3-2）

表 9-3-2 实训考核标准

序号	考核项目	考核标准	配分	得分
1	整体检查流程考核	能简述整体流程	10 分	
2	准备工作未按标准流程执行	能按标准执行	10 分	
3	清洁散热肋片	能判断状态是否异常	10 分	
4	检查龟裂	能判断状态是否异常	10 分	
5	检查裂缝	能判断状态是否异常	10 分	

续表

序号	考核项目	考核标准	配分	得分
6	检查穿透裂纹	能判断状态是否异常	10 分	
7	进行灼烧痕迹和碎片检查	能判断状态是否异常	10 分	
8	检查螺纹连接件是否正确紧固	能判断状态是否异常	10 分	
9	拆卸制动盘	完成制动盘拆卸	10 分	
10	安装制动盘	完成制动盘安装	10 分	

六、思考题

（1）制动盘更换所需要的工具有哪些?

（2）检查制动盘时，出现裂缝时需要检查的范围是什么?

（3）制动盘上的散热肋片的作用是什么?

任务四　制动夹钳检查与更换作业

一、实训目的

（1）能根据基础制动装置上制动夹钳的检查方法进行相关检查操作。

（2）完成基础制动装置上制动夹钳的更换作业。

（3）能将制动夹钳在整个制动过程中的作用应用于相关作业中。

二、理论链接

1. 制动夹钳技术说明

制动夹钳单元的装配位置如图 9-4-1 所示，其主要组成示意图如图 9-4-2 所示，部件为制动缸（a）、制动钳（b）和带锁闩卡锁的制动闸片托架（d1）和（d2）。制动钳单元借助三点支承固定在车辆的转向架上。

图 9-4-1　制动夹钳装配位置

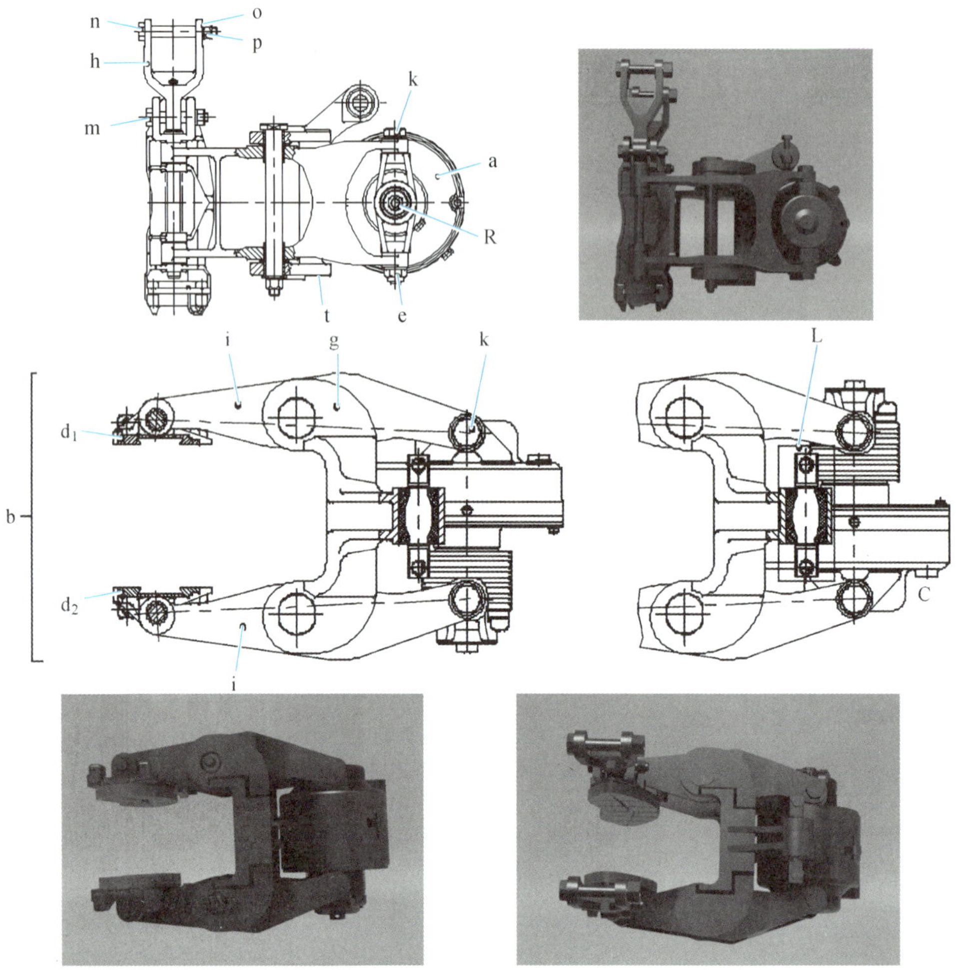

a—制动缸；b—制动夹钳；d1，d2—制动闸片托架；e—排气螺栓；g—拉杆；h—吊耳；i—制动杆；k—轴位螺栓；m，n—圆柱螺栓；o—垫圈；p—防松螺母；t—铭牌；L—支点支座；R—制动缸上的复位螺母；C—常用制动器（SERVICE BRAKE）的压缩空气接口。

图 9-4-2　制动夹钳示意图

三点支承包括固定支点（L，作为拉杆 g 的一部分）和两个吊耳 h，后者通过圆柱螺栓 m 与制动闸片托架（d1 或 d2）铰接连接。

支点支座 L 是一个安装在转向架上的弹性元件。吊耳 h 用圆柱螺栓 n 固定在转向架上。

螺栓铰接和弹性元件使得制动夹钳单元能够根据轮轴的轴向运动进行调整。

制动夹钳 b 为初步装配好的组件。它由两根通过拉杆 g 铰接起来的扭转刚性的制动杆 i 组成。制动杆 i 的一端分别固定支承在制动闸片托架（d1 和 d2）上。制动杆的另一端有螺纹孔，用于安装制动缸 a 的轴承的轴位螺栓 k。

2. 制动夹钳的工作原理

当常用制动器制动时，制动缸 a 充气，闸片（制动闸片托架连同制动闸片）

抱住制动盘的摩擦环，制动后即形成制动力。

为缓解常用制动器，使制动缸 a 排气。制动缸中的复位弹簧驱使制动杆进入缓解位置。

根据制动缸的型号和安装位置的不同，制动夹钳分为左置式和右置式这两种形式。

制动夹钳单元是制动钳和制动缸的组合，针对运行情况而配置。制动闸片和制动盘磨损后可以自行调整，这样就使得正常运行所必需的制动闸片和制动盘之间的间隙几乎保持恒定。

三、实训要求

1. 实训时间

教学课时为 4 课时。

2. 实训形式

学生每 5 人组成一个工作小组，各小组制订实施方案及工作计划。组长协助教师指导本组学生学习，检查实训作业进度和质量，制定改进措施，共同完成项目任务。

3. 实训注意事项

（1）未经教师或管理员允许不得擅自操作。

（2）需严格按照上电顺序进行上电，注意遵守车间检修注意事项。

4. 工器具材料准备

（1）防护用品：防滑鞋、绝缘手套、工作服等。

（2）工具：起重设备（1 000 kg 承载力）、Staburags NBU 30 PTM 润滑剂、气密性检测试剂、肥皂液、量规。

（3）个人用品：笔、笔记本等。

四、实训作业步骤

1. 整体实训过程（见图 9-4-3）

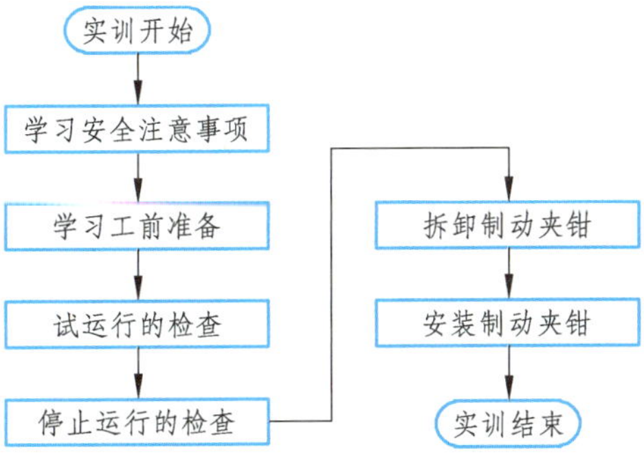

图 9-4-3　制动夹钳检查与更换

2. 实训作业步骤（见表 9-4-1）

表 9-4-1 制动夹钳检查与更换操作步骤

工序	实训内容	使用工具	安全注意事项	检查记录结果
1	接通制动夹钳单元（B04）的压缩空气供给	开口扳手	防撞、防砸伤	
2	打开截断塞门（B01Z10.22 或 B01Z10.23）进行检查	开口扳手	防撞、防砸伤	
3	打开二位三通换向阀进行检查	开口扳手	防撞、防砸伤	
4	切断压缩空气供给，并给所有相连的压缩空气管路排气。制动夹钳单元（C04）上不允许再有压缩空气	开口扳手	防撞、防砸伤	
5	关闭转向架 1 的截断塞门（B01Z10.22）或转向架 2 的截断塞门（B01Z10.23），可听到排气声	开口扳手	防撞、防砸伤	
6	建立到旋塞模块和弹簧储能器模块的通道，打开制动控制模块的翻盖	开口扳手	防撞、防砸伤	
7	给分系统排气。 切断压缩空气供给，并将与它相连的压缩空气管道排气	开口扳手	防撞、防砸伤	
8	旋回调整转轴，松开压缩空气管路。 在拆出制动夹钳单元之前先用开口宽度为 27 的扳手沿顺时针方向旋转制动气缸（a）上的复位螺母 R，直到制动缸的调整转轴旋回到止挡位为止。复位扭矩约为 15 N·m；松开接口 C 的压缩空气管路，需要时将其从转向架车辆一侧的压缩空气接口上拧下	开口扳手	防撞、防砸伤	
9	拆下制动夹钳单元。 将制动夹钳单元放在一个合适的起重装置上；将制动夹钳单元六角螺母、垫片及锁紧螺母从支点支座 L 上松开；将吊耳 h 连同圆柱螺栓 n、垫片 o 和防松螺母 p 从转向架上松开	开口扳手、起吊装置	防撞、防砸伤	
10	封闭到旋塞模块的通道，关闭制动控制模块的翻盖	开口扳手	防撞、防砸伤	
11	需要时将软管管路拧入转向架车辆一侧的压缩空气接口	开口扳手	防撞、防砸伤	
12	将调整转轴往回拧，需要时拆下制动闸片。用开口宽度为 27 的扳手沿顺时针方向旋转制动气缸 a 上的复位螺母 R，直到制动缸的调整转轴旋回到止挡位为止。复位扭矩约为 15 N·m（需要时拆下制动闸片）	开口扳手	防撞、防砸伤	

续表

工序	实训内容	使用工具	安全注意事项	检查记录结果
13	给销钉和六角螺栓涂润滑脂。给用于固定支点支座 L 的圆柱螺栓 n 和六角螺栓涂上润滑剂 Staburags NBU 30 PTM	开口扳手	防撞、防砸伤	
14	安装制动夹钳单元。 用适当的起吊工具将制动夹钳单元提升到转向架上；将制动夹钳单元连同六角螺栓、垫片及锁紧螺母挂装在支点支座 L 上。将吊耳 h 连同圆柱螺栓 n、垫片 o 和防松螺母 p 挂在转向架中	开口扳手、起吊装置	防撞、防砸伤	
15	安装制动闸片。 将制动闸片推入闸片托架并锁住；从制动缸的压缩空气接口和车辆侧压缩空气管路的压缩空气接口上取下护盖；仔细清洁压缩空气管道；将压缩空气管道连接在接口 C 上	开口扳手、起吊装置	防撞、防砸伤	
16	检查功能和气密性。 安装后对制动夹钳单元的功能和气密性进行检测	开口扳手	防撞、防砸伤	

五、实训考核标准（见表9-4-2）

表 9-4-2　实训考核标准

序号	考核项目	考核标准	配分	得分
1	整体检查流程考核	能简述整体流程	10 分	
2	未确认电源断开	能正确确认	10 分	
3	准备工作未按标准流程执行	能按标准执行	10 分	
4	试运行的检查	能判断状态是否异常	10 分	
5	停止运行的检查	能判断状态是否异常	10 分	
6	拆卸制动夹钳	完成夹钳拆卸	25 分	
7	安装制动夹钳	完成夹钳安装	25 分	

六、思考题

（1）制动夹钳一般是在什么样的情况下进行检查？

（2）在更换制动夹钳时，需要用到的工具是什么？

（3）制动夹钳的制动原理是什么？

任务五　基础制动装置调试作业

一、实训目的

（1）能按照基础制动装置的调试方法进行调试作业。

（2）能准确阐述基础制动装置调试在整个制动过程中的作用。

二、理论链接

1. 基础制动装置主要参数要求

轴重为 23 t 时，紧急制动距离≤800 m；轴重为 25 t 时，紧急制动距离≤900 m。

制动率：40.5%。

制动空走时间：≤6 s。

停车制动：30‰坡道能制停，制动率为 16%，滑移安全系数为 1.4。

制动盘尺寸：ϕ740 mm×1 090 mm，厚度 24 mm。

制动盘最大不平衡量：16 g·m。

制动倍率：2.41。

闸片厚度：24 mm。

基础制动装置如图 9-5-1 所示。

图 9-5-1　基础制动装置

三、实训要求

1. 实训时间

教学课时为 4 课时。

2. 实训形式

学生每 5 人组成一个工作小组，各小组制订实施方案及工作计划。组长协助教师指导本组学生学习，检查实训作业进度和质量，制定改进措施，共同完成项目任务。

3. 实训注意事项

（1）未经教师或管理员允许不得擅自操作。

（2）需严格按照上电顺序进行上电，注意遵守车间检修注意事项。

4. 工器具材料准备

（1）防护用品：防滑鞋、绝缘手套、工作服等。

（2）工具：Staburags NBU 30 PTM 润滑剂、量规。

（3）个人用品：笔、笔记本等。

四、实训作业步骤

1. 整体实训过程（见图 9-5-2）

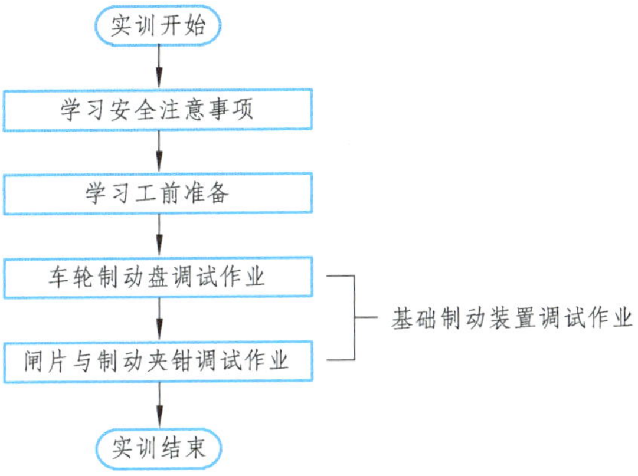

图 9-5-2　基础制动装置调试作业

2. 实训作业步骤（见表 9-5-1）

表 9-5-1　基础制动装置调试作业操作步骤

工序	实训内容	使用工具	安全注意事项
1	装配检查。检查车轮制动盘的端面跳动情况	肥皂液、量规	防撞、防砸伤
2	车轮制动盘调试作业	肥皂液、量规	防撞、防砸伤
3	闸片与制动夹钳调试作业	肥皂液、量规	防撞、防砸伤

五、实训考核标准（见表9-5-2）

表 9-5-2　实训考核标准

序号	考核项目	考核标准	配分	得分
1	整体检查流程考核	能简述整体流程	20 分	
2	确认电源断开	能正确确认	10 分	
3	准备工作按标准流程执行	能按标准执行	10 分	
4	车轮制动盘调试作业	能判断状态是否异常	20 分	
5	闸片与制动夹钳调试作业	能判断状态是否异常	40 分	

六、思考题

正常情况下设定的闸片间隙范围是多少？

项目十 HXD_1型电力机车制动机实训

任务一 气源系统设备认知

一、实训目的

（1）能准确阐述制动系统的气源系统组成。

（2）能将空压机的工作原理应用于相关作业中。

（3）能将干燥器的工作原理应用于相关作业中。

二、理论链接

1. 风源系统原理

风源系统原理如图 10-1-1 所示。

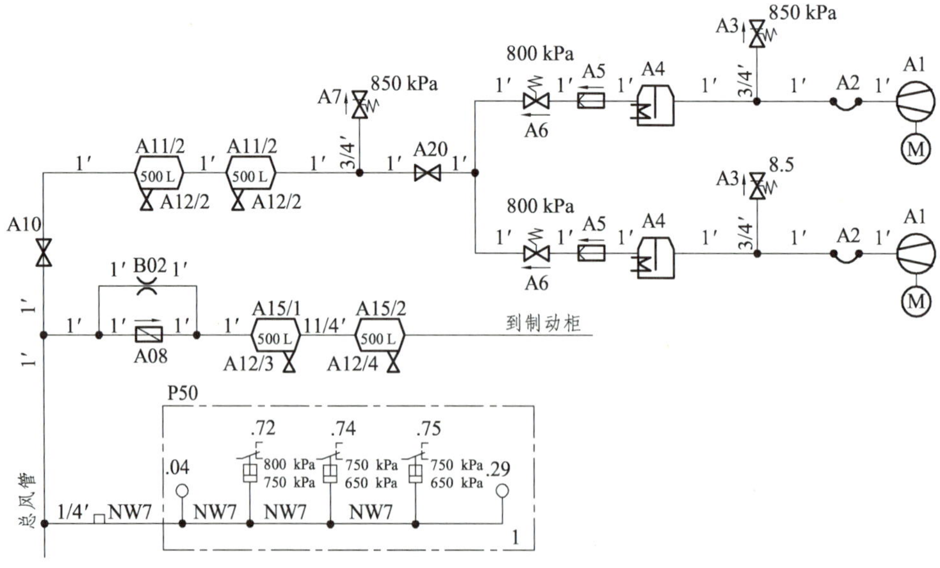

A1—压缩机；A2—软管；A3，A7—高压安全阀；A4—干燥器；A5—滤油器；A6—出气止回阀；A8—单向阀；A10，A20—球阀；A11—总风缸；A12—放风螺堵；A15—制动风缸；B02—逆流止回阀；P50.72/P50.74/P50.75—压力开关。

图 10-1-1 风源系统原理

风源系统主要包括主压缩机组（见图 10-1-2）、空气干燥器、总风缸、辅助空气压缩机组等。

图 10-1-2 空气压缩机

2. 空压机工作原理

如图 10-1-3 所示，开机时空气由空气滤清器吸入，经由进气阀进入主机，在主机压缩腔压缩，经润滑油冷却后排入油气室，这种含油空气在油气室内经撞击进行第一次气、液粗分，再经由油细分离器进行第二次气、液精分，当油气室压力达到输出压力后，被压缩的空气通过最小压力阀排出，经后冷却器冷却，提供给用户。

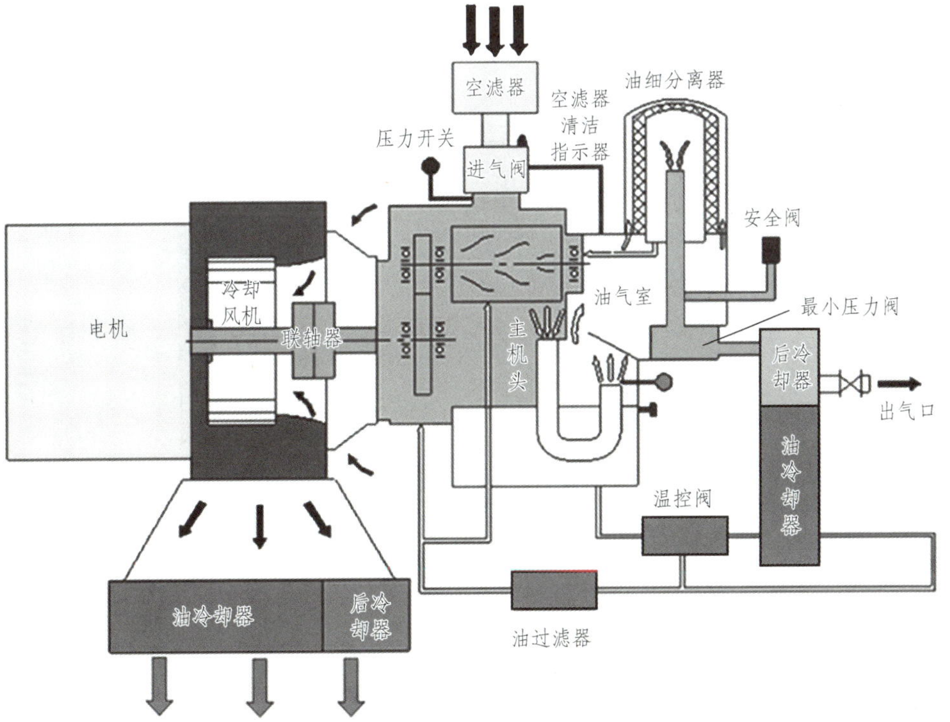

图 10-1-3 系统流程

停机时，最小压力阀止回，切断后部高压气路，阻止高压气返回主机系统。同时进气阀中的进气止回阀关闭，主机压缩腔的高压气体返至低压腔，迫使进气阀中的泄压阀动作，将系统压缩空气与进气阀吸气口连通，经由空气滤清器放入大气。

3. 润滑油系统流程

润滑油系统由温控阀、油过滤器、可视回油单向阀、油细分离器、油冷却器和油气室组成，包含主回路与辅助回路两个回路。

主回路：空压机启动时，在最小压力阀的作用下，优先建立起润滑油循环所需的压力，润滑油压入温控阀，经油冷却器冷却（或不经过油冷却器冷却）、油过滤器过滤，通过喷油口射入机体内，然后随压缩空气排到油气室进行粗分。

辅助回路：含油压缩空气经油气室粗分后，进入油细分离器进行细分，聚集在其底部的少许润滑油，经回油管、可视回油单向阀进入机体，用以润滑排气端轴承，继而返回油气室。

1）温控阀

温控阀（见图 10-1-4）埋装在机体内，能维持恒定的润滑油温度和黏度。当润滑油温低于 70 °C 时，温控阀关闭油冷却通路，油通过油过滤器后直接流入机体，以利于迅速提高油温，使排气温度快速达到空气的压力露点以上，避免空气中的水汽在系统内冷凝而乳化润滑油。当润滑油温高于 70 °C 时，则温控阀逐渐打开至油冷却通路，至 85 °C 全开，此时润滑油全部经过油冷却器冷却后再进入机体。

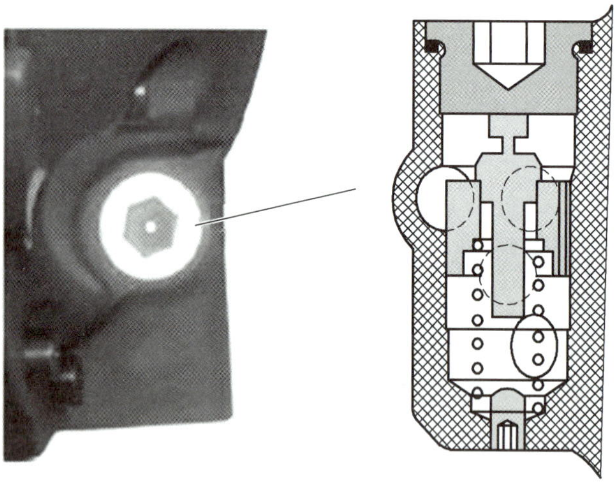

图 10-1-4　温控阀

2）油过滤器

油过滤器（见图 10-1-5）是一种纸质过滤器，其功能是去除油中的杂质，如金属微粒、油脂劣化物等。

3）可视回油单向阀

可视回油单向阀由可视回油观油镜和单向阀组成，如图 10-1-6 所示。其功能是：将聚集在油细分离器底部的少量油，送回机体，停机时单向阀抑制机体油气回流。

图 10-1-5　油过滤器

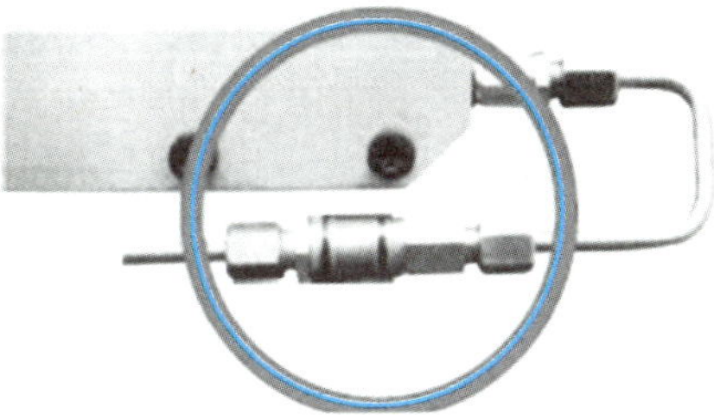

图 10-1-6　可视回油单向阀

4. 空气干燥器

空气干燥器如图 10-1-7 所示，其工作原理如图 10-1-8 所示。

压缩空气进入 50 L 储气罐先冷却过滤一部分水，储气罐的水通过电子排水阀排出，冷却后的压缩空气通过法兰管把压缩空气导入空气干燥器，空气干燥器的吸附循环时间为 2 min（由电子控制）：1 min 干燥，1 min 再生（当预设的主风缸系统压力达到后）。在达不到预设压力的情况下，干燥器不循环工作，在这种情况下，干燥器的两个进气止回阀和两个弹簧座出气止回阀均为常开，两个放气阀常闭，一个排水阀常闭。此时，空气同时流过干燥器的双塔，并且没有发生耗气情况。因此，在主风缸系统初期充气阶段，可达到最大的空气流量。

图 10-1-7　空气干燥器

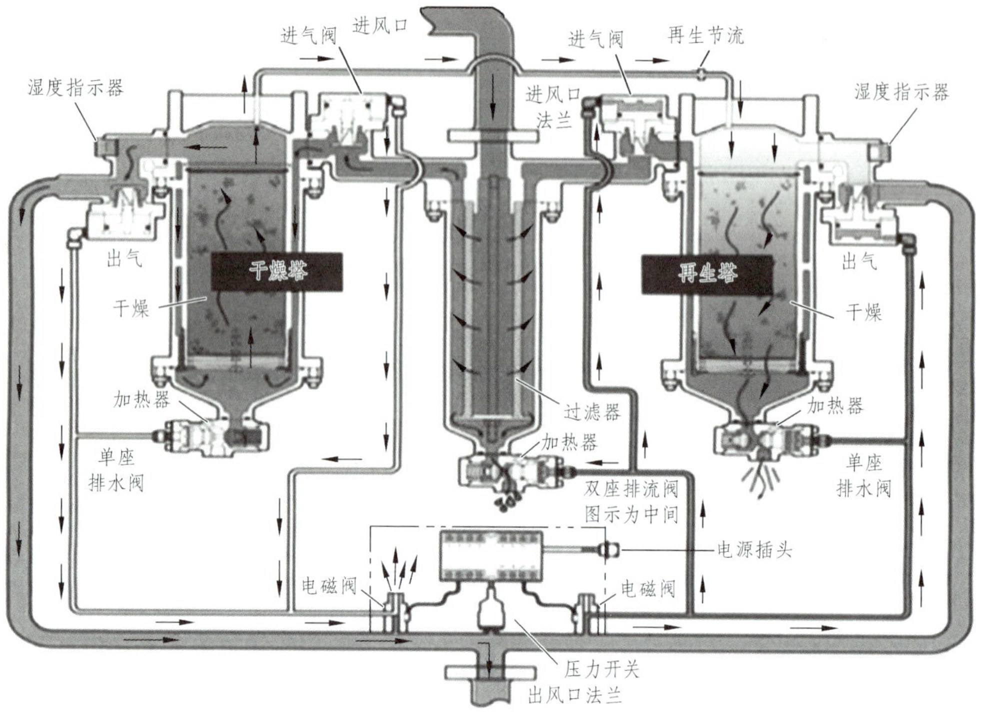

图 10-1-8　干燥器工作原理

一旦达到预设的 500 kPa 的额定压力值，干燥器即开始工作时，一个塔干燥系统中的饱和空气，而另一个塔则再生其中的干燥剂。当再生循环开始时，将发生下述情况：电子控制模块使右边电磁阀得电，它送出先导气流给右边的进气止回阀和出气止回阀。当这些阀复位后，阻止进风口的空气流到右边的干燥器，而右边的单座放气阀也吸收到先导气流，并立刻执行打开动作。由于右边干燥塔的压力突然下降，迫使所有收集到的污物都排放到大气中。左边干燥塔中的少量干燥空气经过位于干燥器主体内部的再生孔到右边干燥塔形成清扫空气。清扫空气反向逆流由上而下通过位于干燥腔内的干燥剂元件。当干燥的清扫空气流经湿润的干燥剂时，干燥剂颗粒上的湿气就会被输送到清扫空气中，并通过位于干燥腔底部打开的放气阀排放到大气。位于聚集过滤腔底部的排水阀在这一部分的循环中也同样动作，利用排水阀阀座从一个位置过渡到另一个位置的过程所产生的短暂时间把收集到的液体污染物排放出去。

三、实训要求

1. 实训时间

实训课时为 2 课时。

2. 实训形式

学生每 5 人组成一个工作小组，各小组根据实训课程任务制订实训实施方案，每个小组有一名组长，组长协助老师指导本组学生进行实训。

3. 实训注意事项

（1）听从老师指挥，注意用电安全。

（2）穿戴好劳保防护用品。

（3）实训过程中遵守实训室的规章制度，不得嬉戏打闹。

4. 工器具材料准备

（1）防护用品：防滑鞋、绝缘手套、工作服等。

（2）个人用品：笔、笔记本等。

四、实训作业步骤

1. 整体实训过程（见图 10-1-9）

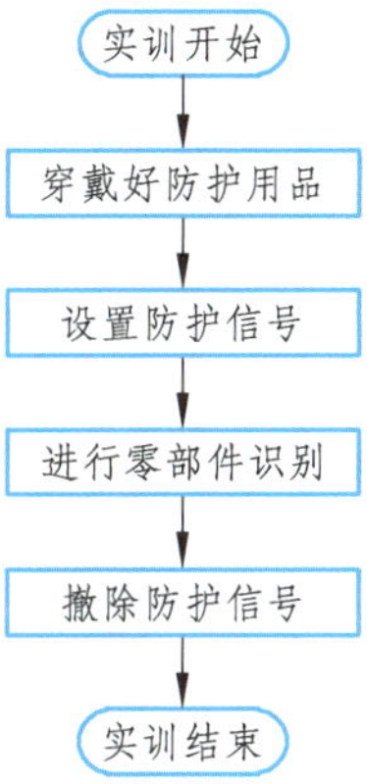

图 10-1-9　气源系统认知流程

2. 实训作业步骤（见表 10-1-1）

表 10-1-1　实训步骤

工序	实训内容	图片	记录检查结果
1	检查空压机设备部件	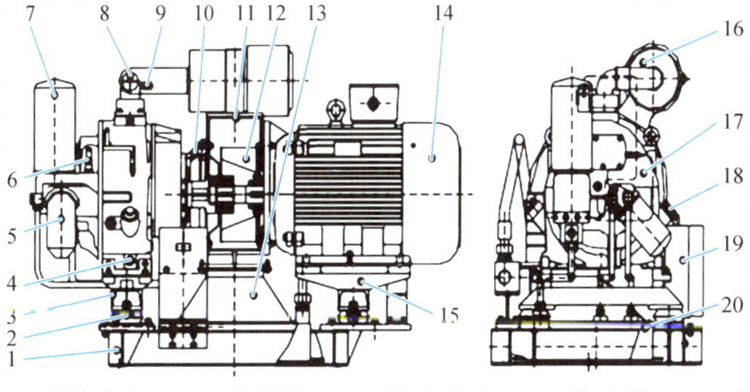 1—连接底架；2—减振垫；3—机头底座；4—泄油阀；5—油过滤器；6—安全阀；7—油细分离器；8—进气阀；9—空滤器清洁指示器；10—连接法兰；11—风机壳；12—风叶；13—导风罩；14—电机；15—电机底座；16—空滤器；17—主机；18—加油螺塞；19—电气接线盒；20—冷却器。	

续表

工序	实训内容	图片	记录检查结果
2	检查空气滤清器部件	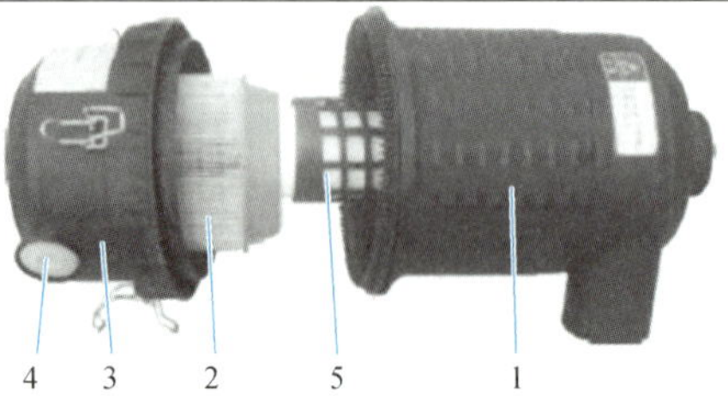 1—外壳；2—空滤芯；3—后盖；4—集尘器；5—安全滤芯。	
3	检查进气阀部件	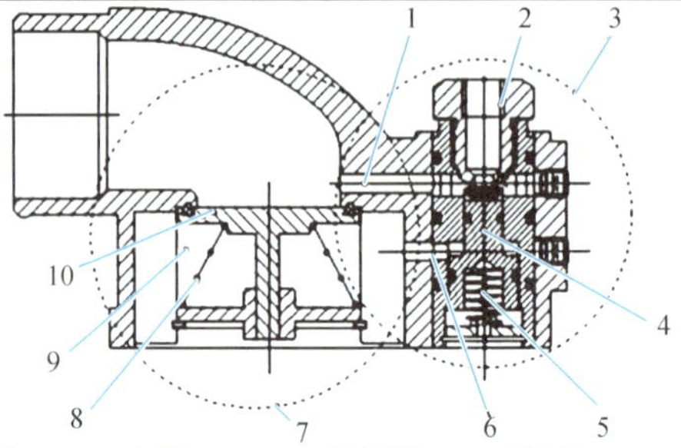 1，6—通道；2—泄压口；3—泄压阀；4—活塞；5，8—弹簧；7—进气止回阀；9—进气腔；10—阀板。	
4	检查油细分离器设备部件	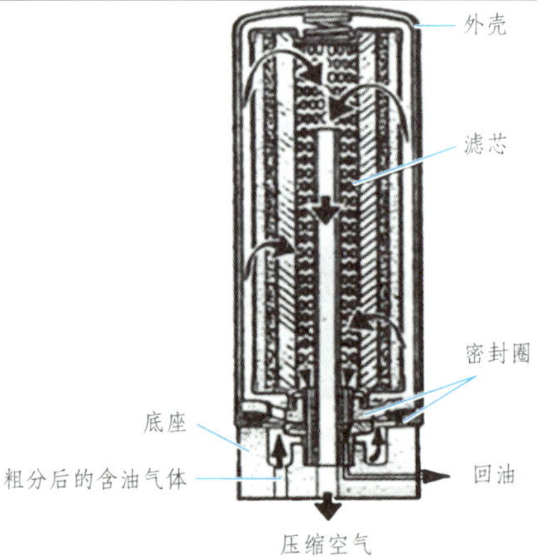	
5	检查冷风系统	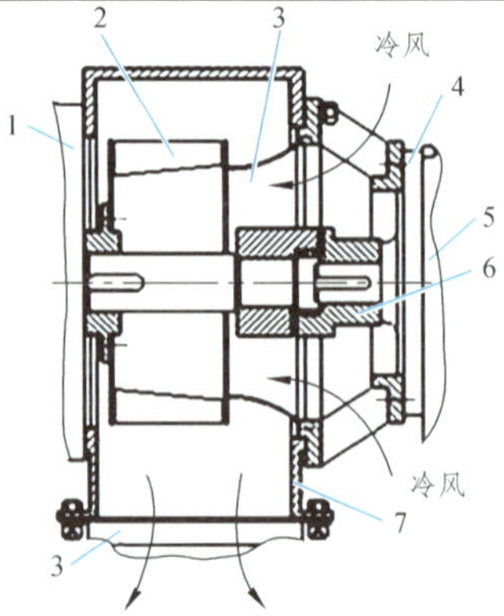 1—电机；2—风叶轮；3—导风口；4—连接法兰；5—主机；6—联轴节；7—风机壳；8—导风罩。	

五、实训考核标准（见表10-1-2）

表 10-1-2　实训考核标准

序号	项目	标准	配分	得分
1	整体实训过程考核	能叙述出整体的实训过程	17 分	
2	空压机整体认知步骤考核	能简述空压机的整体认知步骤	16 分	
3	空气滤清器整体认知步骤考核	能简述空气滤清器的整体认知步骤	17 分	
4	进气阀整体认知步骤考核	能简述进气阀的整体认知步骤	16 分	
5	油细分离器整体认知步骤考核	能简述油细分离器的整体认知步骤	17 分	
6	冷风系统整体认知	能简述冷风系统的整体认知步骤	17 分	

六、思考题

（1）空气滤清器由哪几部分组成？

（2）油过滤器的功能是什么？

任务二　DK-2 制动系统部件认知及操作

一、实训目的

（1）能够将 DK-2 制动系统各个设备部件的认知和功能应用于相关作业中。

（2）能根据 DK-2 制动系统的控制原理完成 DK2 制动系统的相关作业。

二、理论链接

DK-2 型机车制动系统主要由司机室制动操作部件和制动柜组成，主要组件有制动控制器、后备制动阀、制动显示屏等操纵显示部件，以及制动柜内的制动控制单元（BCU）、三通阀、作用阀、紧急阀、中继阀、重联阀、放风阀、电空阀、传感器等。其结构如图 10-2-1 所示。

制动控制器是空气制动的主要操作部件，其主要功能是：发送电信号指令到制动控制单元（BCU），为机车制动机提供自动制动和单独制动等指令，同时还具备紧急位机械排风功能，如图 10-2-2 所示。

制动控制器具有两个操作手柄：自动制动控制手柄（简称大闸手柄）和单独制动控制手柄（简称小闸手柄）。

大闸手柄前推最前位为紧急位，往后拉依次为重联位、抑制位、全制动位、制动区、初制动位、运转位。

大闸手柄在各位置功能如下：

运转位：列车管按定压进行充风控制，是列车制动进行缓解和充风的位置。

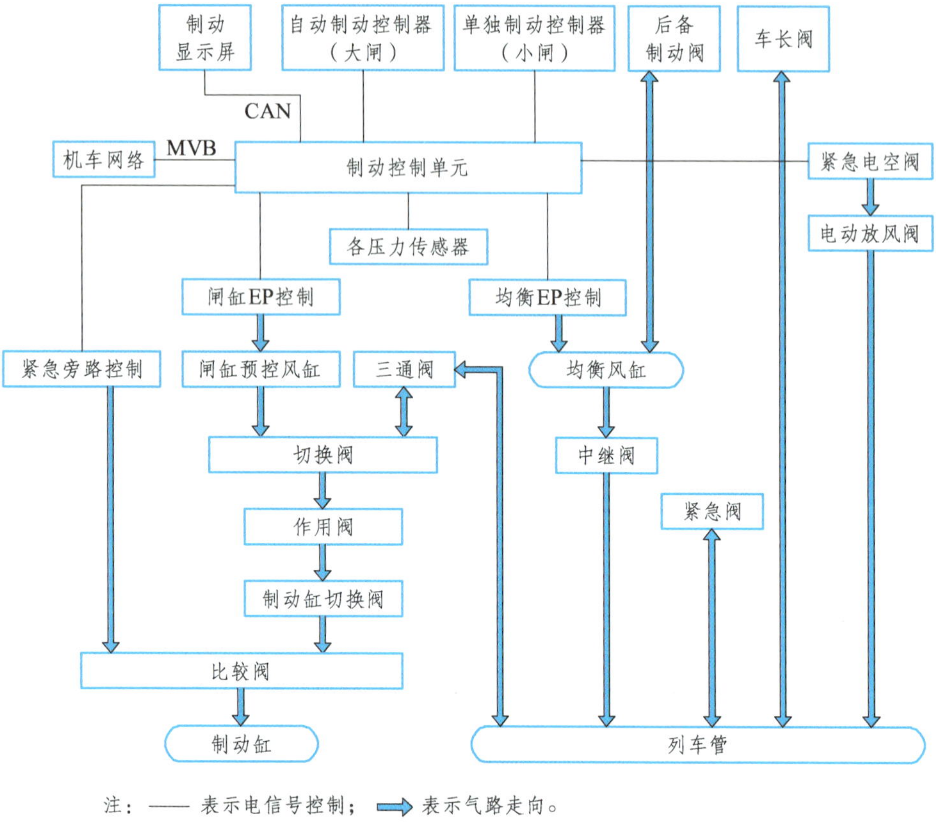

图 10-2-1　DK-2 型机车制动系统结构

图 10-2-2　制动控制器

制动区：控制列车管压力降低，列车产生制动作用，制动区对列车管进行连续的压力下降控制，该值随手柄在这个区域的位置而变。

抑制位：制动机开机解锁和惩罚制动解锁的工作位置。

重联位：机车制动机非操纵端以及无动力回送、重联时大闸所放位置。

紧急位：大闸在此位置设有列车管排风阀，能对机车或列车施行紧急制动，手柄置于该位置时，列车管压力以紧急速度放风到零。

小闸手柄前推最前位为全制动位，往后依次为制动区、运转位、侧压缓解位（将小闸向右侧旁推，自动复位）。

小闸手柄在各位置功能如下：

侧压缓解位：用来缓解机车单独制动。

运转位：机车正常运行时所放位置，用来缓解小闸产生的机车制动缸压力。

制动区：机车单独制动压力随着手柄在这个区域的位置而变。

全制动位：机车最大单独制动，机车制动缸充风至 300 kPa±15 kPa。

大闸手柄在重联位时，可将插销插入大闸手柄的锁定孔内，锁定大闸位置。

制动显示屏的主要功能是实时显示 BCU 状态，设置状态信息；以风表和数值的形式显示总风压力、列车管压力、均衡风缸压力、前后制动缸压力；以流量计的形式动态显示列车管的充风流量；显示制动机操作的提示信息和故障信息；提供机车号、时间日期、软件版本号的显示及设置功能；提供单机自检、事件记录和传感器校准等诊断功能，如图 10-2-3 所示。

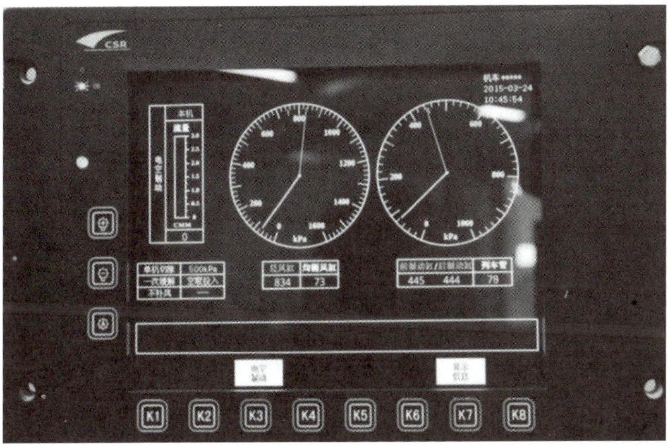

图 10-2-3　制动显示屏

显示屏界面主要由主界面、电空制动设置界面、维护界面、显示信息界面等组成，通过触发主界面和子界面按键可进入各级子界面。各级子界面均设有返回、主界面按键，通过触发返回按键可返回上一级界面，通过触发主界面按键可返回显示屏主界面。

后备制动的作用是通过操作司机台面上的后备制动阀来实现，如图 10-2-4 所示。后备制动阀有三个作用位置：制动位、中立位、缓解位，其对外接有总风调压阀管、均衡风缸管以及一个排大气缩孔。操纵后备制动阀，能实现均衡风缸充风缓解和排风减压制动，单缓按钮用于后备制动作用时单缓机车制动缸压力。

风压表的主要功能是实时显示总风压力、制动缸压力、列车管压力，如图 10-2-5 所示。

当出现紧急情况时，司机可按下紧急制动按钮（见图 10-2-6），触发机车和列车紧急制动，该按钮需经旋转才能复位。

停放制动的主要作用是当机车停车后防止机车意外溜放。停放制动采用弹簧蓄能制动来实现。如图 10-2-7 所示，当按下停放制动按钮（红色）时，该按钮发出红光，表明机车停放制动已施加；当按下停放缓解按钮（绿色）时，停放制动按钮红光熄灭，表明机车停放制动已经缓解。

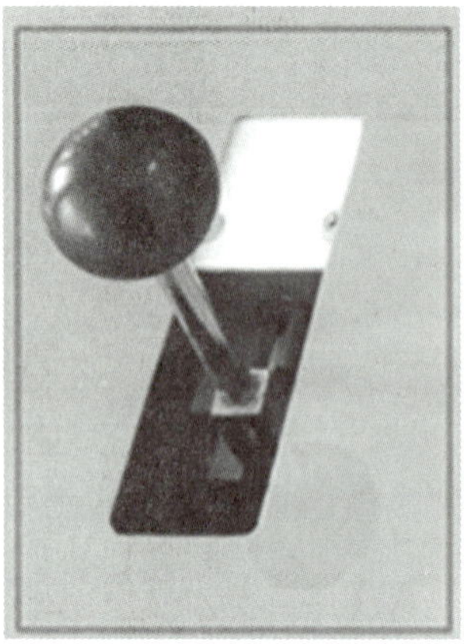

图 10-2-4　后备制动阀

图 10-2-5　风压表

图 10-2-6　紧急制动按钮

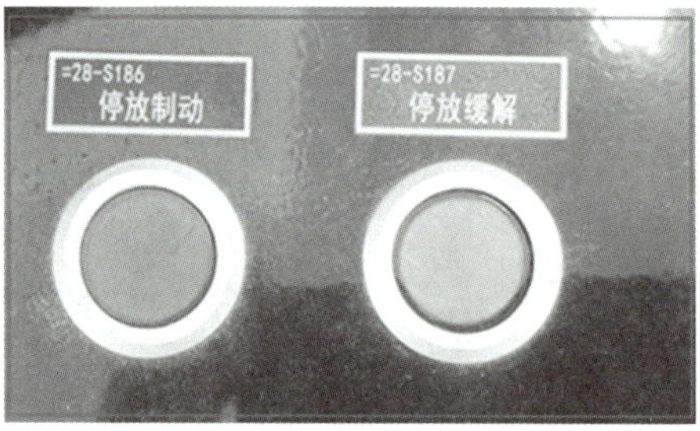

图 10-2-7　停放制动施加/缓解按钮

当出现紧急情况时，司机快速拉下紧急放风阀（车长阀），使机车和列车紧急制动，如图 10-2-8 所示。

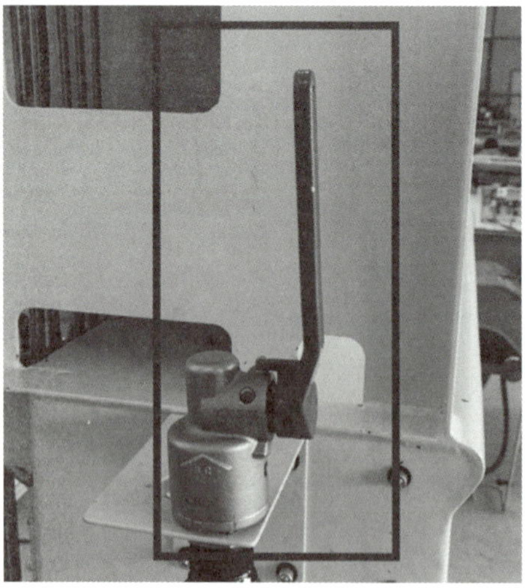

图 10-2-8　车长阀

制动柜是制动机的重要部分，它主要由骨架、主压缩机启停控制模块、停放制动控制模块、列车/均衡控制模块、制动缸控制模块、升弓控制模块、撒砂控制模块、制动控制单元（BCU）等部件组成。制动机通过它来实现列车管、制动缸、停放制动的压力控制，同时还能为主压缩机的自动启停控制、撒砂控制提供辅助帮助，为受电弓、主断提供压缩空气等功能。制动柜的外形如图 10-2-9、图 10-2-10、图 10-2-11 所示。另外，制动柜上有两个排水球阀，其外形如图 10-2-11 所示。

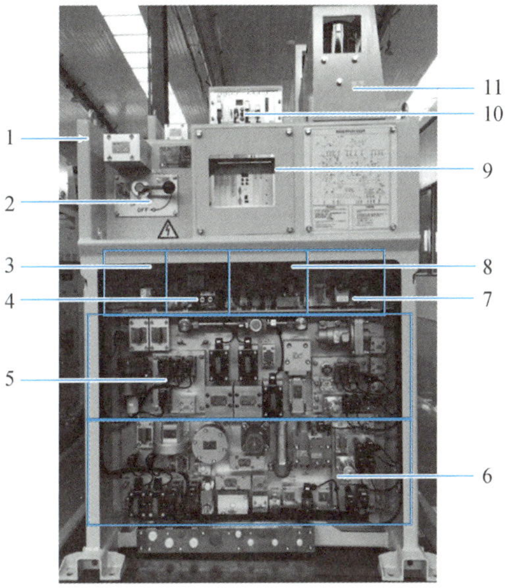

1—骨架；2—安全联锁箱；3—主压缩机启停控制模块；4—停放制动控制模块；5—列车/均衡控制模块；6—制动缸控制模块；7—升弓控制模块；8—撒砂控制模块；9—制动控制单元（BCU）；10—防滑主机；11—辅助压缩机。

图 10-2-9　制动柜正面

12—停放制动风缸；13—升弓风缸；14—工作风缸。

图 10-2-10　制动柜背面

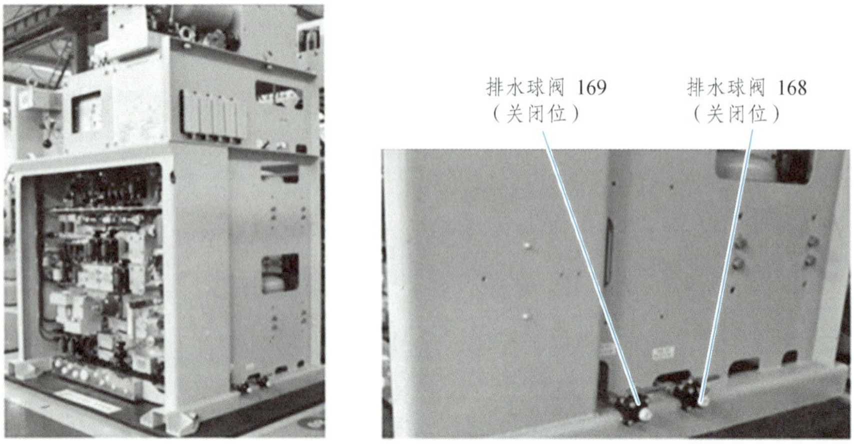

图 10-2-11　制动柜及排水球阀

1. 主压缩机启停控制模块

主压缩机启停控制模块的主要功能是为主压缩机启停状态控制提供信号，如图 10-2-12 所示，其主要部件介绍如表 10-2-1 所示。

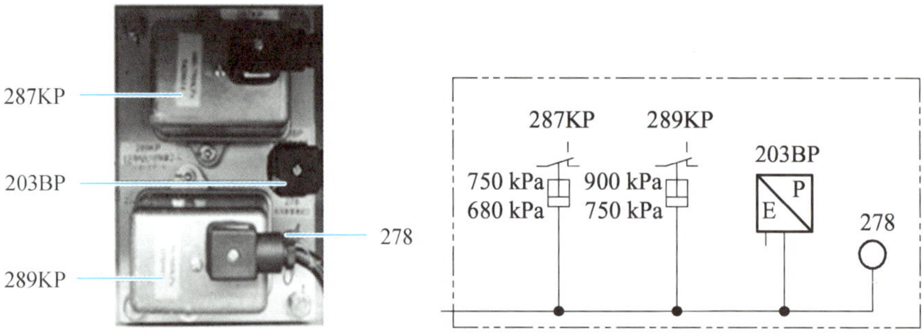

图 10-2-12　主压缩机启停控制模块

表 10-2-1　主压缩机启停模块主要零部件介绍

代　号	部　件	功　能
287KP	主压缩机压力控制器（整定值为 680 kPa）	当总风压力低于 680 kPa 时，输出高电平，两台压缩机同时工作
289KP	主压缩机压力控制器（整定值为 750 kPa）	当总风压力低于 750 kPa 时，输出高电平，一台压缩机工作；当总风压力高于 900 kPa 时，输出低电平
203BP	总风压力传感器	采集总风压力值
278	总风联管压力检测口	用于检测总风联管压力

2. 停放制动控制模块

停放制动控制模块的主要功能是接收停放制动施加与缓解指令，实现停放制动缸排气与充气，同时可防止停放制动力和闸缸制动力叠加，如图 10-2-13 所示，该模块主要零部件如表 10-2-2 所示。停放制动由停放制动调压阀、双脉冲电磁阀、停放制动压力开关、双向阀、停放制动塞门、压力测试接口等部件组成。根据停放制动缸的所需缓解压力，停放制动调压阀整定值为 550 kPa，停放制动压力开关整定值为 480 kPa。当双脉冲电磁阀中停放施加电空阀得电时，停放制动缸的压缩空气通过双脉冲电磁阀排向大气，停放制动作用施加；当双脉冲电磁阀中停放缓解电空阀得电时，总风通过调压阀、双脉冲电磁阀向停放制动缸充风，停放制动作用缓解。双向阀的功能是取制动缸压力与停放制动缸压力两者之间的较大值，防止停放制动力与制动缸力同时施加，避免制动力叠加而造成制动力过大。

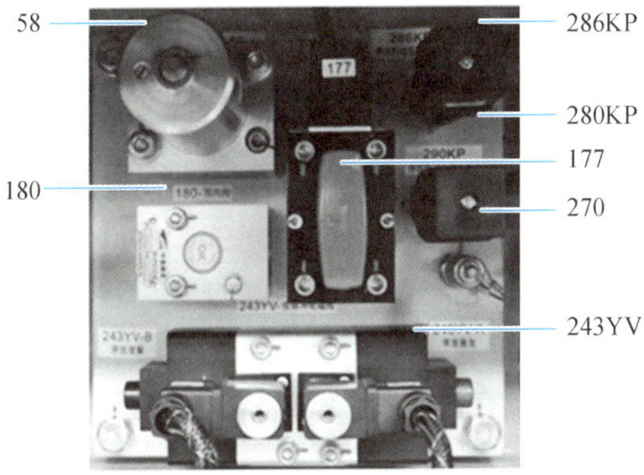

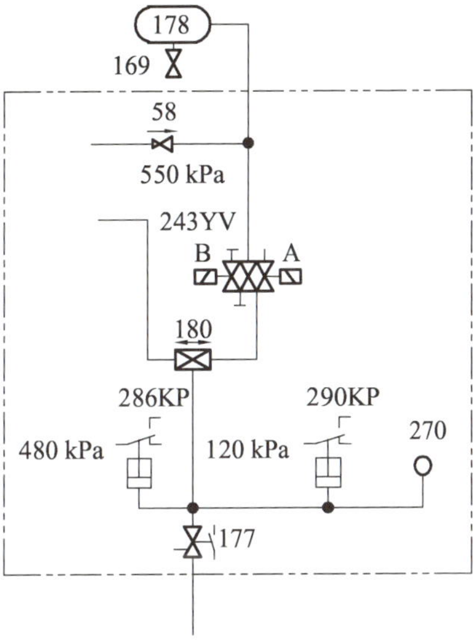

图 10-2-13　停放制动控制模块

表 10-2-2　停放制动控制模块主要零部件介绍

代　号	部　件	功　能
58	停放制动调压阀	调节进入停放制动模块的总风压力，整定压力值为 550 kPa
243YV	停放制动双脉冲电磁阀	控制停放缸的充风和排风，按压右侧按钮（红色）施加停放制动，按压左侧按钮（绿色）缓解停放制动
180	双向阀	输出闸缸压力和停放制动压力中较大者至停放缸，防止停放制动力和空气制动力叠加
286KP	停放制动压力开关	停放制动管压力达到 480 kPa 后，输出高电平，传输停放完全缓解信号给 CCU
290KP	停放制动压力开关	停放制动管压力降到 120 kPa 以下，输出高电平，传输停放施加信号给 CCU
177	停放制动塞门	控制停放制动管的通断，当塞门处于关闭位时，会将停放缸压力空气排大气
270	停放制动管压力检测口	用于检测停放制动管压力

3. 列车/均衡控制模块

列车/均衡控制模块包括列车管压力控制模块和均衡压力控制模块，其主要功能是控制均衡风缸和列车管的压力。列车/均衡控制模块由中继阀、紧急阀、遮断阀、流量计、转换阀、调压阀、电空阀、传感器、塞门及气路板等部件组成。

列车管压力控制模块的主要功能是控制列车管的初充风和再充风、常用制动排风和紧急制动排风、列车管前后遮断等功能。列车管压力控制模块如图 10-2-14 所示，其主要零部件如表 10-2-3 所示。列车管的充气与排气由中继阀根据均衡风缸压力控制，中继阀能保证列车管压力在均衡风缸压力±10 kPa 内。流量计用于检测列车管充风流量。总风遮断阀受中立电空阀控制，用来切断常用制动与紧急制动工况下的列车管补风通路。列车管遮断阀受遮断电空阀控制，用于制动机重联工况下切断中继阀与列车管的通路。当大闸、ATP、列车分离保护作用等产生紧急电信号时，紧急制动电空阀得电，驱动电动放风阀直接将列车管压力排向大气，列车管压力迅速降为 0。当紧急阀检测到列车分离时的列车管快速减压信号时，立刻通过电联锁向制动控制单元发出断钩信号，同时自动打开列车管排风阀口，加快列车管排风并锁定紧急制动信号约 15 s。

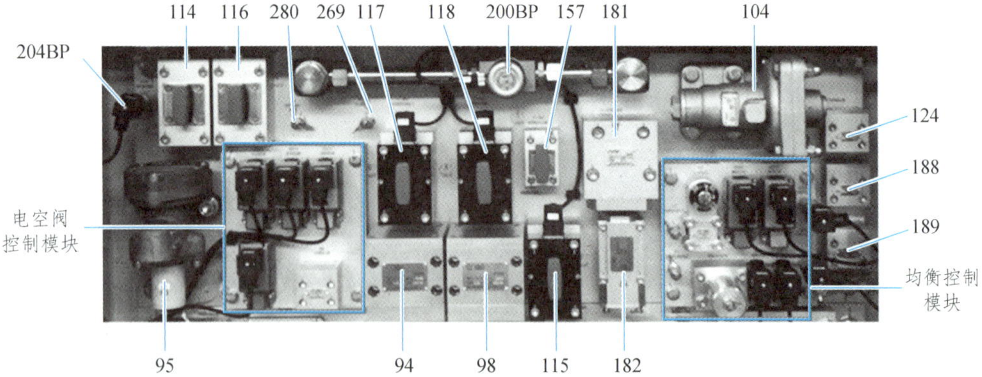

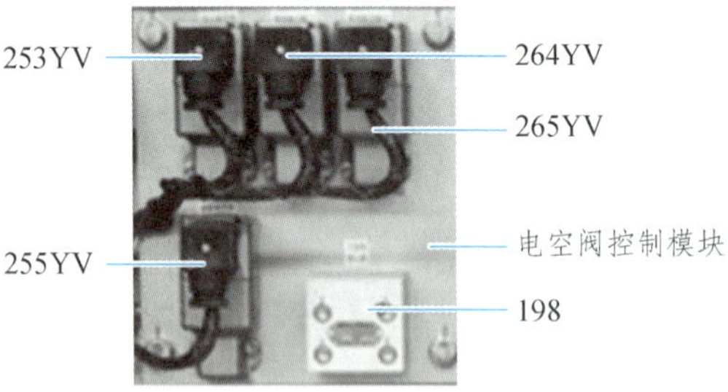

图 10-2-14　列车控制模块

表 10-2-3　列车管压力控制模块上零部件介绍

代　号	部　件	功　能
200BP	列车管充风流量计	监测列车管充风流量值
204BP	列车管压力传感器	采集列车管压力
116	紧急阀列车管塞门	控制进入紧急阀列车管的通断

续表

代　号	部　件	功　能
95	紧急阀	在紧急制动时加快列车管的排风，提高紧急制动的灵敏度和紧急制动波速，同时接通列车分离保护电路，使列车紧急制动作用更加可靠
253YV	中立电空阀	得电时控制总风遮断阀切断列车管补风
255YV	遮断电空阀	控制列车管遮断阀动作
265YV	紧急电空阀	紧急制动时控制放风阀 94 的排风
264YV	紧急电空阀	紧急制动时控制放风阀 98 的排风
94/98	放风阀	紧急制动时，开通列车管与大气通路，使列车管压力急剧下降，全列车产生紧急制动作用
117/118	放风阀 94/98 列车管塞门	控制放风阀 94/98 列车管的通断
181	总风遮断阀	控制总风向列车管充风的一道关口，一般情况下，该阀的动作与均衡风缸的减压动作同步，即均衡风缸减压，该阀关闭遮断阀口，以确保一次缓解型制动机的制动作用可靠
104	中继阀	中继阀依据均衡风缸的压力变化来控制列车管的压力变化，从而完成列车的制动、保压和缓解
182	列车管自遮断阀	用于制动机重联工况下切断中继阀与列车管的通路
114	中继阀总风塞门	控制进入中继阀总风管的通断
115	中继阀列车管塞门	控制进入中继阀列车管的通断
157	电空制动总风塞门	控制进入均衡控制模块总风管的通断
189	滤尘器	过滤进入均衡控制模块总风管的压缩空气
198	滤尘器	过滤进入电空阀集成模块的压缩空气
56	均衡风缸	存储均衡压力空气
188	滤尘器	过滤进入均衡风缸的均衡管压缩空气
124	滤尘器	过滤列车管进入均衡风缸的压缩空气
269	总风压力检测口	用于检测总风压力值
280	列车管压力检测口	用于检测列车管压力值

均衡压力控制模块的主要功能是对均衡风缸压力进行闭环控制，制动机失电时使均衡风缸排风，如图 10-2-15 所示，均衡压力控制模块主要零部件如表 10-2-4 所示。

采用高速电空阀、压力传感器以及 PWM 脉宽调制方式实现对压力精确控制的 EP 闭环模拟控制模式，均衡风缸升压、减压速度都符合 TJ/JW039-2014 相关规定。

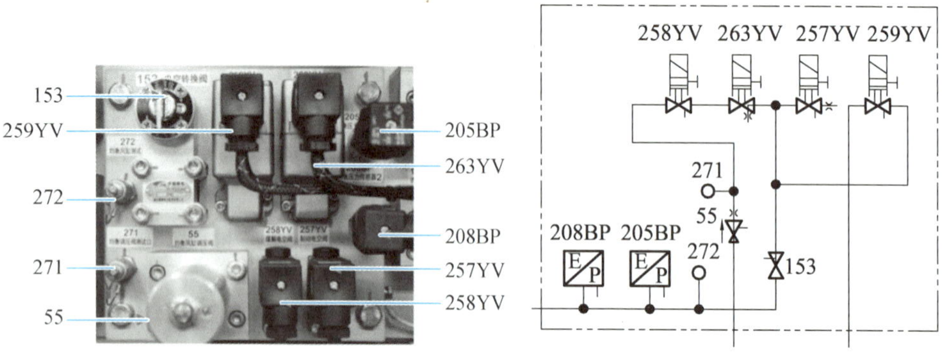

图 10-2-15　均衡压力控制模块

表 10-2-4　均衡压力控制模块上零部件介绍

代　号	部　件	功　能
257YV	制动电空阀	控制均衡风缸的排风
258YV	缓解电空阀	控制均衡风缸的充风
263YV	保护电空阀	制动机失电时排均衡风缸的风
259YV	重联电空阀	得电时沟通列车管和均衡管，使中继阀失去控制列车管压力的能力
55	均衡风缸调压阀	调节进入均衡模块的总风压力值（整定值为 650 kPa）
271	压力检测口	用于检测经调压阀 55 调压后的总风压力值
153	电空转换阀	实现电空位和空气位的转换
272	压力检测口	用于检测均衡风缸压力值
205BP	压力传感器	采集均衡风缸的压力值
208BP	压力传感器	采集均衡风缸的压力值，作为 205BP 的备用压力传感器

在 EP 闭环模拟控制模式下，制动控制单元接收大闸发出的均衡风缸目标值命令，比较目标值与压力传感器反馈的均衡风缸实时压力值，通过对进、排气高速电空阀的 PWM 控制，达到精确控制均衡风缸压力的目的。保护电空阀可以确保系统失电时均衡风缸的自动减压排风，实现失电常用制动。

4. 制动缸控制模块

制动缸控制模块的主要功能是根据系统指令输出制动缸压力，实现预控风缸闭环控制、电子分配阀和空气三通阀切换、机车单缓、紧急制动旁路冗余等功能，它还包含一个小模块，即闸缸预控模块，如图 10-2-16 所示，制动缸控制模块主要零部件如表 10-2-5 所示。

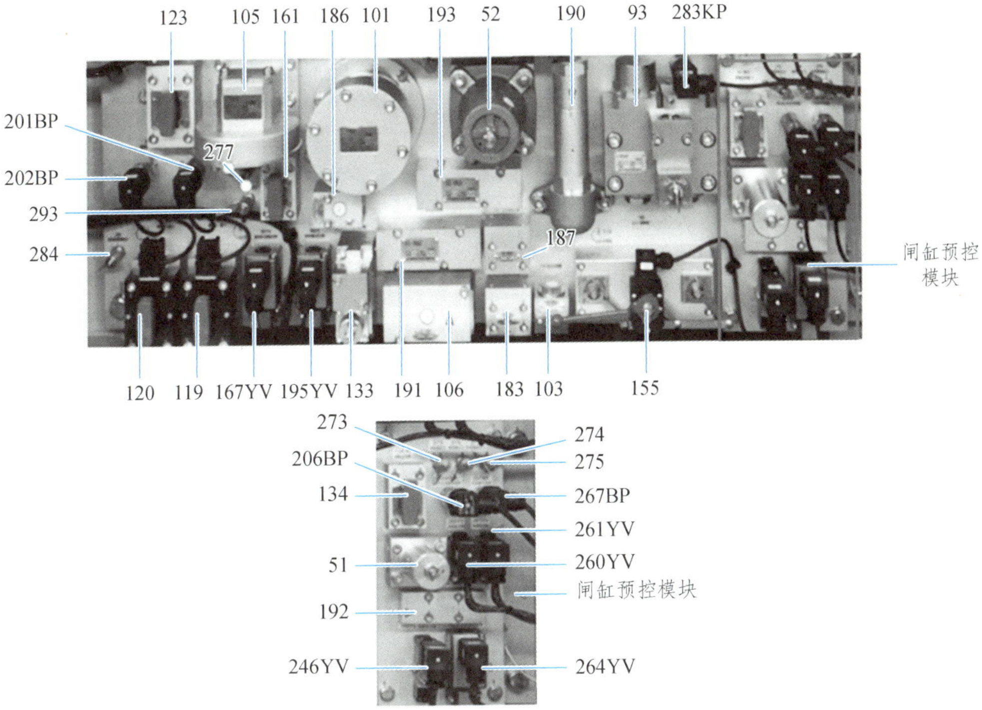

图 10-2-16　制动控制模块及气路

表 10-2-5　制动缸控制模块零部件介绍

代　号	部　件	功　能
187	滤尘器	过滤进入闸缸预控模块总风管的压缩空气
134	单制总风塞门	控制进入闸缸预控模块的总风管通断
51	单制调压阀	调节进入闸缸预控模块的总风压力，整定压力值为 480 kPa
260YV	单制电空阀	控制制动缸预控风缸的充风
261YV	单缓电空阀	控制制动缸预控风缸的排风
206BP	压力传感器	采集制动缸预控风缸的压力值
274TP	压力检测口	用于检测预控风缸压力
262YV	切换电空阀	控制电子分配阀和三通阀的切换
192	切换阀	接受切换电空阀控制，切换电子分配阀和三通阀
186	双向阀	比较容积室压力及压力阀后的总风压力
275	作用管压力测试口	用于检测作用管的压力值
246YV	强缓电空阀	紧急制动后单缓机车
207BP	作用管压力传感器	采集作用管的压力值
105	作用阀	根据作用管压力控制制动缸压力
109	预控风缸	储存预控压力空气

续表

代号	部件	功能
110	容积室风缸	储存容积室压力空气
103	无火滤尘止回阀	无动力回送时过滤列车管到总风管去的风，并有止回作用
155	无火塞门	无动力回送时需开通
101	三通阀	根据列车管压力变化产生容积室压力
190	无火安全阀	控制无动力回送时制动缸的最高压力，整定值为250 kPa
52	紧急增压调压阀	紧急制动时控制最大闸缸压力在 450 kPa±20kPa，整定值为 450 kPa
276	紧急增压通路压力测试口	用于检测紧急增压调压阀调压后的总风压力值
195	紧急旁路电空阀	控制 193 切换阀的动作
106	双向阀	输出三通阀制动缸压力和紧急旁路制动缸压力的较大者
123	三通阀总风供给塞门	控制三通阀总风通路
99	工作风缸	为向容积室充风储存风压
277	压力检测口	用于检测闸缸压力
191	制动缸切换阀	闸缸切换命令产生时使闸缸压力排大气
267YV	制动缸切换电空阀	得电时使总风进入切换阀，控制制动缸切换阀动作
161	制动缸切换阀总风塞门	控制切换阀总风通路
119	制动缸 I 塞门	控制制动缸 I 的通路，关闭此塞门 I 路制动缸压力空气排大气
120	制动缸 II 塞门	控制制动缸 II 的通路，关闭此塞门 II 路制动缸压力空气排大气
201BP	制动缸 I 压力传感器	采集制动缸 I 的压力值
202BP	制动缸 II 压力传感器	采集制动缸 II 的压力值
93	重联阀	保证重联机车的制动和缓解作用与本务机车协调一致
283KP	压力开关	判断重联阀的工作状态，给 BCU 信号
193	切换阀	195 得电后，控制总风向紧急旁路充风
293TP	压力测试口	用于检测该支路调压后的压力
284TP	压力测试口	用于检测制动缸压力
133	压力阀	用于总风不足时，向制动缸供风
183	滤尘器	过滤进入该支路的总风

5. 升弓控制模块

升弓控制模块的主要功能是为受电弓和主断路器提供风源，实现升弓风源不同工况的转换，如图 10-2-17 所示，该模块主要零部件如表 10-2-6 所示。

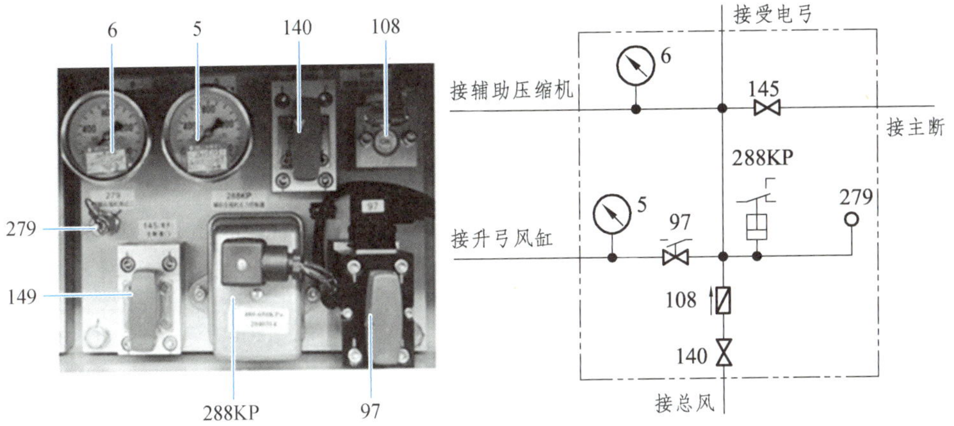

图 10-2-17 升弓控制模块

表 10-2-6 升弓控制模块零部件介绍

代　号	部　件	功　能
140	升弓模块总风控制塞门	控制升弓模块总风路的通断
108	控制管路总风止回阀	防止控制管路总风逆流
97	升弓风缸塞门	控制升弓风缸总风路的通断
288KP	辅助压缩机压力控制器	为辅助压缩机的启停控制提供压力信号
279	升弓风缸压力测试口	用于检测升弓风缸压力
145	主断总风塞门	控制主断供风通路的通断
5	升弓风缸压力表	显示升弓风缸的实时压力
6	辅助压缩机压力表	显示辅助压缩机出风口的实时压力

6. 撒砂控制模块

撒砂控制模块的主要功能是接收撒砂控制指令，控制撒砂器撒砂，如图 10-2-18 所示，该模块主要零部件如表 10-2-7 所示。

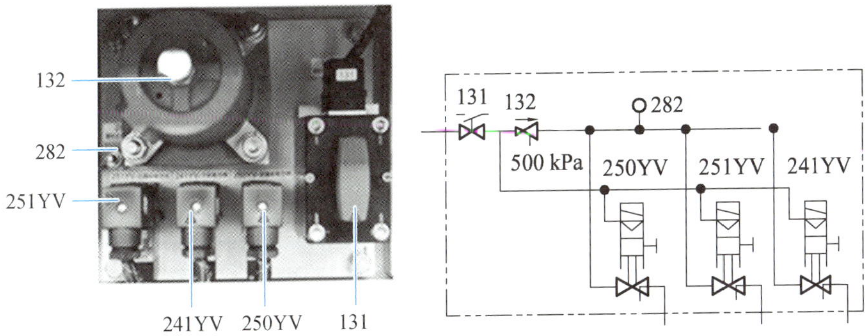

图 10-2-18 撒砂控制模块

表 10-2-7　撒砂控制模块零部件介绍

代　号	部　件	功　能
131	撒砂总风塞门	控制进入撒砂控制模块的总风管的通断
132	撒砂调压阀	调整进入撒砂控制模块的总风压力大小，整定值为 500 kPa
282	压力检测口	用于检测经调压阀后的总风压力值
241YV	常供风电空阀	用于干燥砂箱
250YV	撒砂电空阀	用于牵引向前撒砂
251YV	撒砂电空阀	用于牵引向后撒砂

7. 制动控制单元

制动控制单元（BCU）是制动机的核心控制部件，用来实时、快速地处理制动机模拟量、网络通信数据以及制动机信息化数据，实现机车制动机控制、状态监控及故障诊断、显示、报警、数据记录存储、网络通信等功能。为了与 CCU 交换制动机的信号，制动控制单元与 CCU 的接口通过 MVB 连接，部分制动信号由 CCU 进行控制（如停放制动等）。

制动控制单元（BCU）采用欧式 4U 标准结构框架，由 7 块 4U 标准插件组成：一块 PWM 板、一块输入板、两块输出板、一块控制板、一块模拟板、一块电源板，如图 10-2-19 所示。

图 10-2-19　BCU 制动控制单元

三、实训要求

1. 实训时间

实训课时为 4 课时。

2. 实训形式

学生每 5 人组成一个工作小组，各小组根据实训课程任务制订实训实施方案，每个小组有一名组长，组长协助老师指导本组学生进行实训。

3. 实训注意事项

听从老师指挥，注意用电安全。

4. 工器具材料准备

（1）防护用品：防滑鞋、绝缘手套、工作服等。

（2）个人用品：笔、笔记本等。

四、实训作业步骤

1. 整体实训过程（见图 10-2-20）

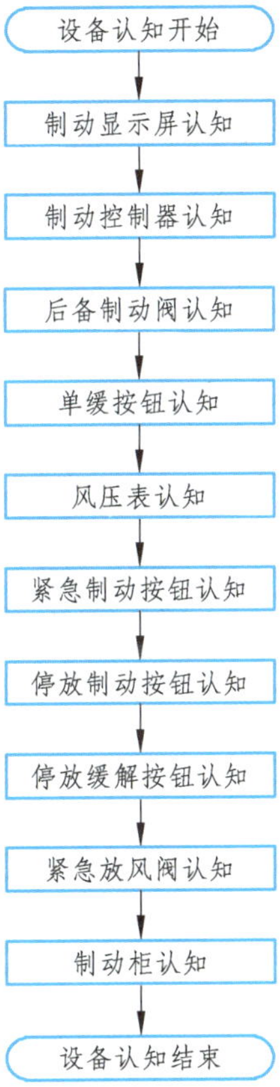

图 10-2-20　DK-2 制动系统部件认知流程

2. 实训作业步骤（见表 10-2-8）

表 10-2-8　实训步骤

工序	实训内容	图片	记录检查结果
1	制动显示屏认知		

续表

工序	实训内容	图片	记录检查结果
2	制动控制器认知	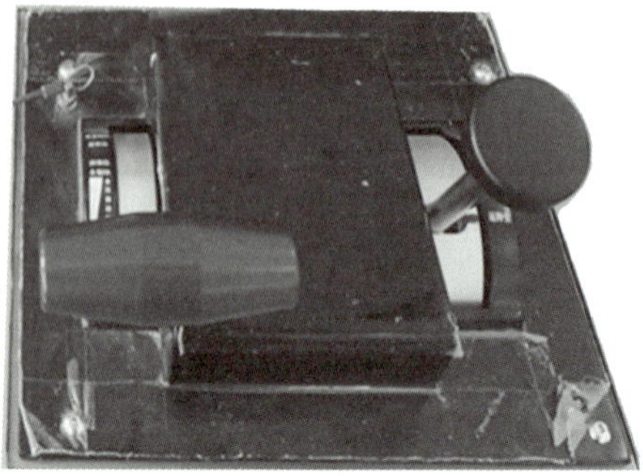	
3	后备制动阀认知	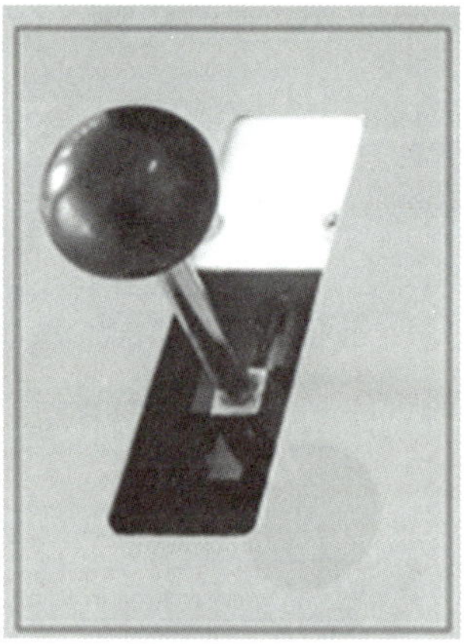	
4	单缓按钮认知		
5	风压表认知		

续表

工序	实训内容	图片	记录检查结果
6	紧急制动按钮认知	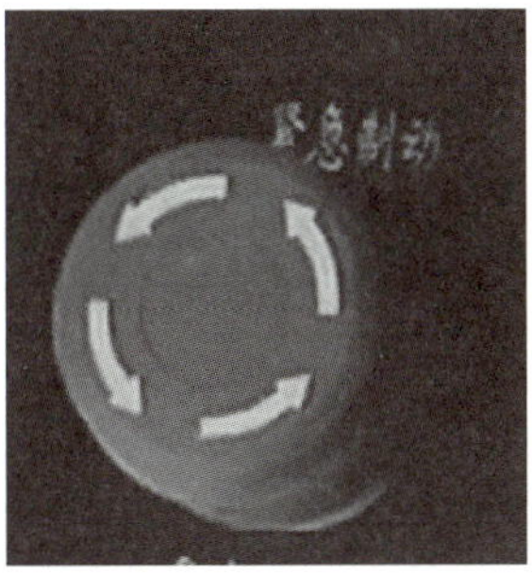	
7	停放制动/停放缓解按钮认知	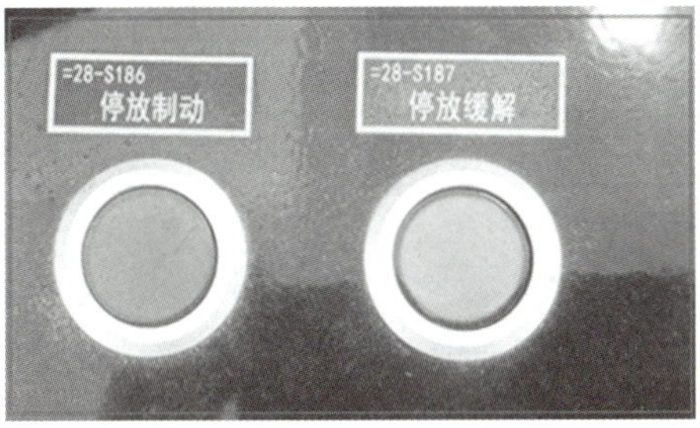	
8	紧急放风阀认知		
9	制动柜认知	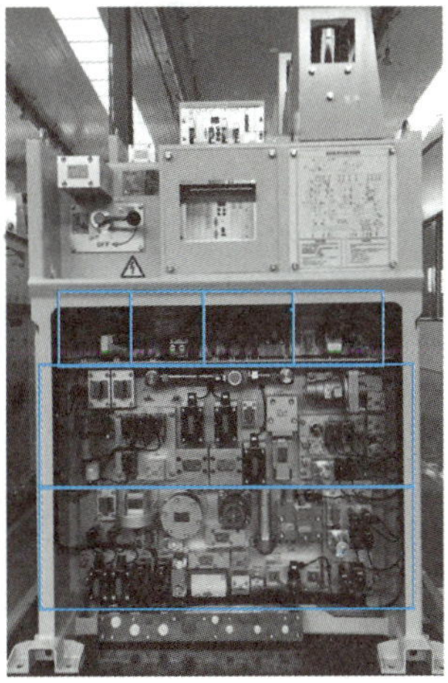	

五、实训考核标准（见表10-2-9）

表 10-2-9 实训考核标准

项 目	标 准	配分	得分
制动显示屏认知考核	能简述制动显示屏的功能	12 分	
制动控制器认知考核	能简述制动控制器各级位的功能	11 分	
后备制动阀认知考核	能简述后备制动阀各级位的功能	11 分	
单缓按钮认知考核	能简述单缓按钮的功能	11 分	
风压表认知考核	能简述各风压表的功能	11 分	
紧急制动按钮认知考核	能简述紧急制动按钮的功能	11 分	
停放制动按钮认知考核	能简述停放制动按钮的功能	11 分	
紧急放风阀认知考核	能简述紧急放风阀的功能	11 分	
制动柜认知考核	能简述制动柜各模块的功能	11 分	

六、思考题

（1）257 电空阀的作用是什么？

（2）161 塞门的作用是什么？

任务三 DK-2 制动系统后备制动及操作

一、实训目的

（1）能按照 DK-2 制动系统后备制动转换的操作流程执行制动转换操作。

（2）能准确阐述 DK-2 制动系统后备制动转换的原理。

二、理论链接

DK-2 制动系统故障不能使用时（如列车区间制动机不能缓解），启用后备制动。后备制动操纵方式是作为“电空位”故障后的一种应急补救操纵措施，以免在区间途停而影响线路正常运行。在该位操纵时，不具备“电空位”操纵时齐全的功能，后备制动具有“制动”位、“中立”位、“缓解”位 3 个操作位置，只能保证全列车的制动、保压、缓解的基本功能。

三、实训要求

1. 实训时间

教学时间为 2 课时。

2. 实训形式

上机实训。

3. 实训注意事项

听从老师指挥，注意用电安全。

4. 工器具材料准备

（1）防护用品：防滑鞋、绝缘手套、工作服等。

（2）个人用品：笔、笔记本等。

四、实训作业步骤

1. 整体实训过程（见图 10-3-1）

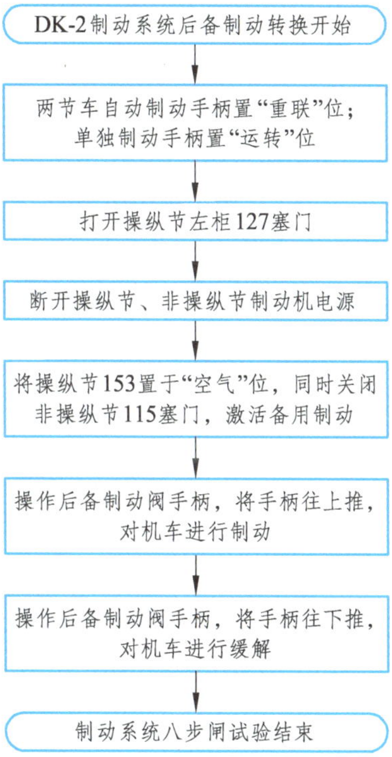

图 10-3-1　DK-2 制动系统后备制动操作流程

2. 实训作业步骤（见表 10-3-1）

表 10-3-1　DK-2 制动系统后备制动操作步骤

工序	实训内容	图片
1	将两节车自动制动手柄置“重联”位；单独制动手柄置“运转”位	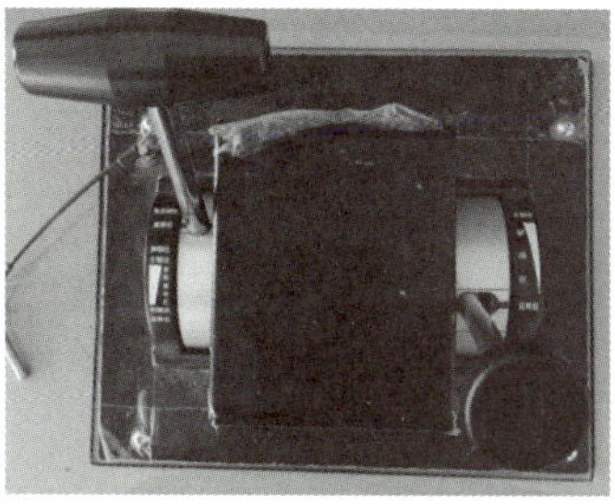

续表

工序	实训内容	图片
2	打开操纵节左柜 127 塞门（横向为打开，竖向为关闭）	
3	断开操纵节、非操纵节制动机电源（=28-F04、=28-F06）	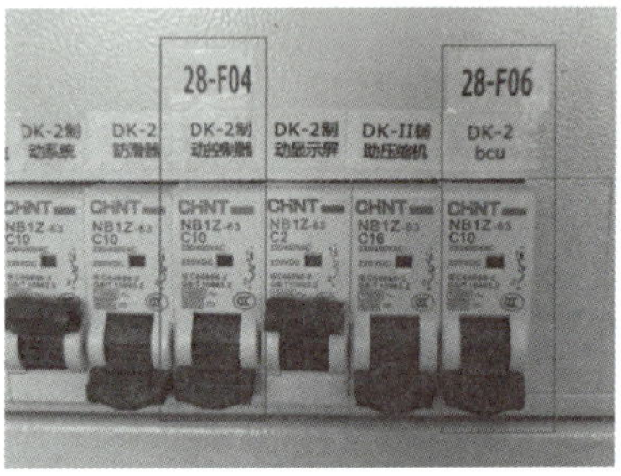
4	将操纵节 153 置“空气”位，同时关闭非操纵节 115 塞门，激活备用制动	
5	若均衡风压不在定压，调整后备制动阀上的调压阀	

续表

工序	实训内容	图片
6	操作后备制动阀手柄，将手柄往上推，对机车进行制动	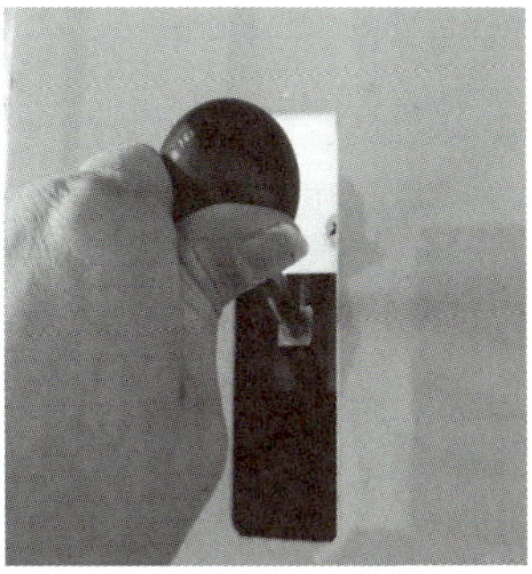
7	操作后备制动阀手柄，将手柄往下推，对机车进行缓解	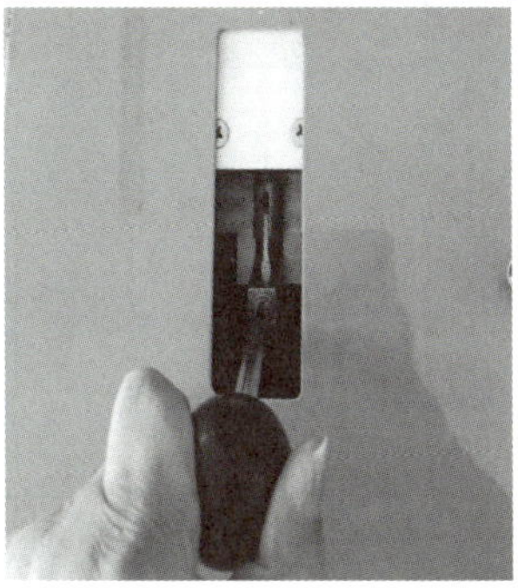

五、实训考核标准（见表10-3-2）

表 10-3-2 实训考核标准

项目	标准	配分	得分
后备制动转换标准操作流程考核	能完整简述转换操作流程	50 分	
后备制动转换风压变化现象考核	能描述每一步的压力变化情况	50 分	

六、思考题

（1）后备制动手柄有几个位置？分别具备什么功能？

（2）列车在什么情况下需要切换后备制动？

（3）列车使用后备制动时，运行中应注意哪些事项？

任务四　DK-2 制动系统五步闸检查与试验

一、实训目的

（1）能按照 DK-2 制动系统五步闸操作流程执行五步闸试验操作。

（2）能准确阐述 DK-2 制动系统五步闸试验的工作原理。

二、理论链接

DK-2 制动系统五步闸试验如图 10-4-1 所示。

步骤	设置	自动制动手柄（大闸）							单独制动阀（小闸）				检查方法及要求 定压500 kPa（或600 kPa）
		运转	初制	制动	全制	抑制	重联	紧急	侧缓	运转	制动	全制	
一	本机/不补风	1、5						2	3	4			1.总风缸压力在（750 ±20）kPa至（900 ±20）kPa之间，均衡风缸管压力调整到500 kPa（或600 kPa），检查各压力表指示值：列车管压力为500 kPa（或600 kPa），均衡风缸压力为500 kPa（或600 kPa），制动缸压力为0，停放制动缸为（650±20）kPa，双缸指示器均为全绿色。 2.大闸手柄从运转位移至紧急制动位：列车管压力下降至 0的时间应小于3 s，机车制动缸压力5 s内由0升到400 kPa，制动缸最高压力（450±10）kPa。均衡风缸降为0，紧急制动倒计时60 s开始。 3.小闸手柄从运转位移至侧缓位，制动缸压力应缓解至 0。 4.小闸手柄从侧缓位回运转位，手柄复位后制动缸压力恢复。 5.60 s倒计时结束后，大闸手柄从紧急位移回运转位，列车管、均衡风缸恢复定压，制动缸压力为0
二	本机/不补风	6、9			7	8							6.确认列车管、均衡风缸恢复定压，等 60 s使系统各风缸充满风。 7.大闸手柄从制动位移至全制动位，均衡风缸减压 140 kPa（或170 kPa）的时间为5~7 s（或6~8 s），均衡风缸压力与列车管压力差不大于 10 kPa，制动缸压力升至340 kPa（或400 kPa）的时间为6~8 s（或7~9.5 s），制动缸压力最终为345~375 kPa（或405~435kPa），均衡风缸、列车管、制动缸的漏泄量分别不大于每分钟 5 kPa、10 kPa、10 kPa。 8.大闸手柄从全制动位移至抑制位，各压力无变化。 9.大闸手柄从抑制位移回运转位，均衡风缸、列车管均恢复定压，制动缸压力为0
三	本机/不补风	15	10	13			14		11	12			10.大闸手柄从运转位移至初制位，均衡风缸减压 45~55 kPa，均衡风缸压力与列车管压力差不大于 10 kPa，制动缸压力为90~110 kPa。 11.小闸手柄从运转位移至侧缓位，制动缸压力应能够缓解到 0。 12.小闸从侧缓位移至运转位，手柄复位后制动缸压力不恢复。 13.大闸手柄从初制位移至制动位，列车管阶段减压，制动缸压力阶段上升。 14.大闸手柄从制动位移至重联位，均衡风缸以常用制动速率降为 0（无紧急制动发生），列车管压力减至 35~85 kPa，制动缸压力最终升为440~460 kPa。 15.大闸手柄从重联位移回运转位，均衡风缸、列车管均恢复定压，制动缸压力为0
四	本机/不补风									17	16		16.小闸手柄从运转位不少于3次阶段移至全制动位，制动缸压力阶段上升。列车管压力为490~510 kPa，均衡风缸压力与列车管压力差不大于10 kPa，全制动制动缸压力为290~310 kPa。 17.小闸手柄由全制动位阶段移至缓解位，制动缸压力阶段下降，运转位制动缸压力下降为0
										19		18	18.小闸手柄从运转位移至全制动位，制动缸压力在 2~4 s内升至285 kPa，最终达到290~310 kPa。 19.小闸手柄从全制动位移至运转位，制动缸压力在 3~5 s内降至40 kPa以下，最终压力为0
五	空气位		后	备	制	动	阀						20.列车管、均衡风缸、总风缸均为规定压力，制动缸压力为 0。 21.均衡风缸减压170 kPa的时间为6~8 s，制动缸压力由0上升至400 kPa的时间为7~9.5 s。 22.制动缸压力从常用制动最高压力降至 40 kPa的时间小于8.5 s；均衡风缸、列车管恢复定压。 注：20~22步系空气位操作，应按照操作规程由电空位转至空气位。试验完毕后，应恢复至电空位
					缓解	中立	制动						
				20、22			21						

图 10-4-1　DK-2 制动系统五步闸试验

三、实训要求

1. 实训时间

实训课时为 2 课时。

2. 实训形式

上机实训。

3. 工器具材料准备

（1）防护用品：防滑鞋、绝缘手套、工作服等。

（2）个人用品：笔、笔记本等。

四、实训作业步骤

1. 整体实训过程（见图 10-4-2）

图 10-4-2　DK-2 制动系统五步闸试验流程

2. 实训作业步骤（见表 10-4-1）

表 10-4-1　DK-2 制动系统五步闸试验操作步骤

工序	模式	实训内容	图片
1	本机/不补风	大闸运转位，小闸运转位，总风缸压力在 750 ~ 900 kPa，均衡风缸和列车管压力为 600 kPa，制动缸压力为 0	

续表

工序	模式	实训内容	图片
2	本机/不补风	大闸从“运转”位移至紧急“制动”位，列车管压力应在 3 s 内降至 0；机车制动缸压力从零升至 400 kPa 的时间为 3～7 s，机车制动缸最高压力为 440～460 kPa；均衡风缸压力降为 0	
3	本机/不补风	小闸手柄从“运转”位移至“侧缓”位，制动缸压力应能缓解至 0	
4	本机/不补风	小闸手柄从“侧缓”位移回“运转”位，手柄复位后制动缸压力恢复	
5	本机/不补风	大闸手柄从“紧急”位移回“运转”位，60 s 倒计时结束后，列车管、均衡风缸恢复定压，制动缸压力为 0	
6	本机/不补风	大闸手柄从“运转”位移至“全制动”位，均衡风缸减压 140 kPa 的时间为 5～7 s；常用全制动制动缸最大压力在 6～8 s 上升到 420 kPa	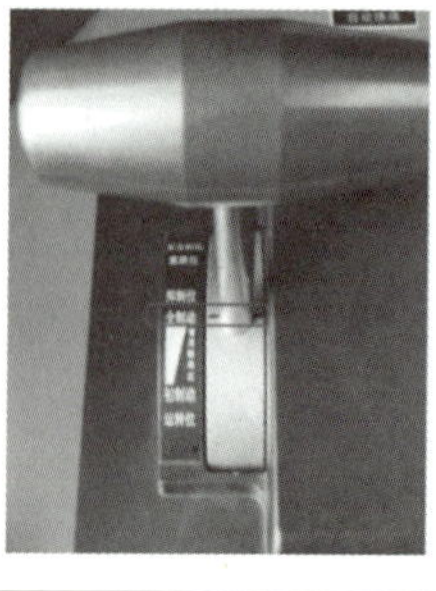

续表

工序	模式	实训内容	图片
7	本机/不补风	大闸手柄从全制动位移至“抑制”位，各压力无变化	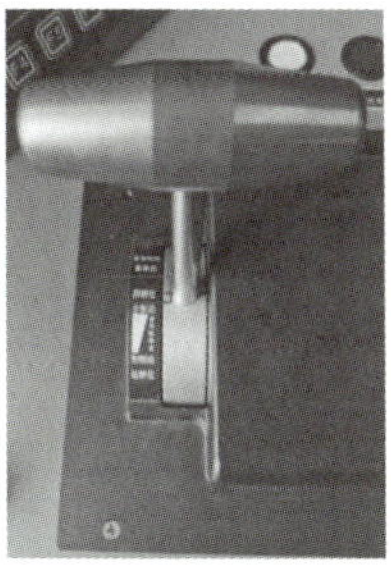
8	本机/不补风	大闸手柄从“抑制”位移回“运转”位，均衡风缸、列车管均恢复定压，制动缸压力为 0	
9	本机/不补风	大闸手柄从“运转”位移至“初制”位，充满风后，均衡风缸减压（50±5）kPa，列车管减压到均衡风缸压力±10 kPa，制动缸压力为 90～110 kPa	
10	本机/不补风	小闸手柄从“运转”位移至“侧缓”位，制动缸压力应能缓解到 0	
11	本机/不补风	小闸手柄从“侧缓”位移回“运转”位，手柄复位后制动缸压力不恢复	

续表

工序	模式	实训内容	图片
12	本机/不补风	大闸手柄从“初制”位移至“重联”位，均衡风缸以常用制动速率降为 0，列车管压力减压至 35～85 kPa，制动缸压力最终上升至（450±10）kPa	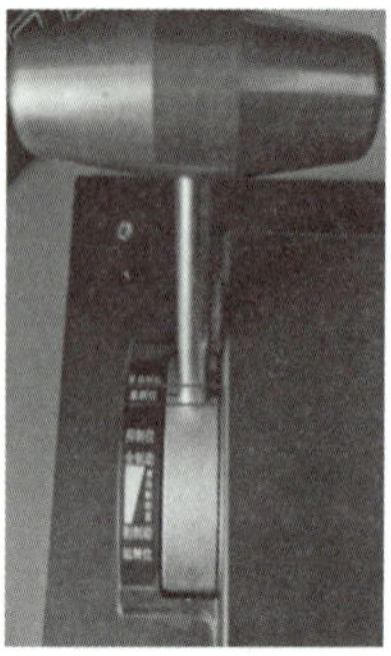
13	本机/不补风	大闸手柄从“重联”位移回“运转”位，均衡风缸、列车管均恢复定压，制动缸压力为 0	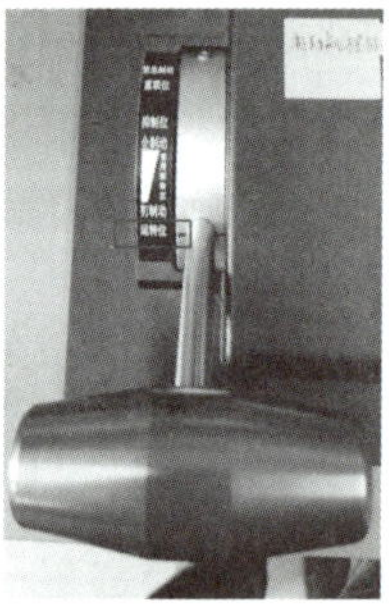
14	本机/不补风	小闸手柄从“运转”位不少于三次阶段移至“全制动”位，制动缸压力阶段上升，全制动制动缸压力为（300±10）kPa	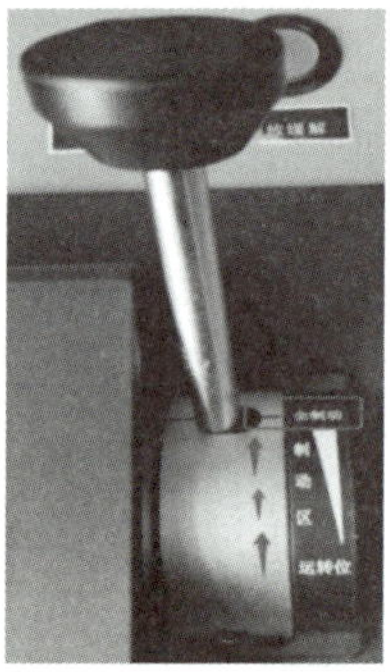
15	本机/不补风	小闸手柄由“全制动”位阶段移至“运转”位，制动缸压力阶段下降，运转位制动缸压力下降为 0	

续表

工序	模式	实训内容	图片
16	本机/不补风	小闸手柄从“运转”位移至“全制动”位，制动缸压力在 2～4 s 内上升到 285 kPa，最终达到 300 kPa	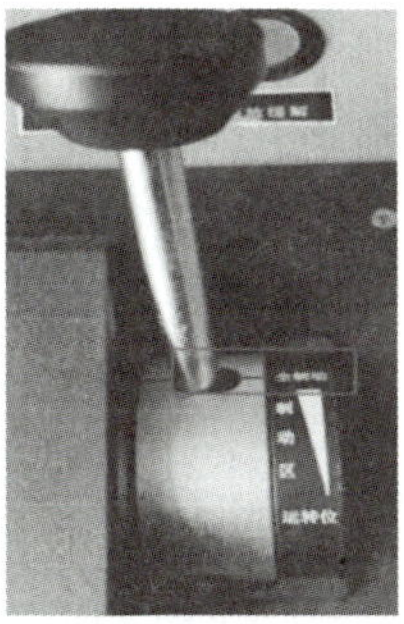
17	本机/不补风	小闸手柄从“全制动”位移至“运转”位，制动缸压力在 3～5 s 内降至 40 kPa	

五、实训考核标准（见表10-4-2）

表 10-4-2　实训考核标准

项　目	标　准	配分	得分
五步闸标准操作流程考核	能完整简述五步闸操作流程	50 分	
五步闸风压变化现象考核	能描述每一步的压力变化情况	50 分	

六、思考题

（1）制动机试验的第 16 步小闸从运转位不少于 3 次移动至全制动位，是为了试验制动机的什么功能？

（2）大闸紧急制动位，列车管压力降为 0 的时间应该在多少秒之内？

任务五　CCB Ⅱ 制动系统实训系统总体

一、实训目的

（1）能将 CCB Ⅱ 制动系统各个设备部件的认知和功能应用于工作中。

（2）能准确阐述 CCB Ⅱ 制动系统的控制原理。

二、理论链接

1. 总体说明

CCBⅡ制动控制系统为微机控制制动系统，属于集中式制动控制。CCBⅡ制动控制系统具有可靠性高、维护方便等优点，具体配置如图 10-5-1 所示。

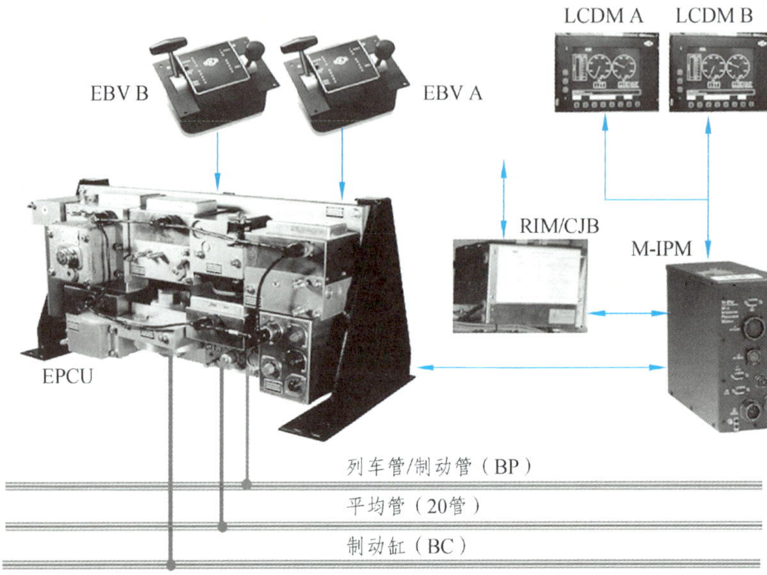

图 10-5-1　CCBⅡ制动控制系统

2. 控制原理

1）常用制动控制

系统启动后 CCBⅡ制动系统可以响应使用者对 EBV 的操作，生成列车管控制压力和制动缸控制压力，从而控制基础制动装置施加或缓解制动。具体如下：

（1）自动制动的施加和缓解。

当使用者操作（向前推）EBV 的自动制动手柄（大闸）到常用制动区（初制位到全制位）时，操纵列车常用制动，使列车正常缓慢停车或调整运行速度。自动制动手柄在制动区的停留位置决定了均衡风缸的减压量，达到目标减压量后，均衡风缸自保压。机车在货车模式时，自动制动手柄可实现阶段制动的作用，但只可实现一次缓解功能；机车在客车模式时，自动制动手柄可实现阶段制动和阶段缓解的作用。

ERCP 模块接收到自动制动手柄指令，将均衡风缸压力减到目标值；BPCP 模块响应均衡风缸的压力变化，制动管减压到均衡风缸压力；16CP/DBTV 模块响应列车管的减压变化，给作用管（16#管/16TV 管）充风；BCCP 模块响应作用管压力，机车制动缸充风制动；同时车辆副风缸给车辆制动缸充风，车辆自动机制动。

当操作自动制动手柄（大闸）到运转位时，列车运行，这是自动制动手柄常放位置，是向全列车初充风、再充风缓解列车制动以及列车正常运行所采用的位置。

ERCP 模块接收自动制动手柄指令，给均衡风缸充风到设定值；BPCP 模块响应均衡风缸的压力变化，制动管被充风至均衡风缸的设定压力；16CP/DBTV 模块响应列车管的压力变化，将作用管（16#管/16TV 管）压力排放；BCCP 模块响应作用管的压力变化，机车制动缸排风缓解；同时车辆副风缸充风，车辆制动机缓解。

（2）单独制动的施加和缓解。

当使用者操作单独制动手柄到制动区时，20CP 模块内缓解电磁阀失电，作用电磁阀得电，总风给 20#管充风，20#管压力进入 BCCP 模块，制动缸充风，机车制动。

当使用者操作单独制动手柄到运转位时，20CP 模块内缓解电磁阀得电，将 20#管的压力排空，作用电磁阀失电阻止总风给 20#管充风，BCCP 模块响应 20#管压力变化，机车制动缸排风缓解。

（3）补机制动、缓解位。

重联机车自动制动手柄应用销子固定在重联位，单独制动手柄应放置在运转位。重联机车受机车间制动软管、总风软管、平均管压力控制而发生作用，其制动、缓解应和本务机车同步。

（4）侧缓（BC 单独缓解）。

列车实施制动后认为有必要单独降低机车制动力时，需要通过单独制动手柄侧压来帮助实现此功能。

单独制动手柄侧压，13CP 模块响应该指令，给 13#管充风，控制 DBTV 模块中的 16TV 作用管减压；同时 16CP 模块和 20CP 模块也响应该指令，允许 16#作用管和 20#作用管进行减压；BCCP 模块响应 16#作用管的压力变化，允许机车制动缸排风缓解，缓解由自动制动手柄动作产生的制动作用；车辆制动机仍保持制动作用。

2）紧急制动控制

紧急制动时，列车管快速排风到 0，同时通过 BPCP 模块将列车管和主风之间的风路切断。而 16CP 模块和 20CP 模块将响应列车管的压力变化，产生约 450 kPa 的最大制动控制压力。同时车辆副风缸给车辆制动缸充风，车辆制动机制动。CCBⅡ紧急制动的施加可由以下情况触发：

① EBV 自动制动手柄紧急位操作；

② 车长阀紧急操作；

③ 按下操纵台紧急按钮触发紧急制动；

④ IPM 触发紧急制动；

⑤ ATP 触发紧急制动 0；

⑥ 列车断钩分离触发紧急制动；

⑦ 机车警惕装置触发紧急制动。

3. 主要部件

电空控制单元（EPCU）由电空阀和空气阀组成，用来控制机车空气管路的压力，如图 10-5-2 所示。它是制动系统的执行部件，所有电空阀和空气阀集成到 8 个线路可更换模块（其中有 5 个模块含有智能节点）。

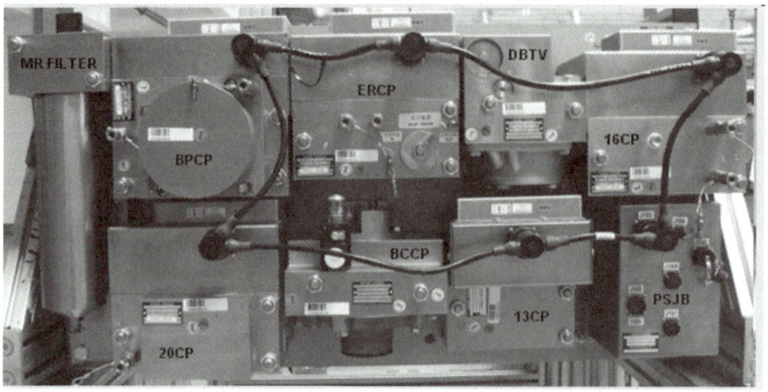

图 10-5-2　EPCU

EPCU 所包含的 8 个现场可更换控制模块。

（1）BPCP：列车管控制模块（含智能节点），如图 10-5-3 所示。

BPCP 模块接收来自 ERCP 模块控制的均衡风缸的压力，由内部 BP 作用阀响应其变化并快速产生与均衡风缸具有相同压力的制动管压力，从而完成列车的制动、保压和缓解。

图 10-5-3　BPCP 模块

（2）ERCP：均衡风缸控制模块（含智能节点），如图 10-5-4 所示。

图 10-5-4　ERCP 模块

ERCP 通过改变均衡风缸的压力产生制动缸的控制压力。

（3）DBTV：三通阀模块，如图 10-5-5 所示。

图 10-5-5　DBTV 模块

（4）16CP：16 号管控制模块，如图 10-5-6 所示。

响应列车管的减压量、平均管压力、单缓指令，来产生制动缸管的控制压力。

图 10-5-6　16CP 模块

（5）20CP：20 号管控制模块，如图 10-5-7 所示。

通过响应列车管减压量和小闸及单缓指令产生平均管压力。

图 10-5-7　20CP 模块

（6）BCCP：制动缸控制模块，如图 10-5-8 所示。

响应 16CP 压力变化，产生机车制动缸压力。

图 10-5-8　BCCP 模块

（7）13CP：13 号管控制模块，如图 10-5-9 所示。

实现单独缓解机车制动缸压力的功能。

图 10-5-9　13CP 模块

（8）PSJB：电源接口模块，如图 10-5-10 所示。

PSJB 内置电源，为 CCBⅡ制动机供电（将 110 V 转换到 24 V），在外部具有多个接插件，允许 EPCU、X-IPM 和 RIM 相互连接。

图 10-5-10　PSJB 模块

三、实训要求

1. 实训时间

教学时间为 2 课时。

2. 实训形式

上机实训。

3. 实训注意事项

听从老师指挥，注意用电安全。

4. 工器具材料准备

（1）防护用品：防滑鞋、绝缘手套、工作服等。

（2）个人用品：笔、笔记本等。

四、实训作业步骤

1. 整体实训过程（见图 10-5-11）

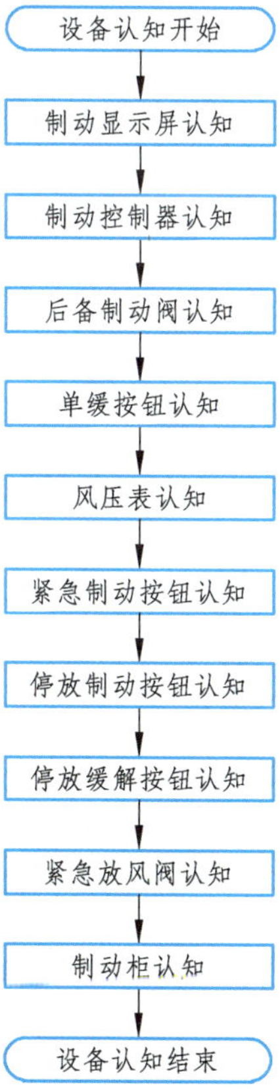

图 10-5-11　CCB Ⅱ 制动系统设备认知流程

2. 实训作业步骤（见表 10-5-1）

表 10-5-1　实训步骤

工序	实训内容	图片	检查结果记录
1	制动显示屏认知		
2	制动控制器认知	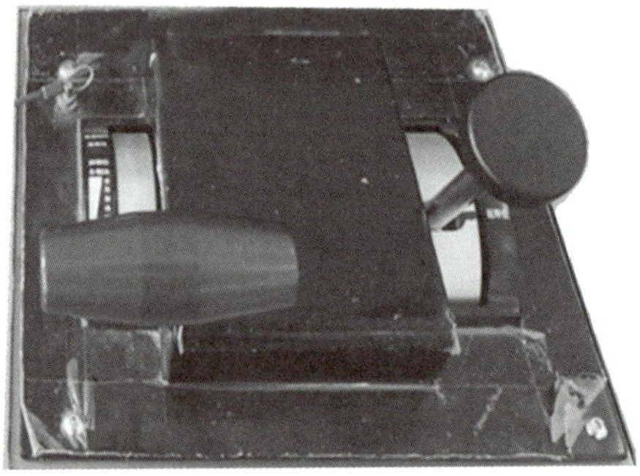	
3	后备制动阀认知		
4	单缓按钮认知		

续表

工序	实训内容	图片	检查结果记录
5	风压表认知		
6	紧急制动按钮认知		
7	停放制动/停放缓解按钮认知	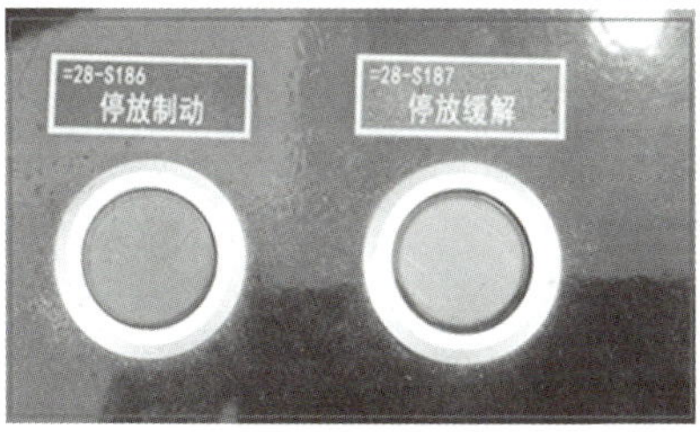	
8	紧急放风阀认知	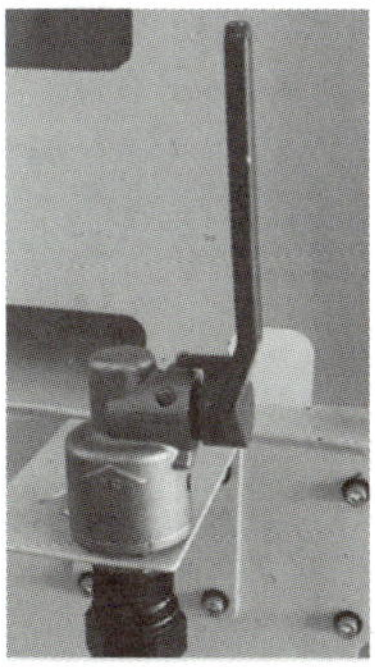	
9	制动柜认知	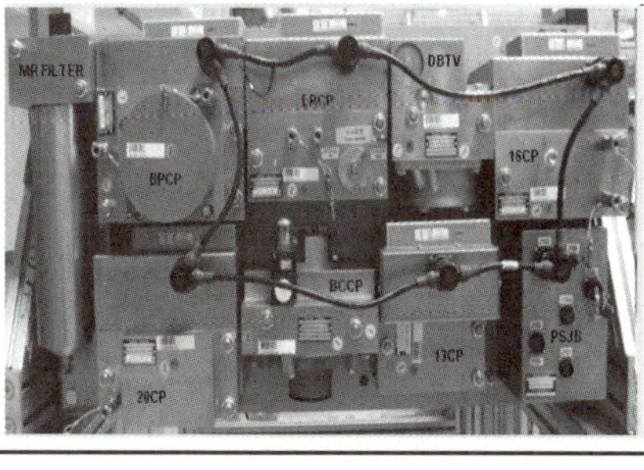	

五、实训考核标准（见表10-5-2）

表 10-5-2 实训考核标准

项 目	标 准	配分	得分
制动显示屏认知考核	能简述制动显示屏的功能	12 分	
制动控制器认知考核	能简述制动控制器各级位的功能	11 分	
后备制动阀认知考核	能简述后备制动阀各级位的功能	11 分	
单缓按钮认知考核	能简述单缓按钮的功能	11 分	
风压表认知考核	能简述各风压表针的功能	11 分	
紧急制动按钮认知考核	能简述紧急制动按钮的功能	11 分	
停放制动按钮认知考核	能简述停放制动按钮的功能	11 分	
紧急放风阀认知考核	能简述紧急放风阀的功能	11 分	
制动柜认知考核	能简述制动柜各模块的功能	11 分	

六、思考题

（1）BPCP 模块的功能是什么？

（2）ERCP 模块的功能是什么？

任务六　CCB Ⅱ 制动系统后备制动及操作

一、实训目的

（1）能准确阐述 CCB Ⅱ 制动系统后备制动转换的原理。

（2）能根据 CCB Ⅱ 制动系统后备制动转换的操作流程执行后备制动转换作业。

二、理论链接

1. BCBU 制动缸控制备用

当 16CP 模块故障时，其内部电磁阀 MV16 将会失电，允许 DBTV 模块通过响应列车管压力而产生的制动缸预控压力（16TV）进入 BCCP 模块对制动缸压力进行控制。同时，LCDM 上将显示“空气制动错误-备用模式”的提示。在这种备用模式下，CCB Ⅱ 系统将保持既有功能，维持机车运行。

2. ERBU 均衡缸控制备用

16CP 模块是 ERCP 模块的一个冗余设计，当 ERCP 模块故障时，出于安全考虑，系统将会产生惩罚制动。随后，系统内部两个相关的电磁阀将会动作，以切换 EPCU 的气路，允许 16CP 模块接管 ERCP 模块的工作，产生列车管的预控压力。而 DBTV 模块将替代 16CP 模块产生控制 BCCP 模块的制动缸预控压力。惩罚制动恢复后，LCDM 上将显示“空气制动错误-备用模式-缩减单独制动”的提示。在这种模式下，CCB Ⅱ 系统也将保持既有功能，维持机车运行。

3. 紧急备用

CCBⅡ系统对紧急制动功能作了一些冗余设计，除了电控方面有两个电磁阀（EMV 和 MVEM）相互备份之外，EBV 背部还设计了一个纯气动的 21 排风阀，用于紧急制动时排掉 21 号管的压力，触发 NB11 型紧急制动阀动作，从而快速排空列车管压力。

此外，CCBⅡ系统还可以响应来自车控系统的紧急制动指令，如车长阀操作紧急、ATP 紧急等。在列车管发生严重泄漏，泄漏速率超过 83 kPa/s 时，还会产生列车管线紧急制动。

三、实训要求

1. 实训时间

教学时间为 2 课时。

2. 实训形式

上机实训。

3. 实训注意事项

听从老师指挥，注意用电安全。

4. 工器具材料准备

（1）防护用品：防滑鞋、绝缘手套、工作服等。

（2）个人用品：笔、笔记本等。

四、实训作业步骤

1. 整体实训过程（见图 10-6-1）

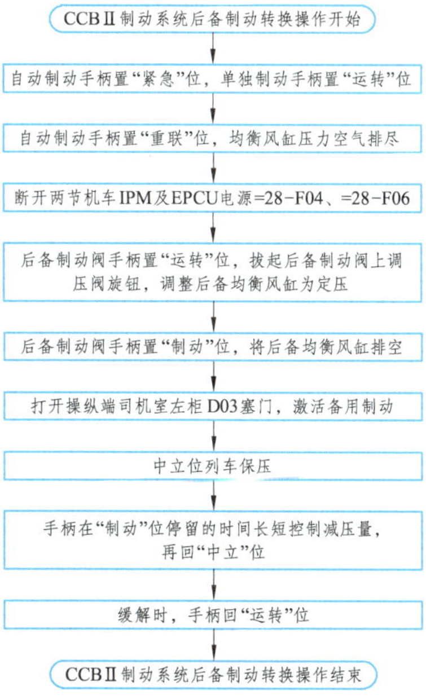

图 10-6-1　CCBⅡ制动系统后备制动操作流程

2. 实训作业步骤（见表 10-6-1）

表 10-6-1　CCBⅡ制动系统后备制动操作步骤

工序	实训内容	图片示例
1	自动制动手柄置“紧急”位，单独制动手柄置“运转”位	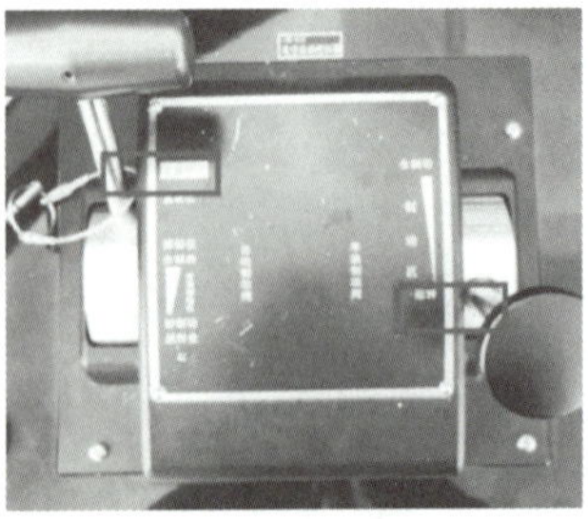
2	自动制动手柄置“重联”位，均衡风缸压力空气排尽	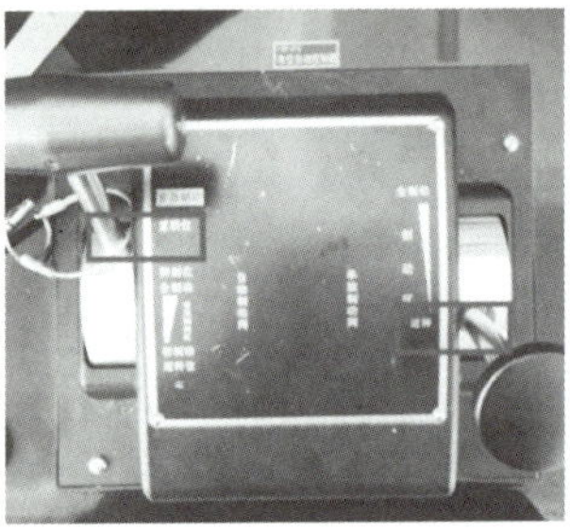
3	断开两节机车 IPM 及 EPCU 电源=28-F04、=28-F06	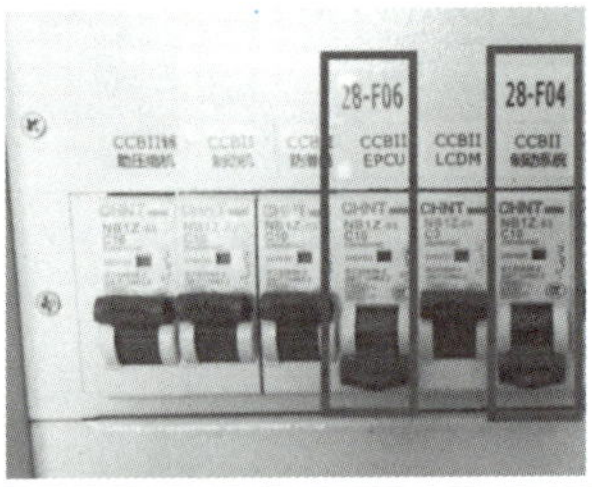
4	后备制动阀手柄置“运转”位，拔起后备制动阀上调压阀旋钮，调整后备均衡风缸为定压	
5	后备制动阀手柄置“制动”位，将后备均衡风缸排空	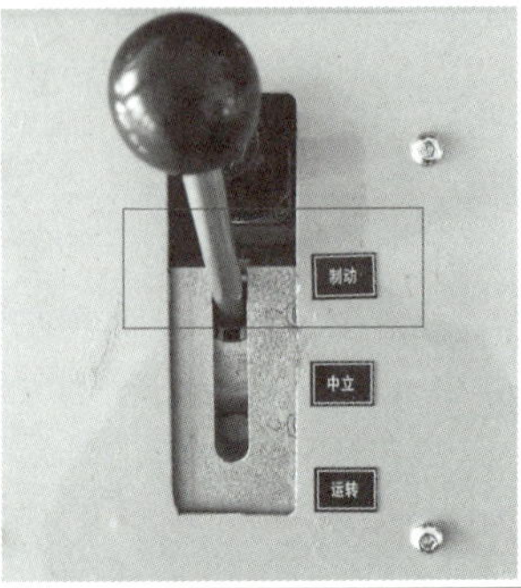

续表

工序	实训内容	图片示例
6	打开操纵端司机室左柜 D03 塞门（手把与管路平行），激活备用制动	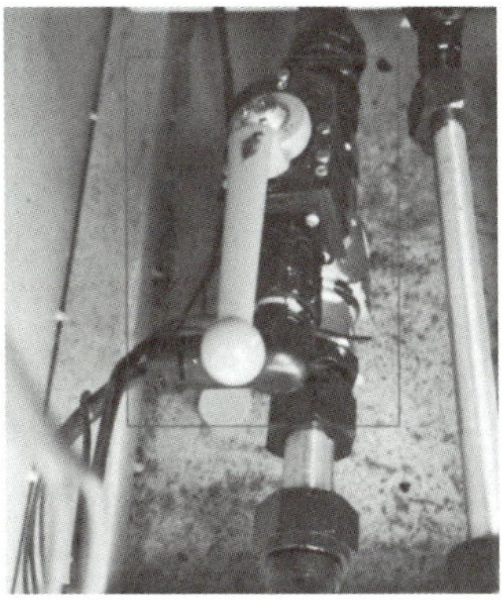
7	中立位列车保压	
8	制动时，手柄自运转位、中立位，移至制动位，手柄在“制动”位停留的时间长短控制减压量，再回“中立”位	
9	缓解时，手柄回“运转”位	

五、实训考核标准（见表10-6-2）

表 10-6-2　实训考核标准

项　目	标　准	配分	得分
后备制动转换标准操作流程考核	能完整简述转换操作流程	50 分	
后备制动转换风压变化现象考核	能描述每一步的压力变化情况	50 分	

六、思考题

（1）后备制动手柄有几个位置？分别具备什么功能？

（2）列车在什么情况下需要切换后备制动？

任务七　CCBⅡ制动系统五步闸检查与试验

一、实训目的

（1）能根据 CCBⅡ制动系统五步闸操作流程执行五步闸试验。

（2）能准确阐述 CCBⅡ制动系统五步闸试验的工作原理。

二、理论链接

CCBⅡ制动系统五步闸试验如图 10-7-1 所示。

三、实训要求

1. 实训时间

教学时间为 2 课时。

2. 实训形式

上机实训。

3. 实训注意事项

听从老师指挥，注意用电安全。

4. 工器具材料准备

（1）防护用品：防滑鞋、绝缘手套、工作服等。

（2）个人用品：笔、笔记本等。

步骤	设置	自动制动手柄							单独制动手柄				检查内容
		运转	初制	制动	全制	抑制	重联	紧急	侧缓	运转	制动	全制	
一	本机/不补风	1						2 4	3				1.总风压力为750~900 kPa，制动缸压力为0，均衡风缸、列车管压力500 kPa（客车 600 kPa）。 2.列车管压力在3 s内降为0，制动缸在3~5 s内升至200 kPa，并继续增压至450~470 kPa，均衡风缸压力降为0，紧急制动倒计时60 s开始。 3.制动缸压力下降为0，手柄复位后制动缸压力恢复。 4.60 s倒计时结束后操作，列车管、均衡风缸、制动缸压力不变
二	本机/不补风	5 6 10			7 8	9							5.均衡风缸增压至500 kPa（客车600 kPa），列车管增压至480 kPa（客车580 kPa）不大于9 s（客车 11 s），制动缸压力下降为0。 6.等60 s使系统各风缸充满风。 7.均衡风缸在5~7 s（客车6~8 s）减压140 kPa（客车170 kPa），列车管减压到均衡风缸压力±10 kPa，制动缸6~8 s增压到（360±20）kPa[客车（420±20）kPa]。 8.保压1 min，均衡风缸泄漏量不大于5 kPa，列车管泄漏量不大于10 kPa，闸缸压力变化量不大于10 kPa。 9.各压力无变化。 10.均衡风缸、列车管压力升至500 kPa（客车600 kPa），制动缸压力下降为0
三	本机/不补风	15	11	12			14		13				11.充满风后，均衡风缸减压50 kPa，列车管减压到均衡风缸压力的±10 kPa，制动缸增压到100~120 kPa。 12.均衡风缸减压100 kPa，列车管减压到均衡风缸压力的±10 kPa，制动缸增压到（250±20）kPa，制动缸压力阶段上升。注：阶段制动时需停留15 s以上。 13.制动缸压力下降为0，手柄复位后制动缸压力不恢复。 14.均衡风缸以常用制动速率降为0，列车管减压至55~85 kPa后保持，制动缸增压至450~470 kPa。 15.均衡风缸、列车管压力升至500 kPa（客车600 kPa），制动缸压力下降为0
四	本机/不补风			20						17 19		16 18	16.阶段制动，制动缸压力阶段上升，全制动制动缸压力为300~320 kPa。 17.阶段缓解，制动缸压力阶段下降，运转位制动缸压力下降为0。 18.制动缸在2~3 s内上升到280 kPa，最终为300~320 kPa。 19.制动缸压力在3~5 s内降到35 kPa以下。 20.均衡风缸减压100 kPa，列车管减压到均衡风缸压力的±10 kPa，制动缸增压到（250±20）kPa
五	单机	23			21				22	25		24	21.均衡风缸减压140 kPa（客车170 kPa），列车管压力保持不变，制动缸压力保持不变。 22.制动缸压力下降为0，手柄复位后制动缸压力不恢复。 23.均衡风缸增压至500 kPa（客车600 kPa）列车管压力保持不变，制动缸压力保持不变。 24.制动缸压力在2~3 s内上升到280 kPa，最终为300~320 kPa。 25.制动缸压力在3~5 s内降到35 kPa以下

注：试验完毕，机车恢复本机/不补风状态设置。修程机车在制动机试验前需做制动机系统自检。

图 10-7-1　CCBⅡ制动系统五步闸试验

四、实训作业步骤

1. 整体实训过程（见图 10-7-2）

图 10-7-2　CCB Ⅱ 制动系统五步闸检查与试验

2. 实训作业步骤（见表 10-7-1）

表 10-7-1　CCB Ⅱ 制动系统五步闸试验步骤

工序	实训内容	图片
1	大闸“运转”位，小闸“运转”位，总风缸压力为 750 ~ 900 kPa，均衡风缸和列车管压力为 600 kPa，制动缸压力为 0	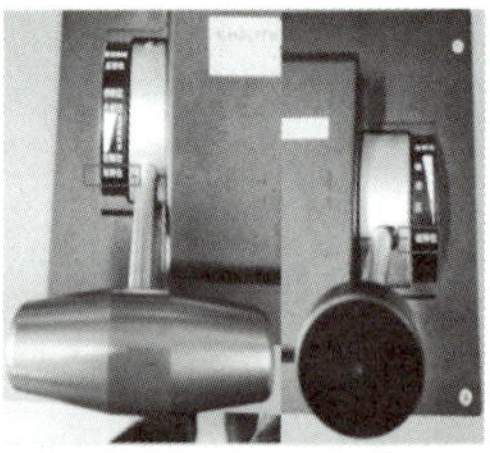
2	大闸从“运转”位移至“紧急制动”位，列车管压力应在 3 s 内降至 0；机车制动缸压力从零升至 200 kPa 的时间为 3 ~ 5 s，机车制动缸最高压力为 450 ~ 470 kPa；均衡风缸压力降为 0。紧急制动倒计时 60 s 开始	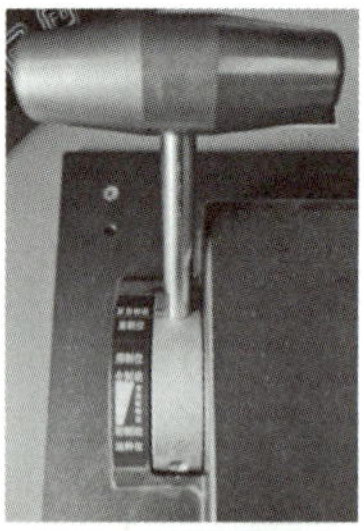
3	小闸手柄从“运转”位移至“侧缓”位，制动缸压力应能缓解至 0	

续表

工序	实训内容	图片
4	小闸手柄从“侧缓”位移回“运转”位，手柄复位后制动缸压力恢复	
5	大闸手柄从“紧急”位移回“运转”位，60 s 倒计时结束后，列车管、均衡风缸恢复定压，制动缸压力为 0	
6	大闸手柄从“运转”位移至“全制动”位，均衡风缸减压 140 kPa 的时间为 5～7 s；常用全制动制动缸最大压力在 6～8 s 内上升到 420 kPa	
7	大闸手柄从“全制动”位移至“抑制”位，各压力无变化。保压 1 min 均衡风缸泄漏量不大于 5 kPa，列车管泄漏量不大于 10 kPa，闸缸压力变化量不大于 10 kPa	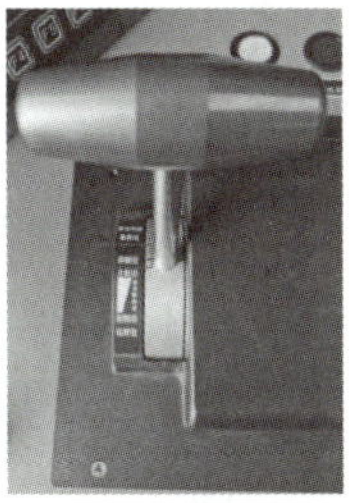
8	大闸手柄从“抑制”位移回“运转”位，均衡风缸、列车管均恢复定压，制动缸压力为 0	
9	大闸手柄从“运转”位移至“初制”位，充满风后，均衡风缸减压（50±5）kPa，列车管减压到均衡风缸压力为±10 kPa，制动缸压力为 100～120 kPa	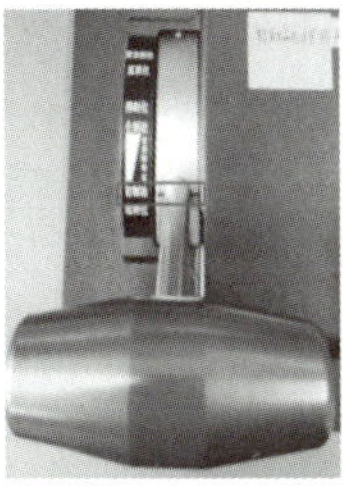

续表

工序	实训内容	图片
10	大闸手柄从“初制动”位移至“制动”区，均衡风缸减压 100 kPa，列车管减压到均衡风缸压力的 ±10 kPa，制动缸增压到（250±20）kPa，制动缸压力阶段上升。注：阶段制动时需停留 15 s 以上	
11	小闸手柄从“运转”位移至“侧缓”位，制动缸压力应能缓解到 0	
12	小闸手柄从“侧缓”位移回“运转”位，手柄复位后制动缸压力不恢复	
13	大闸手柄从“初制”位移至“重联”位，均衡风缸以常用制动速率降为 0，列车管压力减压至 55～85 kPa，制动缸压力最终上升至 450～470 kPa	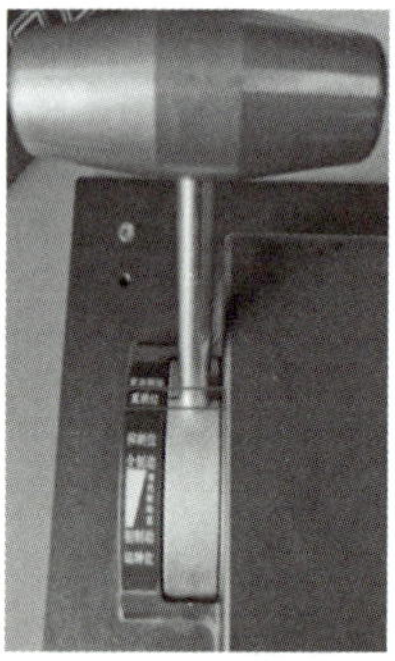
14	大闸手柄从“重联”位移回“运转”位，均衡风缸、列车管均恢复定压，制动缸压力为 0	

续表

工序	实训内容	图片
15	小闸手柄从“运转”位不少于三次阶段移至“全制动”位，制动缸压力阶段上升，全制动制动缸压力为（300±10）kPa	
16	小闸手柄由“全制动”位阶段移至“运转”位，制动缸压力阶段下降，运转位制动缸压力下降为 0	
17	小闸手柄从“运转”位移至“全制动”位，制动缸压力在 2 ~ 4 s 内上升到 285 kPa，最终达到 300 kPa	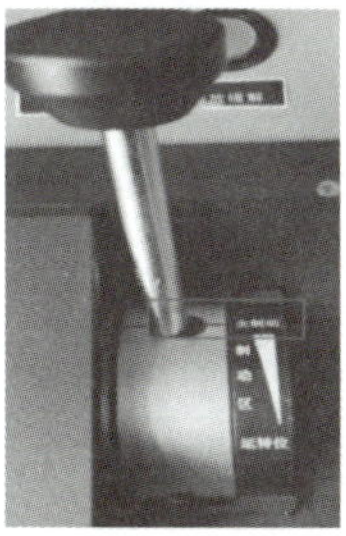
18	小闸手柄从“全制动”位移至“运转”位，制动缸压力在 3 ~ 5 s 内降至 40 kPa 以下	

五、实训考核标准（见表10-7-2）

表 10-7-2　实训考核标准

项　目	标　准	配分	得分
五步闸标准操作流程考核	能完整简述五步闸操作流程	50 分	
五步闸风压变化现象考核	能描述每一步的压力变化情况	50 分	

六、思考题

（1）制动系统试验的第 16 步小闸从运转位不少于 3 次移动至全制动位，是为了试验制动系统的什么功能？

（2）大闸紧急制动位，列车管压力降为 0 的时间应该在多少秒之内？

轨道交通实训课新理念新形态活页式教材

铁道机车运用与维护实训指导

（四）电器检修与维护

主　编／王　慧　蒲华强

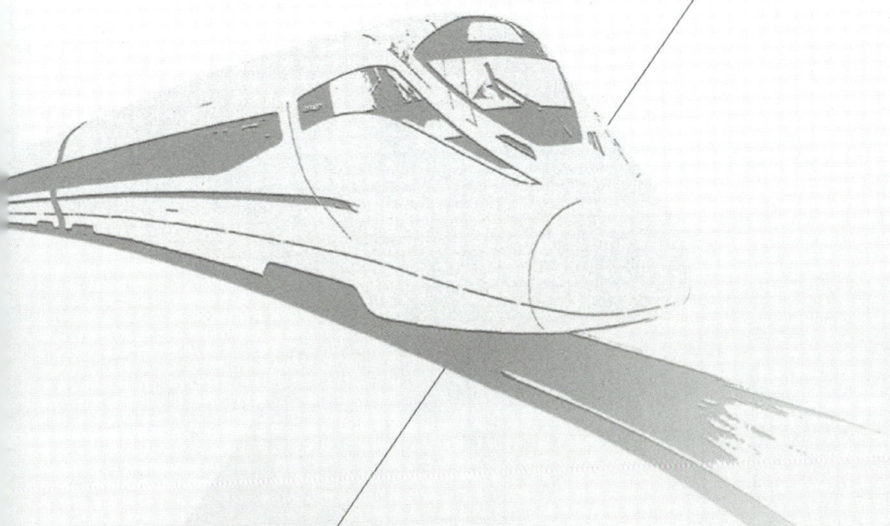

西南交通大学出版社
·成　都·

图书在版编目（CIP）数据

铁道机车运用与维护实训指导. 四，电器检修与维护 / 王慧，蒲华强主编. —成都：西南交通大学出版社，2023.6
ISBN 978-7-5643-9266-6

Ⅰ. ①铁… Ⅱ. ①王… ②蒲… Ⅲ. ①机车车辆 - 电气设备 - 检修 - 高等职业教育 - 教材 Ⅳ. ①U26

中国国家版本馆 CIP 数据核字（2023）第 074245 号

目录
CONTENTS

项目十一 HXD_1 型电力机车受电弓检修与维护

任务一 受电弓的整体认知

一、实训目的

（1）能准确阐述 HXD_1 型电力机车受电弓的结构和组成。
（2）能将 HXD_1 型电力机车受电弓的用途和功能应用于工作中。
（3）能熟练地对 HXD_1 型电力机车受电弓的技术参数进行设定。

二、理论链接

HXD_1 型电力机车采用 TSG15B 型受电弓，用以获取接触网的电能。TSG15B 型受电弓的结构如图 11-1-1 所示。

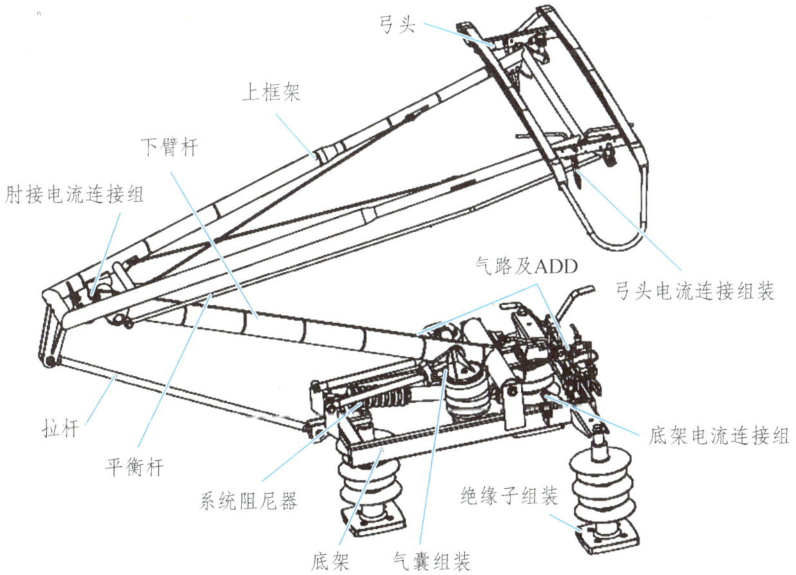

图 11-1-1 TSG15B 型受电弓的结构

其使用环境条件如下：

（1）海拔不超过 2 500 m。

（2）最低环境温度为-40 °C，最高环境温度为+70 °C。

（3）温度保持 40 °C 不变时，相对湿度为 95%；温度从-25 ~ +30 °C 快速变化时，相对湿度为 95%，最大绝对湿度为 30 g/m^3。

（4）暴露在机车外部的部件能承受雨、雪、风、沙的侵袭，并且具有防水、防风、防沙的能力。

（5）受电弓的振动和冲击符合 IEC-61373 标准 I 类 A 级的相关要求。

主要技术参数：

额定工作电压	30 kV（AC）
电压波动范围	19 ~ 31 kV（AC）
额定工作电流	1 000 A
额定运行速度	200 km/h
折叠高度（包括支持绝缘子）	≤678 mm
最小工作高度（从落弓位滑板面起）	220 mm
最大工作高度（从落弓位滑板面起）	2 250 mm
最大升弓高度（从落弓位滑板面起）	≥2 400 mm
受电弓集电头（弓头）长度	（1 950±10）mm
受电弓集电头（弓头）宽度	（330±3）mm
受电弓集电头（弓头）高度	（285±10）mm
滑板长度	（1 250±1）mm
受电弓集电头轮廓形状	符合 UIC608.4a 的要求
静态接触压力	（70±10）N
环境工作温度	-40 ~ +70 °C
最小工作压力	400 kPa
最大工作压力	1 000 kPa
额定工作压力（供风）	550 kPa
静态接触压力为 70 N 时气囊压力	380 ~ 400 kPa
降弓位置保持力	≥150 N
升弓时间	6 ~ 10 s
降弓时间	≤6 s
总重（不包括支持绝缘子）	≤110 kg
安装尺寸	1 100 mm×（800±1）mm
电气区域	≤（301±10）mm
电气间隙	≥350 mm
气路接口尺寸	*G*1/4″

三、实训要求

1. 实训时间

教学课时为 2 课时。

2. 实训形式

学生每 5 人组成一个工作小组，各小组根据实训课程任务制订实训实施方案，每个小组有一名组长，组长协助老师指导本组学生进行实训。

3. 实训注意事项

（1）整个受电弓部件认知学习中禁止通电升弓。
（2）注意观察受电弓的结构和组成。
（3）按下实训升弓按钮时，注意保持安全距离。
（4）穿戴好劳保防护用品。
（5）实训过程中遵守实训室的规章制度，不得嬉戏打闹。

4. 工器具材料准备

手电筒、检点锤、警示牌、绝缘鞋、安全带、禁动牌、铁路专用安全帽等。

四、实训作业步骤

1. 整体实训过程（见图 11-1-2 和图 11-1-3）

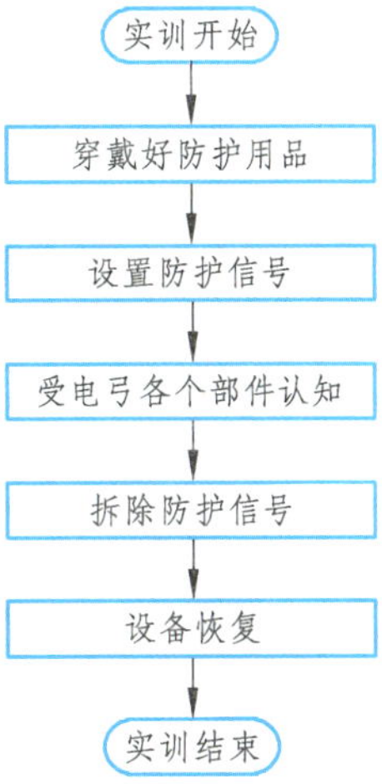

图 11-1-2　HXD_1 型电力机车受电弓整体认知流程

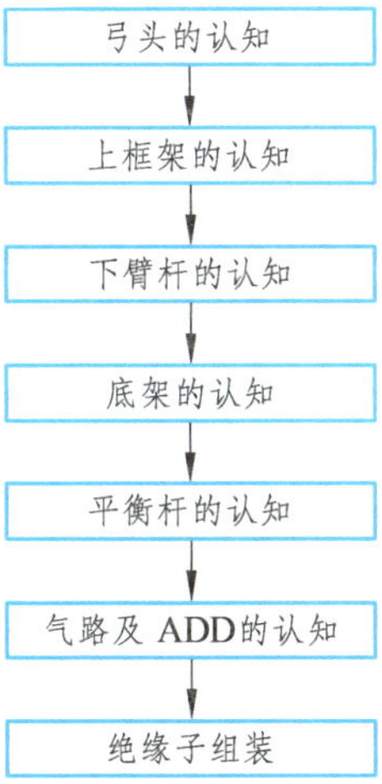

图 11-1-3　HXD_1 型电力机车受电弓各个部件认知流程

2. 实训作业步骤（见表 11-1-1）

表 11-1-1　实训步骤

工序	实训内容	检查记录结果
1	穿戴好防护用品	
2	设置防护信号	

续表

工序	实训内容	检查记录结果
3	认识受电弓的弓头	
4	认识受电弓的上框架	
5	认识受电弓的下臂杆	
6	认识受电弓的底架	
8	认识受电弓的平衡杆	
9	认识受电弓的气路及 ADD	
10	认识受电弓绝缘子的组装	
11	拆除防护信号	
12	设备恢复	

五、实训考核标准（见表11-1-2）

表 11-1-2　实训考核标准

考核标准	考核结果
（1）掌握受电弓的功能及其用途	（1）三个项目要求为合格，合格成绩为 60 分。 （2）有一项不符合要求，则不合格
（2）掌握受电弓的技术参数	
（3）掌握受电弓各部件的名称	
按要求掌握相关专业理论知识	20 分
按要求完成思考题	20 分

六、思考题

（1）HXD_1 型电力机车受电弓主要由哪些部件构成？

（2）HXD_1 型电力机车受电弓主要技术参数是什么？

任务二　受电弓部件外观检查及维护

一、实训目的

（1）能按照电力机车受电弓外观检查流程执行检查作业。

（2）能根据电力机车受电弓外观检查标准完成检查作业。

二、理论链接

受电弓是电力机车从接触网导线上受取电流的受流装置。它安装在机车车顶上，当受电弓升起时，受电弓滑板与接触网导线接触，经主断路器将电流引入机车主变压器，为机车提供动力能源。

受电弓靠滑动接触而受流，对它的基本要求就是滑板与接触导线接触可靠，磨耗小，升、降弓时不产生过分冲击。为此，在接触导线高度允许变化的范围内，要求受电弓滑板对接触导线有一定的接触压力，并且滑板离开底架要快，贴近接触导线时要慢，以防弹跳；在降弓时脱离接触导线要快，落在底架上要慢，以防拉弧以及对底架有过分的机械冲击。在运行中要求受电弓动作轻巧、平稳，动态稳定性好。

受电弓按其杆臂的结构形式可分为双臂受电弓和单臂受电弓两种。双臂受电弓结构对称，侧向稳定性好，但结构复杂，调整困难。单臂受电弓由于结构简单、尺寸小、质量轻、调整容易，具有良好的动特性而被现代电力机车广泛采用。HXD_1 型电力机车采用 TSG15B 型单臂受电弓，该受电弓主要由弓头、框架和传动机构三部分组成。每台电力机车上装有 2 台受电弓，正常运行时只升后弓，前弓备用。

三、实训要求

1. 实训时间

教学课时为 2 课时。

2. 实训形式

学生每 5 人组成一个工作小组，各小组根据实训课程任务制订实训实施方案，每个小组有一名组长，组长协助老师指导本组学生进行实训。

3. 实训注意事项

（1）必须穿戴好防护手套。

（2）必须戴安全头盔。

（3）必须穿防护服。

（4）必须穿防护鞋子。

（5）实训场地应做好下列现场安全防护措施：现场应清洁，无油污，防止人员滑倒。实训场地须有足够的自然照明或人工照明，车顶作业时必须系好安全带。

4. 工器具材料准备

擦拭布、水、洗涤剂、手电筒、警示牌、防护红旗、安全带、禁动牌、铁路专用安全帽等。

四、实训作业步骤

1. 整体实训过程（见图 11-2-1）

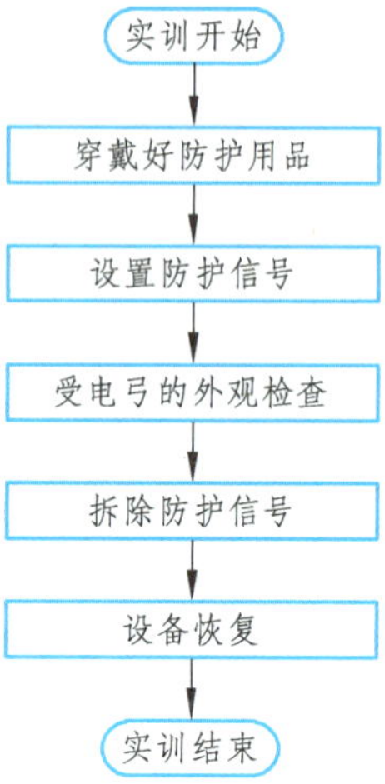

图 11-2-1　HXD_1 型电力机车受电弓外观检查实训流程

2. 实训作业步骤（见表 11-2-1）

表 11-2-1　HXD_1 型电力机车受电弓外观检查操作步骤

工序	实训内容	质量标准	使用工具	安全注意事项	记录检查结果
1	检查弓头和滑板	外观良好，无缺陷；如果有污渍或异物，需要清理	擦拭布、水、洗涤剂	防撞、防挤压、防跌落	
2	检查上框架	外观良好，无缺陷；如果有污渍或异物，需要清理	擦拭布、水、洗涤剂	防撞、防挤压、防跌落	
3	检查横拉杆	外观良好，无缺陷；如果有污渍或异物，需要清理	擦拭布、水、洗涤剂	防撞、防挤压、防跌落	
4	检查下臂杆	外观良好，无缺陷；如果有污渍或异物，需要清理	擦拭布、水、洗涤剂	防撞、防挤压、防跌落	
5	检查平衡杆	外观良好，无缺陷；如果有污渍或异物，需要清理	擦拭布、水、洗涤剂	防撞、防挤压、防跌落	
6	检查底架	外观良好，无缺陷；如果有污渍或异物，需要清理	擦拭布、水、洗涤剂	防撞、防挤压、防跌落	
7	检查气囊	外观良好，无缺陷；如果有污渍或异物，需要清理。若有深度不小于 1.2 mm、长度不小于 25 mm 的单条裂缝，需要详细记录	擦拭布、水、洗涤剂	防撞、防挤压、防跌落	

五、实训考核标准（见表11-2-2）

表 11-2-2　实训考核标准

考核标准	考核结果
（1）掌握受电弓的检查标准	（1）三个项目要求为合格，合格成绩为 60 分。 （2）有一项不符合要求，则不合格
（2）掌握受电弓的检查流程	
（3）按规定时间完成受电弓的检查	
按要求掌握相关专业理论知识	20 分
按要求完成思考题	20 分

六、思考题

（1）受电弓的升降弓为什么都要先快后慢?

（2）受电弓的外观检查主要包括哪些零部件？各部件的检查标准是什么?

任务三　受电弓紧固件检查与维护

一、实训目的

（1）能按照 HXD_1 型电力机车受电弓紧固件的操作要求进行受电弓紧固件操作。

（2）能按照 HXD_1 型电力机车受电弓紧固件防松标记的喷涂标准进行喷绘作业。

（3）能将扭矩扳手的使用方法应用于工作中。

二、理论链接

扭力扳手又称为力矩扳手、扭矩扳手、扭矩可调扳手，如图 11-3-1 所示。扭力扳手是依据梁的弯曲原理、扭杆的弯曲原理和螺旋弹簧的压缩原理而设计的，能测量出作用在螺帽上的力矩大小，其应用主要是紧固螺栓。高强螺栓可分为扭剪型和大六角型两种，国标扭剪型高强螺栓为 M16、M20、M22、M24 四种，现在也有非国标的 M27、M30 两种；国标大六角高强螺栓为 M16、M20、M22、M24、M27、M30 等几种。一般对于高强螺栓的紧固都要先初紧再终紧，而且每步都需要有严格的扭矩要求。大六角高强螺栓的初紧和终紧都必须使用定扭矩扳手。

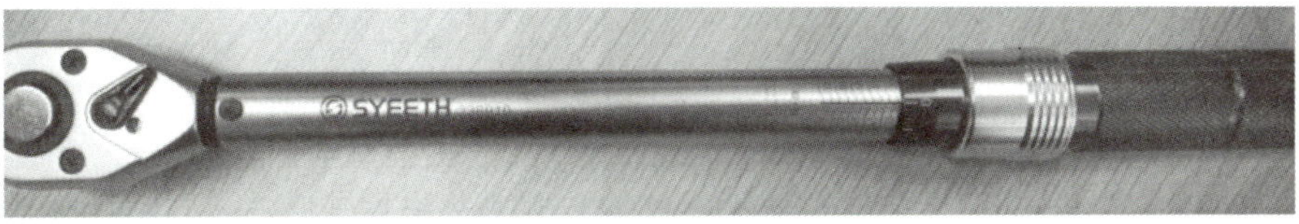

图 11-3-1　扭力扳手外形

使用方法如下：

（1）首先拉下定位套（见图 11-3-2），并拉紧，同时转动手柄设定所需的扭矩值，松开定位套，定位套自动锁紧。

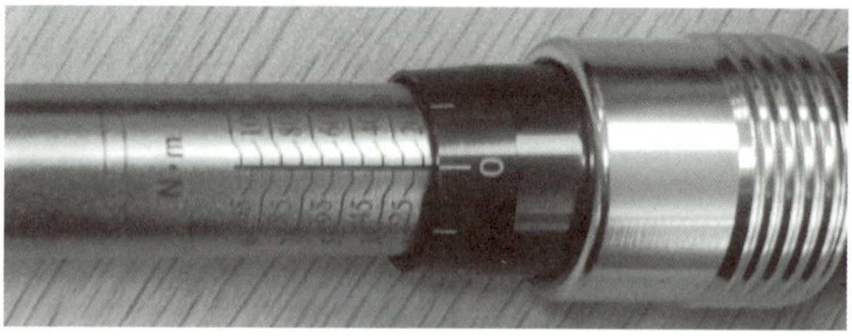

图 11-3-2　定位套

（2）从小值往大值方向调整扭矩，若超过设定值，往回调至低于设定扭矩值后再进行调整。

（3）切勿直接从最大值调至最小值。

（4）检查驱动头是否适合，或选用合适的转接头。

（5）握把正中心为施力位置。

（6）施力前请先确定扳手与被施力的物体确实贴合。

（7）施力应平稳缓慢，听到音响即待弹簧释放后，即停止施力。

（8）使用后需将设定值转回最小刻度。

（9）对于使用大扭矩扳手，操作者需注意身体重心。

三、实训要求

1. 实训时间

教学课时为 2 课时。

2. 实训形式

学生每 5 人组成一个工作小组，各小组根据实训课程任务制订实训实施方案，每个小组有一名组长，组长协助老师指导本组学生进行实训。

3. 实训注意事项

（1）必须穿戴好防护手套。

（2）必须戴安全头盔。

（3）必须穿防护服。

（4）必须穿防护鞋子。

（5）实训场地应做好下列现场安全防护措施：现场应清洁，无油污，防止人员滑倒。实训场地须有足够的自然照明或人工照明，车顶作业时必须系好安全带。

4. 工器具材料准备

擦拭布、手电筒、红色油漆笔、洗涤剂、喷壶、压力喷壶、扭矩扳手等。

四、实训作业步骤

1. 整体实训过程（见图 11-3-3）

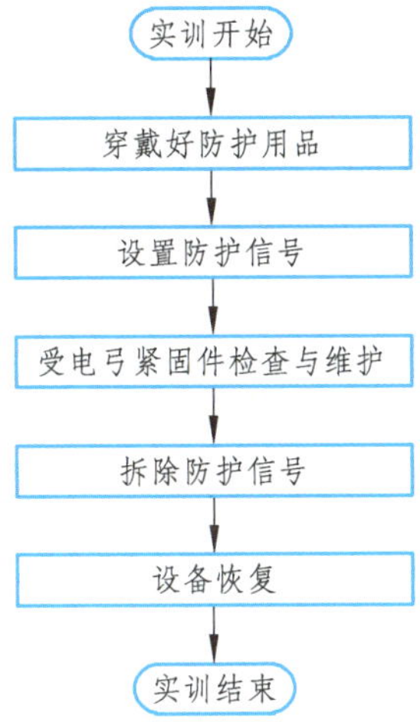

图 11-3-3　HXD_1型电力机车受电弓紧固件的检查与维护流程

2. 实训作业步骤（见表 11-3-1）

表 11-3-1　HXD_1型电力机车受电弓紧固件的检查步骤

工序	实训内容	质量标准	使用工具	安全注意事项	图片
1	检查受电弓是否装有 4 个紧固件	紧固件不松动，防松标志使用正确。如果螺栓松动，应根据旋紧扭矩的要求紧固。如防松标志施加不正确或未施加，应按拧紧力矩的要求拧紧后施加。受电弓安装拧紧力矩为 120 N·m	手锤、扭矩扳手	防撞、防挤压、防跌落	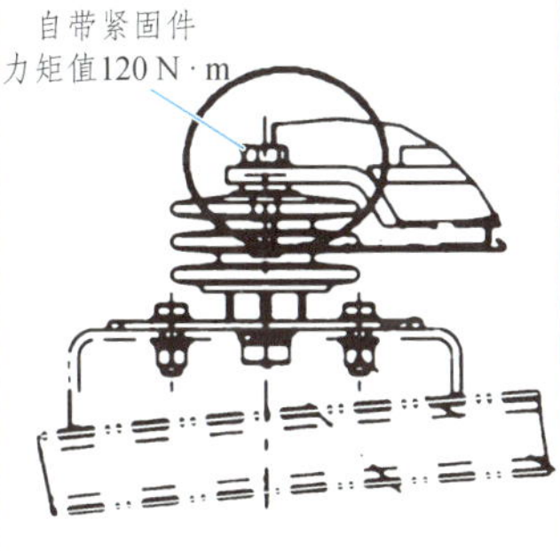
2	检查安装板紧固件 16 个紧固件是否全部安装完毕	紧固件不松动，防松标志使用正确。如螺栓松动，应按拧紧力矩的要求拧紧。如防松标志施加不正确或未施加，应按拧紧力矩的要求拧紧后施加。安装板拧紧力矩为 43 N·m	手锤、扭矩扳手	防撞、防挤压、防跌落	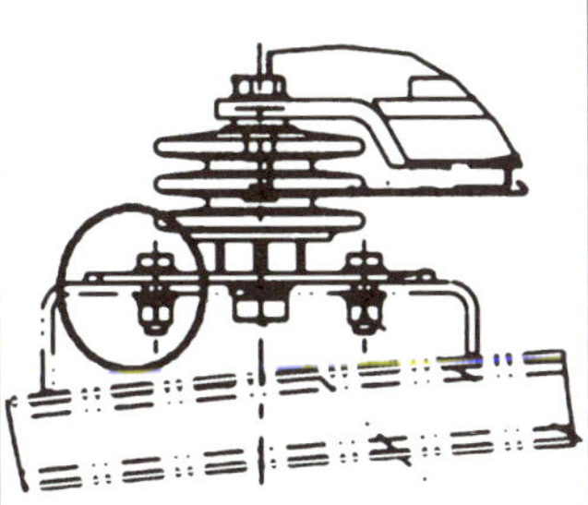

续表

工序	实训内容	质量标准	使用工具	安全注意事项	图片
3	检查所有绝缘子是否装有4个紧固件	紧固件不松动，防松标志使用正确。如螺栓松动，应按拧紧力矩的要求拧紧。如防松标志施加不正确或未施加，应按拧紧力矩的要求拧紧后施加。绝缘子安装拧紧力矩为208 N·m	手锤、扭矩扳手	防撞、防挤压、防跌落	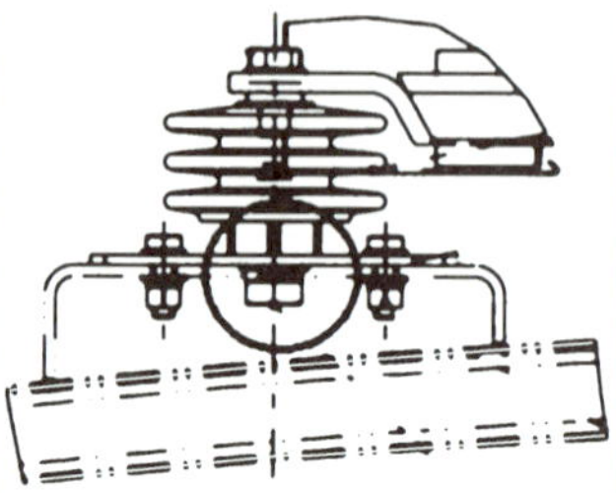
4	防松标志喷涂	检查完所有紧固件，将螺栓、螺母及连接部位涂打防松标志。螺栓、螺母及连接部位的防松动标志垂直喷涂，连接部位表面喷涂长度 H_1 为 4～10 mm。当两个紧固件外缘的距离小于 4 mm 时，H_1 的长度可以等于两个紧固件外缘的距离。长度 H_2 应小于 10 mm	棉丝、手锤、钢丝刷	防撞、防挤压、防跌落	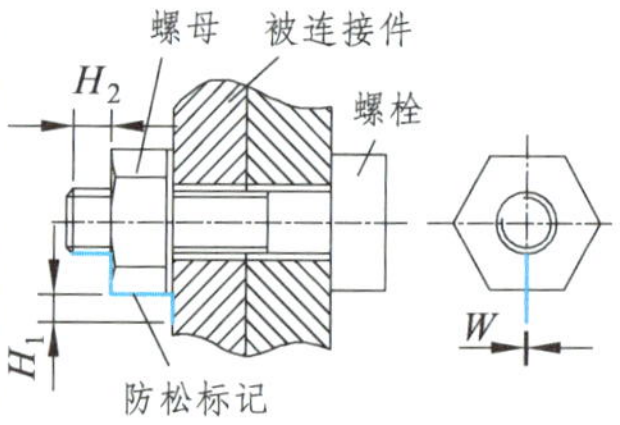

五、实训考核标准（见表11-3-2）

表 11-3-2　实训考核标准

考核标准	考核结果
（1）掌握 HXD_1 型电力机车受电弓紧固件的检查标准	（1）三个项目要求为合格，合格成绩为 60 分。 （2）有一项不符合要求，则不合格
（2）掌握 HXD_1 型电力机车受电弓紧固件防松标记的喷涂标准	
（3）掌握扭矩扳手的使用方法	
按要求掌握相关专业理论知识	20 分
按要求完成思考题	20 分

六、思考题

（1）HXD_1 型电力机车受电弓紧固件的操作要求是什么？

（2）HXD_1 型电力机车受电弓紧固件防松标记的喷涂标准是什么？

任务四　受电弓碳滑板检查与维护

一、实训目的

（1）能按照受电弓碳滑板检查与维护流程执行检查作业。

（2）能根据受电弓碳滑板检查标准完成检查作业。

二、理论链接

碳滑板经常与电网保持接触，并且是受电弓的主要磨损件。为了尽早发现损坏，每次例行检查都应对它们进行检查。如果接触网和其支撑点状况良好，滑板磨损应在磨损件的整个长度上均匀产生。有关使用期间的详细资料不能适用完全不同的使用条件（负载变化、接触网供电波动、雨雪冰霜等）。滑板工作长度为 1 250 mm，滑板托架两端制成弯角形，可防止在接触网分叉处接触导线进入滑板下面造成刮弓事故。为了使滑板磨耗均匀，接触导线与轨距中心线呈“之”字形布置。

弓头弓角的磨损不是受电弓本身的故障，但偶尔会有发生。严重磨损的弓头弓角或碳滑板边上的切口是接触网故障的迹象，必须立刻处理。碳滑板上铝板断面的电弧痕迹说明接触力低。新的接触网粗糙，并且能够引起更大磨损的电弧。应谨慎确保用于碳滑板的定位螺钉状况良好。安装新滑板，需要使用新的螺母。在使用期间，如果这种接头松动，碳滑板不会立刻导致整个受电弓受损，因为其位于一个托架内。但是如果此条件下，运行更长时间会钩住电网。这样就会对电网造成严重损坏。操作经验表明在更换碳滑板之前，容许其厚度磨损到 4 mm。紧急情况下，可允许磨损到支持板。

三、实训要求

1. 实训时间

教学课时为 2 课时。

2. 实训形式

学生每 5 人组成一个工作小组，各小组根据实训课程任务制订实训实施方案，每个小组有一名组长，组长协助老师指导本组学生进行实训。

3. 实训注意事项

（1）必须穿戴好防护手套。

（2）必须戴安全头盔。

（3）必须穿防护服。

（4）必须穿防护鞋子。

（5）实训场地应做好下列现场安全防护措施：现场应清洁，无油污，防止人员滑倒。实训场地须有足够的自然照明或人工照明，车顶作业时必须系好安全带。

4. 工器具材料准备

钢尺、套筒扳手、扭矩扳手、擦拭布、手电筒、红色油漆笔、洗涤剂、喷壶、压力喷壶等。

四、实训作业步骤

1. 整体实训过程（见图 11-4-1）

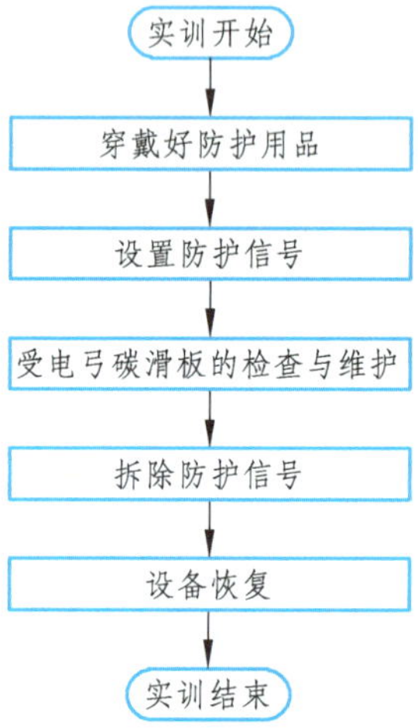

图 11-4-1 受电弓碳滑板的检查与维护流程图

2. 实训作业步骤（见表 11-4-1）

表 11-4-1 受电弓碳滑板的检查步骤

工序	实训内容	质量标准	使用工具	安全注意事项	记录检查结果
1	用钢尺测量受电弓碳滑板厚度并记录	碳滑板尺寸应详细记录，检查是否有断裂等现象，如横向裂纹穿透铝架、横向裂缝扩展到滑块、磨损边缘的宽度超过 0.3 mm、纵向穿透裂纹、滑块变形等	钢尺	防撞、防挤压、防跌落	
2	取下碳滑板	将滑板从弹簧支架上取下，放于专用检修支架上	目视	防撞、防挤压、防跌落	
3	取下滑板条	拆下滑板条固定螺丝，取下滑板条	套筒扳手	防撞、防挤压、防跌落	
4	检查滑板托架	清除滑板托架表面污垢及锈蚀，检查夹板，应无变形、裂纹	目视	防撞、防挤压、防跌落	
5	检查滑板托架与滑板条接触面	应无腐蚀、空洞及凸凹不平等不良现象，电腐蚀严重者应更换托架	目视	防撞、防挤压、防跌落	
6	检查诱导角	托架两端的诱导角应完好紧固，诱导角下部挡铁应牢固	目视	防撞、防挤压、防跌落	

续表

工序	实训内容	质量标准	使用工具	安全注意事项	记录检查结果
7	检查碳条接缝处	滑板碳条滑动导电面的碳条接缝处及碳条与诱导角间应平滑过渡	目视	防撞、防挤压、防跌落	
8	装入垫圈和螺母	装入垫圈和螺母	目视	防撞、防挤压、防跌落	
9	预装相关连接螺母	安装连接螺母	目视	防撞、防挤压、防跌落	
10	按规定扭矩紧固螺母	设置扭矩扳手扭矩为规定值，并紧固螺母	扭矩扳手	防撞、防挤压、防跌落	
11	涂打防松标记	按规定涂打防松标记	红色油漆笔	防撞、防挤压、防跌落	
12	测量碳滑板和弓角之间的间隙	用塞尺测量碳滑板和弓角之间的间隙不超过 2 mm	塞尺	防撞、防挤压、防跌落	

五、实训考核标准（见表11-4-2）

表 11-4-2　实训考核标准

考核标准	考核结果
（1）掌握碳滑板厚度的测量方法	（1）三个项目要求为合格，合格成绩为 60 分。 （2）有一项不符合要求，则不合格
（2）掌握碳滑板的解体和组装方法	
（3）在规定时间内完成受电弓碳滑板的检查与维护	
按要求掌握相关专业理论知识	20 分
按要求完成思考题	20 分

六、思考题

（1）受电弓碳滑板的检查流程是什么？

（2）如何更换受电弓碳滑板？

任务五　受电弓导流线检查与维护

一、实训目的

（1）能按照受电弓导流线的更换方法进行更换操作。

（2）能根据受电弓导流线螺母的紧固标准进行紧固作业。

二、理论链接

在受电弓的各转动部位，安装有不同规格的导流线，导流线的规格依据车辆的电流选择，车辆需要的电流越大，则软连线截面越大，反之则截面越小。流过受电弓的电流，绕过滚动轴承和弓头悬挂装置的绝缘弹簧元件，通过高性能的导流线进行短接。导流线由高性能的铜线组成，两端配有压型的接头。共有四条导流线短接下臂杆的轴承，两条导流线短接弓头。接头材料为不锈钢、铜或铝，所有螺栓带有平垫片，采用锁紧螺母连接。在铝和铜表面之间，采用专门的垫片，以避免出现电腐蚀。

三、实训要求

1. 实训时间

教学课时为 2 课时。

2. 实训形式

学生每 5 人组成一个工作小组，各小组根据实训课程任务制订实训实施方案，每个小组有一名组长，组长协助老师指导本组学生进行实训。

3. 实训注意事项

（1）必须穿戴好防护手套。

（2）必须戴安全头盔。

（3）必须穿防护服。

（4）必须穿防护鞋子。

（5）实训场地应做好下列现场安全防护措施：现场应清洁，无油污，防止人员滑倒。实训场地须有足够的自然照明或人工照明，车顶作业时必须系好安全带。

4. 工器具材料准备

钢尺、套筒扳手、扭矩扳手、红色油漆笔、洗涤剂、喷壶、压力喷壶、扭矩扳手、扳手及套筒等。

四、实训作业步骤

1. 整体实训过程（见图 11-5-1）

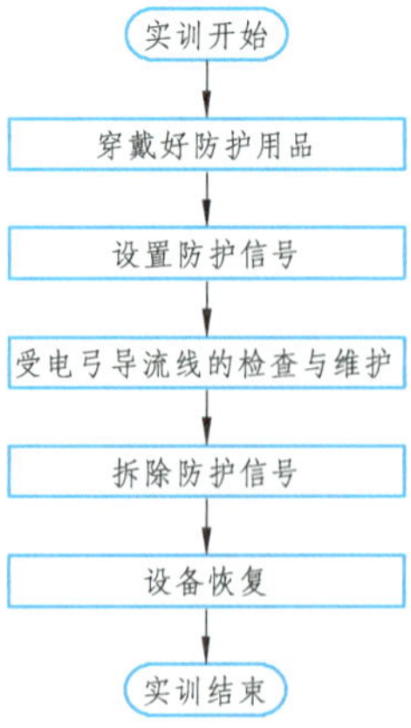

图 11-5-1　受电弓导流线的检查与维护整体流程

2. 实训作业步骤（见表 11-5-1）

表 11-5-1　受电弓导流线的检查步骤

工序	实训内容	质量标准	使用工具	安全注意事项	记录检查结果
1	检查所有受电弓导流线	要求不能被拉紧或与其他零部件接触，不能出现松股，断股不超过1/10，否则记录相应位置并更换导流线	目视	防撞、防挤压、防跌落	
2	拆除导流线紧固螺栓	使用扳手和套筒，拆除导流线紧固螺栓	扳手和套筒	防撞、防挤压、防跌落	
3	取下螺母、垫圈	将换下的螺母、垫圈放入废料区	目视	防撞、防挤压、防跌落	
4	取下导流线	更换的导流线放入物料待处理区	目视	防撞、防挤压、防跌落	
5	装入垫圈和螺母	装入垫圈和螺母，并预紧	扳手	防撞、防挤压、防跌落	
6	紧固螺母	按规定扭矩使用扭力扳手紧固螺母	扭矩扳手	防撞、防挤压、防跌落	
7	涂打防松标记	按规定涂打防松标记	红色油漆笔	防撞、防挤压、防跌落	

五、实训考核标准（见表11-5-2）

表 11-5-2　实训考核标准

考核标准	考核结果
（1）掌握扭力扳手的使用方法	（1）三个项目要求为合格，合格成绩为 60 分。 （2）有一项不符合要求，则不合格
（2）掌握受电弓导流线的更换流程	
（3）在规定时间内完成受电弓导流线的更换作业	
按要求掌握相关专业理论知识	20 分
按要求完成思考题	20 分

六、思考题

（1）受电弓导流线的作用是什么？
（2）受电弓导流线的更换标准流程是什么？

任务六　受电弓绝缘子、避雷器检查与维护

一、实训目的

（1）能准确阐述受电弓绝缘子清洗操作要求。
（2）能准确阐述受电弓避雷器清洗操作要求。
（3）能按照受电弓绝缘子和避雷器检查标准执行检查作业。

二、理论链接

绝缘子俗称为瓷瓶，通常由玻璃或陶瓷制成。在电力系统中，是用来支持导线的绝缘体，广泛用于一般的架空线电力工程中。电力机车顶部安装有绝缘子，用于受电弓与车顶的电气隔离。此外，受电弓绝缘子还能起到支撑受电弓底架的作用。

受电弓避雷器是一种保护电器，用来限制电气设备绝缘上的过电压。目前，设计的避雷器除限制雷电过电压外，还能限制一部分操作过电压。避雷器在正常工作电压下流过避雷器的电压非常小，可认为是绝缘体；当电压值超过某一动作值，电流会急剧增加，此时电流的增加已抑制住电压的上升，从而保护了机车的绝缘设备。当电压恢复正常工作时，电流非常小，避雷器仍然处于绝缘体状态，不影响整个受流系统的正常工作。

三、实训要求

1. 实训时间

教学课时为 2 课时。

2. 实训形式

学生每 5 人组成一个工作小组，各小组根据实训课程任务制订实训实施方案，每个小组有一名组长，组长协助老师指导本组学生进行实训。

3. 实训注意事项

（1）必须穿戴好防护手套。
（2）必须戴安全头盔。
（3）必须穿防护服。
（4）必须穿防护鞋子。
（5）实训场地应做好下列现场安全防护措施：现场应清洁，无油污，防止人员滑倒。实训场地须有足够的自然照明或人工照明，车顶作业时必须系好安全带。

4. 工器具材料准备

卷尺、擦拭布、无纺布、手电筒、水、红色油漆笔、洗涤剂、喷壶、压力喷壶、扭矩扳手、扳手及套筒等。

四、实训作业步骤

1. 整体实训过程（见图 11-6-1）

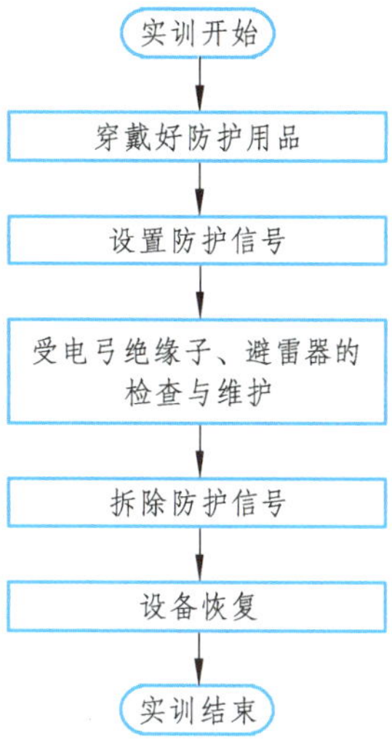

图 11-6-1　受电弓绝缘子、避雷器的检查与维护整体流程

2. 实训作业步骤（见表 11-6-1）

表 11-6-1　受电弓绝缘子、避雷器的检查步骤

工序	实训内容	质量标准	使用工具	安全注意事项	记录检查结果
1	检查绝缘子	外观良好，表面无裂纹、无破损、无污迹，若有裂纹或破损时，需记录具体现象；表面无污迹、异物，如有污迹或异物，需要记录相应位置和现象并清理干净	无纺布、洗涤剂、喷壶、水	防撞、防挤压、防跌落	
2	检查避雷器	外观良好，表面无裂纹、无破损、无污迹，若有裂纹或破损时，需记录具体现象；表面无污迹、异物，如有污迹或异物，需要记录相应位置和现象并清理干净	无纺布、洗涤剂、喷壶、水	防撞、防挤压、防跌落	
3	绝缘子的清洗	（1）用无纺布擦拭绝缘子外表面。 （2）用洗洁精清洁绝缘子外表面的异物并且擦干。 （3）用水冲洗洗洁精残留污渍。 （4）用干净的无纺布将绝缘子外表面擦拭干净，清洁完毕后绝缘子应干透、发亮	无纺布、洗涤剂、喷壶、水	防撞、防挤压、防跌落	

续表

工序	实训内容	质量标准	使用工具	安全注意事项	记录检查结果
4	避雷器的清洗	（1）用无纺布擦拭避雷器外表面。 （2）用洗洁精清洁避雷器外表面的异物并擦干。 （3）用水冲洗洗洁精残留污渍。 （4）用干净的无纺布将避雷器外表面擦拭干净，清洁完毕后绝缘子应干透、发亮	无纺布、洗涤剂、喷壶、水	防撞、防挤压、防跌落	

五、实训考核标准（见表11-6-2）

表 11-6-2　实训考核标准

考核标准	考核结果
（1）掌握受电弓绝缘子的检查方法	（1）三个项目要求为合格，合格成绩为 60 分。 （2）有一项不符合要求，则不合格
（2）掌握受电弓避雷器的检查方法	
（3）在规定时间内完成绝缘子和避雷器的清洁作业	
按要求掌握相关专业理论知识	20 分
按要求完成思考题	20 分

六、思考题

（1）受电弓绝缘子的清洁流程是什么？
（2）受电弓避雷器的检查标准是什么？

任务七　受电弓转动部件检查与维护

一、实训目的

（1）能准确阐述受电弓转动部件的检查方法。
（2）能准确阐述受电弓转动部件的润滑方法。
（3）能按照受电弓转动部件的检查与维护作业标准进行检查作业。

二、理论链接

受电弓转动部件是受电弓的重要组成部分，在受电弓的升降弓过程中承担着关键作用。如受电弓在长期运用过程中未对其转动部件进行清洁保养，会影响受电弓的升降弓时间的准确性，从而影响受电弓的使用寿命和工作可靠性。因此，受电弓转动部件的检查与维护是整个受电弓的检修与维护的重要环节。在受电弓的日常检修过程中，需对其做好标准化检查与维护作业。

三、实训要求

1. 实训时间

教学课时为 2 课时。

2. 实训形式

学生每 5 人组成一个工作小组，各小组根据实训课程任务制订实训实施方案，每个小组有一名组长，组长协助老师指导本组学生进行实训。

3. 实训注意事项

（1）必须穿戴好防护手套。

（2）必须戴安全头盔。

（3）必须穿防护服。

（4）必须穿防护鞋子。

（5）实训场地应做好下列现场安全防护措施：现场应清洁，无油污，防止人员滑倒。实训场地须有足够的自然照明或人工照明，车顶作业时必须系好安全带。

4. 工器具材料准备

机车车辆制动缸 889D 润滑脂、注油器、擦拭布、无纺布、毛刷、手电筒、水、红色油漆笔、洗涤剂、喷壶、压力喷壶、扭矩扳手、扳手及套筒等。

四、实训作业步骤

1. 整体实训过程（见图 11-7-1）

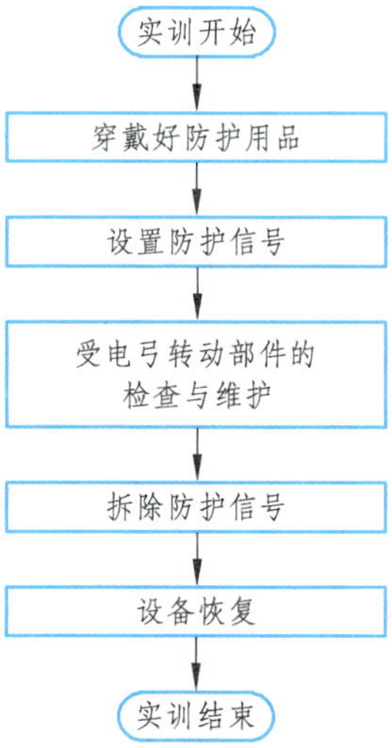

图 11-7-1　受电弓转动部件的检查与维护整体流程

2. 实训作业步骤（见表 11-7-1）

表 11-7-1 受电弓转动部件的检查与步骤

工序	实训内容	质量标准	使用工具	安全注意事项	记录检查结果
1	检查下臂杆转动部件	表面无积尘，若有积尘，需用毛刷清理干净	毛刷	防撞、防挤压、防跌落	
2	检查上框架转动部件	表面无积尘，若有积尘，需用毛刷清理干净	毛刷	防撞、防挤压、防跌落	
3	检查弓头弹簧转动部件	表面无积尘，若有积尘，需用毛刷清理干净	毛刷	防撞、防挤压、防跌落	
4	检查下臂杆、上框架、弓头弹簧等转动部件	转动正常，轴承无卡滞现象	目视	防撞、防挤压、防跌落	
5	检查升弓钢丝绳	对升弓钢丝绳进行润滑	机车车辆制动缸 889D 润滑脂、注油器	防撞、防挤压、防跌落	
6	润滑弓头弹簧箱	用注油器对弓头弹簧箱进行润滑	机车车辆制动缸 889D 润滑脂、注油器	防撞、防挤压、防跌落	
7	检查关节轴承	对拉杆两端进行润滑	机车车辆制动缸 889D 润滑脂、注油器	防撞、防挤压、防跌落	
8	平衡杆末端关节轴承润滑	对平衡杆末端关节轴承进行润滑，在轴承内圈涂抹制动缸 89D 润滑脂	机车车辆制动缸 889D 润滑脂、注油器	防撞、防挤压、防跌落	

五、实训考核标准（见表11-7-2）

表 11-7-2 实训考核标准

考核标准	考核结果
（1）掌握受电弓转动部件的检查方法	（1）三个项目要求为合格，合格成绩为 60 分。 （2）有一项不符合要求，则不合格
（2）掌握受电弓转动部件的润滑方法	
（3）掌握受电弓转动部件的检查与维护的作业标准	
按要求掌握相关专业理论知识	20 分
按要求完成思考题	20 分

六、思考题

（1）受电弓转动部件的检查方法是什么？

（2）如何对受电弓转动部件进行润滑？

任务八　受电弓气阀箱的认知

一、实训目的

（1）通过学习对受电弓气阀箱的内部结构有清晰认知。

（2）能准确阐述受电弓气阀箱各部件的作用。

（3）能准确阐述受电弓气阀箱的工作原理。

二、理论链接

通过把司机室的受电弓控制开关打到升弓位或操作就地控制台升弓按钮，来实现受电弓的升弓。在这种情况下，受电弓电磁阀得电动作，压缩空气进入阀板，压缩气体流经阀板（机车内），通过气管和绝缘软管（连接电力机车输出接口和受电弓接口）进入受电弓。TSG15B 型受电弓气阀板是独立于受电弓安装在机车内部的一套气路装置，可用来调整受电弓的升降弓时间、静态接触压力及将气压信号转换为电信号。其主要集成了空气过滤器、单向节流阀、精密调压阀、安全阀及压力开关等几部分，如图 11-8-1 和图 11-8-2 所示。

当气囊中的气压达到调压阀 R 的设定值时，受电弓将逐渐升起，与接触网相接触的接触压力将被确定。

通过旋转调压阀上精密调压阀的旋钮，进行接触压力的调节：顺时针旋转增大接触压力，逆时针旋转减小接触压力。

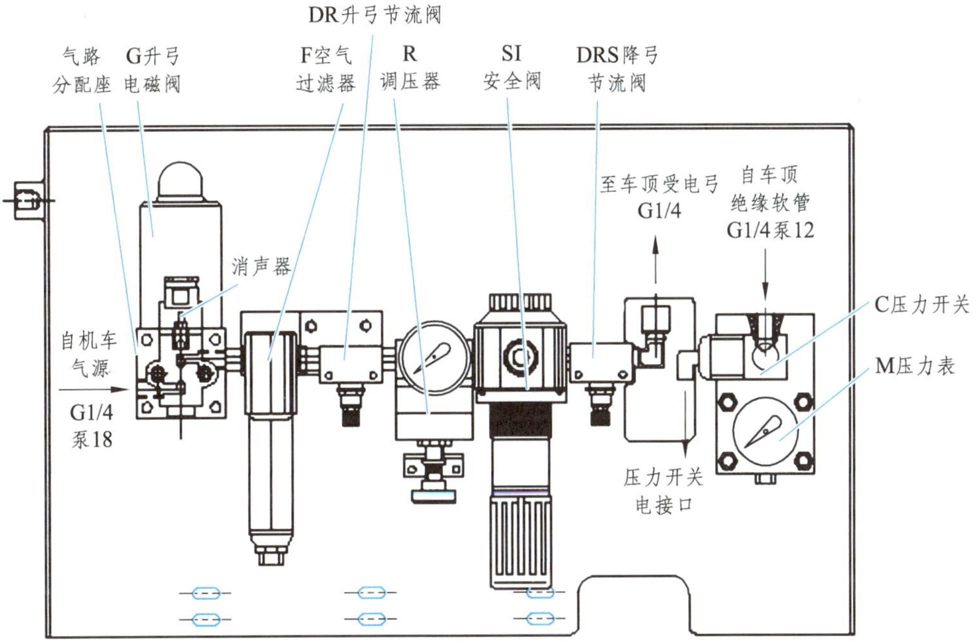

图 11-8-1　受电弓气阀箱原理

图 11-8-2　受电弓气阀箱实物

通过调节单向节流阀 DRH，从而调节升弓速度，顺时针减小升弓时间，逆时针增大升弓时间。

通过调节单向节流阀 DRS，调节降弓速度，顺时针减小降弓时间，逆时针增大降弓时间。

受电弓压力开关是一种将气压信号转换为电信号的装置，此装置是在受电弓非正常降弓时才起作用，可以很好地保护受电弓及供电网线。受电弓在正常情况下升降弓时，要求是先断主断后升降弓。但在非正常情况下（如碳滑板断裂或气路泄漏等），受电弓自动降弓时，由于人工无法预测，主断不可能人为先断开，也即受电弓在负载的情况下降弓，如此就会造成受电弓与网线之间严重拉弧，损坏受电弓及网线。通过设计加装压力开关后，如出现上述情况，受电弓气压值一旦变化到压力开关的设定值，压力开关就会迅速给出电信号，控制主断断开，从而起到保护受电弓及供电网线的作用。

TSG15B 型受电弓的气路过压保护装置（安全阀）集成在受电弓气阀板上，此装置的作用是为避免受电弓升弓高度突然降低或受电弓精密调压阀失效导致气压变大时，造成受电弓气囊的破损及弓网的过度磨损。受电弓上带有风道的碳滑板与气囊升弓装置气路是相通的。当碳滑板被刮弓断裂或磨损到限出现空气泄漏时，气囊升弓装置中的压缩空气就会从快速降弓阀中迅速排出，从而实现自动降弓，以避免网线和受电弓的进一步损坏，起到很好的保护作用。

TSG15B 型受电弓由于设计了独立于受电弓的气阀板，可非常方便安全地调整受电弓升降弓时间及静态接触压力，同时可以更好地监控受电弓的工作状态。

三、实训要求

1. 实训时间

教学课时为 2 课时。

2. 实训形式

学生每 5 人组成一个工作小组，各小组根据实训课程任务制订实训实施方案，每个小组有一名组长，组长协助老师指导本组学生进行实训。

3. 实训注意事项

（1）必须穿戴好防护手套。

（2）必须戴安全头盔。

（3）必须穿防护服。

（4）必须穿防护鞋子。

（5）实训场地应做好下列现场安全防护措施：现场应清洁，无油污，防止人员滑倒。实训场地须有足够的自然照明或人工照明，车顶作业时必须系好安全带。

4. 工器具材料准备

卷尺、擦拭布、无纺布、手电筒、水、红色油漆笔、洗涤剂、喷壶、压力喷壶、扭矩扳手、扳手及套筒等。

四、实训作业步骤

1. 整体实训过程（见图 11-8-3）

认识受电弓升弓电磁阀
↓
认识空气过滤器
↓
认识升弓节流阀
↓
认识精密调压阀
↓
认识安全阀
↓
认识降弓节流阀
↓
认识压力开关

图 11-8-3　受电弓气阀箱的认知流程

2. 实训作业步骤（见表 11-8-1）

表 11-8-1　受电弓气阀箱的认知步骤

工序	实训内容	作业图片	记录检查结果
1	认识受电弓升弓电磁阀	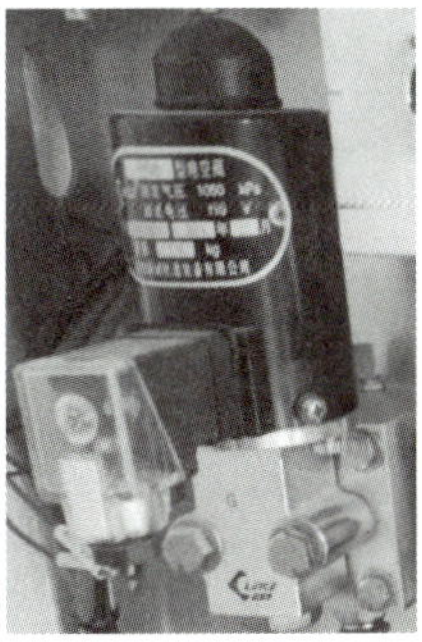	

续表

工序	实训内容	作业图片	记录检查结果
2	认识空气过滤器	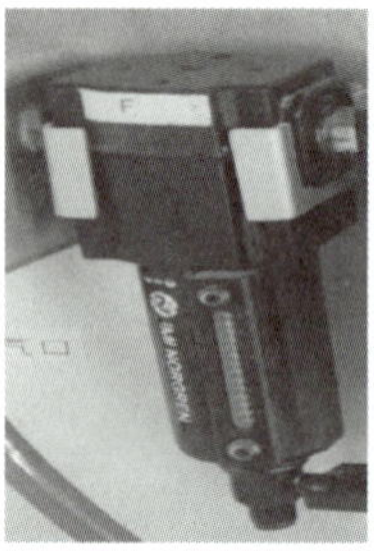	
3	认识升弓节流阀	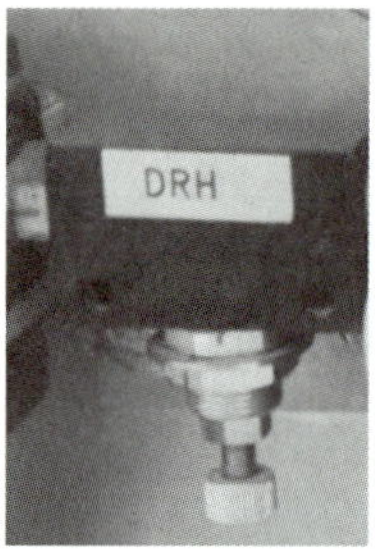	
4	认识精密调压阀		
5	认识安全阀		

续表

工序	实训内容	作业图片	记录检查结果
6	认识降弓节流阀	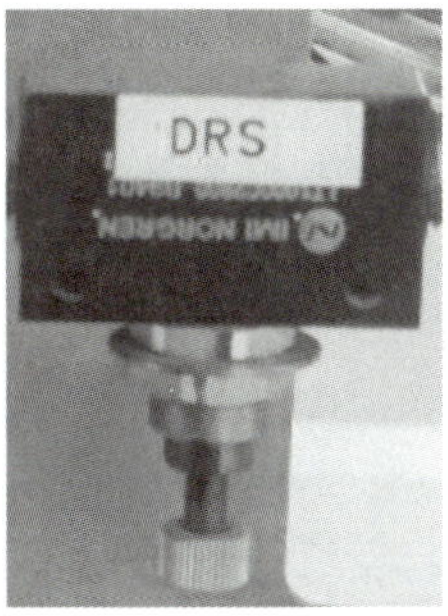	
7	认识压力开关		

五、实训考核标准（见表11-8-2）

表 11-8-2　实训考核标准

考核标准	考核结果
（1）掌握受电弓气阀箱的内部结构	（1）三个项目要求为合格，合格成绩为 60 分。 （2）有一项不符合要求，则不合格
（2）掌握受电弓气阀箱的工作原理	
（3）掌握受电弓气阀箱各部件的作用及原理	
按要求掌握相关专业理论知识	20 分
按要求完成思考题	20 分

六、思考题

（1）画图说明受电弓气阀箱的内部结构。

（2）受电弓气阀箱的工作原理是什么？

任务九　受电弓空气管路外观检查与气路安装

一、实训目的

（1）能根据受电弓气路安装的方法完成安装操作。

（2）能按照受电弓空气管路的外观检查方法执行检查作业。

（3）能准确阐述受电弓气路的工作原理。

二、理论链接

受电弓的升弓和降弓由气囊装置进行控制，气囊装置由气路控制，而气路又由电磁阀操纵。该控制气路保证：受电弓无振动而有规律地升起，直至最大工作高度；从受电弓弓头开始上升算起，在 6 ~ 10 s 内无异常冲击地抵达接触网线上；由任意高度（包括工作区）快速降弓；降弓时，使受电弓避免遭受到任何损坏。

1）升弓过程

通过进入气囊的压缩空气量的多少控制升弓运动。电磁阀得电，压缩空气通过气路装置和快速降弓阀进入气囊，气囊受到压缩空气的作用后膨胀抬升，使得蝴蝶座通过钢丝绳拉拽下臂杆，这样受电弓在钢丝绳的作用下，将随着气囊膨胀的大小而先快后慢地升弓。

2）降弓过程

受电弓的下降通过受电弓的气囊升弓装置释放压缩空气来进行控制。电磁阀失电，阀腔通大气，快速降弓阀中的快排阀口打开，气囊升弓装置内的压缩空气通过快排阀迅速排出，气囊收缩，受电弓靠自重迅速降弓，整个降弓过程先快后慢。

三、实训要求

1. 实训时间

教学课时为 2 课时。

2. 实训形式

学生每 5 人组成一个工作小组，各小组根据实训课程任务制订实训实施方案，每个小组有一名组长，组长协助老师指导本组学生进行实训。

3. 实训注意事项

（1）必须穿戴好防护手套。

（2）必须戴安全头盔。

（3）必须穿防护服。

（4）必须穿防护鞋子。

（5）实训场地应做好下列现场安全防护措施：现场应清洁，无油污，防止人员滑倒。实训场地须有足够的自然照明或人工照明，车顶作业时必须系好安全带。

4. 工器具材料准备

生胶带、卷尺、擦拭布、无纺布、手电筒、水、红色油漆笔、洗涤剂、喷壶、压力喷壶、扭矩扳手、扳手及套筒等。

四、实训作业步骤

1. 整体实训过程（见图 11-9-1）

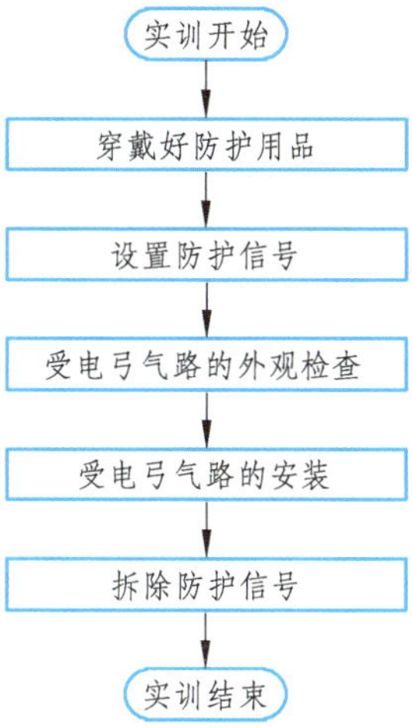

图 11-9-1　受电弓空气管路外观检查与气路安装整体流程

2. 实训作业步骤（见表 11-9-1）

表 11-9-1　受电弓空气管路外观检查与气路安装步骤

工序	实训内容	质量标准	使用工具	安全注意事项	记录检查结果
1	检查受电弓空气管路	外观良好，表面无裂纹、无破损、无污迹，如果有污渍或异物，需要清理	洗涤剂、喷壶	防撞、防挤压、防跌落	
2	检查受电弓管道连接	管道连接是否良好，并通过喷洒洗涤剂检查受电弓管道是否有泄漏点。如有泄漏点，应重新拧紧，确保密封	洗涤剂、喷壶	防撞、防挤压、防跌落	
3	检查空气管路	如发现受电弓有裂纹或破损，需按要求进行更换作业	手锤、扳手	防撞、防挤压、防跌落	
4	拆解空气管路	根据管路接头尺寸选择合适的扳手工具进行拆装	扳手	防撞、防挤压、防跌落	
5	安装管路	管路接头安装时，必要时需缠绕生胶带，保障连接的气密性	生胶带	防撞、防挤压、防跌落	

续表

工序	实训内容	质量标准	使用工具	安全注意事项	记录检查结果
6	管路敷设	管路敷设时，注意保留管路余量，同时保证各部件之间不产生相互干扰	扳手	防撞、防挤压、防跌落	
7	保压试验	气路安装维护后应重新进行保压试验，确保空气管路气密性良好	目视	防撞、防挤压、防跌落	

五、实训考核标准（见表11-9-2）

表 11-9-2　实训考核标准

考核标准	考核结果
（1）掌握受电弓空气管路安装方法	（1）三个项目要求为合格，合格成绩为 60 分。 （2）有一项不符合要求，则不合格
（2）掌握受电弓空气管路的外观检查方法	
（3）在规定时间完成受电弓空气管路外观检查与气路安装	
按要求掌握相关专业理论知识	20 分
按要求完成思考题	20 分

六、思考题

（1）简要说明受电弓空气管路安装过程中的注意事项。

（2）简要说明受电弓的升弓原理。

任务十　受电弓空气管路气密性测试

一、实训目的

（1）能准确阐述受电弓空气管路原理。

（2）能按照受电弓保压测试方法进行保压测试作业。

（3）能按照受电弓空气管路气密性测试方法进行气密性测试作业。

二、理论链接

HXD_1 型电力机车受电弓实训系统测试模块在气阀箱的基础上加装了受电弓控制箱。受电弓控制空气管路原理如图 11-10-1 所示。受电弓控制箱主要包含单向阀、保压风缸、截断塞门、压力表及强制升弓电磁阀几部分。单向阀保证气压只能单向流动，即从风源向保压风缸流动。保压风缸的容积为 20 L，可保证管路有一定的空气压力。U03 截断塞门可控制接通和切断风源与气阀箱之间的压力空气。压力表可显示当前进入气阀箱的压力空气的压力值。升弓电磁阀 U05 有升弓和降弓位，当电磁阀打至升弓位，可控制受电弓强制升弓。

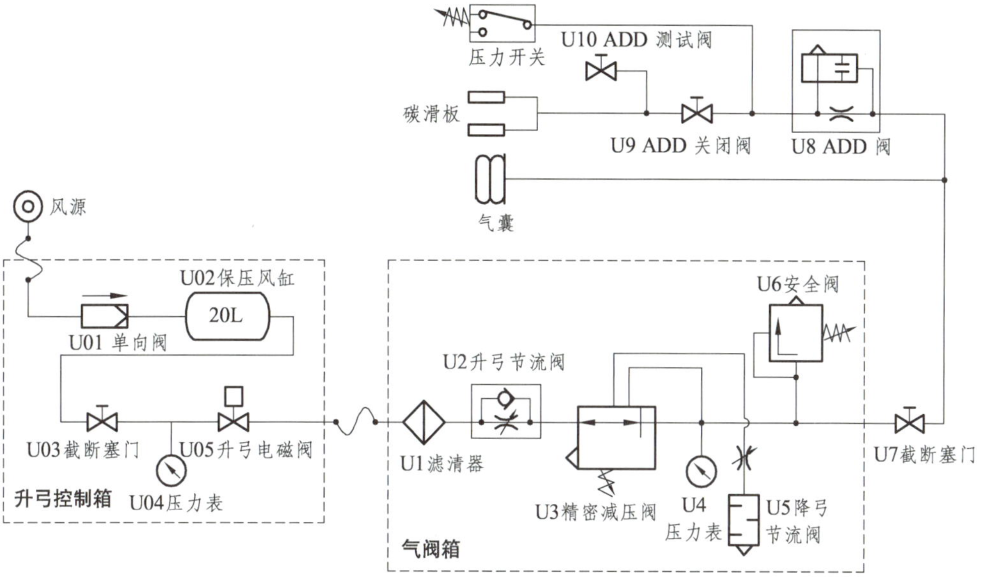

图 11-10-1　HXD_1 型电力机车受电弓空气管路原理

三、实训要求

1. 实训时间

教学课时为 2 课时。

2. 实训形式

学生每 5 人组成一个工作小组，各小组根据实训课程任务制订实训实施方案，每个小组有一名组长，组长协助老师指导本组学生进行实训。

3. 实训注意事项

（1）必须穿戴好防护手套。

（2）必须戴安全头盔。

（3）必须穿防护服。

（4）必须穿防护鞋子。

（5）实训场地应做好下列现场安全防护措施：现场应清洁，无油污，防止人员滑倒。实训场地须有足够的自然照明或人工照明，车顶作业时必须系好安全带。

（6）保压测试作业过程中，必须做好安全防护措施，防止受电弓突然升起或落下。

4. 工器具材料准备

秒表、擦拭布、无纺布、手电筒、水、红色油漆笔、洗涤剂、喷壶、压力喷壶、扭矩扳手、扳手及套筒等。

四、实训作业步骤

1. 整体实训过程（见图 11-10-2）

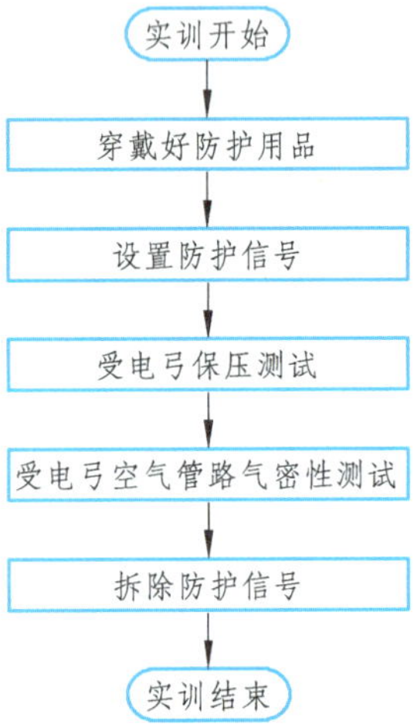

图 11-10-2　受电弓空气管路气密性测试流程

2. 实训作业步骤（见表 11-10-1）

表 11-10-1　受电弓空气管路气密性测试步骤

工序	实训内容	使用工具	安全注意事项	图片
1	测试之前做好安全防护，打开受电弓控制箱 U03 截断塞门和受电弓气阀箱的 U7 截断塞门	目视	防撞、防挤压、防跌落	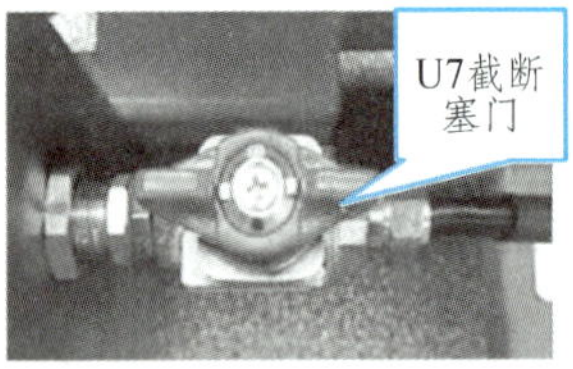
2	确认受电弓控制箱中的 U04 压力表压力值约为 0.4 MPa	目视	防撞、防挤压、防跌落	

续表

工序	实训内容	使用工具	安全注意事项	图片
3	将升弓电磁阀强制导通开关打至升弓位	目视	防撞、防挤压、防跌落	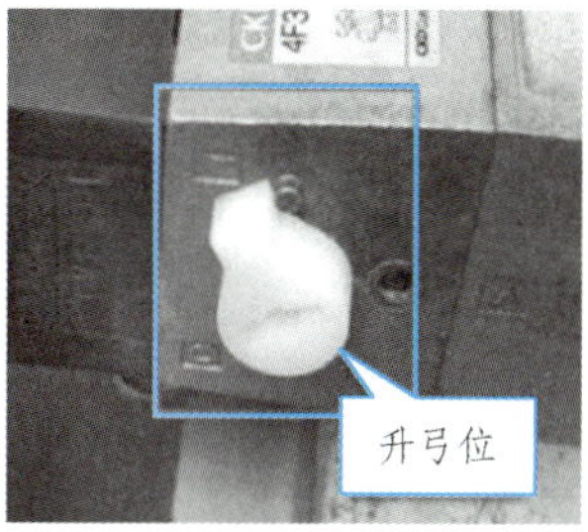
4	气囊充满气，受电弓升弓动作瞬间，关闭截断U03塞门，待压力表风压稳定后（10～20 s），记录当前风压值，并用秒表开始计时	目视、秒表	防撞、防挤压、防跌落	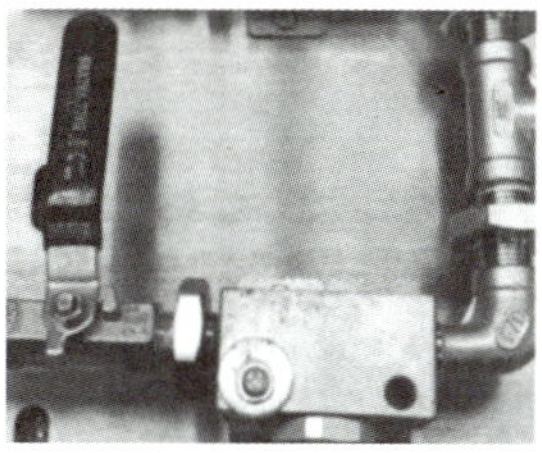
5	记录时间为 5 min，检查压力表读数，压力值泄漏应小于 0.03 MPa，若风压泄漏过大，需要通过气密性测试查找问题点	目视、秒表	防撞、防挤压、防跌落	
6	将升弓电磁阀强制导通开关打至降弓位，降弓后复位 U03 塞门	目视	防撞、防挤压、防跌落	
7	给气囊充以 0.38～0.4 MPa 的气压	目视	防撞、防挤压、防跌落	
8	将升弓电磁阀强制导通开关打至升弓位，在升弓动作之前截断 U03 塞门	目视	防撞、防挤压、防跌落	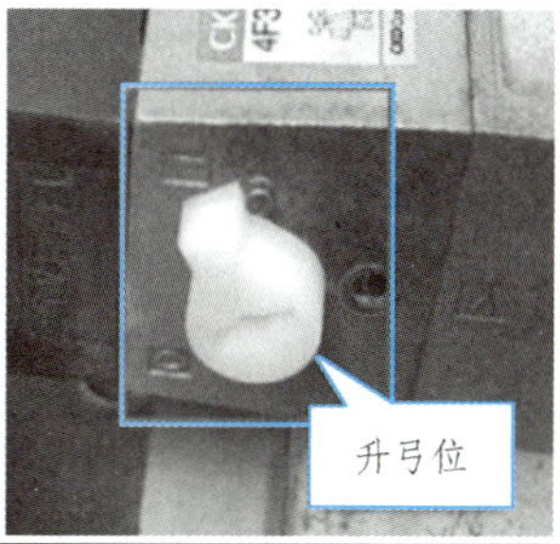
9	在整个气路接头处涂抹肥皂水，如有泄漏，即连续冒泡现象，判定该点为泄漏点，需拧紧或更换相关气动元件	洗涤剂、喷壶	防撞、防挤压、防跌落	

五、实训考核标准（见表11-10-2）

表 11-10-2　实训考核标准

考核标准	考核结果
（1）掌握 HXD_1 型电力机车受电弓保压试验方法	（1）三个项目要求为合格，合格成绩为 60 分。 （2）有一项不符合要求，则不合格
（2）掌握 HXD_1 型电力机车受电弓空气管路气密性检查标准	
（3）在规定时间内完成受电弓气密性试验	
按要求掌握相关专业理论知识	20 分
按要求完成思考题	20 分

六、思考题

（1）HXD_1 型电力机车受电弓保压试验方法是什么?

（2）如何做 HXD_1 型电力机车受电弓的气密性试验?

任务十一　受电弓升降弓时间调节

一、实训目的

（1）能按照受电弓升弓时间的调节方法进行调节操作。

（2）按照受电弓降弓时间的调节方法进行调节操作。

（3）能准确阐述受电弓升降弓的工作原理。

二、理论链接

受电弓气阀箱如图 11-11-1 所示。

图 11-11-1　受电弓气阀箱实物

通过调节单向节流阀 DRH，调节升弓速度，顺时针减小升弓时间，逆时针增大升弓时间。

通过调节单向节流阀 DRS，调节降弓速度，顺时针减小降弓时间，逆时针增大降弓时间。在调整过程中，注意节流阀的小动作调整，每调整一次，需对升降弓时间进行测量，保证时间的测量准确。

三、实训要求

1. 实训时间

教学课时为 2 课时。

2. 实训形式

学生每 5 人组成一个工作小组，各小组根据实训课程任务制订实训实施方案，每个小组有一名组长，组长协助老师指导本组学生进行实训。

3. 实训注意事项

（1）必须穿戴好防护手套。

（2）必须戴安全头盔。

（3）必须穿防护服。

（4）必须穿防护鞋子。

（5）实训场地应做好下列现场安全防护措施：现场应清洁，无油污，防止人员滑倒。实训场地须有足够的自然照明或人工照明，车顶作业时必须系好安全带。

4. 工器具材料准备

秒表、擦拭布、无纺布、手电筒、水、红色油漆笔、洗涤剂、喷壶、压力喷壶、扭矩扳手、开口扳手及套筒等。

四、实训作业步骤

1. 整体实训过程（见图 11-11-2）

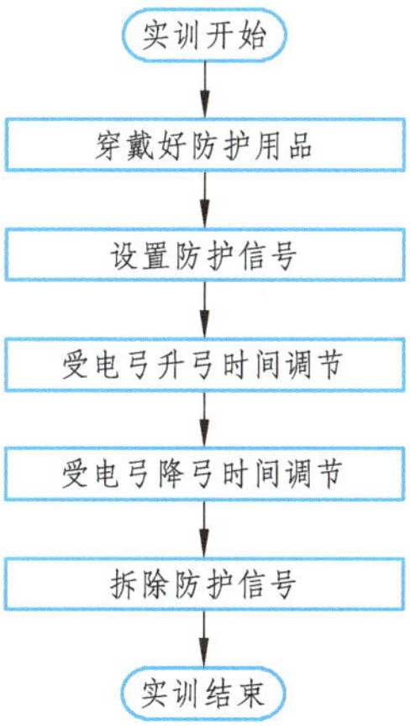

图 11-11-2　受电弓升降弓时间调节流程

2. 实训作业步骤（见表 11-11-1）

表 11-11-1 受电弓升降弓时间调节步骤

工序	作业内容	质量标准	使用工具	安全注意事项	记录检查结果
1	升降弓注意事项	（1）升弓避免产生对接触网的冲击现象。 （2）降弓避免产生弹跳。 （3）保证升降弓过程平稳无异响，实现先快后慢的要求。 （4）受电弓的升弓时间应从受电弓弓头动作开始用秒表计时，到受电弓接触接触线计时结束	秒表	防撞、防挤压、防跌落	
2	调节升弓时间	（1）做好安全防护后，打开受电弓控制箱的 U03 截断塞门和受电弓 U7 截断塞门。 （2）确认 U04 压力表指针压力值大于 0.6 MPa，将升弓电磁阀强制导通开关打至升弓位，升起受电弓。 （3）标准升弓时间为 6～8 s，风压值为 0.6 MPa。 （4）若时间不合格，需通过气阀箱内的升弓节流阀调整，缩短时间需顺时针调节，增加时间需逆时针调节，反复调节，直到时间合格为止，并记录最后的升弓时间	秒表	防撞、防挤压、防跌落	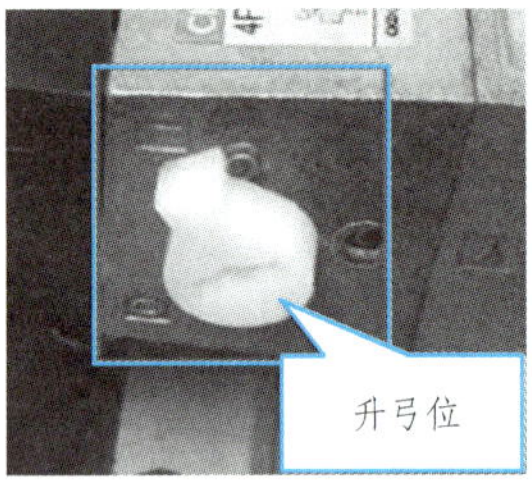
3	调节降弓时间	（1）将升弓电磁阀强制导通开关打至降弓位，降下受电弓。 （2）降弓时间从受电弓弓头动作开始用秒表计时，直至到达降落为止计时结束，标准降弓时间小于 6 s，风压值为 0.6 MPa。 （3）若时间不合格，需通过气阀箱内的降弓节流阀调整，缩短时间需顺时针调节，增加时间需逆时针调节，反复调节，直到时间合格为止，并记录最后的降弓时间	秒表	防撞、防挤压、防跌落	

五、实训考核标准（见表11-11-2）

表 11-11-2　实训考核标准

<table>
<tr><th>考核标准</th><th>考核结果</th></tr>
<tr><td>（1）掌握受电弓升弓时间调节方法</td><td rowspan="3">（1）三个项目要求为合格，合格成绩为 60 分。
（2）有一项不符合要求，则不合格</td></tr>
<tr><td>（2）掌握受电弓降弓时间调节方法</td></tr>
<tr><td>（3）在规定时间完成受电弓升降弓时间的调节</td></tr>
<tr><td>按要求掌握相关专业理论知识</td><td>20 分</td></tr>
<tr><td>按要求完成思考题</td><td>20 分</td></tr>
</table>

六、思考题

（1）受电弓升弓时间如何调节?

（2）受电弓降弓时间如何调节?

任务十二　受电弓静态压力调节

一、实训目的

（1）能按照受电弓静态压力调节实训流程执行压力调节作业。

（2）能按照受电弓静态压力调节方法完成受电弓压力调节。

二、理论链接

HXD_1 型电力机车是靠受电弓从接触网上获取电能来驱动牵引电机运行的，因此受电弓的性能好坏直接影响到电力运行的可靠性和效率。列车高速运行时，受电弓与接触网之间要维持合适的接触压力，当接触压力过小时，容易造成受电弓离线并产生拉弧，当接触压力过大时，接触线抬升量过大，使接触线局部弯曲并引起疲劳损伤，同时使接触线和滑板磨损消耗增大，严重时会造成弓网事故。HXD_1 型电力机车受电弓接触压力与弓头高度之间的关系如图 11-12-1 所示。

三、实训要求

1. 实训时间

教学课时为 2 课时。

2. 实训形式

学生每 5 人组成一个工作小组，各小组根据实训课程任务制订实训实施方案，每个小组有一名组长，组长协助老师指导本组学生进行实训。

3. 实训注意事项

（1）必须穿戴好防护手套。

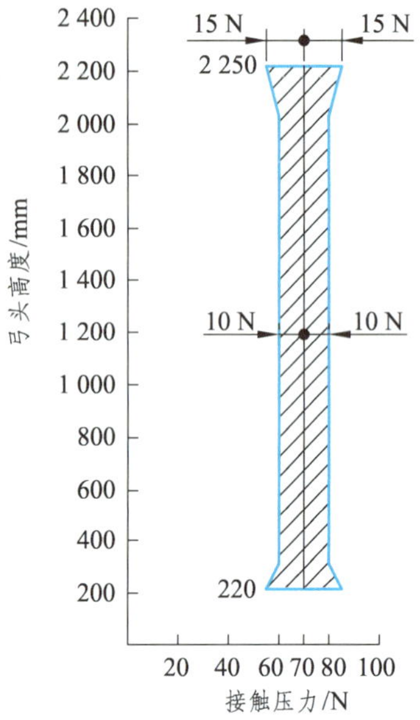

图 11-12-1　HXD_1 型电力机车弓头高度与接触压力的关系

（2）必须戴安全头盔。

（3）必须穿防护服。

（4）必须穿防护鞋子。

（5）实训场地应做好下列现场安全防护措施：现场应清洁，无油污，防止人员滑倒。实训场地须有足够的自然照明或人工照明，车顶作业时必须系好安全带。

4. 工器具材料准备

拉力计、辅助拉绳、无纺布、手电筒、水、红色油漆笔、洗涤剂、喷壶、压力喷壶、扭矩扳手、扳手及套筒等。

四、实训作业步骤

1. 整体实训过程（见图 11-12-2）

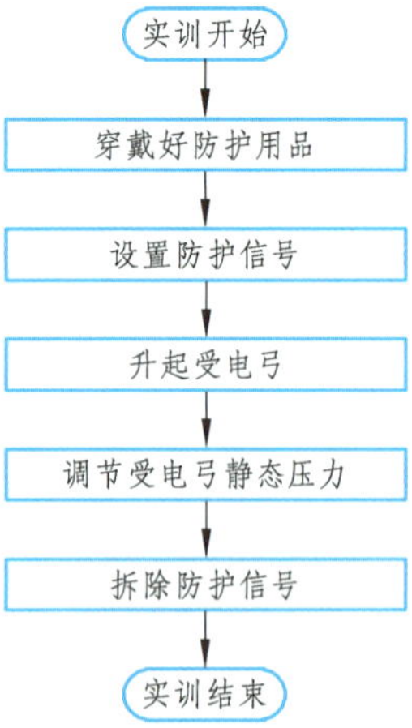

图 11-12-2　受电弓静态压力调节实训整体流程

2. 实训作业步骤（见表 11-12-1）

表 11-12-1　受电弓静态压力调节步骤

工序	实训内容	质量标准	使用工具	安全注意事项	图片
1	将升弓电磁阀强制导通开关置升弓位	升弓电磁阀强制导通开关置升弓位，升起受电弓	目视	防撞、防挤压、防跌落	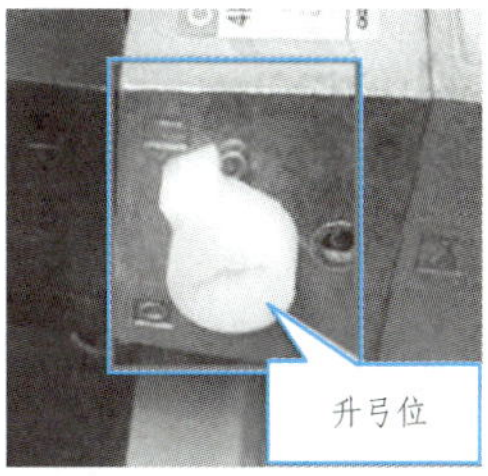
2	挂拉力计	将拉力计挂在弓头横杆中间位置	拉力计	防撞、防挤压、防跌落	
3	匀速向下垂直拉动拉力计	拉力计以 0.05 m/s 的速度匀速朝下运动垂直拉动拉力计，观察并记录两次拉力值： 第一次：碳滑板刚脱离接触网时； 第二次：碳滑板拉至接触网立柱指定标识处	拉力计	防撞、防挤压、防跌落	
4	调节接触压力	两次拉力值都应在（70±10）N内，否则进行调整； 调整方法：调节气阀箱内精密减压阀（增加压力逆时针调节，减少压力顺时针调节）。正常情况下，精密调压阀为 380～400 kPa	拉力计	防撞、防挤压、防跌落	
5	重复测量拉力值	重复上述步骤，直到拉力计数值都在（70±10）N 内，记录最终数值，测量值保留小数点后两位	拉力计	防撞、防挤压、防跌落	

五、实训考核标准（见表11-12-2）

表 11-12-2　实训考核标准

考核标准	考核结果
（1）掌握受电弓静态压力调节实训流程	（1）三个项目要求为合格，合格成绩为 60 分。 （2）有一项不符合要求，则不合格
（2）掌握受电弓静态压力调节方法	
（3）在规定时间内完成 HXD_1 型电力机车受电弓静态压力调节	
按要求掌握相关专业理论知识	20 分
按要求完成思考题	20 分

六、思考题

（1）画图说明 HXD_1 型电力机车弓头高度与接触压力的关系。

（2）受电弓静态压力调节方法是什么？

任务十三　受电弓便携式检测仪安装与使用

一、实训目的

（1）能准确阐述受电弓便携式检测仪的主要功能。

（2）能按照受电弓便携式检测仪安装方法进行安装操作。

（3）能准确阐述受电弓便携式检测仪显示窗口的含义。

二、理论链接

受电弓检测仪可用于对我国铁道、地铁所装备的各型受电弓进行静态特性检测，以便于性能调整，如图 11-13-1 所示。

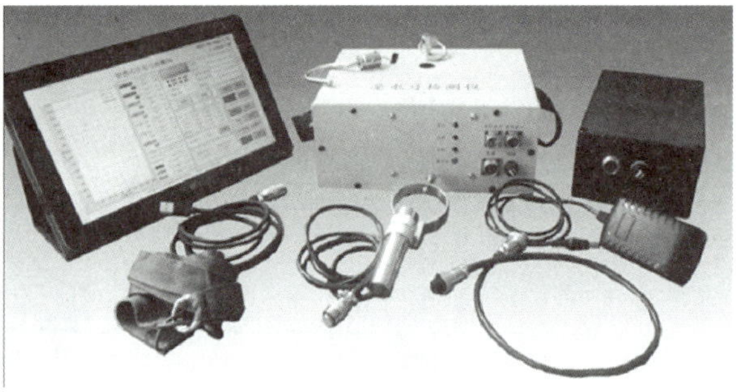

图 11-13-1　受电弓检测仪

受电弓静态特性测试是检查受电弓性能参数的一项关键测试项目，静态压力特性的优劣直接反映机车运行中的弓网关系。机车受电弓性能测试装置，采用便携式结构，能够实现在机车上检测机车受电弓性能；采用智能操作模式，测试结果及测试曲线，通过彩色显示屏实时显示出来，并可通过打印机、USB 接口将结果打印、输出。受电弓检测仪具备以下功能：

（1）准确测量受电弓的最大升弓高度。

（2）准确测量不同位置受电弓上所加的静态压力。

（3）实时给出升降弓时力与高度的静态特性曲线，并根据测试数据自动计算弓体的同向、同位力差。

（4）记录受电弓的升降时间。

（5）测试结果以表格及曲线图形式打印输出。

该系统符合 GB/T 21561—2008《轨道交通机车车辆受电弓特性和试验》。

主要技术数据如下：

（1）拉力范围：0 ~ 200 N；误差：优于满量程的 0.5%。

（2）测量高度范围：0～3 000 mm；误差：优于满量程的 0.5%。
（3）升降弓时间：0～99 s；误差：优于满量程的 0.5%。
（4）升降弓速度：50 mm/s。
（5）电源：可充电锂电池 DC 12 V。
（6）功率：不大于 200 W。
（7）弓线盒尺寸（长×宽×高）：240 mm×195 mm×100 mm。

三、实训要求

1. 实训时间

教学课时为 2 课时。

2. 实训形式

学生每 5 人组成一个工作小组，各小组根据实训课程任务制订实训实施方案，每个小组有一名组长，组长协助老师指导本组学生进行实训。

3. 实训注意事项

（1）必须穿戴好防护手套。
（2）必须戴安全头盔。
（3）必须穿防护服。
（4）必须穿防护鞋子。
（5）实训场地应做好下列现场安全防护措施：现场应清洁，无油污，防止人员滑倒。实训场地须有足够的自然照明或人工照明，车顶作业时必须系好安全带。

4. 工器具材料准备

受电弓便携式检测仪、擦拭布、无纺布、手电筒、水、红色油漆笔、洗涤剂、喷壶、压力喷壶、扭矩扳手、扳手及套筒等。

四、实训作业步骤

1. 整体实训过程（见图 11-13-2）

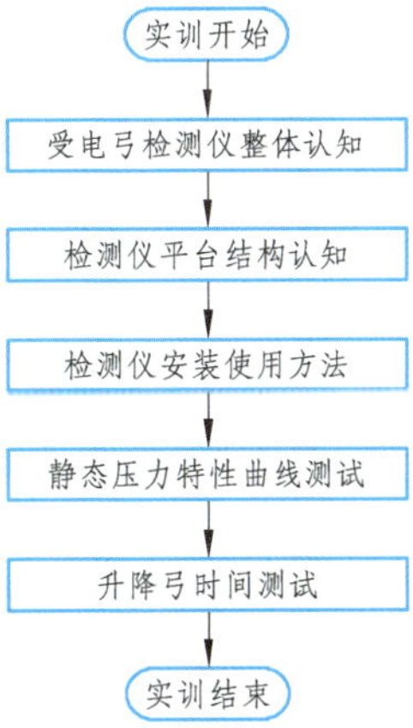

图 11-13-2　受电弓便携式检测仪安装与使用流程

2. 实训作业步骤（见表 11-13-1）

表 11-13-1　受电弓便携式检测仪使用步骤

<table>
<tr><th>工序</th><th>实训内容</th><th>质量标准</th><th>图片</th></tr>
<tr><td>1</td><td>认识受电弓检测仪</td><td>主要组成部件如图所示</td><td>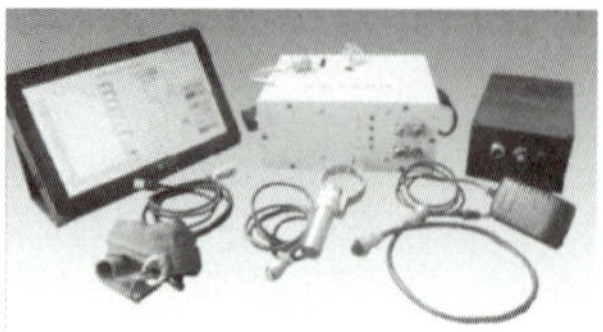</td></tr>
<tr><td>2</td><td>认识检测平台</td><td>检测平台主要包括复位按钮、拉紧按钮和放松按钮。
复位按钮：当系统提示通信错误或出现紧急情况时，按压此按钮复位；在使用手动放松、拉紧按钮时，可以作为停止键使用。
拉紧按钮：无力时收紧钢丝绳，当挂钩受力大于 30 N 时自动停止收紧动作。
放松按钮：当挂钩受力大于 25 N 时，按压此按钮放出钢丝绳，受力小于 25 N 时，自动停止放出动作</td><td>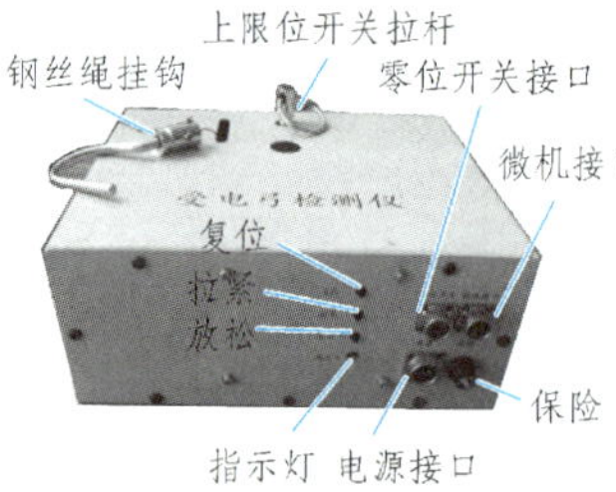
</td></tr>
<tr><td>3</td><td>固定测试平台</td><td>将测试平台按图示可靠地固定在受电弓下合适的位置</td><td>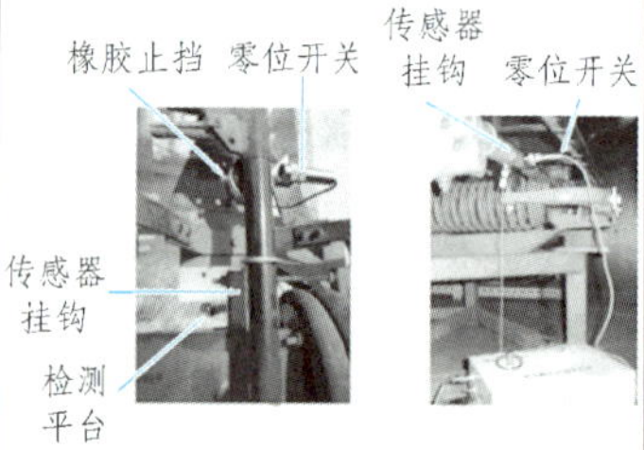
</td></tr>
<tr><td>4</td><td>电源插头连接</td><td>将配备的电源线一端与检测平台二芯电源插头连接，另一端按图示接至电池盒并打开电池盒开关，平台指示灯应亮起</td><td></td></tr>
<tr><td>5</td><td>将 USB 通信线连接到平台和平板计算机上</td><td>将 USB 通信线连接到平台和平板计算机上，五芯航空插头端连到平台微机接口处，USB 公插接到平板计算机上。注意：试验过程中不要拔插此线</td><td></td></tr>
</table>

续表

工序	实训内容	质量标准	图片
6	零位开关安装在合适的橡胶止挡位置	零位开关安装在合适的橡胶止挡位置，并且插头插入平台零位开关接口处。打开电池盒电源开关，手动操作将钢丝绳挂钩安放到受电弓横杆上，并保证收紧钢丝绳时尽可能垂直	
7	静态力特性曲线测试	（1）将弓压至零位（最低位置），点击“拉紧”将钢丝绳拉直并确保基本上下垂直。若弓已经在底部，可以跳过该步骤，直接开始下一步。 （2）点击屏幕上的【曲线】，在司机室升弓动作后，点击“确定”，开始进行压力曲线测试。点击“取消”，取消本次试验。 （3）点击“确定”后，将对受电弓的静态力特性进行自动测试，并将测试曲线实时显示在显示屏上，待测试结束后将自动停止。 （4）正常测试完成，会将弓拉回零点，得到曲线测试结果如图所示	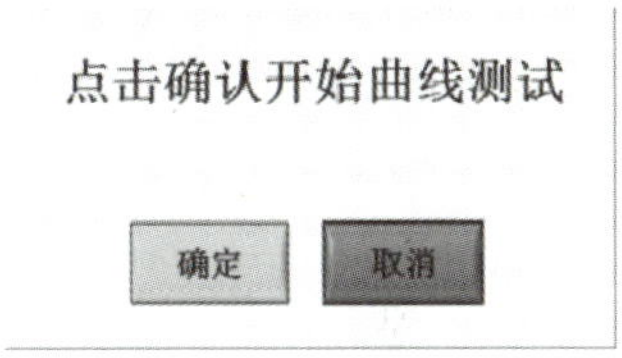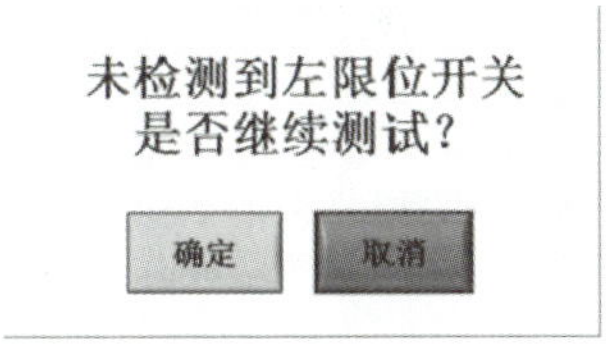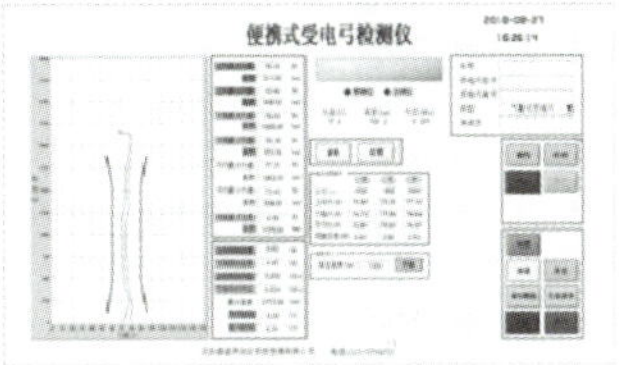
8	升降弓时间测试	（1）将钢丝挂钩从横杆上取下并放置在旁边。 （2）按照前面测到的最大升弓高度，调整好时间标尺带，将上端挂到受电弓横杆上，下端与上限位开关拉杆连接，零位开关安装到弓的零位处。 （3）按压屏幕上的【时间】按钮后，根据弹出的提示确定后，司机室执行升弓动作，此时弓会升起，到最大高度时，会拉动上限位开关拉杆，升弓时间测试结束；然后再确定弹出的开始降弓时间测试提示后，司机室执行降弓动作，上限位开关拉杆放下开始降弓时间计时，弓降到零位开关处降弓时间计时结束	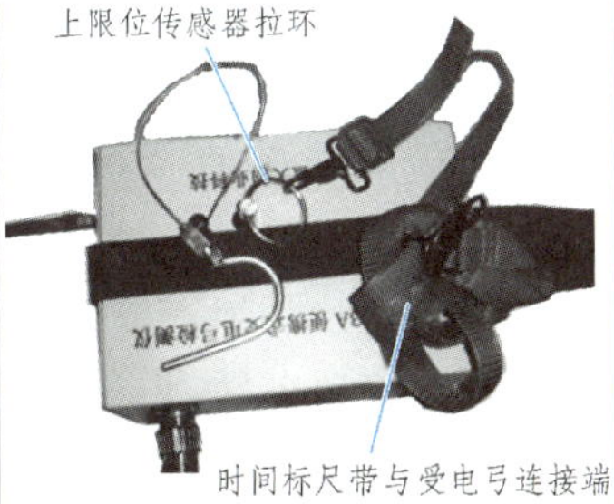

五、实训考核标准（见表11-13-2）

表 11-13-2　实训考核标准

考核标准	考核结果
（1）掌握受电弓便携式检测仪的主要功能	（1）三个项目要求为合格，合格成绩为 60 分。 （2）有一项不符合要求，则不合格
（2）掌握受电弓便携式检测仪的安装方法	
（3）掌握受电弓便携式检测仪显示窗口的含义	
按要求掌握相关专业理论知识	20 分
按要求完成思考题	20 分

六、思考题

（1）受电弓便携式检测仪的主要功能有哪些?

（2）如何利用便携式检测仪测试受电弓的静态力特性曲线?

任务十四　受电弓功能测试

一、实训目的

（1）能按照受电弓接触压力的功能测试方法进行测试作业。

（2）能按照受电弓的升弓功能测试方法进行测试作业。

（3）能按照受电弓的降弓功能测试方法进行测试作业。

二、理论链接

受电弓是一种铰接式机械构件，通过绝缘子安装于电力机车车顶。受电弓的集电头升起后与接触网导线接触，从接触网上集取电流，并将其通过车顶母线传送到车内供机车使用。

当司机在司机室中按下升弓按钮时，电磁阀得电，压缩空气进入气囊升弓装置，使气囊膨胀抬升，并带动作用于下臂杆的钢丝绳，钢丝绳拉拽下臂杆使受电弓升起，并使受电弓集电头与接触网保持接触状态。

当司机在司机室中按下降弓按钮时，电磁阀失电，切断供风，气囊升弓装置开始排气，受电弓靠自重下降，然后使弓头保持在两个橡胶止挡上。此外，当受电弓滑板磨耗到限或折断时，滑板内气腔漏气，ADD 装置将动作，迅速降弓，实现自动保护功能。

受电弓在工作时，气囊升弓装置一直被供以压缩空气，由于弓头采用弓头悬挂装置，使弓头具有一定的自由度，接触网高度方面较小的差异通过弓头悬挂装置进行补偿，较大的差异，例如在桥梁和隧道，通过铰链系统进行补偿，因此受电弓可随接触网的不同高度而自由地变换其高度而保持接触压力基本恒定。

受电弓集电头被铰链系统垂向操纵，铰链系统形成一个四杆机构。集电头的垂向运动方向对接触压力没有影响，因此受电弓适合在两个方向进行安装使用。带有滑板的集电头，将尽可能位于转轴上方绕转轴进行自由摆动。当气囊中的气压达到调压阀的设定值时，受电弓将逐渐升起，与接触网相接触。另外，通过释放气囊中的压缩空气，依靠受电弓的自重进行降弓。

三、实训要求

1. 实训时间

教学课时为 2 课时。

2. 实训形式

学生每 5 人组成一个工作小组，各小组根据实训课程任务制订实训实施方案，每个小组有一名组长，组长协助老师指导本组学生进行实训。

3. 实训注意事项

（1）必须穿戴好防护手套。

（2）必须戴安全头盔。

（3）必须穿防护服。

（4）必须穿防护鞋子。

（5）实训场地应做好下列现场安全防护措施：现场应清洁，无油污，防止人员滑倒。实训场地须有足够的自然照明或人工照明，车顶作业时必须系好安全带。

4. 工器具材料准备

秒表、拉力计、洗涤剂、扭矩扳手、扳手及套筒等。

四、实训作业步骤

1. 整体实训过程（见图 11-14-1）

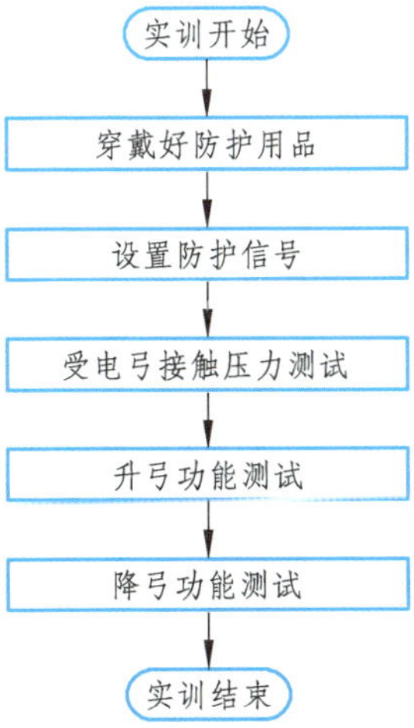

图 11-14-1　受电弓功能测试整体流程

2. 实训作业步骤（见表 11-14-1）

表 11-14-1　受电弓功能测试步骤

工序	实训内容	质量标准	安全注意事项	记录检查结果
1	测试接触压力	静止状态下接触力应设定为 70 N。 调整接触压力的方法：先通过弹簧秤以 0.05 m/s 的速度匀速朝下运动，然后以相同的速度向上运动（参见任务十二）。 设置精密调压阀压力设定为 380～400 kPa	防撞、防挤压、防跌落	
2	测试受电弓升弓功能	测试受电弓升弓时间（参见任务十一），通过调整单向节流阀 DRH，调整受电弓升弓时间为 6～10 s	防撞、防挤压、防跌落	
3	测试受电弓降弓功能	测试受电弓降弓时间（参见任务十一），通过调整单向节流阀 DRS，调整受电弓升弓时间不大于 6 s	防撞、防挤压、防跌落	

五、实训考核标准（见表11-14-2）

表 11-14-2　实训考核标准

考核标准	考核结果
（1）掌握受电弓接触压力的功能测试方法	（1）三个项目要求为合格，合格成绩为 60 分。 （2）有一项不符合要求，则不合格
（2）掌握受电弓的升弓功能测试方法	
（3）掌握受电弓的降弓功能测试方法	
按要求掌握相关专业理论知识	20 分
按要求完成思考题	20 分

六、思考题

（1）受电弓接触压力的功能测试方法是什么？

（2）受电弓的升弓功能测试方法是什么？

（3）受电弓的降弓功能测试方法是什么？

项目十二　HXD_1型电力机车主断路器检修与维护

任务　HXD_1型电力机车主断路器检修与维护

一、实训目的

（1）能准确阐述HXD_1型电力机车主断路器的结构。
（2）能准确阐述HXD_1型电力机车主断路器的工作原理。
（3）能按照HXD_1型电力机车主断路器的检修与维护方法进行操作作业。

二、理论链接

1. 组成结构

BVAC.N99D 真空断路器是单极交流真空断路器，该电器设备主要用于主电路的开断和接通，同时还可以用于过载保护和短路保护，是一种保护电器。BVAC.N99D 真空断路器如图 12-1-1 所示，主要由高压回路、支持绝缘子、控制结构和合闸装置等构成。

1）高压回路

主断路器的高压回路主要包括高压输入端、水平绝缘子、真空泡、触头弹簧机构、高压输出端、弹簧导向机构等。其中，真空泡用来开断交流电弧。灭弧室通过密封来与大气隔离。两个主触头安装在真空泡内部，一个是静触头，另一个是动触头。动触头的动作由电空机械装置（BR）来控制，在分合闸过程中，该动作机构中的导向装置（TR）实现动作时的稳定性和方向性。

2）垂直绝缘子和控制机构

主断路器的垂直绝缘子安装在底板上，起支持和绝缘作用。绝缘操纵杆通过绝缘子中心，连接电空机械装置和动触头。O 形密封圈紧靠在底板边缘的凹槽中，以保证断路器与车顶之间的密封。

电空控制机构安装在机车内部的底板上，用于控制动触头的动作。

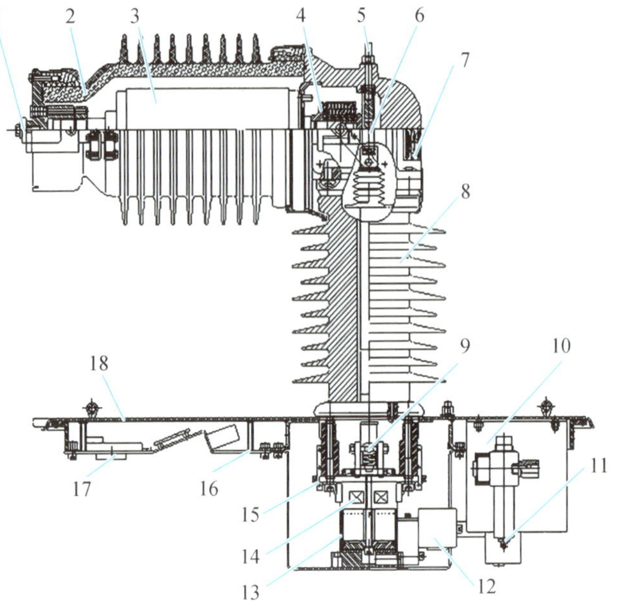

1—高压输入端；2—水平绝缘子；3—真空泡；4—触头弹簧机构；5—高压输出端；6—弹簧导向机构；7—铭牌；8—垂直绝缘子；9—快速脱扣机构；10 储风缸；11—调压阀；12—电磁阀；13—传动气缸；14—保持线圈；15—辅助触头；16—控制单元板；17—连接器；18—底板。

图 12-1-1 BVAC.N99D 真空断路器部件构成

3）合闸装置

本装置带有空气管路，在动触头快速合闸过程中提供必需的压力，传动气缸最终把空气压力转化为机械作用力。通过电磁阀调定的气流量来保证合适的合闸速度。该电空管路包括装在储风缸边上用以保持恒定空气压力的调压阀；用于监控断路器合闸的储风缸必须提供的最小压力的压力开关；用于控制压力气缸内的气流量的电磁阀。

断路器合闸状态通过保持线圈来保证。保持线圈得电后可以允许高压气体由传动气缸通过电磁阀向外泄放。该系统同时还能保证断路器分闸时的快速脱扣和分断。

当保持线圈电流被切断（控制电源失电）时，断路器分闸，快速脱扣通过恢复弹簧和触头压力弹簧来实现。通过此系统，在失电和停气时保证主断路器的可靠分闸。

在传动气缸的冲程末端，因为动作的快速性而产生空气的压缩，这就限制了分闸时快速脱扣装置的振动，保证了其方向性和稳定性。

2. 工作原理

1）主断路器的合闸

只有满足如下条件，BVAC.N99D 真空断路器才能闭合。

（1）断路器必须处于断开状态。

（2）必须有充足的气压。

（3）保持线圈必须处于得电状态。

主断路器的合闸步骤如下：

（1）按压“开/关”键，如图 12-1-2 所示。

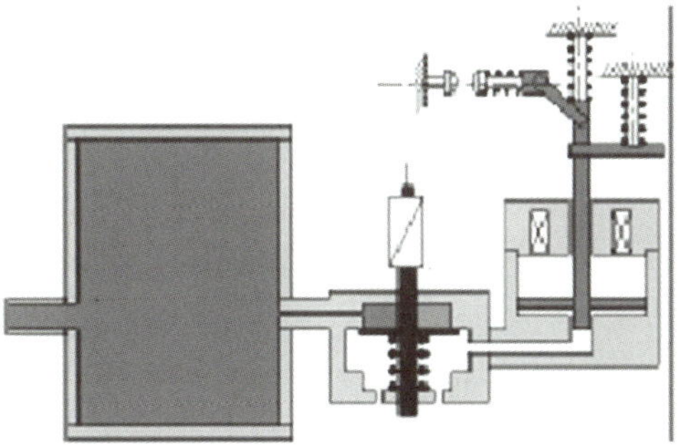

图 12-1-2　合闸过程（开断时刻）

（2）电磁阀得电，压缩空气由储风缸进入传动气缸，如图 12-1-3 所示。

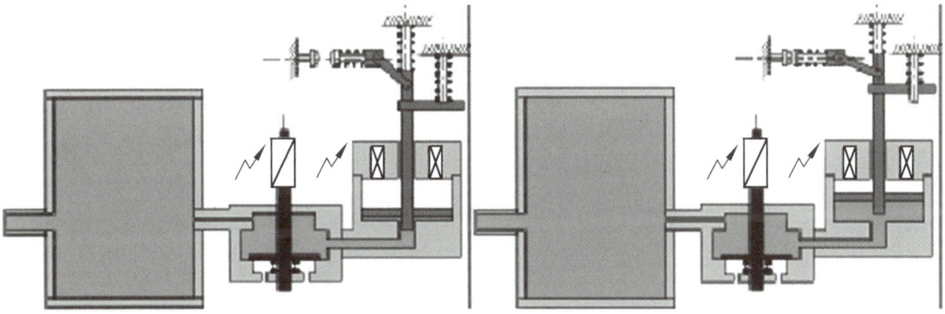

图 12-1-3　打开电磁阀

（3）动触头随着活塞的移动而运动。

（4）恢复弹簧压缩。

（5）主触头闭合。

（6）触头压力弹簧压缩，如图 12-1-4 所示。

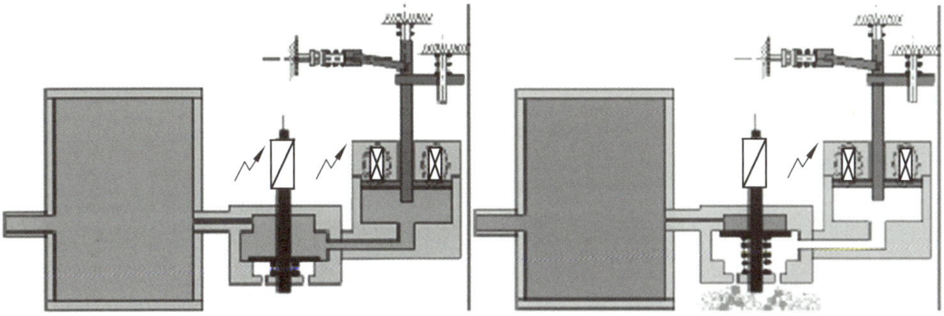

图 12-1-4　触头动作压力

（7）活塞到达行程末端。

（8）保持线圈在保持位置得电。

（9）电磁阀失电。

（10）传动气缸内的空气排出，主断路器闭合。

2）主断路器的分闸

在任何情况下，只要控制电源失电，主断路器就处于开断状态（控制开关“开/关”打开，参考控制示意图）。

主断路器的分闸步骤如下：

（1）保持线圈失电，如图 12-1-5 所示。

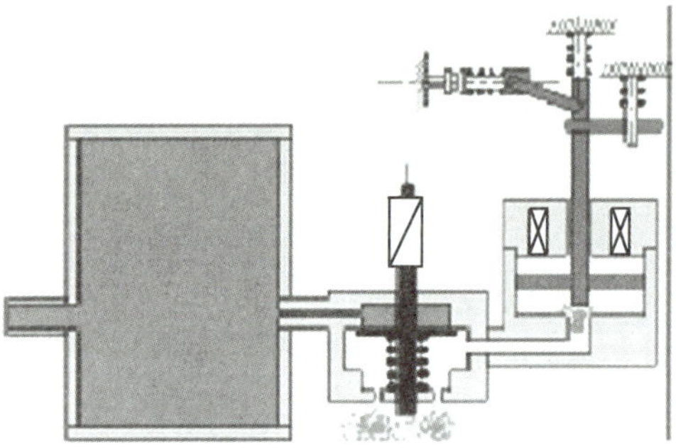

图 12-1-5　电磁保持线圈失电

（2）活塞在弹簧力的作用下移动（触头压力弹簧和恢复弹簧）。

（3）主触头打开，真空灭弧室灭弧。

（4）行程结束，活塞缓冲，主触头断开，如图 12-1-6 所示。

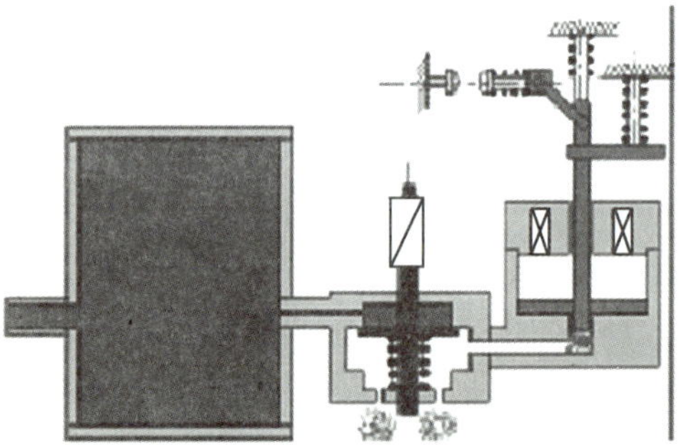

图 12-1-6　开断

三、实训要求

1. 实训时间

教学课时为 4 课时。

2. 实训形式

学生每 5 人组成一个工作小组，各小组制订实施方案及工作计划。组长协助教师指导本组学生学习，检查实训作业进度和质量，制定改进措施，共同完成项目任务。

3. 安全注意事项

（1）主断路器上所有检查和维修的执行必须断开电源，在降弓和断路器接地的情况下操作！

（2）禁止替换断路器的部件或改进断路器。否则有可能产生不堪设想的严重后果。

4. 工器具材料准备

（1）防护用品：防滑鞋、绝缘手套、工作服等。

（2）工具：清洁工具、安装和拆卸工具、试验检测工具等。

（3）个人用品：笔、笔记本等。

四、实训作业步骤

1. 整体实训过程（见图 12-1-7）

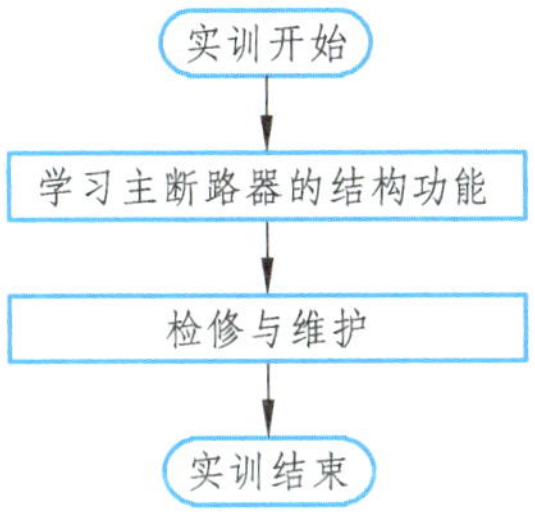

图 12-1-7　整体实训过程

2. 实训作业步骤（见表 12-1-1）

表 12-1-1　实训步骤

工序	实训内容	质量标准	使用工具	安全注意事项
1	准备工作	实训人员穿戴防护用品，携带工具至现场		
2	外观检查	（1）进行断路器的外观检查和绝缘子检查（裂纹或瓷釉损害），以及 BTE 接地开关连接装置的检查。 （2）用软制品或棉布把空气断路器外部清理干净。根据用户的推荐，绝缘子的外部可以用硅树脂油脂进行清洗	清洁工具	禁止使用任何含有氯酸盐成分或钠硅酸盐成分的产品清洗部件
3	检查扭紧力矩	需用力矩扳手检查以下几个部件的扭紧力矩： （1）高压连接端 67 N·m。 （2）接地连接端 50 N·m。 （3）断路器固定螺栓 67 N·m	力矩扳手	保护微小部件

续表

工序	实训内容	质量标准	使用工具	安全注意事项
4	气路检查	（1）调节阀内 BVAC 储风缸底部压力调节器的排水（L）。 （2）在储风缸供有高压气体的情况下，拧开调压阀的翼形螺钉（PA）充分排放积水。当气流停止，重新拧紧调压阀的翼形螺钉（PA）并检查是否漏气。 （3）装有排气阀的储风缸：当储风缸处于有压力时，打开排水阀，排光积水（注意是否泄漏）。 （4）储风缸排水完毕后关掉排水阀。 （5）检查是否漏气，如有必要，清理排放管路	安装、拆卸工具	冬季之前排放气路，以免积水冻结造成气动元件误操作
5	讨论与总结	讨论、总结主断路器检修与维护，恢复实训现场		

五、实训考核标准（见表12-1-2）

表 12-1-2　实训考核标准

项　目	标　准	配分	得分
主断路器的作用	阐述主断路器的作用	20 分	
组装安装	是否按照顺序安装	24 分	
拆卸拆解	是否按照顺序进行拆解拆卸	18 分	
故障处理	阐述不同故障及其处理方式	19 分	
维护	是否进行维护操作	19 分	

六、思考题

（1）主断路器由哪些部件组成？

（2）主断路器合闸需要满足哪些条件？

（3）主断路器的分闸过程是什么？

项目十三 HXD_1 型电力机车高压连接器检修与维护

任务 HXD_1 型电力机车高压连接器检修与维护

一、实训目的

（1）能准确阐述 HXD_1 型电力机车高压连接器的结构。
（2）能将 HXD_1 型电力机车高压连接器的功能及用途应用于工作中。
（3）能按照 HXD_1 型电力机车高压连接器的检修与维护方法执行相关作业。

二、理论链接

高压连接器（见图 13-1-1）用于两节机车连挂时，自动连接两节机车车顶的 25 kV 高压电路。高压连接器安装在每节车的尾部车顶，依靠机车连挂车钩的力量与车钩同时对接，分离时也随机车的车钩脱开而自动分离。

图 13-1-1　LG2 型高压连接器

高压连接器分为机械传动、电气连接。

高压连接器整个机构被安装在车顶绝缘子上，处于 25 kV 高压系统中，属于高压电器设备，如图 13-1-2、图 13-1-3 所示。

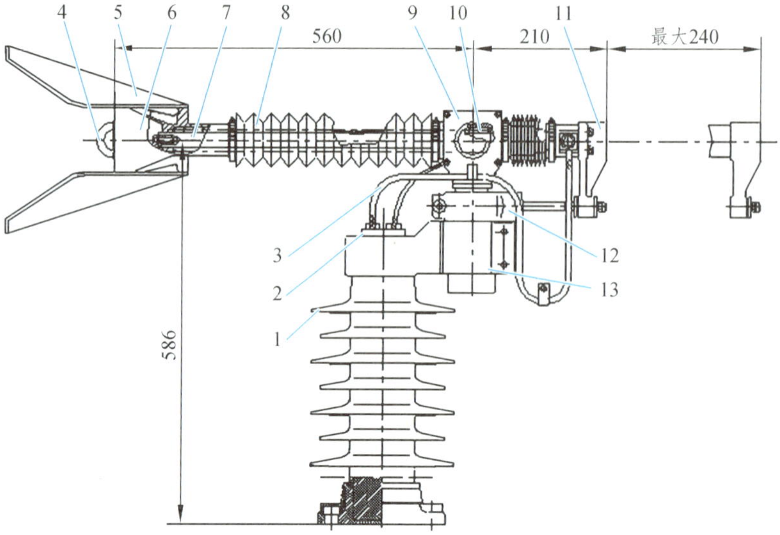

1—支持绝缘子；2—导电极；3—软连接线；4—半圆环；5—羊角；
6—喇叭形头部；7—顶杆；8—波纹管；9—挡板；10—弹簧；
11—支架；12—球面止挡；13—缸体。

图 13-1-2　高压连接器结构

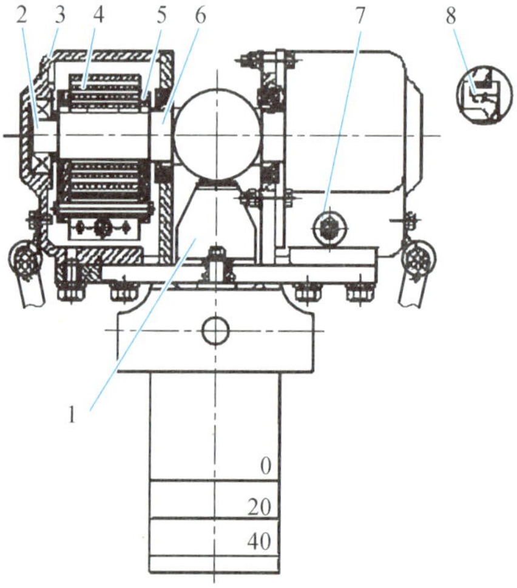

1—板簧；2—轴承；3—左右十字头支承座；4—蜗卷弹簧；5—止动板；
6—十字头安装；7—调整螺钉；8—密封圈。

图 13-1-3　支撑座体

中心部件安装在可以水平转动的支承座体上的十字接头上。该十字接头安装结构横向两端有蜗卷弹簧，调节蜗卷弹簧的松紧可以使十字接头安装向上下摆动。高压连接器的结构顶杆轴向穿过十字接头安装机构，因此上下、左右的运动可以得到保证。

电气连接既决定了喇叭形头部的摆动方向，又起导通电流的作用。喇叭形头部主体由铸铝合金制成，其上下有一导向羊角件，当两台连接器在规定的不同轴线上时，引导导电触头对接。

三、实训要求

1. 实训时间

教学课时为 2 课时。

2. 实训形式

学生每 5 人组成一个工作小组，各小组制订实施方案及工作计划。组长协助教师指导本组学生学习，检查实训作业进度和质量，制定改进措施，共同完成项目任务。

3. 安全注意事项

（1）在搬运高压连接器时应小心轻放，并注意防雨防潮，远离火源及高温区。

（2）注意与其所在系统相匹配，当元件发生故障时，切勿自行拆卸。

4. 工器具材料准备

（1）防护用品：防滑鞋、绝缘手套、工作服、安全帽等。

（2）工具：万用表、清洁工具等。

（3）个人用品：笔、笔记本等。

四、实训作业步骤

1. 整体实训过程（见图 13-1-4）

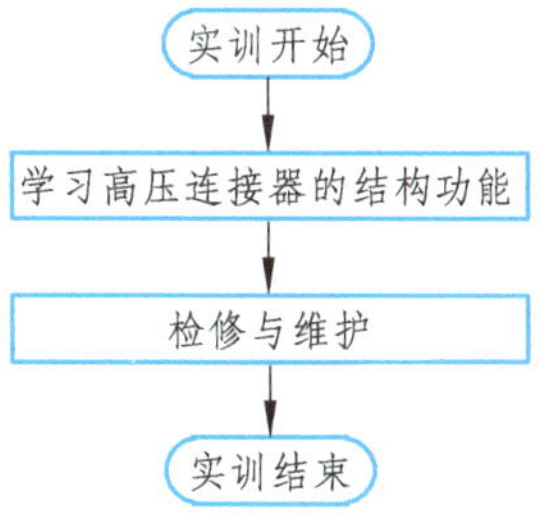

图 13-1-4　整体实训过程

2. 实训作业步骤（见表 13-1-1）

表 13-1-1　实训步骤

工序	工作步骤	工作内容及质量标准	使用工具	安全注意事项	记录检查结果
1	对高压连接器各部件进行外观检查	（1）检查绝缘子是否有损坏，各部件是否有烧损现象，有的需更换。 （2）定期用酒精（或专用清洗剂）和软布将绝缘子表面的灰尘和污秽擦拭干净，并仔细观察绝缘子表面，是否有可见明显的缺陷，如有则必须更换。 （3）检查各紧固螺栓是否有松动现象，松动螺栓必须使用转矩扳手按相应力矩标准紧固	酒精（或专用清洗剂）、软布	绝缘子为硅橡胶材料，请勿过力擦拭，以免导致伞裙变形或产生裂纹等不可恢复缺陷	

续表

工序	工作步骤	工作内容及质量标准	使用工具	安全注意事项	记录检查结果
2	动作性能检查	检查高压连接器上下、左右有限摆动，并能自行复位、伸缩自如。如有出现超限或无法摆动的情况，应更换相应部件	工具	保护微小部件	
3	叉形件检查	检查高压连接器分开后叉形件是否有回弹现象，如果有，会导致高压连接器不能可靠连接，需用钩形工具将其拉开成开启状态	钩形工具		
4	高压连接器的调试	（1）用数字万用表测量高压连接器两母线间的接触电阻，接触电阻≤850 μΩ。 （2）调整喇叭形头部高低时，用支承座上的调整螺钉进行调整，顺时针调为高，逆时针调为低。导电杆及喇叭形头部处于中心水平位置。 （3）将连接器安装在操作平台上，一台固定，一台可动，对接连接器3～5次，检查连接器的动作稳定性，使连接器能可靠对接。 （4）对接操作完成后，连接器处于分开状态，先断开试验台电源和气路，然后将连接器从操作平台上取下	万用表、测量工具		
5	功能试验	（1）支承座体：检查高压连接器左右运动，如果出现左右摆动超限或无法摆动的情况，必须更换支承座体。 （2）十字头支承座：检查高压连接器左右运动，如果出现上下摆动超限或无法摆动的情况，必须更换十字头支承座。 （3）绝缘子：对绝缘子进行工频耐压测试，测试电压为56 kV，1 min无击穿和闪络现象，如需更换，对新更换的绝缘子进行工频耐压测试，测试电压为75 kV，1 min无击穿和闪络现象	专用工具、测量和试验设备	更换完后，需调整高压导电部分至水平状态	

五、实训考核标准（见表13-1-2）

表 13-1-2　实训考核标准

项目	标准	配分	得分
外观检查	是否进行外观检查	25 分	
动作性能检查	能判断出状态是否正常	25 分	
叉形件检修	能判断出状态是否正常	25 分	
高压连接器的功能试验	能判断出状态是否正常	25 分	

六、思考题

在接触器的灭弧罩检修中，发现连接器不能可靠连接，该如何处理？

项目十四 HXD_1 型电力机车电器检修与维护

任务一 司机控制器检修与维护

一、实训目的

（1）通过实训，学生可以整体认知 M3919b 型司机控制器的结构和功能。
（2）能按照 M3919b 型司机控制器的检修与维护方法执行相关作业。

二、理论链接

司机控制器是机车的主令控制电器，用来转换机车的牵引与制动工况，改变机车的运行方向，设定机车的运行速度，实现机车的起动和调速等工况。各主要部件的功能如图 14-1-1 所示。

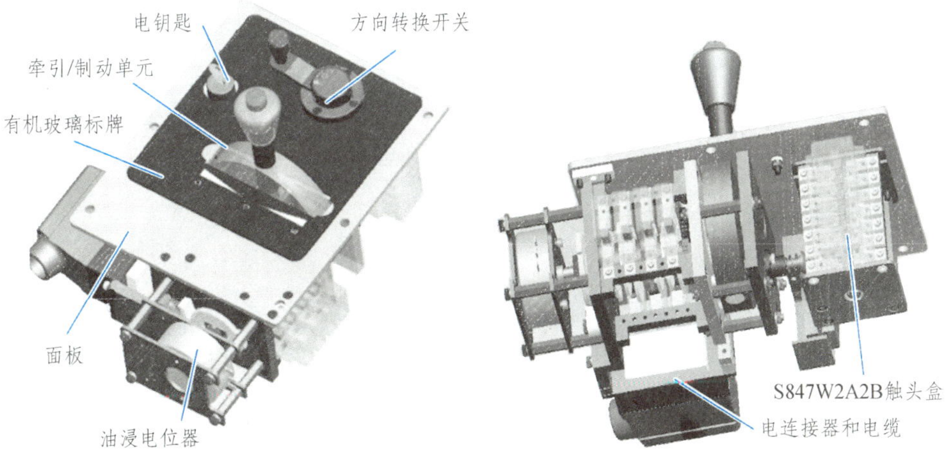

图 14-1-1 司机控制器结构

1. 牵引/制动单元

牵引/制动单元（见图 14-1-1）位于司机控制器左侧，可前后推动，具有“牵引”“0”“制动”三个区域，用于调节机车的牵引和制动工况。牵引/制动单元手柄垂直时为“0”位，向前推进入“牵引”区，推动 55°后到达“牵引”最大位；向后拉进入“制动”区，拉动 55°后到达“制动”最大位。

2. 油浸电位器

油浸电位器外形结构如图 14-1-2 所示。

图 14-1-2 电位器外形

牵引/制动单元手柄在各位置的手柄角度及油浸电位器输出值如表 14-1-1 所示。

表 14-1-1 牵引/制动手柄角度及电位器输出

牵引/制动单元位置	手柄角度	电位器值
制动最大位	+55°	8.8 ~ 9 V
制动小零位	+7.5°	＜0.15 V
0 位	0°	0
牵引小零位	−7.5°	＜0.15 V
牵引最大位	−55°	8.8 ~ 9 V

3. 方向转换开关

方向转换开关（见图 14-1-1）有“向前”“0”“向后”三个位置，每个位置之间开关的转动角度为 30°。

4. 钥匙开关

钥匙开关（见图 14-1-1）具有“ON”和“OFF”两个位置。

5. 牵引/制动单元与方向转换开关之间机械联锁关系

（1）方向转换开关在“0”位时，转换手柄才能插入或取出。

（2）当方向转换开关在“0”位时，牵引/制动单元手柄被锁在“0”位。

（3）当方向转换开关在“向前”位或“向后”位时：

牵引/制动单元手柄从“0”位向前推动进入牵引区域时，需按下该单元手柄头部红色警惕按钮。

牵引/制动单元手柄从“0”位向后拉动进入制动区域时，无须按下该单元手柄头部红色警惕按钮。

（4）牵引/制动单元手柄在“0”位时，方向转换开关可在“向前”“0”“向后”之间转换。

（5）牵引/制动单元手柄在“牵引”或“制动”区域时，方向转换开关被锁在“向前”位或“向后”位。

6. 电连接器和连接电缆

所有 S847W2A2B 辅助触头盒（见图 14-1-1）的接线都连接到 32 芯的 HIBB 型电连接器（见图 14-1-1），如图 14-1-3 所示。

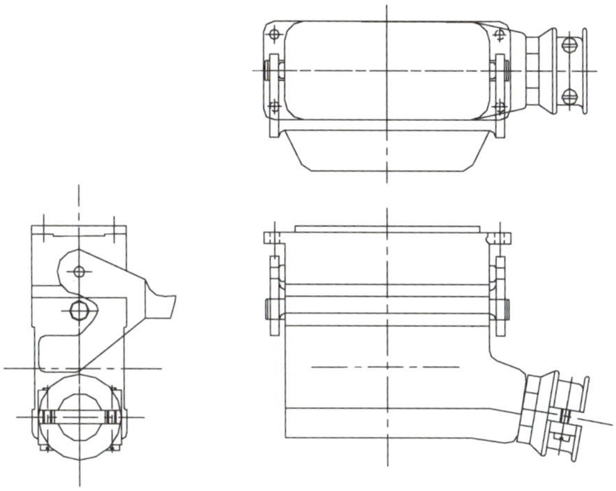

图 14-1-3　HIB32-EmC 电连接器

用钥匙打开钥匙开关，旋转方向转换开关，选择“向前”或“向后”，向牵引方向推动牵引/制动单元手柄，机车将起动，并随着推动角度的增大，机车速度将增大。机车需要制动时，可将牵引/制动手柄拉向制动区域。

三、实训要求

1. 实训时间

教学课时为 4 课时。

2. 实训形式

学生每 5 人组成一个工作小组，各小组制订实施方案及工作计划。组长协助教师指导本组学生学习，检查实训作业进度和质量，制定改进措施，共同完成项目任务。

3. 安全注意事项

（1）辅助触头盒的额定工作电压为 DC 110 V，小心触电。

（2）司机控制器连接插头未连接时，触头可能无电。

（3）开箱前应注意正面向上，不要倒置，开箱后检查附件是否齐全。

4. 工器具材料准备

（1）防护用品：防滑鞋、绝缘手套、工作服等。

（2）工具：安装、拆卸工具等。
（3）个人用品：笔、笔记本等。

四、实训作业步骤

1. 整体实训过程（见图 14-1-4）

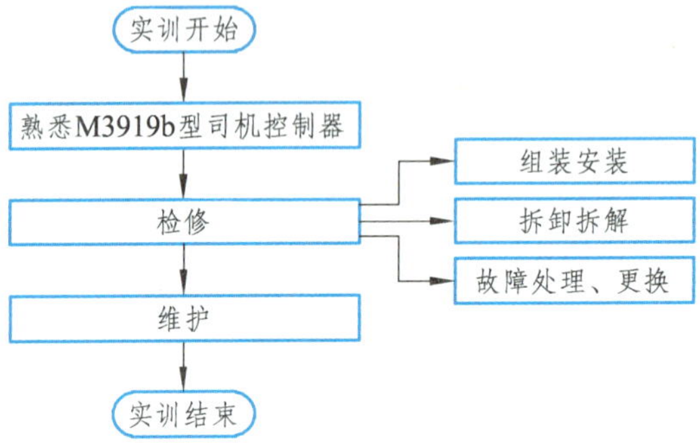

图 14-1-4　整体实训过程

2. 实训作业步骤（见表 14-1-2）

表 14-1-2　实训步骤

工序	工作步骤	工作内容及质量标准	使用工具	安全注意事项
1	组装安装	（1）将司机控制器安装到司机操纵台上，需要先拆下牵引/制动控制单元和方向转换开关单元的控制手柄。牵引/制动控制单元手柄头由螺纹紧固，旋松螺纹可以取下控制手柄。取下方向转换开关控制手柄头，不需旋松任何螺钉。 （2）司机控制器需要从司机操纵台内侧用螺栓连接。因此司机操纵台需要预留 6 个安装螺栓的接口	安装工具	实训人员穿戴防护用品，携带工具至现场。保护微小部件
2	拆卸拆解	（1）旋松牵引/制动控制手柄头，取下手柄头，取下方向转换开关控制手柄头。 （2）旋松 6 个安装螺钉，将司机控制器从司机操纵台上取出	安装、拆卸工具	保护微小部件
3	故障处理	（1）机械联锁功能失效：拆解机械联锁机构，对疲劳部件进行更换。 （2）油浸电位器输出不正常：拧紧联轴器或更换油浸电位器。 （3）闭合表不正常：更换触头盒或凸轮	安装、拆卸工具	保护微小部件
4	维护	（1）牵引/制动单元、方向转换开关、钥匙开关：操作各手柄及开关，检查是否动作良好。 （2）油浸电位器：检查油浸电位器输出值是否满足要求	目视	

五、实训考核标准（见表14-1-3）

表 14-1-3　实训考核标准

项目	标准	配分	得分
司机控制器的作用	阐述司机控制器的作用	20 分	
组装安装	是否按照顺序安装	24 分	
拆卸拆解	是否按照顺序进行拆解拆卸	18 分	
故障处理	阐述不同故障及其处理方式	19 分	
维护	是否进行维护操作	19 分	

六、思考题

司机控制器由哪些部件组成?

任务二　交流接触器检修与维护

一、实训目的

（1）通过实训，学生可以了解交流接触器的功能。
（2）能按照交流接触器的检修与维护方法执行相关作业。

二、理论链接

在电路控制中，经常会用到如图 14-2-1 所示的电气控制元件，称之为接触器。用于直流电的叫作直流接触器，用于交流电的叫作交流接触器。

3RT1.6.　　3RT1.7.

图 14-2-1　交流接触器

交流接触器的作用：第一，用小电流控制大电流的通断，从而可以实现用小电流实现拖动设备的启停。第二，接触器本身没有保护电路的作用，但可以配合热继电器、时间继电器来实现对设备的过热保护停机和对设备的时间控制。第三，交流接触器由动、静主触头，灭弧罩，动、静铁心，辅助触头和支架外壳等组成，利用主接点来控制电路，用辅助接点来导通控制回路。

三、实训要求

1. 实训时间

教学课时为 2 课时。

2. 实训形式

学生每 5 人组成一个工作小组，各小组制订实施方案及工作计划。组长协助教师指导本组学生学习，检查实训作业进度和质量，制定改进措施，共同完成项目任务。

3. 安全注意事项

（1）在搬运接触器时应小心轻放，并注意防雨防潮，远离火源及高温区。

（2）注意与其所在系统相匹配，当元件发生故障时，切勿自行拆卸。

4. 工器具材料准备

（1）防护用品：防滑鞋、绝缘手套、工作服等。

（2）工具：万用表、清洁工具等。

（3）个人用品：笔、笔记本等。

四、实训作业步骤

1. 整体实训过程（见图 14-2-2）

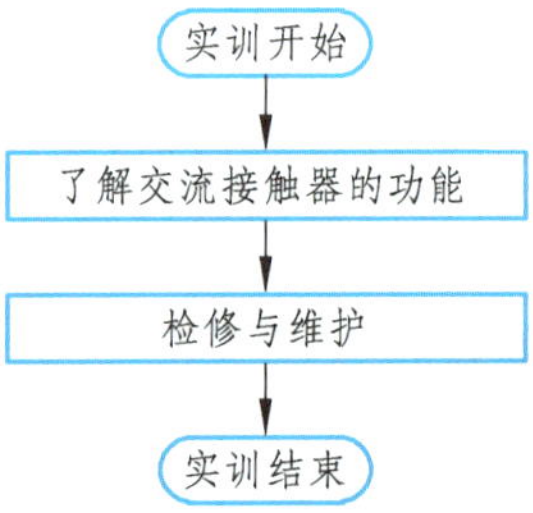

图 14-2-2　整体实训过程

2. 实训作业步骤（见表 14-2-1）

表 14-2-1　实训步骤

工序	工作步骤	工作内容及质量标准	使用工具	安全注意事项	图片
1	外观检查	清除灰尘，可用棉布沾少量汽油擦去油污，然后用布擦干；拧紧所有压接导线的螺丝，防止松动脱落，引起连接部分发热	清洁工具	实训人员穿戴防护用品，携带万用表等至现场	
2	触点系统检查	（1）检查动静触点是否对准，三相是否同时闭合，并调节触点弹簧使三相一致。	万用表、清洁工具	保护微小部件	

续表

工序	工作步骤	工作内容及质量标准	使用工具	安全注意事项	图片
2	触点系统检查	（2）摇测相间绝缘电阻值。使用 500 V 摇表，其相间阻值不应低于 10 MΩ。 （3）触点磨损厚度超过 1 mm，或严重烧损、开焊脱落时应更换新件。轻微烧损或接触面发毛、变黑不影响使用，可不予处理。若影响接触，可用小锉磨平打光。 （4）维修或更换触点后，应注意触点开距，避免超行程。触点超行程会影响触点的终压力。 （5）检查辅助触点动作是否灵活，静触点是否有松动或脱落现象，触点开距和行程是否符合要求。可用万用表测量接触电阻，发现接触不良且不易修复时，要更换新触点			
3	接触器的灭弧罩检修	（1）取下灭弧罩，用毛刷清除罩内脱落物或金属颗粒。如发现灭弧罩有裂损，应及时予以更换。 （2）对于栅片灭弧罩，应注意栅片是否完整或烧损变形、严重松脱、位置变化等，若不易修复，则应更换	清洁工具		
4	电磁线圈的检修	（1）交流接触器的吸引线圈在电源电压为线圈额定电压的 85%～105%时，应能可靠工作。 （2）检查电磁线圈有无过热，线圈过热反映在外表层老化、变色。线圈过热一般是由于匝间短路造成的，此时可测其阻值与同类线圈比较，不能修复时，则应更换。 （3）检查引线和插接件有无开焊或断开的情况。 （4）检查线圈骨架有无裂纹、磨损或固定不正常的情况。如发现应及早固定或更换	目视		
5	接触器铁心的检修	（1）用棉纱沾汽油擦拭端面，除去油污或灰尘等。 （2）检查各缓冲件是否齐全，位置是否正确。 （3）检查铆钉有无断裂，是否有导致铁心端面松散的情况。 （4）检查短路环有无脱落或断裂，特别要注意隐裂。如有断裂或造成严重噪声，应更换短路环或铁心。 （5）检查电磁铁吸合是否良好，有无错位现象	清洁工具		

五、实训考核标准（见表14-2-2）

表 14-2-2　实训考核标准

项目	标准	配分	得分
外观检查	是否进行外观检查	16 分	
触点系统检查	能判断出状态是否正常	24 分	
接触器的灭弧罩检修	能判断出状态是否正常	20 分	
电磁线圈的检修	能判断出状态是否正常	20 分	
接触器铁心的检修	能判断出状态是否正常	20 分	

六、思考题

在接触器的灭弧罩检修中，发现有严重噪声，该如何处理？

任务三　交流继电器检修与维护

一、实训目的

（1）通过实训，可以了解交流继电器的功能。

（2）能按照交流继电器的检修与维护方法进行相关操作。

二、理论链接

继电器是一种电控制器件，是当输入量（激励量）的变化达到规定要求时，在电气输出电路中使被控量发生预定的阶跃变化的一种电器。它具有控制系统（又称为输入回路）和被控制系统（又称为输出回路）之间的互动关系，通常应用于自动化控制电路中，实际上是用小电流去控制大电流运作的一种“自动开关”，故在电路中起着自动调节、安全保护、转换电路等作用。

此次实训主要学习 3UG4512-2BR20 相序交流继电器（见图 14-3-1）的功能、检修与维护。

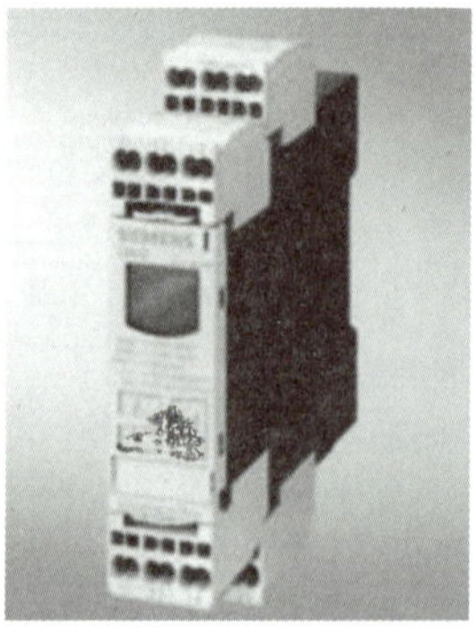

图 14-3-1　3UG4512-2BR20 相序交流继电器

新型 3UG4 监控继电器通过监控三相电压、单相电压和单相电流使电源、设备和系统获得最大程度的保护。这意味着电源、电压和电流故障可以被及早检测出来，避免造成更大的损失。

三、实训要求

1. 实训时间

教学课时为 2 课时。

2. 实训形式

学生每 5 人组成一个工作小组，各小组制订实施方案及工作计划。组长协助教师指导本组学生学习，检查实训作业进度和质量，制定改进措施，共同完成项目任务。

3. 安全注意事项

（1）在搬运接触器时应小心轻放，并注意防雨防潮，远离火源及高温区。
（2）注意与其所在系统相匹配，当元件发生故障时，切勿自行拆卸。

4. 工器具材料准备

（1）防护用品：防滑鞋、绝缘手套、工作服等。
（2）工具：万用表、安装拆卸工具、清洁工具等。
（3）个人用品：笔、笔记本等。

四、实训作业步骤

1. 整体实训过程（见图 14-3-2）

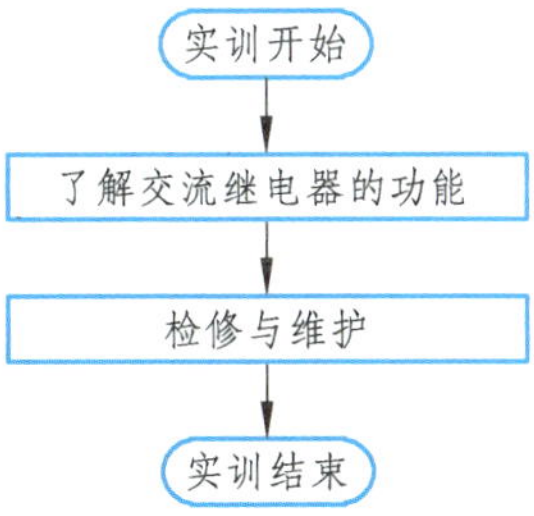

图 14-3-2　整体实训过程

2. 实训作业步骤（见表 14-3-1）

表 14-3-1　实训步骤

工序	工作步骤	工作内容及质量标准	使用工具
1	外观检查	经常保持继电器的清洁，接线螺钉应紧固，接触要良好，目测外观，看有无异常	万用表

续表

工序	工作步骤	工作内容及质量标准	使用工具
2	故障处理	（1）线圈故障检修。线圈故障通常有线圈绝缘损坏：受机械损伤形成匝间短路或接地；由于电源电压过低，动静铁心接触不严密，使通过线圈的电流过大，线圈发热以致烧毁。其修理时，应重绕线圈。如果线圈通电后衔铁不吸合，可能是线圈引出线连接处脱落，使线圈断路，检查出脱落处后焊接上即可。 （2）铁心故障检修。铁心故障主要有通电后衔铁吸不上。这可能是由于线圈断线，动、静铁心之间有异物，电源电压过低等造成的。应区别情况修理。 ①通电后，衔铁噪声大。这可能是由于动静铁心接触面不平整，或有油污染造成的。修理时，应取下线圈，锉平或磨平其接触面；如有油污，应进行清洗。 ②噪声大可能是由于短路环断裂引起的，修理或更换新的短路环即可。断电后，衔铁不能立即释放，这可能是由于动铁心被卡住、铁心气隙太小、弹簧劳损或铁心接触面有油污等造成的。检修时应针对故障原因区别对待，或调整气隙，或更换弹簧，或用汽油清洗油污。 （3）对于热继电器，其感测机构是热元件。常见故障是热元件烧坏，或热元件误动作、不动作。 ①热元件烧坏。这可能是由于负载侧发生短路，或热元件动作频率太高造成的。检修时应更换热元件，重新调整整定值。 ②热元件误动作。这可能是由于整定值太小，未过载就动作，或使用场合有强烈的冲击及振动，使其动作机构松动脱扣而引起的。 ③热元件不动作，这可能是由于整定值太小，使热元件失去过载保护功能所致。检修时应根据负载工作电流来调整整定电流	万用表、安装拆卸工具、清洁工具
3	维护	（1）触点上不得涂抹润滑油。 （2）检查衔铁与铁心接触是否紧密，应及时清除接触处的尘埃和污垢。 （3）更换继电器时，不要用力太猛，以免损坏有机玻璃外罩，并使触电离开原来位置	安装拆卸、清洁工具

五、实训考核标准（见表14-3-2）

表 14-3-2 实训考核标准

项 目	标 准	配分	得分
外观检查	是否进行外观检查	15 分	
线圈故障检修	能判断出状态是否正常	20 分	
铁心故障检修	能判断出状态是否正常	24 分	
热元件检修	能判断出状态是否正常	21 分	
维护	能判断出状态是否正常	20 分	

六、思考题

热元件不动作，可能是什么原因导致的？

任务四 时间继电器检修与维护

一、实训目的

（1）通过实训，可以了解时间继电器的功能。

（2）能按照时间继电器的检修与维护方法进行相关操作。

二、理论链接

继电器检修的意义在于：减少设备的停电时间，延长设备的使用寿命，提高设备的使用率和安全可靠性，改善设备的运行性能，降低设备的运行检修费用。

电子式 3RP15 时间继电器可用于所有需要进行延时操作的启动、保护以及开环和闭环控制回路。电子式 3RP15 时间继电器是利用 RC 电路电容器充电时，电容电压不能突变，只能按指数规律逐渐变化的原理来获得延时的，如图 14-4-1 所示。

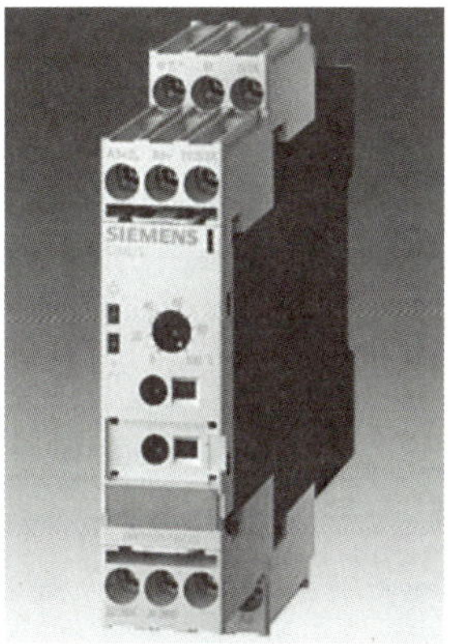

图 14-4-1 3RP1505-2BW30 时间继电器

3RP1505-2BW30 时间继电器的功能及用途如下：

通电延时：抑制噪声脉冲；平稳启动电机；对线路电压冲击小。

断电延时：在断开控制电源后，仍能继续运行（风扇运转）；电源故障时，可实现急停或将设备、系统置于一个特定的状态星/三角转换。

三、实训要求

1. 实训时间

教学课时为 2 课时。

2. 实训形式

学生每 5 人组成一个工作小组，各小组制订实施方案及工作计划。组长协助教师指导本组学生学习，检查实训作业进度和质量，制定改进措施，共同完成项目任务。

3. 安全注意事项

（1）在搬运继电器时应小心轻放，并注意防雨防潮，远离火源及高温区。

（2）注意与其所在系统相匹配，当元件发生故障时，切勿自行拆卸。

4. 工器具材料准备

（1）防护用品：防滑鞋、绝缘手套、工作服等。

（2）工具：万用表、安装拆卸工具、清洁工具等。

（3）个人用品：笔、笔记本等。

四、实训作业步骤

1. 整体实训过程（见图 14-4-2）

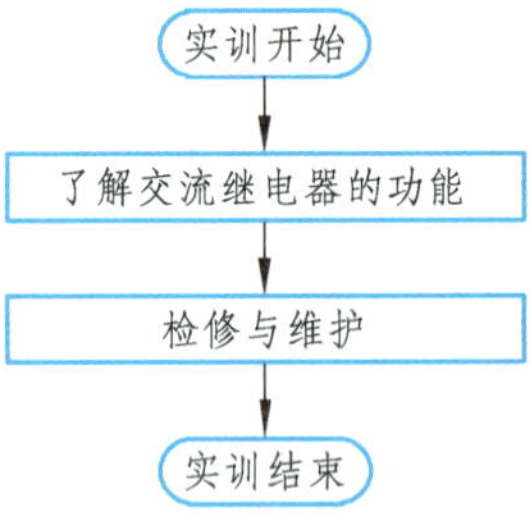

图 14-4-2　整体实训过程

2. 实训作业步骤（见表 14-4-1）

表 14-4-1　实训步骤

工序	工作步骤	工作内容及质量标准	使用工具
1	外观检查	经常保持继电器的清洁，接线螺钉应紧固，接触要良好，目测外观，看有无异常	

续表

工序	工作步骤	工作内容及质量标准	使用工具
2	故障处理	（1）延时触头不动作。 ①电磁铁线圈断线，需更换线圈； ②线圈额定电压高于电源电压很多，需更换线圈或调整电源电压； ③电动式时间继电器的同步电动机断线，需调换同步电动机或更换继电器； ④电动式时间继电器游丝断裂，需更换游丝。 （2）延时时间缩短。 ①空气阻尼式时间继电器的气室装配不严、漏气，需更换气室或更换继电器； ②空气阻尼式时间继电器的气室内橡皮膜损坏，需更换橡皮膜； ③电磁式时间继电器非磁性垫片磨损，需更换非磁性垫片。 （3）延长时间变长。 ①空气阻尼式时间继电器的气室内有灰尘，使气道堵塞，需清除气室内灰尘； ②电动式时间继电器的传动机构缺少润滑油，需加入适量润滑油。 （4）无法延时工作。可能为晶体管损坏，需要更换时间继电器	万用表、安装拆卸工具

五、实训考核标准（见表14-4-2）

表 14-4-2　实训考核标准

项　目	标　准	配分	得分
外观检查	是否进行外观检查	10 分	
延时触头不动作	能否阐述出该类故障及其处理方式	21 分	
延时时间缩短	能否阐述出该类故障及其处理方式	21 分	
延长时间变长	能否阐述出该类故障及其处理方式	20 分	
无法延时工作	能否阐述出该类故障及其处理方式	10 分	
维护	能判断出状态是否正常	18 分	

六、思考题

延时故障可以分为哪几类？

参考文献

[1] 铁道部运输局机务部. HXD_1型电力机车[M]. 北京：中国铁道出版社，2012.
[2] 高伟，金光. 电力机车构造[M]. 成都：西南交通大学出版社，2015.
[3] 程怀汶. 电力机车总体及走行部[M]. 北京：中国铁道出版社，2009.
[4] 金环. 电力机车运用与规章[M]. 北京：中国铁道出版社，2018.